태몽

태몽

홍순래 지음

어문학사

〈 태몽 〉을 출간하면서

태몽이란 무엇인가? 태몽에 대한 궁금증을 해소하려면, 먼저 신비로운 세계인 꿈에 대한 이해가 필수적이라 할 수 있겠다. 하지만 대다수의 사람들이 꿈을 미신적으로 여기거나, 허황된 세계로 인식하고 있는 현실이다. 또한 고(故) 한건덕 선생님이나 필자의 꿈에 대한 연구가 심화되어 있음에도 불구하고, 프로이트를 비롯하여 외국의 누군가가 떠들어대는 것이 꿈에 대한 진리인 양 믿고 있는 안타까운 현실이다.

우리가 꾸는 꿈에는 여러 가지가 있다. 심리표출의 꿈, 신체 내외부의 이상이나 위험을 일깨워주는 꿈, 창의적인 사유활동의 꿈, 계시적 성격의 꿈, 예지적 꿈 등등 여러 가지가 있다. 하지만 이 중에서 태몽, 로또(복권)당첨, 각종 사건과 사고의 예지에서 알 수 있듯이, 가장 중요한 것은 예지적인 꿈의 세계라고 할 수 있다. 필자는 2011년 11월 14일 (월) KBS TV '아침마당'의 꿈에 관한 방송에서 꿈의 예지에 대하여 강조한 바 있다.

꿈은 무지개에 비유될 수 있다. 꿈은 무지개처럼 신비하고 다층적이며 다원적으로 펼쳐지고 있으면서, 영적세계의 발현이 이루어지고 있다. 즉 꿈은 미신이 아닌, 우리 인간의 영적능력이 발현되는 정신 과학의 세계인 것이다. 따라서 꿈은 '신(神)이 우리 인간에게 내린 최대의 선물'이라고 필자는 즐겨 말하고 있다. 색·성·향·미·촉의 5감(五感)과 마음으로 느끼는 6감(六感)의 세계에서 나아가, 우리의 정신능력이 발현되는 7감(七感)의 세계가 바로 꿈인 것이다.

이처럼 우리가 꾸는 꿈에는 여러 가지가 있으며, 그중에서 태몽같은 예지적인 꿈이 대부분이지만, 이러한 예지적인 꿈에 대해서 불신하는 사람이 상당수이다. 프로이트의 『꿈의 해석』 등에서는 억눌린 소망 등 하찮은 심리 표출의 꿈에 대해서만 주로 언급하고 있다. 프로이트는 인간의 영적능력의 발현으로 빚어지는 예지적인 꿈의 세계에 대해서는 소홀히 하고 있으며, 더더욱 태몽에 대해서는 언급조차 하지 않고 있다. 다만 프로이트가 인간 잠재의식의 세계에 대한 연구로써, 꿈의 세계를 열었다는 점은 높이 평가받을 만하다고 하겠다.

필자는 나이들어 갈수록, 이 세상에는 보이지 않는 운명의 길이 있음을 더더욱 느끼고 있다. 그렇다. 그러한 운명의 길을 미리 어렴풋이 보여주는 것이 꿈의 세계이며, 태몽은 장차 태어날 아이에게 펼쳐질 운명적인 길에 대하여 상징적으로 압축해서 보여주는 청사진인 것이다.

해 저물녘 거미가 집을 짓는 것을 본 적이 있는가? 그것을 바라보다 보면, 한마디로 예술이요, 찬탄을 금치 못하게 된다. 거미는 천부적(天賦的)으로 거미줄을 쳐서 곤충을 잡을 수 있는 능력을 부여받았다. 일개 미물인 거미가 그러하건대, 만물의 영장이라고 하는 우리 인간은 신(神)으로부터 어떤 능력을 부여받았을까? 그렇다. 우리 인간은 장차 일어날 일을 꿈으로 예지해내는 신비한 영적능력을 부여받은 것이다.

필자는 이러한 예지적인 꿈의 세계에 대해서, 실증적인 사례에 바탕을 둔 꿈의 분석과 꿈의 언어인 상징성에 관한 꿈연구에 매진해왔다. 필자의 아호가 '꿈에 살고 꿈에 죽는다'의 '몽생몽사(夢生夢死)'의 필명에서 따온 '몽몽(夢夢)'이듯이, 지난 20여년간 필자는 선인을 비롯하여 요즈음 사람들의 실증적 꿈사례에 대한 다양한 자료를 수집하고 정리해왔으며, 그때그때 해설을 덧붙인 수많은 글을 연재하거나 필자의 인터넷 사이트인 http://984.co.kr(홍순래 박사 꿈해몽)에 축적해왔다.

또한 꿈에 관한 신문·잡지 연재 및 방송활동 뿐만 아니라, 30여년간 꿈연구를 해오신 스승이신 고(故) 한건덕 선생님의 유지를 이어받아, 실증적인 꿈사례를 토대로 한, 필생의 역작인 국내 최대·최고의 [홍순래 꿈해몽 대사전](전체 20권 예정)의 출간을 오래전부터 기획해왔다.

그 첫 시도로 『행운의 꿈』을 2009년에 출간한 바 있다. 주요 내용은 로또(복권) 당첨 및 합격·승진, 연분맺음, 부동산이나 주식에서 대박 등 행운을 불러온 꿈들을 분석하고, 꿈꾸고 실제로 일어난 실증적인 사례를 중심으로 필자의 해설을 덧붙여 살펴보고 있다.

『태몽』은 그 두 번째 책으로서, 그동안의 자료 및 연구결과를 토대로, 각 장(章)의 특성을 고려하여 전체 Ⅷ장으로 나누어 태몽에 관한 모든 것을 살펴보고 있다. 세 번째로 전체 총괄적인 꿈에 대한 이해와 해설을 담은 것으로, 여러 주요 실증사례가 집대성된 『꿈이란 무엇인가?』가 출간될 예정이다. (2012년 4월 26일 동시에 출간됨)

태몽은 대표적인 상징적인 미래예지 꿈으로써, 장차 태어날 아이의 일생을 압축적으로 보여주고 있다. 실증사례를 들어보자. '춤추는 닭'이 태몽인 사람의 인생길은 어떻게 펼쳐질 것인가? 윤홍근 제너시스

BBQ 회장은 어머니의 태몽에 자신이 '춤추는 닭'이었다고 밝히고 있다. "아마도 닭 사업 안 했으면, 춤추는 길로 갔을지도 몰라요. 제가 춤의 달인이라서, 요즘 젊은 사원들도 제가 춤 한번 보여주면 모두 깜빡 죽습니다."

이처럼, 우리 인간에게 일어날 운명의 길을 단적으로 보여주는 것이 바로 꿈의 세계이며, 태몽은 압축적인 상징적 표상으로써 장차 한 인간의 운명의 길이 어떻게 진행될 것인지를 보여주는 인생의 청사진이자 첫 이정표가 되고 있다.

이러한 태몽에 많은 사람들이 관심을 지니고 있음은 이미 독자 여러분이 잘 알고 있는 바이다. 태몽은 꿈이 생생하고 강렬하게 전개되는 특징이 있다. 태몽은 한 인간의 탄생 예지뿐만 아니라, 신체적 특성, 성격이나 행동특성, 직업, 신분의 귀천 여부 등 '장차 어떠한 삶을 살아갈 것인가'에 대한 개략적인 운명의 길을 예지해주고 있다.

이러한 태몽꿈의 실현은 20~30년, 아니 평생에 걸쳐 펼쳐지고 있으며, 모든 꿈 가운데 가장 완벽한 상징표상으로, 꿈의 전개뿐만 아니라 실현에 있어서도 한 치의 오차도 없이 실현되는 100%의 놀라운 예지력을 보이고 있다. 따라서 모든 꿈을 부정해도, 태몽꿈만은 결코 부정할 수 없는 특징을 지니고 있다.

이러한 말을 하는 필자에 대하여, 혹자는 필자가 어떤 사람인지 궁금증을 가질지 모르겠다. 필자는 점쟁이도 아니고 신들린 사람도 아닌, 그저 노력하는 학자로 불리우기를 바라는 평범한 사람이다. 어느 무속인이나 점쟁이처럼 입산수도하여 도를 닦은 것도 아니며, 별볼일 없는 외국의 어느 나라에서 이름 모를 박사학위를 받은 것을 자랑하는 사이비도 아니다.

스승이신 고(故) 한건덕 선생님은 초등교사로 재직 중에 병환으로 인하여 사직하고, 한평생을 꿈연구에 몰두하셨다. 필자는 사범대 국어교육과를 졸업하고, 대학원에서 한문학을 전공하여, 대학 외래강사를 다년간 역임하였으며 현재 고등학교 국어교사로 재직하고 있다.

어린 시절에 어머님의 꿈에 대한 신비로운 예지력에 감탄하였던 필자였다. 대학에 진학해서 고전소설의 시작이 주인공의 태몽이야기로 전개되고 있으며, 민속적으로 태몽으로 아들·딸의 구별에 관한 언급을 보면서 '꿈에는 무언가 있다'라는 생각을 떨쳐버릴 수가 없었다. 나아가 필자 자신의 꿈에 대한 신비로운 실증적인 체험은 꿈의 실체에 한 걸음 더 다가가게 하였으며, 한자의 문자유희인 파자 연구에서 파자해몽(破字解夢)의 신비로움은 여러 선인들의 꿈에 관한 기록에 관심을 지니게 하였다. 그리하여 학위논문도 선인들이 꿈속에서 시를 지은 몽중시(夢中詩) 연구로 박사학위를 받았으며, 수많은 선인들의 예지적 체험에 대한 꿈사례와 요즈음 사람들의 꿈사례를 수집하여, 실증적인 사례에 바탕을 둔 꿈의 연구에 매진하는 운명의 길로 나아가고 있다.

고(故) 한건덕 선생님이 필자와의 운명적 만남을 예지한, '한 사나이가 탑을 새롭게 쌓아올리는 꿈'에서 알 수 있듯이, 필자는 실증적인 사례에 토대를 둔 미래예지 꿈 연구를 계승하여, 선생님의 꿈연구 업적인 금자탑을 올바르게 세우고, 신비로운 꿈의 세계를 더욱 쉽고 올바르게 널리 알리는 것이 필자의 운명의 길이라고 받아들이고 있다.

태몽에 관한 책으로, 오래 전에 나온 한건덕 선생님의 『태몽에 관한 모든 것(기린원, 1993)』책이 있으나 현재 절판된 상태이다. 또한 필자와 공저한 『꿈해몽백과(학민사, 1996)』의 13장에서 태몽을 간략히 다룬 바 있다.

이 책에서는 태몽 항목을 독립적이면서 체계적으로 새롭게 발전시켜, 전체 실증사례를 바탕으로 보다 새롭게 태몽에 관한 모든 것을 담아 전체 Ⅶ장으로 다음과 같이 살펴보고 있다.

Ⅰ. 태몽의 개괄적 해설
Ⅱ. 태몽표상에 따른 전개
Ⅲ. 출산관련 표상 및 유산·요절의 태몽사례
Ⅳ. 연예인 및 유명인사 태몽사례
Ⅴ. 역사적 인물의 태몽사례
Ⅵ. 남녀 성별 및 태몽상담 사례
Ⅶ. 기타 설화·고전소설·민속·매스미디어 속의 태몽

책 속에는 여러 문헌 및 신문 잡지와 인터넷에서 수집한 태몽 관련 실증 자료를 비롯하여, 스승이신 한건덕 선생님의 태몽에 대한 여러 글과, 필자 꿈해몽사이트 이용자의 체험담 및 필자와 같이 학문적이고 실증적인 사례를 바탕으로 예지적 꿈연구를 지향했던 『개꿈은 없다』의 저자인 김하원의 실증사례를 소개하여, 태몽을 이해하는 데 많은 도움이 되도록 하였다.

자신은 하나님을 믿는다고 꿈을 미신시하여 태몽을 부정시하거나, 연예인들의 태몽을 단지 흥미나 재미거리로 이야기하는 것을 필자는 그동안 보아왔다. 나아가 '저출산의 이 시대에 누가 태몽에 관한 책을 읽겠느냐'고 출간에 어려움을 겪어, 집필한 원고를 1년 이상 사장시켜야 했던 이 기막힌 현실에 씁쓰레함을 느낀다. 필자는 태몽에 대한 이 책의 수많은 실증사례를 읽어보기 전에는 태몽을 말하거나 논하지 말라고 이야기하고 싶다.

청출어람(靑出於藍)이란 말이 있지만, 스승께 부끄럽지 않은 태몽에 관한 최고의 책이라 자부하고 싶다. 독자 여러분의 평가와 함께, 동시 출간되는 『꿈이란 무엇인가?』를 비롯하여, 앞으로 출간하게 될 [홍순래 꿈해몽 대사전]의 여러 책들에 대한 관심을 지녀주실 것을 당부 드린다.

2011.12.06

몽생몽사(夢生夢死)

洪淳來

차례

Ⅰ 태몽의 개괄적 해설

1. 태몽에 관하여

　꿈은 인간의 영적 능력의 정신활동으로, 자신 및 주변인물 나아가 사회적·국가적인 일에 이르기까지 사실적이거나 상징적인 표현기법으로 미래를 예지해주고 있다. 이러한 꿈의 미래 예지적 기능의 대표적인 것으로 태몽을 들 수 있다. 우리 인간의 신비한 영적 정신능력은 장차 태어날 아이에 대한 관심과 미래사에 대한 궁금증을 태몽을 통해 보여주고 있는 것이다.

　태몽은 우리 인간의 정신능력의 활동으로 빚어내는 신비한 영적 세계의 발현으로, 오랜 세월이 지나서라도 기억될 만큼 선명하며 강렬하고 생생한 꿈으로 전개되는 것이 특징이며, 불교에서는 태몽을 태아의 영혼이 깃들이는 것으로 보고 있기도 하다.

　국어사전에 태몽(胎夢)은 '아이를 밸 것이라고 알려 주는 꿈'이라고 언급되어 있다. 하지만 태몽은 임신사실을 일깨워주는 것 외에, 장차 태어날 태아의 개략적인 성별을 암시해주고 있을 뿐만 아니라, 태몽에 나타난 동물·식물이나 상징물의 표상전개에서 장차 태어날 아이의 신체적 특성을 비롯하여 행동특성·성격·일생이 투영되고 있다. 또한 태몽은 임신 사실을 알고 나서도 꾸거나, 여러번 꿀 수도 있으며, 친지나 주변사람 누군가 대신 꿔줄 수도 있으며, 장차 두게 될 자녀 숫자를 예지해주거나 유산·요절 등을 예지해주고 있다는 점에서, 신비로운 꿈의 세계를 단적으로 나타내주고 있다.

태몽에 관한 수많은 실증적인 사례를 통해서 살펴보면, 태몽으로 대략적인 남녀의 구별이 가능하지만, 절대적인 것은 아니다. 보편적으로, 활동적이고 강인한 동물이나 용이나 구렁이 등과 같이 몸집이 비교적 큰 사물이 나올 경우 아들일 경우가 많고, 작고 귀엽고 앙증스런 아담한 사물이 나올 경우 딸일 때가 많다. 하지만 이는 절대적인 것이 아니다. 예를 들어, 호랑이 꿈이라고 해서 다 아들은 아닌 것이다. 호랑이도 암수가 있으니, 절대적이지 않다. 호랑이의 태몽꿈으로 태어난 경우 남아를 출생할 가능성이 높지만, 여아인 경우에는 활달하고 강인하며 남성적인 성품을 지니게 될 것을 예지해주고 있다.

정확히 언급하자면 태몽으로 '남성적이냐 여성적이냐'를 보여준다고 할 수 있다. 예를 들면 갈기 달린 수사자를 보는 태몽꿈이나 동물의 수컷 생식기를 보는 꿈이었다면, 아들임에는 틀림이 없다. 하지만 해의 태몽인 경우에는 아들이 아닌 딸을 낳을 수도 있다. 이 경우 여아이지만, 활달하며 뛰어난 남성적인 성품의 여아가 될 것을 태몽으로 예지해주고 있다. 또다른 예로, 꽃의 태몽도 마찬가지이다. 이 경우 꽃의 이미지가 예쁘고 아름답기에 여아를 낳을 가능성이 높다는 것뿐이지, 절대적인 것은 아닌 것이다. 꽃의 태몽으로 아들을 낳을 수 있으며, 이 경우 귀공자 스타일의 기품있고 해맑은 얼굴의 남아일 가능성이 높다. 실증사례로 덧붙이자면, 연예인 김진의 태몽이 손수레에 꽃이 가득한 태몽이다.

또한 첫아이의 태몽인 경우 꿈속에 나타난 표상물의 숫자에서 앞으로 두게 될 자녀의 숫자를 예지해주기도 한다. 필자를 비롯하여 삼형제를 두신 어머님의 태몽을 예로 살펴본다. 어머님은 친정의 울타리에서 빨간 태극 깃봉같은 열매 세 개를 따가지고, 다락에 소중하게 두는 꿈을 꾸셨다고 했다. 그후 맨 처음으로 필자가 아들(57년생)로 태어났고, 이어 자연 터울로 3년뒤 둘째 아들(60년생)이 태어났다. 이어 2년뒤 어느덧 뱃속에 임신한 사실을 알게 되고, 낳고 보니 역시 아들이었다. (62년생) 아마도 임신 사실을 알았을 때, '빨간 태극 깃봉같은 열매 세 개' 의 태몽꿈을 생각하고, 삼형제를 두게 될 것이라는 보이지 않는 운명의 길을 알고 계셨을 것이다.

다른 사례로, 이미 두 아들을 둔 주부가 '꿈속에서 구렁이 세 마리를 가져오는 태몽' 인 경우를 살펴본다. 필자가 보기에 '꿈이 생생하다면 태몽일 가능성이 높고, 구렁이 세 마리였다면, 이 경우 세 자녀를 두게 되는 일로 실현될 것이다. 꿈속에 나타난 구렁이의 색깔이 같다면, 모두 아들 아니면 딸일 것이다. 다만 몸집이 큰 구렁이의 꿈인 경우 아들의 확률이 높다. 현재 두 아들이 있으니, 앞으로 늦둥이를 하나 더 낳게 되거나, 아니면 이미 한 아이를 유산했거나 요절했을 가능성이 있다. 꿈에서 세 마리의 구렁이 꿈이었다면, 현실에서도 셋이란 숫자가 다 이루어져야 꿈이 실현되었다고 볼 수 있는 것이다.'

이상하여 다시 자세하게 꿈의 내용을 물어본 결과, 가져오던 구렁이 중의 한 마리가 다른 데로 튀어나간 꿈이었다. 현실에서는 임신 사실을 알기 전에 아주 독한 약을 복용한 상태인지라, 기형아를 출산할지도 모른다는 불안감에 유산시키게 되었다고 말하는 것이었다.

이처럼 태몽꿈의 경우에, 첫 태몽꿈에서 앞으로 두게 될 자녀의 숫자를 모두 예지하는 꿈을 꾸는 경우가 흔하다. 탐스런 고구마 두 개를 캐어드는 태몽꿈을 꾸고, 현재 아들 하나를 둔 사람이 있다. 이 경우 앞으로 보나마나 아들 하나를 더 두게 될 것이다.

한편 태몽으로 장차 태어날 아이의 신체적 특성이나 행동특성 또는 성격이나 직업운 등을 보여주기도 한다. 이러한 태몽은 장차 태어날 아이에게 닥쳐올 몇 십년 뒤의 운명까지도 예지되고 있다. 예를 들어, 고(故) 윤이상씨의 태몽은 '상처 입은 용 한 마리가 하늘을 나는 꿈'이었던 바, 뛰어난 재능을 지녔음에도 불우한 시대를 만나 뜻을 펴지 못한 일생을 투영시켜 주고 있음을 알 수 있다. 또한 고(故) 전태일 열사의 태몽은 '빛나는 해가 굴러 산산조각이 나면서 여러 조각으로 나누어져 사방을 비춰주는 꿈'이었던 바, 열악한 근로조건을 개선하라고 외치며 분신하여 노동운동의 횃불을 치켜들어 노동운동 발전에 큰 영향을 준 그의 일생을 상징적인 표상의 태몽으로 잘 드러내 주고 있다.

태몽은 임신 사실을 모르기 전에 임신된 사실을 일깨워주기도 하는 바, 사례를 들어 본다. 아들을 하나 둔 젊은 부부가 있었다. 많은 자식을 두기를 원치 않았던지라, 아들 하나두는 것으로 만족하고 살아가기로 부부는 약속을 한 상태였다. 그러던 어느날 남편의 회사로 장모님에게서 전화가 왔다. "여보게, 어제 누런 황소가 집안으로 들어가던데, 아무래도 좋은 태몽꿈을 꾼 것 같은데, 임신 소식이 없는가?" 전화를 받고 비로소 아내가 병원에 가서 진단을 받아보니, 임신이었다. 이에 태몽꿈이 좋다는 말씀에 아기를 더 낳기로 했다는 것이다.

또한 태몽은 꼭 임신한 여성만이 꿀 수 있는 것이 아니고, 태어날 아기에 대한 관심을 지니고 있는 친지나 주변의 사람들이 대신 꾸기도 한다. 시어머니가 태몽꿈을 꿨다고 해서 아이를 낳는 것이 아니듯이, 원래 자신의 꿈이 아닌 대신 꿈을 꿔준 것이다.

이러한 태몽에 관한 인식은 옛부터 절대적이라 할만큼, 신비로움을 넘어 민속적인 신앙으로까지 받아들여지고 있다. 이는 역사적 인물의 태몽에 얽힌 여러 꿈사례에 잘 나타나 있다. 옛 위인들의 태몽을 보면 용과 관련된 내용이 많은데, 이는 용이 신비스럽고 영화로운 존재로 여겨졌음을 볼 때, 장차 자라서 큰 인물이 될 것을 예지해주고 있다. 해·별·구슬 등의 경우도 밝게 빛나고 있는 표상이라는 점에서 이름을 빛낼 위인이 될 것을 나타내주고 있다. 그 밖에 산신·신선·미륵·부처님이라든지 공자와 같은 성현이나, 호랑이 등 신성시하는 대상과 관련된 태몽을 통해 비범한 인물이 태어남을 예지해주고 있다.

이처럼 태몽은 선인들의 생활 속에서는 물론 문학작품에까지 다양하게 형상화되어 나타나고 있다. 고전소설에 있어서도 주인공의 신비성을 강조하기 위해 출생시에 신비스런 태몽이 있었음을 앞세우고 있다. '용이 품안에 뛰어든다' 든지, '옥황상제로부터 구슬이나 꽃을 받게 된다' 든지 하여, 출생시에 보통사람과는 다른 신비스런 태몽 이야기를 전개하여, 장차 비범한 인물이 된다는 것을 합리화시키고 있음을 볼 수 있다.

오늘날에 있어서도 태몽은 많은 사람들에게 관심의 대상이다. 유명인사나 연예인들의 "태몽꿈이 무엇이냐"고 물어볼 정도로 태몽꿈에 대한 일반인의 관심도 상당하며, 심지어 꿈을 믿지 않는다고 하는 사람까지도 자신이나 자녀의 태몽에 대해서는 관심을 지닐 정도로 '신비스런 태몽의 세계가 존재한다' 는 사실 자체를 부인하지 못하고 있다.

필자는 단순히 태몽이 '아들이다' '딸이다 ' '좋다' '나쁘다' 를 떠나서, 태몽 꿈이 '어떠한 표상으로 전개되었느냐' 에 관심을 지녀야 한다고 주장하고자 한다. 중요한 것은 태몽 꿈속에서 전개된 고도의 상징

기법 대로, 장차 인생길이 펼쳐지고 있다는 사실이다. 예를 들어 '예쁜 새가 수풀 속에서 아름다운 소리로 지저귀는 태몽' 꿈으로 태어난 여아에게 어떠한 인생길이 펼쳐질 것인가? 그녀의 인생길은 성악가나 가수 등 소리와 관련된 분야에서 두각을 나타내는 존재가 될 것임을 태몽은 예지해주고 있기에, 어려서부터 예능 분야에 재능을 키워주는 방향으로 나아가는 것이 바람직하다고 할 수 있다.

한 인간의 인생길을 보여주는 태몽이야말로 또렷하게 생생하게 펼쳐지는 특성을 지니고 있다. 여러 사람들의 많은 실증적인 사례에서 알 수 있듯이, 이러한 꿈의 생생함 여부는 장차 일어날 일의 실현여부와 비례한다. 즉, 또렷하게 기억나는 꿈일수록, 현실에서 중대한 일로 반드시 일어난다는 것을 예지해주고 있는 것이다.

꿈을 꾸는 주체는 바로 우리의 정신능력인 것이다. 신비한 우리 인간의 정신능력을 컴퓨터에 비유한다면, 486이나 586컴퓨터가 아닌 억팔육 아니 조팔육 컴퓨터에 비유될 수 있다. 앞으로 일어날 일에 대한 사소함과 중요함에 따라 강약을 조절하여, 희미한 꿈과 생생한 꿈으로 구분되어 전개되고 있는 것이다.

태몽 꿈은 그 표상전개에 따라, 그 꿈의 실현이 현실에서 한 치의 오차도 없이 현실에서 펼쳐지고 있다. 따라서 태몽의 꿈해몽은 모든 해몽의 기본적인 전형이 되고 모태가 되고 있으며, 해몽의 열쇠를 풀어나가는 단서가 되고, 출발점이 되기도 한다. 우리가 꿈해몽을 하는데 있어, 가장 정확하게 예지할 수 있는 꿈의 표상이 바로 태몽인 것이다.

태몽꿈의 표상전개에 따라서 장차 태어날 아이의 신체상의 특징 및 행동이나 성격 특성 등 일생의 운명의 길이 예지되고 있다는 점에서, 태몽은 신비로운 꿈의 세계를 단적으로 나타내주고 있다. 어찌 보면 태몽은 우리 인간의 손을 떠나서 한 인간의 일평생을 예지해주는 신의 계시로까지 인식되기까지 한다.

저마다의 태몽꿈이 똑 같을 수는 없겠지만, 이 책에 실려 있는 수많은 태몽의 사례를 살펴보다 보면, 자신의 태몽이나 주변 사람들의 태몽에 대해서 나름대로 해몽하게 될 수 있으리라 믿는다. 또한 신비한 태몽의 세계에 담뿍 취해서, 꿈의 미래예지적인 성격에 대해서 놀라움과 탄성을 자아내게 될 것으로 믿는다.

태몽에 대한 마지막 언급으로, 우리는 이러한 태몽에 왜 관심을 지녀야 하는가? 태몽의 효용성에 대하여 살펴보고자 한다.

꿈의 발현은 동서고금을 막론하고 보편성을 띠고 전개되고 있다. 하지만 각 민족마다 꿈을 대하는 시각에 대한 인식의 차이가 존재하고 있다. '칼 구스티프 융'은 인간의 무의식속에 인류의 근원적 체험의 원형이 존재한다고 보고, 인간무의식의 집단 상징을 언급하고 있다. 이는 올바른 언급으로, 각 민족마다 민족적인 원형 심상이 존재하고, 각 민족성이나 문화적 관습의 차이 · 기질 · 기타 여건에 따라 다양하게 전개되고 있다고 볼 수 있다. 이러한 집단 무의식의 상징은 각 민족의 신화 · 종교 · 민속 · 꿈의 발현 등에 적용될 수 있다.

우리 민족이 다른 어느 민족보다도 꿈해몽 · 관상 · 풍수 · 사주 · 성명학 등 다양한 분야에서 지대한 관심을 보이고 있는 바, 이는 우리 민족이 논리적 바탕에 기반을 두기 보다는 직관의 세계나 영적인 정신세계에 뛰어난 능력을 지니고 있으며, 주어진 여건 속에서 슬기롭게 헤쳐나가고자 하는 운명론적 사유관에 대한 남다른 인식을 보여주고 있음을 알 수 있다.

우리 민족의 이러한 영적인 미래예지적인 꿈의 세계에 대한 관심과 운명론적 사유관에 대한 인식이 결합되어 받아들여진 대표적인 것이 태몽이라고 할 수 있겠다. 참고로 우리와 여러 면에서 가깝다고 할 수 있는 일본의 아동문학 연구가가 언급한 말을 인용하여 살펴본다.

"한국 그림책엔 일본 책에는 없는 표정들이 많거든요. 엄마 품처럼 따뜻하고, 눈물과 웃음이 많이 나고요. 아이를 키우는 방식이 일본과는 다르기 때문인 듯해요. 일본엔 태몽이니, 자장가니, 산후조리 같은 개념이 없습니다. 아기의 탄생이 집안의 큰 경사이고 축복으로 여겨지는 한국 사회에서 훌륭한 그림책이 나오는 건 당연한 것 같아요."

아동문학연구가 오타케 기요미.

(조선일보 2004.02.03)

일본의 예를 살펴보지 않아도, '칼 구스티프 융'의 인간무의식의 집단 상징을 언급하지 않더라도, 우리 민족의 태몽에 대한 남다른 관심은 민족적인 유전이라고 할 수 있을 정도로 지대한 관심의 대상이 되고 있다. 고전소설에서 주인공의 신비한 태몽으로 시작한다든지, 죽은 일대기를 기록한 행장(行狀) 등에서도 신비로운 태몽이 있었음을 기록함으로써 위대한 인물이었음을 드러내고 있다.

오늘날에 있어서도 태몽에 대한 관심도는 지대하며, 신앙적일 만큼 우리 민족성의 내면속에 자리잡고 있다. 태몽을 중시하여 태몽과 관련지어 이름을 짓는다든지, 연예인이나 유명인사의 태몽이 무엇이냐를 물어볼 정도로 일상화가 되어 있을 정도이다.

따라서 우리는 태몽을 슬기롭게 받아들이고, 태몽이 지니는 효용성을 중시하고 발전시켜 나가야 할 것이다. 태어난 아이의 태몽과 관련지어, 태교에 활용한다든지, 아이에게 태몽을 들려줌으로써 자신이 가치 있는 존재로서 세상에 태어난 삶의 의미와 동기를 깨우치게 되어, 보다 적극적인 생활로 임하는 방향으로 나아가게 지도하여야 할 것이다.

또한 미팅, 사교 모임, 친목 모임 등에서, 자신이나 타인의 소개에 있어 태몽을 화제에 떠올림으로써, 흥미와 호기심을 불러일으키고 친목과 대화의 장을 열어나갈 수 있다. 나아가 초·중·고의 담임교사가 학생의 가정 환경 조사 등에 자신의 태몽을 이야기하게 함으로써, 학생들의 특성과 개성 여부를 파악하는데 도움이 될 수도 있다.

물론 태몽이 지니는 좋지 않은 역작용도 있다. 어린이들이 주로 읽는 위인전 등에는 좋은 태몽 등이 언급되어 있음에 반하여, 자신의 태몽은 '보잘 것 없다' 든지, '아예 없다' 는 등의 말을 들었을 때, 좌절감이나 적극적인 삶의 의지가 결여될 수도 있겠다. 따라서 부모가 태몽에 관심을 지녀서, 부모 자신이나 자식에게 바라는 삶이 투영된 인위적인 창작된 태몽이야기를 들려주는 한이 있더라도, 어린이에게 적절한 태몽이야기를 들려주는 것은 바람직한 것이라고 할 수 있겠다.

때로는 거짓말이 그 어떤 약이나 처방보다 좋은 결과를 가져올 수 있다. 예를 들어, 남녀관계에 있어서 "당신의 모습이 오늘은 너무 멋있어, 사랑해" 라는 말을 거짓으로 말한다고 할지라도, 그 듣는 상대방이 빈말로 하는 것이라는 것을 알지라도 말이다.

필자는 태몽을 운명적인 예지로 믿고 있지만, 어찌보면 심리학에서 말하는 피그말리온(pygmalion) 효과가 일생에 걸쳐서 반영되는 것이라고 볼 수도 있겠다. 부모가 아이의 좋은 태몽을 이야기해주면서, 고귀하며 가치 있는 인생이 펼쳐질 것이라는 격려와 기대와 믿음으로 인하여, 장차 아이가 기대에 부응하는 쪽으로 변하려고 노력하여, 실제로 꿈을 현실화하는 방향으로 나아가게 하는데 태몽의 효용성을 찾을 수 있을 것이다.

사주명리학, 성명학, 꿈의 명상가로 활발히 활동하고 있는 강동인의 다음의 글은 우리가 관심을 가져볼 만하기에 전재해 살펴본다.

제가 초등학교 4~6학년과 중학교 학생들을 대상으로 위례성 백제문화를 가르치면서, 학생들에게 "자기 자신의 태몽에 대해서 엄마한테 들어 보았느냐?", "자기 자신의 이름에 대해 의미를 알고 있는가?" 를 물어 보았습니다. 설문 결과는 실로 엄청난 차이를 가져왔습니다.

자신의 태몽을 알고 그 의미를 노트에 적어 놓은 학생은 이름까지 한문으로 써놓고 자신의 꿈을 그리며, 그 쪽 방향으로 많은 독서량을 보여주고 있었습니다. 엄마들의 관심과 노력의 결과라고 생각했습니다. 제가 역술인으로서의 평가가 아니라, 실제로 자신이 어떻게 태어났고, 자신의 이름이 부여하는 의미를 알고 있는 학생들에게서 자신감을 보았고, 학습 동기부여도 잘 되어서 월등한 학습수준 차이를 보여주고 있었습니다.

요즘 젊은 엄마들 중에는 아이들 이름을 아이들의 적성은 생각지 않고, 자신들의 취향에 맞게 지어놓고 나중에 가서 후회하는 걸 자주 보았기에, "축복받은 버럭" 처럼 작명은 신중하고 의미있게, 또 태몽도 없다면 적절하게 창조해 내길 바라는 의미에서 이야기를 함께 나눠보았습니다.

(강동인)

2. 태몽 꿈해몽의 기초상식 10

1) 태몽의 특징은 생생하고 강렬함에 있다.

20~30여년이 지난 뒤에라도 생생하게 기억될 수 있는 것이 태몽꿈의 특징이며, 이러한 것은 태몽꿈의 실현이 20~30여년, 아니 한평생에 걸쳐서 그대로 실현됨을 보여주고 있기도 하다.

2) 태몽은 장차 일어날 일을 상징적 표상으로 보여주는 미래예지 꿈이다.

태몽으로 예지된 일생의 길은 신의 계시라고 할 정도로, 한 치의 오차도 없이 정확하게 실현되고 있다. 이러한 태몽은 동물이 말을 한다든지, 용이 품에 달려든다든지, 현실에서 일어날 수 없는 황당한 전개가 특징인 상징적인 전개로 이루어지는 미래예지적 꿈이다.

3) 태몽 속에 아이의 일생이 예지되어 있다.

태몽속에 등장된 그 모든 상징표상대로, 장래의 인생길에 밀접한 관련을 맺고 있다. 태몽 꿈에 등장된 동물·식물이나 대상의 특성이나 속성과 관련지어, 태어난 아기가 신체적 특징이나 성격이나 행동특성을 지니게 되며, 나아가 장래에 펼쳐질 인생길을 예지해주고 있다.

예를 들어 하얀 코끼리의 태몽으로 피부가 아주 하얀 딸을 낳고, 지저귀는 새의 태몽으로 가수가 되었으며, 거북이의 태몽으로 바다에 빠졌으나 거북이가 받쳐주어 살아난 사례에서 볼 수 있듯이, 태몽속에 등장된 상징표상과 관련맺어 인생길이 투영되고 있음을 알 수 있다.

따라서 태몽은 장차 태어날 아기가 '아들이냐, 딸이냐'의 여부를 알아내는 것이 중요한 것이 아니라, 꿈속의 태아표상인 동물·식물이나 자연물이나 사물이 어떠한 전개를 보였느냐, 유산이나 요절 표상의 특징인 '썩거나 사라지거나 온전치 못한 표상으로 전개되지 않았는가'의 여부를 살피는 것이 더 중요하다.

4) 태몽으로 아들·딸을 구분한다는 것은 절대적이지 않다.

보다 정확하게 표현한다면, 태몽꿈으로 '남성적이냐 여성적이냐'를 판별할 수는 있다. 예를 들어, 호랑이 태몽꿈이라고 해서 남아일 가능성은 높으나 반드시 아들인 것은 아니다. 호랑이도 암수가 있으니, 이 경우 여아인 경우 활달하고 남성적이며 괄괄한 성품의 아이가 될 것을 예지하고 있다.

일반적으로 용이나 구렁이 등과 같이 몸집이 비교적 큰 사물이나 남성적 표상이 전개될 경우에 아들일 경우가 많고, 작고 귀엽고 앙증맞고 아담한 사물이나 예쁘고 화려한 여성적 표상이 전개될 경우에 딸일 때가 많다.

과일의 경우 익거나 성숙된 표상의 경우 아들, 미성숙의 표상의 경우 딸인 경우가 많다. 예를 들어 빨간 고추나 알밤은 아들, 푸른 고추나 풋밤은 딸인 경우가 많다. 또한 잉어 한 마리 등 단수의 개념이 적용될 때는 아들, 연못속의 여러 잉어 등 복수의 개념이 적용시에는 딸인 경우가 많으나, 이 역시 절대적이지는 않다.

5) 태몽꿈은 동물 · 식물뿐만 아니라, 자연물 · 인공물 · 사물 · 사람 등 다양하게 나타나고 있다.

동물 · 식물을 가져오거나, 얻거나, 보는 꿈 등이 태몽의 특징이다. 또한, 해 · 달 · 별 · 산 · 바다 등의 자연물에 관한 꿈, 신발 · 옷 · 서적 · 악기 등의 사물에 관련된 꿈, 아기를 받거나 사람을 보는 꿈 등등 태몽 꿈은 다양하게 전개되고 있다. 이밖에도 대통령과 잠자리를 같이 하는 꿈 등 기상천외한 태몽꿈도 상당수 있다.

6) 태몽속에 등장된 상징표상에 대하여 꿈속에서 느낀 대로 실현된다.

사나워 보이는 태몽을 꾸면 용감하고 쾌활한 아이로, 온순해 보이는 태몽은 선량하거나 온순한 성격의 아이가 태어난다. 예를 들어, 뛰어드는 호랑이를 보고 무서워하지 않고 친근감을 느끼거나 대견스러움을 느끼는 꿈이었다면, 그 아이는 꿈속에서와 느낀 대로, 부모에게 효도하며 능력이 뛰어난 대견스러운 아이가 될 것이다. 반면 호랑이가 거칠고 무섭게 느껴지는 꿈이었다면, 폭력적이며 거친 성격의 아이로 성장하게 된다.

7) 이런 태몽 표상이 좋다.

⑴ 일반적인 사물이나 뱀 · 꽃 등의 동물 · 식물 태몽표상의 경우,

형체가 온전하고 탐스럽고 윤기나고 크고 싱싱한 표상일수록 좋다. 벌레 먹거나 부서지거나 상하지 않아야 하고, 너무 늙거나 너무 익어서도 안 된다. 크고 탐스러운 태몽 표상물은 장차 인생길에 있어서 능력이 뛰어나고 그릇이 큰 인물이 됨을 예지한다.

(2) 태아표상을 가까이서 보거나, 몸에 접촉시키거나, 완전히 소유해야 한다. 죽이거나, 사라지거나, 잃어버리거나, 떼어버리거나, 멀리 도망가는 표상의 경우 유산이나 요절로 이루어진다.

(3) 태아표상을 끝까지 지켜볼 수 있어야 한다. 태아표상이 숨거나, 찾을 수 없거나, 남에게 주는 경우, 유산이나 요절 등 얻었다가 잃게 되는 일로 실현된다.

(4) 태몽표상의 전개가 밝고 아름답고 풍요로우며, 귀엽고 친근감 있으며, 행복감과 만족감을 느끼며, 통쾌하고, 신비스러울수록 좋은 꿈이다. 이 경우 꿈속에서 느낀 그대로 장차 태어날 아이에게 그대로 실현된다.

예를 들어 밝고 아름다운 자연 풍경을 보는 태몽은 장차 태어날 아이의 인생길이 희망차고 밝으며, 풍요로운 가을 벌판의 태몽은 아이가 장차 부유로운 인생길을 살아갈 것이며, 등장된 동물 등의 태몽표상이 호의적이고 친근감 있게 느껴졌다면 장차 태어난 아이와 좋은 관계를 유지하게 된다. 또한 오색영롱한 구름, 무지개, 산신령, 선녀, 빛나는 해·달·별, 금빛 찬란한 동물 등 경이롭거나 신비스러운 태몽 표상물은 장차 태어날 아이의 신체적인 외모나 재능에 있어서, 신비하고 비범한 능력을 지니게 됨을 예지해주고 있다.

8) 첫 태몽에 장차 두게 될 자녀 숫자를 예지하기도 한다.

이 경우 태몽 꿈에 등장하는 숫자나 횟수의 상징표상대로 실현된
다. 꿈속에 상징표상으로 두 개의 사물이 나타난 경우에, 쌍둥이일 수
도 있으며 장차 두 자녀를 두게 될 것을 예지하고 있기도 하다.(이 경우
두 가지 뛰어난 능력을 지니게 되는 경우도 가능하다.) 예를 들어 땅콩의 태몽
으로 쌍둥이를 낳은 사례가 있는 바, 보통 땅콩 껍질 안에 두 알이 있는
것과 일치하고 있다. 다음의 실증적 사례의 숫자표상을 잘 살펴보기 바
란다.

○ 큰 그릇에 물이 가득 차 있는데 커다란 박 3개가 둥둥 떠 있었다. 그
   후 세 자매를 낳았다.
○ 손수 만들어 파는 큰 붓 세 자루를 골랐는데, 그 후 아들 둘, 딸 하나
   의 삼남매를 낳았다.

9) 진정한 의미의 태몽은 임신사실을 알기 전에 꾸는 꿈이다.

놀라운 꿈의 예지는 임신사실을 알기 전에 태몽으로 임신하였음을
일깨워주고 있다. 그리하여 몸가짐을 조신(操身)함으로써, 장차 닥쳐올
지 모르는 유산 등의 위험에 대비하게 해주고 있다. 그러나 임신 사실
을 확인한 후에 꾸는 꿈이라 하더라도, 꿈의 기억이 생생하며 상징적인
표상으로 전개된 경우 태몽으로 볼 수 있다.

〈 감 두 개를 받는 꿈 〉

　　결혼식 하던 날 새벽, 돌아가신 아버님으로부터 감 두 개를 받는 꿈을
꾸었는데, 몇 달 후에 임신된 걸 알고 날짜 계산을 해 보니, 신혼여행을 간

결혼 첫날밤에 임신되었다.

어느 아주머니의 태몽 체험담이다. 그 후로 감 두 개이었듯이, 두 아들을 낳는 일로 실현되었다.

10) 태몽은 한 번이 아닌, 여러번 꿈을 꾸기도 하며, 주변의 누군가가 대신 꿔주기도 한다.

일반적으로 태몽이 없는 사람은 없다. 사람에 따라 다르지만, 누구는 태몽이 없었다고 말하는 사람이 있고, 누구는 태몽 꿈을 여러번 꾸었다고 말하기도 한다.

꿈꾸는 영적 능력이 뛰어난 경우, 여러 가지 태몽꿈을 꾸기도 한다. 정몽구 현대 회장은 "내 이름이 몽구(夢九)가 된 것은 어머니가 태몽을 9번 꾸었다는 데서 나왔다고 한다."고 밝히고 있다. 이처럼 태몽으로 장차 일어날 운명적인 예지를 보여주는데 있어, 가장 중요한 하나의 태몽으로 그 인생을 압축시켜 보여주기도 하지만, 때에 따라서는 여러 가지 태몽을 꾸게 됨으로써 장차 태어날 아이의 개략적인 남녀의 구별 및 신체적 특성이나 행동특성, 성격이나 개략적인 인생의 길을 다양한 상징 표상의 전개로써 일생의 앞날을 예지해주고 있는 것이다.

태몽은 가임여건의 사람만이 꾸는 것이 아니라, 주변 사람들이 대신 꿔주기도 한다. 사람마다 꿈을 꾸는 능력에 개인차이가 나고 있는 바, 유난히 꿈을 잘 꾸는 사람이 있는데 그런 사람은 주변의 관심있는 사람에 대한 상황이나 미래가 꿈으로 나타나기도 한다. 예를 들어 시어머니가 태몽을 꾸었다고 해서, 늙은 자신이 아기를 낳게 되는 것이 아니기에, 며느리나 시집간 딸의 태몽을 대신 꿔준 것임을 알 수 있다. 현실에서 형식적으로나마 태몽을 사고파는 매몽의 절차를 거치지만, 이는 원래 꿈을 꾼 사람이 꿈을 산 사람의 꿈을 대신 꿔준 것에 불과한 것이다. 남의 태몽을 샀기 때문에 임신을 한 것이 아니라, 원래 임신할 운명이었음을 다른 사람의 태몽이야기를 들음으로서 알게 되었다고 보면 될 것이다.

3. 태몽에 관한 궁금증 10선

1) 태몽은 꿈으로써 어떤 특징이 있나요?

아기와 관련된 꿈이니, 일단은 가임여건에 처해 있어야 한다. 동식물 등 무언가를 가져오거나 받거나 얻거나 보는 꿈이 대부분이지만, 자연물을 본다든지, 문서·서적·신발·옷 등 사물이 등장한다든지, 아이가 보인다든지 등 다양하게 전개되고 있다. 이러한 태몽의 가장 중요한 특징은 꿈의 기억이 강렬하고 생생하여 몇 십년이 지나도 태몽 꿈을 이야기할 수 있을 정도이다.

2) 태몽이 없는 사람이 있나요?

누구는 한 번 꾸었다든지, 심지어 태몽이 없었다고 말하는 사람이 있기도 하지만, 일반적으로 태몽이 없는 사람은 없다. 우리 인간의 뛰어난 영적능력은 꿈으로 장차 다가올 중대한 일을 예지하고 있다. 본인이나 가족이 꿈꾸는 영적 능력이 뒤떨어지는 경우, 태몽꿈을 꾸지 못하는 경우가 있을 수는 있다. 하지만 이 경우에도 친지나 주변인물이 대신 꿔주기도 한다. 꿈을 꾸었지만, 그 꿈이 누군가의 태몽을 대신 꿔준 것이라는 것을 미처 인식하지 못하고 지나칠 수가 있는 것이다.

또한 둘째 셋째 자녀인 경우, 첫 아이 태몽에 장차 두게 될 자녀의 태몽을 한꺼번에 꾸기도 하기에 당연히 태몽이 없을 수도 있다. 또한 동식물의 등장이 아닌, 자연물의 등장이거나 의외의 기이한 태몽인 경우, 태몽에 대한 인식이 부족하여 태몽인지 미처 모르고 지나갈 수도 있으며, 주변의 누군가가 대신 꿔줄 수도 있다. 따라서 임신을 전후하여 생생하게 꿈을 꾼 경우, 태몽의 가능성이 있는지 유의 깊게 주목할 필요가 있다. 또한 친지나 주변인물의 꿈에 관심을 가질 필요가 있다.

3) 태몽은 언제 꾸나요?

태몽을 임신 사실을 알고 난 한참 뒤에 꿀 수도 있냐고 여쭤보는 독자분이 있다. 여러 실증사례를 살펴보면, 대부분은 임신 사실을 알기 전후로 많이 꾸고 있는 바, 임신 사실을 모르기 전에 태몽으로 알게 되는 것이 진정한 의미의 태몽이라고 할 수 있다. 하지만 임신사실을 알고 나서도 태몽을 꾼 사례가 상당수 있다. 드물게는 아이의 출산이 임박해서까지도 태몽 꿈을 꾸는 바, 이처럼 임신 사실을 안 후로 꾸어지는 꿈이라고 해서 태몽이 아닌 것은 아니다. 꿈의 기억이 강렬하고 생생하다면 태몽이 될 수 있으며, 앞서 살펴본 바와 같이 여러번 태몽을 꿈으로써 장차 태어날 아이에 대한 운명적인 암시를 보다 자세하게 보여주고 있는 것이다.

4) 태몽을 믿을 수 있나요?

일반적인 꿈의 예지의 세계도 놀라울 정도로 정확하지만, 이보다 더 놀랍게 가장 정확하고 가장 놀라운 예지력을 보여주는 세계가 태몽 꿈의 세계인 것이다. 이러한 태몽의 세계는 신의 계시라고 불러도 좋을 정도로 절대적이며, 한 치의 오차도 거짓도 없는 세계이다.

필자 자신도 고등학교 국어 교사로, 대학 강사로, 박사학위까지 받은 지성인으로서, 예지적 꿈의 세계, 아니 태몽의 세계를 믿지 않으려는 마음을 지녀보고는 했다. 하지만 열매 세 개를 따오는 꿈으로 우리 삼형제를 두셨다는 필자 어머님의 태몽이야기를 자식이 부정할 수는 없는 것이며, 무엇보다도 수많은 태몽 사례에서 보여주는 그 놀라운 상징 표현의 세계는 절대로 개인이 억지로 지어낼 수 없는 참된 세계이며, 진리의 세계임을 일깨워주고 있다. 나아가 태몽에서 보여주는 상징 기법은 일반적인 문학적 상징의 기법과 일맥상통하고 있기도 하다.

이는 선인들의 태몽에 대한 실증적인 역사적 사례를 보아도 그렇다. 구체적인 사례는 Ⅵ장의 역사적 인물의 태몽을 참고하기 바란다. 이 경우 신성화하기 위해 일부 조작된 태몽 이야기가 있을 수 있겠으나, 장차의 신체적인 외모, 성격, 행동특성, 직업운, 성공여부 등등이 태몽에서 예지된대로 인생길이 펼쳐지고 흘러가고 있음을 부인하려고 해도 부인할 수가 없다. 모든 꿈 가운데 가장 완벽하며, 가장 정확하고, 가장 무서운 꿈의 예지의 세계가 펼쳐지는 것이 바로 태몽의 세계인 것이다.

이처럼 태몽 표상속에 등장된 동식물이나 사물의 상징의미와 관련을 맺고 있는 바, 태몽의 신비한 예지력을 보여주는 사례를 세가지 살펴본다.

① 잔디밭에서 성화대 속의 용이 날아오른 꿈

축구선수 안정환 선수의 태몽이다. 어머니(안혜령씨)의 꿈에, 해가 쨍쨍한 날이었다. 사방은 온통 초록 잔디. 한참을 걷다가 뒤를 돌아보니 불길이 활활 타오르는 커다란 성화대가 보였다. 불 속에서 갑자기 꿈틀거리며 나타나 하늘로 솟구쳐 오르는 용 한 마리.

—일간스포츠. 2002.05.03

안정환 선수의 어머니 안혜령씨는 초록 잔디와 성화대의 배경속에서 승천하는 용꿈의 태몽이었음을 밝히고 있는 바, 안정환 선수가 잔디구장이 잘 갖추어진 곳에서 뛰는 국가대표나 프로 축구선수로 이름을 날리고 있는 오늘날의 미래를 벌써 20~30여년 전에 태몽에서 정확하게 예지해주고 있다고 보아야 할 것이다.

② 여닫이 문으로 연결된 두 방 중 한 쪽이 닫히는 꿈

2005년 8.15일 화상상봉이 한창인 서울 남산동 대한적십자사 상봉장 한 켠에서는 눈물 찡한 장면이 펼쳐졌다. 이번 화상상봉 가족 중에 최고령자로 거동도 불편하고 의식도 가물가물한 남측의 이령(100) 할머니가 그간 생존한 것으로 알고 있던 큰 아들 서갑석(97년 사망)씨의 사망 소식을 상봉장에서야 전해들은 것이다. 가족들은 이미 화상상봉 신청 과정에서 갑석씨의 사망소식을 전해 들었지만, 차마 전하지 못했던 것이다.

경기도 양평이 고향이던 갑석씨는 서울로 올라가 근무하던 중에, 6.25 전쟁이 터졌고 갑석씨는 강제로 의용군으로 끌려간 것이 마지막이었다.

이 할머니는 큰 아들을 가졌을 때, '여닫이문으로 연결된 두 방 중 한 쪽에 갑석씨가 앉아 있는데, 갑자기 문이 닫히는' 태몽을 꾼 것이 아들을

이북으로 올려 보낼 것을 암시했던 것이라고 항상 말해왔다고 한다.

(서울=연합뉴스)

태어날 때 꾸었던 여닫이문이 갑자기 닫히는 태몽 꿈의 실현이 6.25 때 의용군으로 끌려가면서, 결국은 기나긴 세월 생이별로 이루어졌으며, 끝내 다시 만나지 못한 현실로 이루어지고 있음을 볼 때, 태몽의 신비로움과 예지에 대한 사례를 이보다 적나라하게 드러내는 태몽 사례는 없을 것이다.

③ 연꽃 한 송이가 집안으로 들어온 꿈

'어머니의 태몽에 연꽃 한 송이가 집안으로 들어온 꿈을 꿨다.' 『불교란 무엇인가' (부디스트웹닷컴)』책의 저자이자, 불교연구에 몰입해 20여권의 책을 쓰는 등 불교연구에 매진해 온 불교학자 최봉수의 태몽이다. 연꽃이 들어왔다는 어머니의 태몽에 대한 말씀에서, 연꽃이 불교의 상징 꽃이듯이, 불교와 관련된 인생길로 나아가고 있다.

5) 태몽의 실현은 언제까지이며, 언제 이루어지나요?

단정적으로 말하자면, 태몽은 평생의 운세를 개략적으로 보여주는 인생의 청사진이요, 하늘의 운명적인 계시를 보여준다고 할 수 있다. 따라서 태몽의 실현은 20~30년 뒤, 아니 평생에 걸쳐서 이루어지고 있다.

덧붙이자면 불교에서 삼세(三世)라고 하여, 전세(前世) 현세(現世) 내세(來世)를 이야기하고 있는 바, 꿈속에서 자신의 전생을 보았다는 사례가 심심찮게 보여지고 있기도 하다. 태몽 또한 전세의 인연(因緣)을 보여주면서, 한 발 나아가 현세에서의 운명론적 예지를 함축적으로 보여주고 있다고 볼 수 있다.

태몽은 상징적인 미래예지 꿈이기에, 이러한 꿈의 특징은 꿈의 실현 시기에 차이가 있을 뿐, 꿈의 예지대로 이루어지는 특징을 지니고 있다.

6) 태몽을 사고 팔 수가 있나요?

결혼정보회사 듀오의 설문조사 결과, 기혼여성 약 500명을 대상으로 태몽에 대한 엄마들의 생각을 설문 조사한 결과, 82.9%가 "태몽을 꿨다"고 대답한 것으로 나타났다. 특이한 사실은 조사에 임한 엄마들 중 13.1%가 "남의 좋은 태몽을 돈 또는 물건을 주고 산 경험이 있다"고 응답했으며, 이중 76.8%가 태몽을 산 후 임신을 했다거나, 3.6%가 태몽을 산 뒤 임신 사실을 알았다는 응답도 나와 눈길을 끌었다. 게다가 이들 대부분은 이렇게 돈을 주고 산 꿈이 효력이 있다고 확신하고 있는 것으로 조사되었다. (출전: 한국아이닷컴 및 얌쥬)

사람마다 꿈을 꾸는 능력에 개인차이가 나고 있는 바, 꿈을 못꾸는 사람은 꿈을 잘 꾸는 사람의 도움을 얻어 살아가고 있다. 태몽에 있어서도, 임신한 여성만이 꾸는 것이 아니라, 남편이나 부모 주변 친지나 동료 등 관련된 다른 사람들이 대신 꿔주기도 한다.

일반적으로 배우자나 부모가 아닌, 주변 동료가 태몽꿈을 꾼 경우에, 현실에서 태몽을 사고파는 형식적인 매몽의 절차를 거치기도 하지만, 이 역시 원래 꿈을 꾼 사람이, 꿈을 산 사람의 꿈을 대신 꿔준 것을 불과한 것이다. 따라서 굳이 시어머니의 태몽꿈을 사지 않더라도 며느리가 임신하는 일로 이루어질 수 있지만, 며느리가 아닌 시집간 딸의 태몽을 대신 꿔주는 일로도 가능하다. 따라서 자신말고도 꿈이 실현될 인물들이 주변에 있는 경우에, 형식적인 절차나마 약간의 선물 등을 주면서 꿈을 사는 절차를 거친다면, 보다 확실한 안전장치가 마련된다고 볼 수 있겠다. 꿈을 사지 않은 경우, 꿈을 꾼 사람의 주변인물에게 실현되는 꿈으로 일어날 수 있기 때문이다.

7) 태몽을 생생하게 꾸었는데, 유산이 될 수 있나요?

유산될 수 있다. 어떤 사람은 생생한 태몽을 꾸었으면, 유산 등으로 실현되지 않는다고 생각하고 있다. 중요한 것은 태몽의 생생함의 여부가 아닌, 태몽속에 등장된 동식물 등의 표상이 어떻게 전개되었는가의 여부에 달려있다고 하겠다. 태몽 표상으로 등장된 동식물이 죽거나 달아나거나 썩거나 물리치거나 빼앗기거나 손에 넣지 못한 꿈 등등 안좋게 전개되었다면, 현실에서도 유산 등의 좋지 않은 일로 이루어지고 있다. 태몽속에 나오는 상징물들이 크고 싱싱하며 윤기나면서, 밝고 풍요롭고 아름다울수록 좋은 꿈이다. 꿈은 결코 반대가 아닌, 상징의 이해에 있다.

필자는 태몽 상담에 있어, 상징물의 표상전개에 있어서 유산이나 요절로 실현될 수 있는 상징 표상을 이야기해야 할 때, 가장 가슴 아프다. 태몽꿈의 특징이 상징적인 미래예지 꿈이기에, '예지적 실현을 벗어날 수가 없다' 라고 필자는 믿고 있다. 단지 장차 다가올 충격적인 일에 대한 마음의 준비를 하게 해주어, 슬기로운 극복을 하게 도와주는 뜻으로 받아들이면 될 것이다.

사실 이러한 유산이나 요절에 대한 충격적인 실현에 있어서, 태몽으로 어느 정도 예지 없이, 어느날 안좋은 일로 실현되었을 때, 받게 되는 심리적 충격을 이겨낼 사람이 그 누가 있을 것인가? 안좋은 태몽을 꿔서 그러한 일이 일어난 것이 아니라, 안좋은 일이 일어나기로 예정되어 있는 것을 태몽을 통해 미리 알려줌으로써, 장차 다가올 일에 대한 마음의 준비를 하게 해주는 것이다. 실로 꿈은 神(신)이 우리 인간에서 내려준 최상의 선물인 것이다.

8) 태몽이 안 좋은데 유산시켜야 할까요?

태몽을 통해 태어날 아기의 미래를 점쳐보는 것이야 아기와 만날 준비를 한다는 점에서 긍정적이라지만, 때로는 심각한 부작용을 초래하기도 한다. 태몽을 과신한 나머지 평생에 걸쳐 부모의 양육방식이나 자녀의 진로에까지 영향을 미치거나, 자칫 돌이킬 수 없는 재앙을 가져오기도 한다는 것이다. 나쁜 태몽(혹은 딸을 낳는 태몽)을 꾸었다고 낙태를 하거나, 임신기간 내내 병적인 불안감에 시달리는 임신부들이 대표적인 예다. (앙쥬)

태몽꿈에 유산이나 요절을 보여주는 것은 가능하다고 할 수 있다. 하지만, 태몽에서 꿈이 안좋다고 해서 인위적으로 어떠한 행위를 가하는 것은 대단히 잘못된 생각이며, 절대적으로 어리석은 행위이다. 이러한 태몽같은 상징적인 미래예지적인 꿈에 있어서 꿈의 예지는 가능하나, 그 실현결과는 피할 수 없는 것으로 일어나고 있다. 따라서 현실에서 굳이 인위적으로 유산 등을 하지 않더라도, 하늘의 뜻에 따라 이루어진다고 볼 수 있기에, 굳이 인위적인 행위를 더하지 않아도 된다.

자신이나 주변 인물이 꾼 안좋은 꿈이 태몽이라고 단정지을 수 없으며, 신이 아닌 이상 태몽꿈에 대한 100% 올바른 해몽을 할 수 있는 사람은 없다. 불길한 태몽이라고 믿었던 꿈의 실현이 실제 태몽이 아닌, 사업의 실패나 자신이 하고자 하는 일에 대한 성취가 이루어지지 않는 일로 이루어질 수도 있다.

또한 태몽이 안좋다고 속단하고 어떠한 인위적인 유산 행위를 했다면, 그러한 행위가 임신한 첫째 아이가 아닌, 다음에 들어서게 될 둘째 아이에 대한 예지를 보여주는 것으로 실현될 수도 있다.

결론적으로 신비한 태몽꿈의 세계는 우리 인간의 손을 떠난 신(神)의 영역에 해당되는 세계이다. 태몽이 좋지 않다고 인위적으로 유산시키는 어리석음은 우리 인간이 제 아무리 약은 꾀를 내서 날뛰는 행위를 한다고 하더라도, 손오공이 부처님 손바닥을 벗어나지 못하듯이, 하늘의 계시요 신의 영역인 태몽의 세계를 벗어날 수가 없는 것이다. 오직 인간으로서 성실하게 자신의 삶을 살아가는 마음 자세가 중요하며, 태몽에 대한 관심과 보다 올바른 이해가 필요하다고 하겠다.

9) 태몽은 좋은데 아기가 지체아이거나 성장이 느려요?

필자의 전화 상담 가운데, 태몽 꿈은 좋은데 아이가 자폐 증세를 보이거나 성장이 느리다고 고민하는 사례가 있었다. 필자는 태몽을 들어보고 좋은 태몽이면, 평생에 걸쳐 진행되는 태몽의 신비로운 예지력을 말하면서, 아이에 대한 관심을 지니고 적극적으로 지도하면 장차 훌륭한 인재가 될 것임을 말해 주고 있다.

구체적인 상담사례로 살펴본다. 아들을 가질 무렵에, 비늘이 달린 찬란한 용이 하늘로 승천하는 꿈을 꾸었다고 한다. 시아버님도 아주 커다란 빨간 고추를 마당에 놓으면서, "내 고추 농사를 지어보았어도 이렇게 큰 고추는 처음이다" 라는 꿈이었다고 한다. 사람들에게 아이 태몽을 내용을 이야기하면, 한결같이 좋은 꿈이라고 말을 한다는 것이고, 필자의 의견을 듣고 싶다고 했다.

　필자는 무척 좋은 태몽꿈이라고 말했다. 용이 승천하는 것은 장차 뛰어난 인물로 능력을 발휘할 것이라는 것, 또한 커다란 고추는 역량이나 그릇이 큰 인물, 훌륭한 인물의 태몽 표상이라고 말씀드렸다.

　그런데 현재 11살의 아들이 현재 좋은 상황에 있지 않다고 걱정을 하는 것이었다. 이 경우 어떻게 된 것일까. 수많은 사례를 보아 왔지만, 태몽꿈같은 상징적인 미래예지 꿈은 한 치의 오차도 거짓도 없다. 좋은 태몽으로 보이는 꿈을 꾸고 나서, 다른 어떠한 좋은 일이 일어나지 않았다면, 주변의 누군가의 태몽꿈을 대신 꿔준 것이 아니라면, 20~30년 뒤에라도 오직 태몽꿈의 상징표상대로 전개되기에, 장차 큰 인물이 될 것임을 예지해주고 있는 좋은 꿈이니, 보다 관심과 애정을 지니고 지도할 것을 이야기 해드린 바 있다.

10) 태몽으로 쌍둥이 낳을 것을 알 수 있나요?

　알 수 있다. 태몽 속에 나타난 사물에 대한 상징 표상의 이해에 있는 바, 태몽 표상의 사물이 두 개의 쌍으로 나오거나, 둘이나 셋 등 숫자 개념이 명확한 경우에는 쌍둥이일 가능성이 높다고 하겠다.

　예를 들어 보통 두 개씩 들어있는 땅콩의 태몽이라든지, 용 두 마리, 뱀 두 마리, 잉어 두 마리 등 동물 · 식물 두 개 등을 동시에 얻게 되는 꿈이거나, 어떠한 사물을 두 개씩을 동시에 얻게 되는 꿈인 경우이다.

　이처럼 쌍둥이를 낳게 될 것을 꿈속에 전개되는 태몽 표상에서 둘이라는 숫자가 강조되어 예지하는 특징이 있다. 다만, 유의할 점으로는 이 경우 두 쌍둥이나 세 쌍둥이 등이 아닌, 장차 두게 될 자녀 수를 예지

하는 일로 이루어질 수도 있다. 자세한 것은 Ⅳ장의 쌍둥이 출산 예지
꿈사례에서 살펴볼 것이다.

4. 태몽에 대한 잘못된 인식 비판

필자는 오랜 동안 꿈을 연구해왔으며, 20여권의 방대한 분량의 [홍순래 꿈해몽대사전]을 출간하고자 하는 꿈해몽 전문가 입장에서, 신문지상이나 방송 및 인터넷 상에 꿈해몽이나 태몽에 관한 여러 보도나 글에 대해서 관심 있게 지켜보고 있다.

하지만 꿈이나 태몽에 대해서 너무나 '무지하다' 할 정도로 엉터리 내용이나 잘못된 시각이 너무 많은 것을 보고, 씁쓰레한 마음을 금할 수 없다. 이러한 것을 바로잡고자, 틀린 언급에 대한 올바른 풀이를 시도해보고자 한다.

1) '꿈은 반대'라는 엉터리 역술인에 대하여

모 케이블 TV 방송을 보다 보니, 하늘에서 시키면 철근이 떨어지는 것을 붙잡는 태몽을 꾸고 태어난 여아에 대한 풀이를 하면서, '쇠붙이는 남아의 상징이지만, 꿈은 반대이니 여아가 태어났다'고 엉터리 태몽풀이를 하는 역술인을 본 적이 있다. '아니, 꿈이 반대라고' 이 무슨 뚱딴지같은 소리이며, 엉터리 근거없는 말로 떠들어대는지 도무지 이해할 수 없다. "꿈이 반대라면, '이빨 빠지거나, 신발 잃어버리는 꿈'을 오늘밤에 꾸기를 바란다. 아주 좋은 일이 일어날 테니까"

꿈은 결코 반대가 아닌, 상징의 이해에 있다. 호랑이의 태몽이라고 반드시 아들은 아닌 것이다. 호랑이도 암수가 있으니까 여아가 출생할 수도 있으며, 실제로 호랑이 태몽의 여아도 상당수 많이 있다. 다만 여아인 경우 호랑이처럼 활달하고 남성적인 성품의 여아일 것을 예지해 주고 있다. 여러 사례를 살펴보면, 해의 태몽으로 태어난 아이도 반드시 남아가 아닌, 여아가 출생할 수도 있다. 마찬가지로 꽃의 태몽으로도 남아가 출생할 수도 있다. 이 모든 것은 태몽 표상에서 남아 · 여아를 보여주는 것이 아니라, 남성적이냐 여성적이냐를 보여주는 것이라고 할 수 있다.

또한 점쟁이나 역술인은 꿈해몽에 대해서 올바른 해몽을 할 수가 없는 사람들이다. 꿈을 해몽하는데 있어, 꿈을 꾼 사람의 생년월일 등의 사주는 아무런 소용이 없는 것이며, 중요한 것은 꿈을 꾼 사람이 처한 상황이나 마음먹고 있는 바에 대한 이해이다. 꿈해몽은 육감(六感)을 넘어 칠감(七感)의 세계이자, 사차원의 세계라고 할 수 있는 정신능력의 세계가 펼쳐내는 상징기법의 세계이다. 꿈의 세계는 또한 문학적 상징 및 일상의 관습적 언어와도 일맥상통하는 바, 이러한 꿈의 상징기법에 대한 올바른 이해와 수많은 실증사례를 많이 알고 있는 필자와 같은 학자적인 꿈해몽 연구가가 가장 잘 할 수가 있는 것이다.

다만, 필자보다 뛰어난 꿈해몽가를 찾으라고 한다면, 솔직한 고백으로 이제 막 신이 내렸다고 하는 강신무(降神巫)에 대한 존재를 부인하지 않는다. 과학적으로 입증할 수 없지만, 우리가 알 수 없는 신비한 영적 세계가 존재하고 있으며, 이러한 영적 세계의 발현이 강신무를 통하여 접신(接神)되어 우리 인간들에게 내리는 말인 신탁(神託)과도 같은 공수의 말이 있을 수 있다. 이러한 강신무의 접신(接神)을 통해 나오는 말인 경우, 우리 인간의 말이 아닌, 어떠한 영적 세계의 힘을 빌어 진행되기에, 꿈해몽에 있어서 상징의미에 대한 해석을 뛰어넘어 직관적인 올바른 의견 제시가 가능하다고 보여진다.

2) 태몽의 예지력에 대한 잘못된 인식에 대하여

꿈을 연구하는 심리학자들이 이구동성으로 부정하는 것은 꿈의 '예지적 기능'이다. 이들은 일반적으로 꿈의 내용은 개인이 끊임없이 관심을 집중하고 있는 대상이나 아직 충족되지 않은 강한 욕구, 불안 등의 심리 상태, 신체적인 건강 상태 등이 복합적으로 작용해 나타나는 것으로 본다. 이와 함께 잠자는 동안 잠자리에서 오는 물리적인 외부 자극들도 부수적으로 꿈의 생성에 참가한다고 주장했다.

더욱이 임신 중에는 엄마 아빠를 비롯한 가족들의 모든 관심이 태아에게 집중돼 있고, 또한 아기의 외모, 건강, 미래 등에 대한 어떤 소망을 갖게 되기 때문에 이것이 특별히 태몽으로 인식되어 나타나기 쉽다. 가령 색이 아주 곱고 잘 익은 큰 복숭아를 손에 들고 있는 꿈을 꿨다면 이는 건강하고 소망스런 태아를 갖고자 하는 소망의 상징이고, 인기 연예인이 등장했다면 연예인처럼 인기나 영향력을 가지게 될 아기가 태어났으면 하는 강렬한 소망이 구현된 것이다. (출처 - 양쥬)

꿈에는 여러 가지가 있는 바, 소망이나 불안 등이 표출되는 심리적인 꿈이 있을 수 있으며, 주변에 대한 위험을 일깨워주는 꿈, 신부 내외부의 감각적인 자극으로 인한 꿈 등 여러 가지가 있다. 하지만 태몽은 이러한 것을 뛰어넘어, 장차 앞으로 일어날 일을 상징적으로 보여주는 가장 대표적인 상징적인 미래예지 꿈이다.

심리학자들은 앞의 인용 예시글에서 살펴볼 수 있는 바와 같이 꿈의 예지적인 기능에 대해서 믿지 못하고 있으며, 오직 심리적인 측면에서 언급하고 있다. 이를 비유하자면, 하루살이는 내일이라는 세계가 존재한다는 사실을 알지 못하고 있는 바와 같이, 꿈의 주요한 기능이 미래예지에 있다는 사실을 깨달지 못한 데서 비롯된다고 할 수 있겠다. 태몽의 세계는 미래예지적인 꿈의 세계이지, 심리적인 측면에서 살펴볼 차원이 아닌 것이다.

앞의 인용 글에서, 심리적인 꿈에 대한 의견으로는 일부의 심리적인 측면에서 볼 때는, 다소 맞는 말이 될 수도 있다. 하지만 미래예지적인 꿈의 세계인 태몽의 세계는 영적인 운명의 예지요, 학문적인 해석으로 언급될 세계가 아닌 것이다.

큰 복숭아를 손에 들고 있는 꿈인 경우, 건강하고 소망스런 태아를 갖고자 하는 소망이 꿈으로 표출되었다는 견해는 일면 그럴싸하게 보이나, 태몽이라는 꿈의 예지적 특성을 이해한다면, 엉터리 견해인 것이다. 그렇다면, 좋다고 보여지는 탐스런 복숭아 꿈이 아닌, 썩은 복숭아를 들고 있는 안좋은 꿈으로 유산이나 요절로 실현되는 태몽의 경우에는 어떠한 설명으로 언급을 해야 할 것인가. 다시 태어날 아기가 '유산하면 어쩌지'의 불안한 심리표출의 꿈에서 이러한 꿈을 꾸게 되었다고 말할 것인가? 중요한 것은 태몽 표상에 등장된 상징물의 전개대로 그 이후에 예지적으로 꿈이 실현된다는 데에 있다.

역사적 인물의 태몽이 그렇고, 오늘날 수천 수만의 태몽 사례는 이러한 사실을 극명하게 보여주고 있다. 이 책에 소개된 수많은 태몽의 실증사례를 살펴보면, 이러한 태몽 이야기가 거짓으로 지어낸 것이 아닌 것임을 알 수 있다. 무엇보다도 태몽속에 예지된 그 절묘한 상징기법대로 몇십년이 지나서라도 현실에서 실현되는 것에 대하여 놀라움과 신비로움을 금할 수 없을 것이다.

3) 태몽의 진정한 예지력은 '태교'에 있는가?

태몽의 예지력이 근거가 없다거나 비과학적이라고 치부해 버리는 것도 그다지 바람직한 태도는 아닌 것 같다. 사실 태몽이 비과학적이라고 단언해도 오랫동안 하나의 '문화'로 전승되어 온 믿음이 하루아침에 사라질 리도 없다. 다만 '신의 영역'으로 간주되었음에도 불구하고, 해석하는 과정에서는 가급적 좋은 의미를 부여했던 그간의 풍습에 비춰볼 때, 태몽은 태교의 연장선상에서 이해하는 것이 좋을 듯하다.

사실 우리의 조상들조차 태몽을 무조건 신봉했던 것은 아니다. 불길한 태몽을 꾸면 아이를 더욱 정성스럽게 키우고, 길한 태몽을 꾸면 아이가 가진 재능을 최대한 살려주려고 노력했다. 다소 미신적인 요소가 있었다고 해도, 대개는 일상생활에서 삼가고 준비하는 의례로 삼아 지혜롭게 처신했다는 점을 상기한다면, 태몽은 우리에게 많은 것을 준비하게 해주는 요소로 받아들일 수 있을 것이다. 즉 태몽을 통해 아기의 존재나 미래에 대한 의미를 분석하기에 앞서, 자신이 엄마로서 준비되어 있는지 자성하는 계기로 삼으라는 것이다.

만약 자신이 처한 환경 가운데 외적인 요인, 즉 직장이나 부부 문제, 시부모님과의 불화 등으로 인해 불안한 상태에 놓여 있다면 갈등의 고리를 푸는 게 중요하다. 이렇듯 태몽을 엄마와 가족 문제의 갈등을 해결하는 사인으로 인식함으로써 태교에 활용할 수 있다면, 그것 자체가 좋은 태교라고 할 수 있다. 결국 태몽은 엄마와 태아의 건강과 심리 상태 그리

고 앞으로 태어날 아기에 대한 자신의 소망과 욕구를 잘 드러내주는 지표
로 받아들일 때, 의미가 있다고 할 수 있겠다. 어떤 꿈을 꾸었든 태몽을 통
해 엄마와 태아 그리고 주변 환경을 돌아봄으로써, 보다 좋은 내용의 태
교와 양육을 할 수 있다면 태몽은 그야말로 행복한 미래를 보장하는 '예
지자' 역할을 해줄 수 있지 않을까? (출처 ― 앙쥬)

'태몽을 통해 아기의 존재나 미래에 대한 의미를 분석하기에 앞서,
자신이 엄마로서 준비되어 있는지 자성하는 계기로 삼으라는 것이다.'
'태몽을 통해 엄마와 태아 그리고 주변 환경을 돌아봄으로써, 보다 좋
은 내용의 태교와 양육' 등의 말은 아주 좋은 말들이다.

단적으로 말하자면, 태몽은 태교보다는 장차의 예지적인 운명의 길
을 계시해주고 있다. 태몽의 예지적인 세계를 벗어날 수도 뛰어넘을 수
도 없으며, 태몽에서 예지된 대로 운명의 수레바퀴는 굴러가고 있음을
수많은 태몽 실현 사례는 보여주고 있다.

이는 태교를 중시하는 사람의 입장에서, 태몽의 효용성을 이야기하
고 있는 것이며, 실제로 태몽에 나타난 상징표상물의 전개에서 도움을
얻을 수 있다. 예를 들어, 카나리아 새가 지저귀는 태몽인 경우 장차 성
악이나 음악적인 운명의 길을 예지해주었다고 볼 수 있기에, 태교에 있
어서도 음악 부분을 중시하여 음악을 많이 들려주는 태교의 방향으로
나아가는 것이 바람직하는 도움을 얻을 수 있다.

이처럼 태몽속에서 일부 태교에 참고를 할 수 있겠으나, 태몽은 초
월적인 영역의 세계인 것이지, 태교를 위한 태몽은 아닌 것이다. 즉, 태
교는 어디까지나 태몽을 위한 실현 목적을 위해서 존재하는 것이지, 태
교를 위한 태몽이 존재하는 것은 아닌 것이다.

4) 태몽은 민간신앙과 신화를 통해 미화된 것인가?

예부터 우리 조상들은 태몽 풀이를 통해 잉태 여부, 태아의 성별, 장래의 운명 등을 점쳐왔다. 이런 태몽의 풍속은 주로 민간신앙으로 전해지는 치성(신이나 부처에게 정성을 들임)이나 굿 따위의 무속적인 것, 주술적인 것 또는 점 등의 형태로 계승되었다. 『삼국유사』의 가락국기, 죽지랑, 원효불기, 〈열전〉의 김유신조, 『해동명신록』의 정몽주, 이이, 서경덕 편 등을 보면 역사 속 영웅들이 한결같이 범상치 않은 태몽을 통해 그 탄생이 예견되었음을 기록하고 있다. 또한 『조선왕조실록』에는 인조와 숙종을 비롯한 왕 7명의 태몽이 하나의 관례처럼 실려 있다.

사실 태몽에 대한 믿음은 서방세계라고 해서 다르진 않다. 대표적인 예가 석가모니와 예수의 태몽이다. 불경에 따르면 석가모니의 어머니인 마야 부인은 흰 코끼리가 오른쪽 옆구리로 들어가는 태몽을 꾸고 석가모니를 잉태했다고 한다. 그런가 하면 성경에는 예수의 어머니 마리아가 성령으로 잉태한 후에 그녀의 남편이 될 요셉의 꿈을 꾸었는데, 하나님의 사자가 나타나 예수의 잉태를 알려주었다고 전한다.

그러나 태몽은 이런 역사적인 기록들에도 불구하고 미신적인 영역으로 치부되고 있다. 연세 신경정신과 손석한 원장은 "태몽은 단지 '예기불안' 등 임신에 따른 엄마와 가족의 심리상태를 반영한 것임에도 불구하고, 유독 우리 문화권 내에서는 샤머니즘적 신앙과 결탁되면서 미화하고 과장된 측면이 있다"라고 말한다. 옛 기록들 역시 영웅을 미화하는 과정에서 만들어진 신화일 가능성이 높다는 것이다. (출처 - 앙쥬)

태몽은 민간신앙과 신화를 통해 미화되었다는 앞부분의 언급은 일부 일리 있는 이야기이다. 민속신앙에서 태몽에 대하여 신성시하고 있음을 이용하여, 'OOO전' 으로 시작되는 대부분의 고전소설의 시작이 영웅의 신비한 태몽으로 전개되고 있는 바, 민중의 태몽에 대한 신성시함을 보여주고 있다. 고려나 조선의 건국신화에 있어서도, 위정자들이 목적의식을 지니고 태몽을 통하여 신성시하고 미화하고 있기도 하다. (자세한 것은 필자의 『꿈으로 본 역사』 참고 요)

하지만 '태몽은 임신에 따른 엄마와 가족의 심리상태를 반영한 것' 이라는 주장은 신경정신과의 심리적인 측면에서만 언급하고 있기에, 태몽의 예지적인 특성을 도외시한데서 기인한다. 전체적인 입장에서의 태몽의 세계는 예지적인 미래를 보여주는 이상도 이하도 아니다. 서구의 논리에 휘둘려서 프로이트 등 그들의 주장만 대변할 뿐, 우리의 앞집 아주머니와 뒷집 할머니가 일생을 살아오면서 체험적으로 깨달은 예지적 세계에 대한 꿈의 세계에 대해서는 무지할 뿐인 것이다.

하지만 사실 서양에서도 이러한 예지적인 꿈의 세계에 대해서 부정적으로만 보지는 않고 있다. 대표적으로 『성경』 속에도 계시적이거나 예지적 꿈에 관한 이야기가 자주 나오고 있음에서 알 수 있겠다. 또한 고대 후기 꿈해석의 위대한 권위자인 '아르테미도로스' 는 이러한 예지몽에 지대한 관심을 지녀, 필생의 역작으로 『꿈의 열쇠(Onirocriticon)』 를 남기고 있는 바, 꿈을 해몽하는 주 목적인 꿈꾼 자에게 앞으로 행동의 방향을 제시하는 것이라고 보았다. 이러한 '아르테미도로스' 입장에서 살펴본다면, 태몽의 목적 또한 앞으로 인생의 길에서 나아갈 행동의 방향을 살펴보는 것이라 하겠다.

5) 태몽에 대한 인식이 달라졌는가?

여러 세기를 거쳐 전승되면서 태몽도 많은 변화를 겪었다. 먼저 주목할만한 것은 태몽의 예지력이 미치는 범주의 변화다. 과거에는 태몽을 통해 아기의 모든 것을 점칠 수 있었다. 즉, 신체적인 특징이나 성격, 행동 특성은 물론이고 어떤 직업을 갖게 될 것인지, 어떤 삶을 살게 될 것인지, 유산되거나 요절하진 않을지 등 장래에 일어날 아기 운명 전반을 예지한 다고 믿은 것이다. 그러나 요즘엔 태몽 꾼 경우 아들인지 딸인지 여부에만 관심을 둔다.

요즈음 사람들이 태몽으로 아들·딸의 구분에만 관심을 지니는 것은 태몽에 대한 무지에서 비롯된 것 이상도 이하도 아닌 것이다. 태몽의 예지적인 실현의 세계는 예나 지금이나 아무런 변화가 없다. 오늘날도 태몽의 세계를 믿고 안믿고는 개개인의 꿈에 대한 인식의 차이에서 비롯되고 있는 것일 뿐, 오늘날 모든 사람들이 태몽을 꾼 경우 아들인지 딸인지 여부에만 관심을 두는 것은 아니다. 꿈의 예지를 믿는 사람들은 태몽에 관하여 관심을 기울이고 있으며, 또한 태몽의 운명적인 예지에 대하여 믿고 있다.

6) 태몽은 임신 전후에만 꾸는 꿈인가?

태몽임을 인정하는 시기의 변화다. 과거에는 태몽의 시기가 일정한 것은 아니어서, 임신 혹은 출산 전후 언제라도 태몽을 꿀 수 있다고 믿었다. 그러나 요즘에는 임신 중 또는 임신 직전으로 한정되어서 출산 후에 꾸는 것은 태몽이라고 보지 않는다. 재미있는 사실은 현대의 일부 생물학자들 중에는 '수정란이 나팔관 끝에서 난할(세포분열)을 시작한 뒤 아래쪽으로 내려가 자궁벽에 착상하기까지 약 1주일에 걸친 밀월여행의 기간동안 태몽을 꾸게 된다고 주장하는 이도 있다.

진정한 의미의 태몽은 임신 사실을 알기 전에 꾸는 꿈일 것이다. 이 경우는 임신했는가 안했는가에 대한 결과만을 일깨워주고 있다. 하지만, 임신 사실을 알았다고 하더라도, 태몽의 참다운 의미가 장차 태어날 아이에 대한 운명적 예지를 보여주는데 있기에, 임신 사실을 안 후에라도 출산 전에 이르기까지 운명적 예지를 보여주는 태몽을 여럿 꿀 수도 있다. 따라서 임신중에 언제 꾸든 상관없이, 강렬하고 생생한 꿈의 전개로 펼쳐진다면 의미있는 태몽 꿈으로 받아들여야 할 것이다.

수정란이 자궁벽에 착상하기까지 약 1주일 운운의 생물학자들의 주장은 이런 점에서 볼 때, 참고로나 할 것이지, 타당성이 있는 말은 아닌 것이다.

7) 태몽이 산모의 신체변화와 관련이 있는가?

생물학자 중에는 태몽의 표상을 임신 기간 중 산모의 신체 변화와 연관지어 설명하기도 한다. 즉, 태몽 중에는 '알' 꿈과 '용' 꿈이 유독 많은데, 알고 보면 그 이유는 따로 있다. 알 꿈을 꾸는 것은 둥근 난자가 나팔관 벽을 자극한 것이 꿈으로 구현된 것이고, 용꿈은 나팔관(수란관)의 '꿈틀운동(연동운동)'의 결과라는 것이다. 그리고 많은 사람들이 '지렁이' 꿈을 꿨다고 해도 자의적으로 '용' 꿈이라 인식하는 경향이 많다. 더 좋은 쪽으로 보고 싶은 욕심이 무의식적으로 신화적인 태몽을 만들어내는 것이다.

관련이 절대적으로 없다. 태몽 중에 '알꿈' 과 '용꿈' 이 많은 것이
아니다. 실증사례를 통계내어 보면, 오히려 뱀꿈과 열매 꿈이 더 많다.
알꿈을 난자의 둥근 모양에, 용꿈을 구부러진 나팔관의 연동운동에서
연유되었다고 하는 것은 생물학자의 궁색하고 근거없는 헛된 말이다.
그러면 가장 많은 뱀꿈 및 열매 태몽은 어떻게 설명할 것인가?

다만, 지렁이 꿈을 용꿈이라고 더 좋은 쪽의 태몽으로 무의식적으
로 신화적 태몽을 만들어낸다는 말은 맞는 말로 보아야 할 것이다. 많
은 사람들이 자신이 꾼 꿈이 좋은 태몽이라고 믿고 싶은 것이며, 또한
그럴 것이라고 스스로 위로하고 있다. 이 경우 저마다 좋은 태몽을 꾸
었다고 하지만, 좋은 인생길이 펼쳐지지 않는 것은 태몽 자체가 그다지
좋지 않은 태몽일수도 있다. 꿈의 세계는 한 치의 오차도 거짓도 없다.
태몽의 세계는 더더욱 그렇다. 오직 우리 인간의 잘못된 해몽만 있을
뿐.

8) 태몽은 임신부에 의해서 선택적으로 지각된 것인가?

동서심리상담연구소 백현정 태교 상담실장은 "잠자는 동안 모든 사람
은 꿈을 꾸며 대부분의 사람들은 이것을 기억한다. 특히 사람들은 강렬하
고 생생한 꿈을 좀더 특별하게 기억하는데, 이 꿈이 임신 전이나 임신 중
의 기간과 맞물려 일어났을 경우 그것이 태몽으로 간택된다. 결국 태몽은
많은 꿈 중에서 임신부에 의해 선택적으로 지각된 것" 이라고 설명했다.

태몽은 많은 꿈 중에서 임신부에 의해 선택적으로 지각된 것이 아
니다. 그렇다면 친지나 주변 사람들이 대신 꿔주는 태몽꿈은 어떻게 설
명을 할 수 있는가? 미래예지적인 태몽은 임신부가 임의로 선택하고

안하고가 아니라, 하늘의 운명적인 계시이며, 일깨움이다. 중대한 일의 예지이기에 20~30년 뒤에라도 기억될 정도로 생생하고 강렬한 꿈의 기억으로 알려주는 것이며, 그렇기 때문에 태몽은 반드시 임신부가 아닌, 주변 친지나 동료 등이 대신 꿔주기도 한다.

9) 태몽의 표상과 세부적인 내용과 풀이도 다양해졌는가?

태몽의 표상이 과거에는 용 · 보석 · 별 · 달 · 해 등 몇 가지로 한정돼 있었고, 그 내용도 거의 천편일률적이었던 데 반해, 요즘은 다양하고 복잡해진 세태를 반영한 탓인지 태몽의 표상과 세부적인 내용도 다양해졌다. 요즘 엄마들의 태몽은 같은 용꿈이라도, 그 배경이나 상황 등이 정확하게 일치되는 경우는 거의 없다.

태몽을 풀이하는 방법에 있어서의 변화다. 과거에는 태몽을 신성한 영적 영역이라고 간주했기 때문에, 점술가나 무당 · 주술사 등 신과 교통하는 사람들만이 이를 해석할 수 있었고, 이들은 액운에 대한 해결책까지 제시했다. 하지만 최근에는 심리학자들을 중심으로 태몽을 좀더 과학적 · 심리학적인 방법으로 접근하려는 시도가 계속되고 있다. 이러한 과정을 통해 태몽에 대한 새로운 조명이 이뤄지고 있음은 물론이다.

태몽의 다양한 상징표상은 옛날에도 다양했으며, 예나 지금이나 변함이 없이 다양하다. 문헌에 적힌 위인들의 경우이기에, 용 · 보석 · 별 · 달 · 해 등이 많이 기록되어 있을 뿐, 그 당시에도 일반인들은 그 시대에 맞는 다양한 태몽 꿈이 존재했다.

'문학은 시대상을 반영한다'는 말이 있지만, 마찬가지로 꿈의 상징 표상물도 시대상을 반영하고 있다. 옛 선인들이 자동차 꿈을 꿀 수 없었던 것이 당연하듯이, 오늘날 꿈속에 자동차가 등장하는 것은 당연한 꿈의 전개이다. 꿈을 꾸는 주체인 우리 정신능력은 적절한 소재를 선택하여 가장 효과적인 상징물을 등장시키고 있을 뿐이다. 따라서 시대의 변천에 따라 태몽에 등장하는 상징 표상물과 세부적인 내용전개가 다양해지는 것은 당연한 말인 것이다. 또한 사람들이 같은 용꿈을 꾼다고 하더라도, 예나 지금이나 같은 배경이나 상황으로 전개되는 꿈은 하나도 없다. 예를 들어, 호랑이가 등장하는 태몽을 꾸었다고 하더라도, 같은 상황과 같은 전개의 태몽은 하나도 없을 것이다.

필자가 태몽이나 꿈을 굳게 믿는 이유 중의 하나가 여기에 있다. 오늘날 자신이 태어난 생년월시와 같은 사주(四柱)를 수없이 찾아볼 수 있다. 그렇다면 이 사람들의 운명의 길이 모두 같다는 말인가? 하지만 똑같은 태몽으로 태어난 사람은 없다. 꿈의 세계는 1:1의 예지적인 맞춤 정보이며, 태몽은 오직 그 아이만을 위한 인생의 청사진이요, 안내도요, 하늘의 운명적인 계시인 것이다.

태몽을 풀이하는 사람에 대한 변화가 일어나고 있는 것은 시대의 변화에 따른 당연한 결과로 볼 수 있겠다. 옛날의 제정일치의 시대이자, 무속인이나 점쟁이들이 해몽하던 시대에서, 과학적 · 합리적인 사고가 가능하며 실증사례에 토대를 둔 태몽표상물에 대한 상징기법에 대한 올바른 이해와 연구가 가능한 학자 등에 의해서 이루어져야 할 것이다.

또한 예지적인 태몽의 세계를 과학이라는 미명하에 미신시하고 근거없는 영역으로 인식하는 것은 잘못이며, 영적인 태몽의 세계를 심리 표출에 역점을 두고 있는 심리학의 입장에서 연구하는 것도 올바른 접근방법이 아닌 것이다.

10) 태몽이나 꿈을 인위적으로 조절해 꿀 수가 있는가?

올해 초 최면술을 이용해 원하는 꿈을 마음대로 꿀 수 있게 해주는 비디오테이프가 등장했다. 이 비디오테이프만 있으면 '돼지 꿈'과 같은 대박 꿈도 가능하고, 용이 등장하는 태몽도 꿀 수 있다고 한다.

신구대학 김영국 교수에 의해 제작된 이 비디오테이프는 잠잘 때 뇌파가 알파파로 바뀌는 원리를 이용해 만들어진 것으로, 비디오를 시청한 사람은 온몸의 힘이 빠지며 나른함을 느끼게 되고, 시간이 지남에 따라 점차 뇌파가 안정되면서 최면상태로 유도된다. 이때 원하는 꿈을 유도하는 장면을 보여주면 그 꿈을 꾸게 된다는 것이다.

이 이론대로라면 마치 백화점에서 옷을 고르듯이 자신이 입맛에 맞는 꿈을 골라 꾸게 된 것이다. 이는 심리학자들의 주장대로 꿈은 개인의 현실과 긴밀하게 관계를 맺고 이를 다양한 영상으로 반영하고 있다는 것을 뒷받침하는 증거자료가 된다.

최면 기법을 이용하여 '돼지꿈을 원하는 대로 마음대로 꾸게 해준다', '사람이 마음대로 꿈을 조정할 수 있게 되었다.' 이러한 글에 대하여, 기가 막혀 말이 나오지 않는다. 이 경우 길게 이야기할 필요도 없을 것이다. 당장 발명한 사람이 실험체가 되어, 로또 대박의 돼지꿈이나 용꿈을 인위적으로 꾸는 길로 나아가면 될 것이다.

로또 당첨 되기를 바라는 마음에서 돼지 그림이나 사진을 본 후에, 꿈속에서 돼지가 나왔다고 그것이 돼지꿈이란 말인가? 미래예지적인 꿈에서 돼지꿈이 지니는 다산과 번식력의 재물운의 상징의미를 지닐 수 있다는 말인가? 이는 고향에 가고 싶은 자신의 간절한 바람에서 '꿈에 본 고향'이란 말이 있듯이, 로또 당첨을 바라는 '꿈에 본 돼지'에 불과할 것이다. 따라서 꿈에 돼지가 나왔다고 하더라도, 이는 심리적인 소망 표출의 꿈이기에, 장차 일어날 일을 보여주는 재물운의 상징적인 미래예지적인 꿈으로 절대로 실현될 수는 없을 것이다. 용이 등장하는 태몽 꿈 또한 마찬가지이다.

정신분석학적으로 꿈을 분석하여, 심리상태를 파악한다든지, 치료에 도움에 되게 하는 것은 프로이트 이후 널리 알려져 있다. 이처럼 인위적인 꿈을 이용하여, 심리적 불안감의 해소나 심리적인 안정을 가져오게 하는 등의 심리적인 치료는 가능하다고 할 수 있다.

하지만 꿈에도 여러 가지가 있는 바, 심리표출의 꿈도 있지만, 가장 주요한 것은 미래예지 꿈의 세계로, 로또 당첨이나 태몽은 대표적인 미래예지 꿈이다. 이러한 태몽에 대해서 심리 운운을 논하는 심리학자들은 문밖에 있는 문외한들이기에, 운명적인 계시라고 할 수 있는 태몽에 대해서 왈가왈부하는 자격조차 없는 것이다. '아는 만큼 보인다'라는 말이 있듯이, 하루살이 세계에서 예지적인 내일의 세계가 존재한다는 것을 알 수도 없으며, 따라서 보일 수도 없으며 볼 수도 없는 것이다.

Ⅱ 태몽표상에 따른 전개

1. 태몽 표상 개괄

가임여건에서 동물 · 식물이나 무언가를 얻거나 가져오는 꿈이 생생하고 강렬한 경우에는 태몽으로 이루어질 가능성이 높으며, 미혼인 경우 연분을 맺게 되는 애인이 생기게 되며, 일반적으로는 어떠한 성취나 결실을 이루어지는 일로 실현된다.

태몽꿈은 동물 · 식물뿐만 아니라, 해 · 달 · 별 기타 무생물 등 다양하게 나타나고 있다. 또한 무엇을 훔쳐오는 꿈이나 대통령이나 연예인을 만나는 꿈도 가임여건에서 꿈이 생생하고 강렬하다면 태몽에 해당된다.

태몽 꿈해몽을 간략하게 살펴본다.

- ○ 사나워 보이는 태몽을 꾸면 용감하고 쾌활한 아이가 태어나며, 온순해 보이는 태몽을 꾸면 지극히 선량하거나 온순한 성격의 아이가 태어난다.
- ○ 물건이나 동물을 안는 태몽을 꾸면, 그 물건이 상징하는 어떤 일과 결부되거나 재물과 관계되는 일이 일어남을 예지한다.
- ○ 무엇을 훔치거나 짐승에게 물리는 꿈은 현실에서는 나쁜 일이 되지

만, 꿈속에서는 태몽이 되거나 어떠한 권리를 획득하게 되는 일로 나타난다.

○ 산·강물·동물·기구 및 기타를 삼켜버린 태몽을 꾸면, 태아가 장차 물건의 상징 의의와 비견하는 사업이나 권세·일·명예 등을 얻게 됨을 예지한다.

○ 문 밖까지 나왔다 들어가는 태몽은 문 밖까지가 활동의 시기 또는 중년까지이고, 문 밖에서 집안까지가 출세 단계 또는 중년 이후를 뜻한다. 태몽에서 야외로 나간 거리는 초년 운세이고, 목적지에서 되돌아오는 길은 중년 이후나 말년 운세를 뜻한다.

○ 공간 위치에서의 천체(해, 달, 별)는 공간 위치에서 일의 초반·중반·종반을, 태몽에 있어서는 초년·중년·말년의 운세를 예지한다.

○ 상대방보다 먼저 갔으나 나중에 올 길은 태몽을 꾸면, 태아가 장차 남보다 먼저 사회 진출을 하지만 늦게 출세할 것을 예지한다.

○ 열심히 글을 읽고 공부하는 꿈은 장차 태어날 태아가 학자나 연구 분야에 관련을 맺게 된다.

○ 꿈에 거사나 귀인·동자가 들어오거나 품에 안기는 꿈, 구슬을 받는 꿈, 하늘이 찬란하게 붉고 해가 붉은 햇무리를 띠고 품속으로 들어오는 꿈, 귀인이나 성현과 관계된 꿈, 해·달·별·잉어·용·호랑이·금·은·귀한 물건 등은 길몽으로 귀한 자식을 얻게 된다. 하지만 이보다 더 중요한 것은 꿈이 어떻게 전개되었는가에 달려있다고 하겠다. 온전하며 풍요롭고 밝은 표상으로 전개되는 꿈이 좋은 태몽 표상이다.

2. 식물 · 청과류에 관련한 태몽

1) 식물 · 청과류의 태몽 개괄

식물이나 과일의 태몽은 크고 아름다우며 싱싱하며 윤기 나는 것일수록 좋다. 또한 과일이 주렁주렁 탐스럽게 열려 있는 것은 장차 풍요로운 인생길이 전개됨을 예지해주고 있다. 이 경우 받거나 가져오는 꿈이 좋으며, 심지어 빼앗거나 훔쳐오는 등 내 손안에 넣는 것이 좋다. 태몽이 아닌 일반적인 상징의미로는 애인을 얻게 되거나, 과일이나 식물로 상징된 재물 · 성과 · 작품의 성취를 이루어내는 결과로 이루어진다. 하지만 얻지 못하거나 돌려주는 것은 좋지가 않다. 다시 빼앗기거나 얻지 못하는 꿈의 경우, 태몽에서는 유산이나 요절 등으로 안좋게 실현되며, 일반적으로는 성취하려다가 뜻을 이루지 못하게 된다.

일반적으로 씨 있는 열매는 아들, 씨 없는 열매는 딸인 경우가 많다. 또한 붉은 고추나 알밤은 아들, 풋고추나 풋밤은 딸 등 익었느냐 덜 익었느냐에 따라 성별을 구분되기는 하지만 절대적인 것은 아니다. 태몽표상으로 덩굴에 열린 과일과 과일 사이는 상당한 세월이 경과함을 뜻하고, 싹이 나는 밑부분은 초년, 맨 위의 부분은 일생의 말년을 뜻한다.

태몽 표상에 있어, 땅에 떨어진 열매보다는 나무 위에 달려 있는 열매가 풍요로운 인생길의 예지를 보여주고 있다.

앙상한 나무를 흔들어 과일을 따는 꿈은 출산시 나무로 상징된 산모에게 건강의 위험이 우려될 수 있다. 이 경우 과일이 상했거나 부실한 경우 출산하는 태아의 건강이 좋지 않은 일로 실현된다. 또한 덜익은 과일을 따는 꿈은 일찍 아기를 낳는 조산으로 실현되기도 한다.

채소와 청과류를 가져오거나 얻는 꿈을 생생하게 꾼 경우에, 가임 여건에서는 태몽의 표상이며, 미혼인 경우 애인이 생기게 되는 일로 실현될 수 있다. 일반적으로는 채소나 과일 등이 재물·돈·작품·일·사업성과 및 기타 자신의 소원의 대상을 상징하며, 이러한 것이 획득하게 될 것을 예지해주고 있다. 태몽에서는 여자아이를 얻게 될 가능성이 높으나, 절대적이지는 않다. 시장에서 과일이나 채소를 사오는 태몽은 중년 이후에 공개적인 사업성과를 얻는 일로 실현될 가능성이 높다.

꽃밭처럼 많은 꽃은 성별에 관계없이 명예와 업적을 뜻하기도 한다. 꽃이 크고 탐스럽고 예쁜 것이 널리 피었다면, 장차 부유하고 풍요로우며 많은 업적을 쌓아 명예로운 삶을 살아가게 되는 인물을 얻게 됨을 상징한다.

꽃을 꺾어 든 태몽을 꾸면 남녀 성별에 구애됨이 없이 태아가 장차 명예와 업적을 얻게 되며, 이 경우 꽃 태몽은 딸일 가능성이 높지만 절대적인 것은 아니다. 윗사람이 준 꽃 주머니를 받는 꿈은 태아가 장차 지도자나 은인에 의해서 사업 기반을 얻거나 귀해짐을 예지한다. 화분에 곱게 핀 꽃은 인품이 고매한 아이, 들판에 무리 지어 핀 꽃은 기관이나 단체에서 인기가 많은 일생이 될 것을 뜻한다. 넓은 들판에 홀로 핀 꽃은 재능과 의지로 자수성가하는 것을 의미한다. 고목에 꽃이 피는 태몽은 어려운 여건에서 많은 사람을 계몽하는 선구자가 될 자식을 갖는다.

　대추나 가지 태몽의 경우 아들을 낳는 경우가 많으나 절대적이지 않으며, 포도의 태몽 또한 딸일 가능성이 높지만, 아들일 경우 여자 아이처럼 예쁘고 잘생긴 경우가 많다. 오이나 호박 역시 딸을 낳을 가능성이 높으나, 이 역시 절대적이지 않다. 파·마늘·고추 따위의 자극성이 있는 청과류는 태아가 장차 어떤 특기나 재능으로 유명인이 될 것을 예지해주고 있으며, 장차 선전원·전도원·교직자 및 정신적인 지도자가 될 가능성이 높으며, 일반적인 상징으로는 특이한 연구 자료나 자본 등을 상징한다.

　고구마가 산더미처럼 쌓여 있는 태몽은 풍요로운 인생길의 예지이며, 장차 많은 사람을 거느리거나 또는 대가족 속에서 집안을 다스리게 될 것을 예지해주고 있다. 고구마 밭을 가는 꿈은 커다란 규모의 사업을 영위하거나, 훌륭한 작품이나 공예에 뛰어난 인물이 됨을 예지한다.

　모 조사에 따르면, 꽃(13.6%) 고추(11.4%), 밤(11.4%), 기타 복숭아, 고구마, 사과 등 태몽 표상은 다양하게 전개되고 있는 바, 앞으로 태몽 표상물 조사 및 태몽 체험 등에 관한 보다 자세한 태몽 연구가 시행되어야 할 것이다.

2) 식물 · 청과류 태몽 실증사례

〈 꽃바구니와 꽃다발을 산 꿈 〉

　시어머니와 친정엄마 드린다고 꽃바구니와 꽃다발을 산 꿈을 꿨는데, 임신을 했네요. 여러가지 꽃이 있었고 공통점은 활짝 핀 흰 국화꽃이 다섯 송이 이상씩 들어 있었어요. 국화꽃이 좀 그래서 이게 무슨 꿈인가 했는데, 제가 임신이 되었거든요. 아이의 성별을 알 수 있나요?

(김유경, 베베하우스)

원칙적으로 꽃꿈이라고 해서, 여아가 태어나지는 않는다. 꽃이 여성적 상징이기에, 여성일 가능성이 높을 뿐인 것이다. 이밖에도, 나무에 복숭아가 무진장 많이 열렸는데, 꽃 한 송이가 치마폭으로 떨어지는 태몽을 꾼 사람이 있다.

〈 장미꽃 한 다발을 받는 꿈 〉

저는 장미꽃 한 다발을 받는 꿈을 꾸었는데요. 아들이였습니당.

(고경애, 베베하우스)

꽃의 상징으로 태어난 남자 아이는 귀공자같은 뛰어난 꽃미남의 외모이거나, 섬세하고 가녀린 여성적 성품을 지닌 아이일 수 있다.

〈흰 색 연꽃 꿈〉

저는 꿈에 맑은 물위에서 작은 배를 타고 가다가, 사람 몸집보다 훨씬 큰 흰색 연꽃을 보았어요. 저는 흰색 연꽃을 실제로 본 적도 없는데, 꿈에서 커다란 흰색 연꽃을 보고는, 너무 신기해서 배에서 내려서 물을 헤치며 꽃으로 다가 가다가 깨어났어요. 처음에는 태몽인지 모르고 흰색 연꽃을 꿈풀이에서 찾아보니, 실제로 흰색 연꽃은 흔치않은 귀한 꽃이라고 대박 꿈이라고 그래서 로또를 사고 난리였는데, 나중에 알고 보니 그게 태몽꿈이었어용. 근데 작은 꽃들이 만발한 것은 보통 딸이라고 하는데, 이

렇게 꽃꿈일지라도 큰 꽃 한 개가 나오는 것은 아들일 확률이 높다고 하더라구요. (강연주, 베베하우스)

  하얀 눈 내리던 날, 너무 큰 하얀 연꽃이 다가오더라구요. 임신인지 아닌지 모르다가, 이 꿈을 꾸고 임신 확인을 했어요. 크고 꽃이어도, 한 송이는 아들이라더라구요. (우주영, 베베하우스)

〈 꽃에 둘러싸인 꿈 〉
  꽃바구니, 꽃다발, 꽃으로 만든 반지, 화환 등 꽃에 둘러싸이는 꿈이었습니다. 꽃마차까지 탔어요. 꽃다발을 받으면서도 '이렇게 다 내가 받아도 되나' 하는 생각이 들 정도였습니다. 그렇게 해서 만난 우리 아들, 순박하면서도 착하게 웃는 사랑스러운 아이랍니다.

〈 밭에 목화꽃이 만발한 꿈 〉
  임신 9주 들어갑니다. 할머니가 꾸신 꿈인데, 밭에 목화꽃인지 솜인지 하얗게 만발을 하였는데, 그걸 바구니에 마구 담는 꿈이었다고 하십니다.

(김옥수, 베베하우스)

〈 씨앗에서 하얀 목련을 피워낸 꿈 〉
  아빠가 가져다 주신 씨앗을 엄마가 심는 꿈으로, 물을 주니까 나무 한 그루가 쑥쑥 자라더니 하얀 목련을 피워내더란다. 엄마는 그 꽃이 너무 예뻐 넋을 잃고 바라보다가 꿈을 깼다고 한다. 결과는 예쁜 딸.

(탤런트 김소연)

〈 호수에 핀 수선화에 보름달 빛이 비치는 〉

재일동포 2세 소프라노 가수 전월선(田月仙)씨의 태몽이다. "어머니가 호수에 핀 수선화에 보름달 빛이 비치는 태몽을 꾼 뒤, 나를 낳아 '월선' 이란 이름을 붙여줬어요. (중앙일보, 2004.01.28)

〈 흰색 동양란 꽃잎을 따 먹는 꿈 〉

탤런트 최수종—하희라 부부의 딸 태몽이다.

"깊은 산속 개울가에서 흰색 동양란 꽃이 피었는데, 그 꽃잎을 따먹는 꿈을 꾸고 딸인 윤서를 낳았어요"

〈 선인장에 붉은 꽃이 피는 꿈 〉

차태현은 결혼하여 2007년 12월 26일 아들을 낳았다. 아들 수찬이를 가졌을 때, 아내(최석은)가 태몽 꿈을 꾸었는데, '커다란 선인장에 손 모양의 붉은 꽃이 피는 꿈'을 태몽으로 꾸었다고 한다.

〈 고추밭에서 고추를 따는 꿈 〉

동서가 태몽을 꾸었는데, 고추밭에서 고추를 따서는 커다란 소쿠리에 정신없이 담았대요. 그리고 정말 건강한 사내아이를 낳았답니다.

〈 파란 고추에 주름이 있는 꿈 〉

지금 막내아들이 11살인데 위로 딸 둘을 낳고, 아들을 무척 바라는 터에 제가 꿈을 꾸었습니다. 먼 친척되는 할머니가 왼손을 내밀라고 해서, 똑바로 손바닥을 위로 해서 내밀었더니, 파란 고추 하나를 손바닥에 놓았는데, 눈길이 파란 고추 끝에 주름이 잡힌 그 부분에 시선이 가 있던 꿈을 꾼 후, 아들을 낳았습니다.

보통 덜 익은 파란 고추는 대부분 딸로 실현되고 있다. 이 꿈에서는 주름이 잡힌 부분이 남자의 성기와 유사하기에 아들과 관련이 있어 보인다.

〈 산신령이 푸른 고추 두 개를 주는 꿈 〉

둘째 가질 때, 꿈속에서 산신령이 나타나서, 푸른 고추 2개를 손에 줬어요. 제가 하나는 다른 사람한테 주고, 이쁜 딸을 낳았답니다. 태몽은 꿈이 선명하고 기억이 뚜렷해요. (물망초, 다음 미즈넷)

꿈에서 푸른 고추 두 개를 받아 하나는 다른 사람에게 주고, 하나만 받은 꿈으로 딸을 낳고 있다. 이처럼 덜익은 푸른 고추는 대부분 딸로 실현되고 있다. 아마도 꿈속에서 하나를 나누어 준 다른 사람 또한 임신을 해서, 그 역시 딸을 낳았을 것이며, 이러한 경우 본인의 태몽뿐만 아니라, 다른 사람의 태몽을 대신 꿔준 것이다.

〈 남의 과일 하나를 훔친 꿈 〉

어떤 여자가 팔려고 자기 앞에 늘어놓은 과일을 그녀가 딴 곳을 보는 사이에, 그 중 배 한 개를 슬쩍 훔쳐 허리춤에 넣었다.

꿈의 실현은 처한 상황에 따라 달리 이루어진다. 이 꿈은 중매쟁이(과일 장수)를 통해서 며느릿감(배 한 알)을 얻을 것(훔치다)을 예지한 일로 실현되었다. 이 경우 가임여건에서는 태몽으로 실현되며, 다시 빼앗기는 꿈은 유산으로 실현된다.

〈 배를 따 주는 꿈 〉

내 태몽은 이렇다. 어머니가 텃밭을 지나고 계시는데, 지금은 돌아가
신 고모할아버지가 조용히 어머니를 부르시더니, 탐스럽고 큰 황금배 하
나를 따 주셨다고 한다. 어찌나 탐스러운지, 황금색으로 번쩍번쩍 빛이
다 나더란다. 그 배를 두 손으로 받아들였더니, 순간 하늘에 한 줄기 빛이
배를 향해 내려오는 꿈이었다. 어머니는 그 꿈을 꾼 순간 '아들이구나' 하
고 탄성을 질러댔다고 한다. 탐스럽고 큰 황금 배를 따서 챙겼으니, 아들
일 것이라며 좋아 하셨단다. 하지만, 결과는 딸인 사실에 기세좋게 할머
니가 아들 이름 지으려다가 헛수고 하셨단다.(시지르syzyr)

인터넷에 올려진 시지르(syzyr)의 태몽사례이다. 이처럼 태몽 표상
으로 아들·딸을 정확하게 예지한다는 것은 어렵다. 하지만 전개된 태
몽 표상으로 보자면, 탐스런 황금색의 배, 거기에 한 줄기 빛이 비추는
등 아주 좋은 태몽으로 장차 귀하고 선망의 대상이 되는 부귀로운 인생
의 길이 펼쳐질 것을 예지해주고 있다.

〈 사과를 따오는 꿈 〉

화창한 날씨에 유혹돼 야외로 나가, 탐스럽고 빛깔이 좋은 사과를 따
서 가져오는 꿈으로 아들을 낳았다.

대체적으로 성숙한 과일의 경우 아들, 미성숙의 과일은 딸로 실현
되는 사례가 많다. 장차 아들하나를 더 두게 되는 일로 실현될 가능성

이 높다.

〈 예쁜 사과, 복숭아의 태몽 꿈사례 〉

하얀 구렁이가 제 몸을 감싸는 꿈을 꾸고 아들을 낳았어요. 또한 하얀 바닷가에서 큰 사과나무를 봤는데, 너무 예쁜 사과 3개가 달려있더라고 요. 둘째 때는 딸을 낳고 싶었어요. 주변에서는 아들 꿈이라고 했지만, 내 심 딸이길 바랬지만 낳아보니 아들이었어요. 나중에 시댁 형님께서 말씀 하시기를, 복숭아 3개를 저에게 주는 꿈을 꾸셨다며, 아들 태몽인 것 같았 다고 하시더라고요.

사과 3개와 복숭아 3개로 미루어, 장차 아들 하나를 더 두게 되는 일 로 실현될 가능성이 높다.

〈 예쁜 감 하나를 따서 도망가는 꿈 〉

늦가을에 아무도 손대지 않은 풍성한 감나무에서 제일 예쁜 감 하나 를 따서 도망가는 꿈을 꾸고 정말 아들을 낳았어요.

〈 포도밭에 있는 꿈 〉

"솔직히 태몽은 아내보다 내가 훨씬 많이 꿨다. 주로 포도밭에 있는 꿈이나 복숭아 열매 등 과일 종류를 꿈에서 많이 봤는데, 아마도 딸을 낳 으려고 그랬나 보다." (일간스포츠, 2004.5.4)

축구스타 안정환이 딸을 얻은 후에 한 말이다. 한편 그의 어머니 안 금향씨도 손자의 태몽을 꾼 사실이 있었음을 다음과 같이 밝히고 있다.

"커다랗고 잘 생긴 호랑이를 앞세운 호랑이 떼들이 정환이의 집으로 들어가는 꿈을 꿔서, 묘심화 스님에게 여쭸더니 태몽이라고 말씀하셨다" 며 "3일 후 며느리인 이혜원 씨의 임신 소식을 들었다"고 말했다.

(일간스포츠. 2003.12.05)

〈 포도송이를 주워 다른 이에게 주는 꿈 〉

아는 언니의 친구가 이상한 꿈을 꾸었다며, 저에게 이야기했어요. 커다랗고 짙은 포도송이를 주웠는데, 누군가에게 줬다고 하더라고요. 그때 제가 몸이 안 좋아 병원에 입원해 있을 때였는데, 제가 태몽같다고 했더니 그 언니가 목이 마르다면서 물 한 컵 주고 그 꿈을 사가라고 하더군요. 저는 그냥 우스갯소리를 넘겼는데, 정말 임신을 했어요. 포도는 딸이라던데, 정말 딸을 낳았구요.

〈 바지 양쪽에 밤을 가득 담는 꿈 〉

저는 큰아이 태몽으로 밤 꿈을 꿨어요. 바닥 지천에 밤이 널려 있어, 바지 주머니 양쪽에 가득 밤을 담는 꿈을 꾸었죠. 밤 꿈을 꾸고 난 아이는 남자 아이였구요. (김정임, 베베하우스)

〈 밤톨 세 개를 따온 꿈 〉

3개월 때 태몽을 꾸고, 그리고 8개월 되었을 때 또 태몽을 꾸었는데요. 남편이랑 둘이서 시골집 근처 남의 담벼락에 서있었어요. 담너머에 탐스럽게 대추랑 밤이 열려 있었어요. 대추는 파란색이 알이 무척이나 커서 먹음직스러웠구여. 밤은 갈색으로 여물어서 밤송이에 밤알이 3개씩 큰 것이 열려 떨어질려고 하는 거예요. 너무나 먹음직스러워서 쳐다보고 있는데,

남편이 "왜 그러냐" 묻기에, "너무 먹고 싶다"고 했더니, 밤 3톨을 따다 제 손에 쥐어주면서 "주인 오기 전에 가자" 하는 거예요. 전 밤 3톨이 한 손 가득하게 큰 것이어서 안 떨어지게 꼭 쥐고, "대추도 먹고 싶은데..." 했더니, "알았어 내가 따 올게.." 하고 다시 돌아서자 꿈에서 깼거든요. 그래서 전 첫아이가 아들이었어요. (글쓴이: 몽이, 이지데이, 태몽 이야기 방)

임신 3개월 때 뱀이 쫓아오는 꿈을 꾸었으며, 8개월째에 밤 세 톨을 따오는 꿈을 다시 꾸고 있다. 현재 이 주부는 아들 둘을 두고 있는 바, 밤 세 톨을 따오는 꿈이었으니, 장차 아들 하나를 더 두게 되는 일로 실현될 수 있을 것이다.

〈 자그마한 조선 밤을 몇 개 주워온 꿈 〉

저는 태몽이 시누언니랑 감을 따러 깊은 산 중턱까지 올라갔는데, 감 나무에 파란 감이 주먹보다 더 큰게 주렁주렁 열려 있었어요. 감나무 주 인이 감이 안 익었다고 좀더 있다가 오라하기에, 아쉽게 돌아서서 산을 내려오는데, 산 아래에서 사람들이 조선 밤을 털고 있는 거예요. 조그만 한 조선 밤이 땅에 대굴대굴 굴러다니는데, 저도 모르게 그만 밤알을 몇 개 주워 주머니에 넣고 집에 오는 꿈을 꿨어요. 저는 둘째는 꼭 딸을 낳고 싶어 했었거든요. 하지만 둘째도 아들을 낳았답니다.

(글쓴이: 몽이, 이지데이, 태몽 이야기 방)

〈 밤과 도토리를 가득 담아 오는 꿈 〉

꿈에 협곡처럼 생긴 절벽 사이를 내려갔는데, 커다란 밤이 있더래요. 얼른 주워서 주머니에 넣었는데, 주변을 보니 도토리가 널려 있더랍니다.

그것까지 주머니에 가득 담아 다시 협곡을 오르는데, 주머니가 껴서 못 올라오고 낑낑대다 깼다더군요. 그걸 태몽이라고 생각해야할지 말아야 할지 고민했는데, 꿈이 맞는 걸까요. 4kg의 딸아이를 힘들게 자연 분만했답니다.

〈 큰 밤을 골라서 줍는 꿈 〉

개그맨 이수근(34)은 2008년 8월 아들을 낳았다. 태몽은 임신 7주째 접어들면서 신부 박지연의 어머니가 꾸었는 바, 큰 밤을 골라서 줍는 꿈이었다.

〈 고구마 꿈 〉

저는 아들만 셋 낳았는데요. 첫 아들 때 저는 고구마를 푸대 자루로 하나 가득 받는 꿈을 꾸었답니다. 고구마 꿈은 대부분 아들인 것 같아요. 그리고 빨간색도 아들 같거든요. 빨간 색 고구마는 아니지만, 큰 아들 임신했을 때 유달리 빨간색이 들어가는 꿈을 자주 꾸었답니다.

(조장희, 베베하우스)

우리 엄마. 내 태몽이 고구마 꿈이었다는데, 참고로 딸 부잣집인 우리 식구들 태몽은 모두 고구마 꿈이었다고 하네요, 태몽가지고 아들·딸을 판단하기엔 쫌 그렇네요. (박정원, 베베하우스)

〈 밭에서 큰 고구마를 캐는 꿈 〉

'황마담' 황승환이 첫 아이로 딸을 낳았다. "태몽은 장모님이 꾸셨는데, 밭에서 큰 고구마를 캐는 꿈이었다."라고 밝혔다. 고구마 꿈은 대부분 아들로 이루어지고 있으나, 딸을 출산한데서 알 수 있듯이 태몽으로 남녀 성별의 구별이 절대적인 것은 아닌 것을 알 수 있겠다.

〈 접시 위에 삶은 고구마 다섯 개 중에 두 개를 집어드는 꿈 〉

눈이 부시도록 하얀 접시 위에, 노랗게 삶은 고구마 다섯 개를 보았습니다. 그 중 두 개를 집어 드는 꿈을 꾸었는데, 순간적으로 자식 꿈을 한꺼번에 꿨다는 생각이 들었습니다. 그래서 '아마도 아이를 낳으면 성별이 같겠구나' 라고 생각을 했습니다.

현실에서는 아들 형제를 5살 터울로 두는 일로 실현되었는 바, 추정이지만 세 아이를 유산시키는 일로 실현되었을 지도 모른다.

〈 탐스런 장미, 고구마 하나를 캔 꿈 〉

첫째 태몽은 밭에 탐스러운 장미가 가득 피어 딸 같다고 했는데, 아들을 낳았어요. 둘째 태몽은 제가 고구마를 딱 하나 캐는 꿈을 꿔서 다들 아들 태몽이라고 했는데, 낳아보니 공주였어요.

새삼 태몽으로 아들딸을 예지하는 것이 절대적이지 않다는 것을 보여주는 좋은 사례이다. 아들이냐 딸이냐 보다는 남성적 성품이냐, 여성적 성품이냐를 보여주는 것이라 하겠다.

〈 감자 하나를 치마에 감싸 안는 꿈 〉

제가 아는 사람은 숲속에서 감자 하나를 치마에 감싸 안는 꿈을 꾸고 아들을 얻었어요. 흔히 곡물 곡식 머 그런 종류는 아들이라 하던데.

(강진희, 베베하우스, 2006.12.20)

〈 옥수수를 주워오는 꿈 〉

어느 할머니가 머리에 옥수수를 이고 와서 사라고 하는 것을 안 산다고 했더니, 그냥 돌아가는데 큰 옥수수를 하나 떨어뜨리고 가는 것을 하나 주워가지고 들어왔다. 할머니가 어떻게 알았는지 쫓아와서 달라는 것을 내주지 않았다.

필자의 아내가 꾼 큰아들의 태몽꿈으로 아들을 낳았다. 프로이트식이라면 옥수수의 생긴 모양으로 남성상징으로 볼 수 있다. 하지만 이는 근거없는 이야기이다. 이 경우, 다시 내주는 꿈이었다면, 유산하든지 임신이 되지 않는 것으로 실현된다. 탐스러운 옥수수들을 담는 꿈으로 똑똑하고 건강한 딸을 얻었다는 태몽 체험담이 있다. 이처럼 여러 개의 복수인 표상물인 경우 딸인 경우가 많으나, 이 역시 절대적이지 않다.

〈 장딴지만한 무를 여러 개 뽑는 꿈 〉

아이의 외증조할머니가 꾸어주신 꿈입니다. 외할머니의 집 옆에 넓은 무밭이 있었는데, 어른 장딴지만한 무를 여러 개 뽑으셨대요. 그 후 건강한 아들을 출산했습니다.

〈 하얀 조선무가 툇마루 밑에 가득 들어선 꿈 〉

SBS 웃음을 찾는 사람들 (웃찾사)의 형님뉴스 코너에서 인기몰이를 했던 개그맨 강성범이 두 아이의 아빠가 되었다. 결혼 후에 이미 아내 이순애씨와 첫딸을 낳는 바, 둘째는 아내의 태몽으로 하얀 조선무가 툇마루 밑에 가득 들어선 꿈을 꾸고 나서 아들을 낳았다.

〈 큰 양배추 두 개를 뽑은 꿈 〉

큰 아이 때 시어머니가 태몽을 꾸었는데, 무밭에서 무를 뽑으려다가 너무나 크고 실한 양배추 2개가 있어서 그걸 뽑으셨다고 하더군요. 저는 지금 아들만 둘입니다.

〈 인삼 두 개를 받는 꿈 〉

큰 아이 때 태몽에서 모르는 할아버지가 나타서 큰 인삼 5개를 주셨는데, 그 중 2개를 받았던 기억이 납니다. 욕심은 났는데, 왜 2개만 받았는지는 잘 모르겠어요. 그래서일까요? 현재 아들과 딸 이렇게 두 남매를 두었답니다.

이 경우 여건에 따라서 임신하게 되지만, 장차 세 번의 유산이 있게 되는 것도 가능하다고 하겠다.

〈 주렁주렁 달린 호박을 따서 달아나는 꿈 〉

박경림은 빅마마 이혜정과 관련된 태몽 에피소드를 털어놨다. 얼마전 박경림에게 전화를 건 빅마마 이혜정이 다짜고짜 자신의 임신여부에 대해 묻기에 당황하며 임신 5개월 중이라고 대답했다고 한다. 이혜정은 박경림이 자신의 집에 주렁주렁 달린 호박을 따서 달아나는 꿈을 꾼 것이었다. 이처럼 친지나 주변 사람들이 태몽을 대신 꿔줄 수 있다. 박경림은 2009.01.21일 3.5kg의 건강한 아들을 출산했다.

〈 나무에 빨갛게 익은 망고가 달려있는 꿈 〉

36살의 늦은 나이에 첫딸을 낳게 된 강수지의 태몽이다.

태몽이 특이해서 딸이라는 것을 직감했다고 한다. 길거리를 걷는데, 나무에 빨갛게 익은 망고가 주렁주렁 매달려 있었다는 것이다.

〈여성중앙, 2004.7.15〉

〈기타 식물 관련 다양한 태몽 표상 〉

* **고사리를 여러 개 꺾은 꿈** → 어느 산인데, 비가 갠후에 고사리 꺾으러 가서 고사리를 여러게 꺾었어요. (땡그리, 맘스홀릭 베이비(임신,육아))

* **통마늘 대 있는 것을 받은 꿈** → 전 농부의 아내인데요. 첫 아이는 통마늘 대 있는 것으로 하나 받았는데, 딸입니다. (박화순, 베베하우스)

* **당근을 캐어 쌓은 꿈** → 내가 밭에를 갔는데, 뚝에서 아주 길고 쭉 뻗은 흙당근을 많이 캐서, 차곡차곡 삼각형 형태로 쌓아 올렸거든요. 약간 썩은 것은 버리고 좋은 것은 캤습니다. (권순정, 베베하우스)

* **은행을 봉투에 담는 꿈** → 은행이 가득 달린 나무를 흔들어서 떨어뜨린 후 그 은행을 봉투에 담는 꿈을 꾸었습니다. (하미영, 베베하우스)

* **노란 버섯을 보는 꿈** → 아는 언니가 꿈을 꿨는데, 노란 버섯이 너무 예쁘고 선명했다고 하더라구요. 노란색 버섯이 2가지 있었는데, 한 개는 느타리버섯 같은 거였고, 유독 한 개가 노란색(거의 황금색) 버섯이 눈에 띄었고 너무 예뻤답니다. (김미선, 베베하우스)

* **약초 두 개를 집어 먹은 꿈** → 장소는 산속이였어요. 산신령같은 분이 산삼같은 약초를 6개를 펼쳐놓고 계시기에, 하나만 달라니까 안 주시기에 제가 얼른 두 개를 집어먹었어요. 지금 임신 10주 접어들었는데, 태몽일까요? 신랑은 남들이 석류를 따 가기에, 신랑도 얼른 아주 큰 걸로 두개를 따서 주머니에 넣었답니다. (dlQmsdl, 다음 미즈넷)

두 꿈 모두 태몽이 틀림없으며, 남편의 꿈까지 미루어보면, 쌍둥이나 두 자녀를 두게 될 것을 예지해주고 있다.

　　※ 참고로 과일, 꽃에 관한 민속 꿈 사례를 살펴본다.

　　꿈에 난초가 뜰 앞에 있으면 손자를 낳을 것이다.

　　꿈에 난초꽃이 피면 미인을 낳는다.

　　꿈에 활짝 핀 꽃을 보면 태몽이다.

　　꿈에 죽순을 꺾어 집으로 가져오면 자식을 얻는다.

　　꿈에 죽순을 보면 자식이 많아진다.

3. 동물에 관련한 태몽

1) 동물의 태몽 개괄

꿈이 생생하고 강렬하다면 동물을 잡거나, 동물이 따라오거나, 동물이 품에 뛰어들거나, 동물에게 물리는 꿈은 태몽일 가능성이 높다. 일반적으로는 동물로 상징된 사람을 얻는 일로 이루어지며, 물리는 꿈의 경우 영향권 안에 들어가게 됨을 뜻한다. 이 경우 꿈속의 동물이 크고 늠름할수록 좋은 태몽이다.

또한 꿈속에서 느꼈던 감정 그대로 현실에서 이루어진다. 사납게 느껴졌다면 아들일 가능성이 높으며 거칠고 터프하며 활동적인 인물로 자라나며, 반대로 온순하며 귀엽게 느껴진 경우 딸일 가능성이 높거나, 아들이라 할지라도 장차 온순하며 귀여움을 받는 인물로 자라난다.

강이나 바다·하천 같은 곳에서 동물이 헤엄치는 것을 보면, 장차 기관이나 단체에서 뛰어난 능력을 발휘함을 뜻한다. 이 경우 좁은 웅덩이보다는 넓은 강이나 바다의 태몽이 좋으며, 이 경우 강이나 바다는 장차의 뜻을 펼치는 활동무대를 상징하고 있다.

용·구렁이·독수리 같은 커다란 동물이 나온 태몽을 꾸면, 태아가 장차 커다란 능력이나 그릇을 지닌 뛰어난 인물이 됨을 상징하며, 어느 집단이나 단체 · 회사 · 정부기관 등에서 사회적으로 크게 출세함을 예지한다.

나무 밑에 큰 동물이 앉아 있는 태몽을 꾸면, 나무로 상징된 거대한 회사나 기관 또는 지체가 높으신 분 밑에서 일을 배우게 되거나 사업가로서 성공할 자식을 얻게 된다.

태몽 표상물로 뱀이나 구렁이 · 돼지 · 물고기 · 용 등 다양하게 전개되고 있는 바, 앞으로 태몽 표상물이나 전개에 따른 태몽실현 사례 등 보다 자세한 태몽 연구가 이루어져야 할 것이다.

2) 동물의 태몽 실증사례

(1) 개 꿈의 태몽

'개꿈'과 '개 꿈'의 사전적 의미가 다르다. '개꿈'의 개는 접두사로 '하찮은'의 의미를 지니고 있는 바, 꿈을 꾸었는데 잘 기억나지 않는 꿈을 사소한 의미의 꿈을 '개꿈'이라고 한다. 반면에 '개 꿈'은 동물인 개가 등장하는 꿈이다. 태몽꿈에 개가 등장한 경우, 꿈속에서의 개를 보는 느낌에 좌우된다. 거칠고 사나우냐 순종적이냐, 듬직한 개였는지 귀여운 개였는지에 따라, 장차 태어날 아이의 성품도 그와 관련지어 실현된다.

일반적으로 개는 충직하기에, 장차 자신의 직분에 열성을 다하는 충실한 인물로 살아갈 것을 예지한다. 이름 있고 사람들에게 사랑받는 귀여운 개의 태몽인 경우, 인기 연예인이나 좋은 작품 따위를 써낼 수 있는 작가 · 예술인이 될 수 있다. 일반적으로 관리 · 군인 · 목사 등의 직업을 가질 확률이 높다. 꿈속에서 높은 곳에 올라 있는 개의 경우, 장차 사회적 권위를 지닐 수 있는 지도자의 역할을 맡게 된다.

〈 개가 달려들어 품에 안은 태몽 사례 〉

보통 산모들은 임신 초기나 전에 태몽을 본다던데, 저는 임신 8개월에 아주 생생한 꿈을 꾸었답니다. 유난히도 배가 빨리 불러왔고, 추운 겨울인데도 늘 더웠답니다. 임신 8개월에 접어드는 날 밤, 꿈속에서 갑자기 방문을 박차고 어미 개와 새끼 개가 달려 들어왔습니다. 새끼 개는 머리맡에, 어미 개는 이불 속으로 들어오려고 할 때. 저는 발버둥을 치고 못 들어오게 하였지만 결국 품에 안았답니다.

너무도 생생한 꿈이었기에, 다음날 병원에 가서 의사 선생님께 이야기를 했더니, 초음파실로 데려가더니 웃으며 저에게 모니터를 가리키며 "쌍둥이네요" 하잖아요, 놀라움과 당황함은 말로 표현이 안 되었답니다. 그때까지 저는 쌍둥이가 뱃속에서 자라는 것 몰랐거든요.

어미 개와 새끼 개의 태몽으로 쌍둥이를 임신한 바, 장차 태어날 쌍둥이가 서로 다른 능력 차이를 보일 것을 예지해주고 있다. 이 경우 어미 개의 표상으로 태어난 아이가 새끼 개의 표상으로 태어난 아이보다 뛰어난 능력을 보이거나 체격이 장대할 것을 예지해주고 있다.

〈 검은 개가 끌어안는 꿈 〉

저는 동물이라면 기겁을 한답니다. 강아지, 고양이, 자그만 병아리까지도요. 그런 우리 애기의 태몽에 개가 나오다니……. 한 5주 정도 쯤일꺼예요. 꿈속에서 외진 길을 걷고 있었거든요. 그런데 아주 크고 검은 개가 나를 향해 어슬렁어슬렁 걸어오는거예요. 호흡을 멈추고 제발 무사히 지나가기를 바랬어요. 다행이 그냥 스치고 지나가더라구요. 안도의 한숨을 다 쉬기도 전에, 멀리서 누런개가 나를 향해오고 있는거 아니겠어요. 내 앞으로 다가와서는, 사람이 나를 안듯이 그 개가 나를 와락 끌어 안는 거예요. 그런데 정말 하나도 무섭지 않았구요. 이 꿈을 꾸고 얼마 지나지 않아서 탤런트 김희선 아시죠? 그분이 나와서 자기의 태몽이야기를 하시는 거예요. 누런 개가 나오는 꿈이라더라구요. 기분좋은 예감이 들더라구요. 나도 김희선처럼 예쁜 딸을 낳을 것이란 예감말이예요. 그런 예감이 현실로 이뤄졌어요. 정말 눈부시게 예쁜 딸을 낳은 거예요.

(요약발췌. 유정욱, 베베하우스, 2003.01.31)

(2) 돼지 꿈에 관련한 태몽

돼지는 일반적으로 재물운을 상징하지만, 가임여건에서 상당수 태몽으로 실현되기도 한다. 이 경우에 꿈이 아주 생생한 특징을 지니고 있으며, 꿈속에 나타난 돼지의 크기 · 숫자나 표상 전개에 따른 상황 등에 따라 다르게 풀이된다. 예쁜 돼지꿈의 태몽인 경우, 딸을 낳을 가능성이 높다.

간략하게 돼지 꿈 태몽을 살펴본다.
○ 돼지가 달려들거나 물리는 꿈의 경우 씩씩하고 용맹스러운 아이, 혹은 높은 관직에 오르거나 명성을 떨칠 아이를 낳는다.
○ 돼지가 새끼를 낳는 꿈은 새끼 수가 많을수록 풍요로운 인생길의 좋은 태몽이다. 일반적인 여건에서는 재물의 증식, 사업의 번성 등을 뜻한다.

○ 돼지새끼를 쓰다듬는 태몽을 꾸면, 출생한 아기는 잘 자라고 의식주에 걱정이 없는 부유한 사람이 될 것이다. 그러나 그는 일하지 않고 노력하지 않으려는 경향이 있겠고, 생각이 깊지 못할 수도 있다. 또 아둔하여 속을 썩힐 사람이 될 지도 모른다. 태몽으로는 크고 늠름한 표상이 좋다. 아기 돼지인 경우, 커다란 인물이 되기는 어려우며, 돌보아주게 되는 일로 실현된다.

○ 색이 다른 돼지새끼를 낳은 태몽을 꾸면, 부모와 자식이 이별하거나 태아가 장차 이질적인 사업에 종사하게 된다.

○ 멧돼지가 달려들거나 물려는 태몽을 꾸면, 씩씩하고 용맹스러운 자손이나 높은 관직에 오르거나 명성을 떨칠 자손을 낳는다.

○ 사나운 기세의 멧돼지를 보는 태몽을 꾸면, 매우 야성적인 자식을 낳게 된다. 자식은 장성해서 씩씩하고 용맹스런 사람이 될 것이지만, 세상 사람과 타협하지 않는 고집을 지니게 된다.

○ 창밖을 내다보니 큰 돼지가 싱글벙글 웃으며 철봉을 하고 있는 태몽을 꾸고 태어난 아이가 재주가 뛰어나며 유능한 인물로 부자가 된 사례가 있다.

〈 멧돼지가 달려온 꿈 〉

아주 커다란 검정돼지인지 멧돼지가 저를 향해 달려왔어요. 무서워서 도망가는데, 배낭을 맨 제 등 뒤에 와서 업혔답니다. 복권을 샀는데 5백 원 짜리가 당첨되었더군요. 알고 보니 태몽이었지 뭐예요.

꿈은 꿈을 꾼 사람이 처한 상황에 따라 달리 실현되고 있다. 돼지가 다가온 꿈은 돼지로 상징된 사람이나 재물운을 얻는 것으로 실현된다.

가임여건에서는 태몽, 미혼인 경우 애인을 얻게 될 수 있으며, 회사 사장이라면 돼지로 상징된 뚱뚱하거나 탐욕스런 직원을 얻게 되는 일로도 실현 가능하다. 재물의 상징표상으로 나타난 경우, 로또 당첨 등의 재물을 얻게 되거나 이권이나 명예 등을 얻는 일로 실현된다.

〈 시커먼 멧돼지 태몽 꿈 〉

　　꿈에 안방에서 자고 있는데 아버지가 들어오시더니, "아니 당신에게 웬일이야" 하면서 깜짝 놀라셨단다. 바로 엄마 뒤쪽에 커다랗고 시커먼 멧돼지가 한 마리 웅크리고 있는 것이었다.

　　까만 콩의 별명을 가진 탤런트 이본. 까무잡잡한 피부를 가지게 된 것이 '어머니 꿈에 시커먼 멧돼지가 나타나서인지도 모른다' 고 가끔 생각해보기도 한다고 한다.

〈 커다란 돼지 두 마리를 안고 집으로 돌아오는 꿈 〉

　　'순풍 산부인과' 의 미달이 김성은의 태몽이다. 미달이가 있어 열 아들 부럽지 않다는 박선이씨. 박씨는 미달이를 임신했을 때, 태몽으로 커다란 돼지 두 마리를 안고 집으로 돌아오는 꿈을 꾸었다고 한다. 극중에서는 말썽 많고 버릇없이 보이지만, 실은 부모님 말씀을 거역하지 않고 비싼 옷이나 인형을 사달라고 조르지도 않는 착한 아이라며 칭찬이 입에서 마르지 않는다. (김지영(자유기고가))

커다란 돼지 두 마리를 안고 집으로 돌아오는 꿈으로 전개된 것으로 미루어, 두 자녀를 두게 될 것을 예지한 꿈으로 실현될 가능성이 높다.

〈 돼지 떼가 대문을 박살내고 방안으로 들어오는 꿈 〉

돼지 떼가 대문을 박살내고 방안으로 들어오는 꿈을 친정부모님 두 분이 같은 날에 꾸셨다고 전화가 왔어요. 아주 튼튼한 아들을 낳을 줄 알았더니, 딸이었어요.

이 경우 활달한 남성적 성품의 여아가 될 수 있겠다.

〈 돼지를 안는 꿈 〉

저희 시어머니께서 꾸신 꿈인데요. 넓고 넓은 바닷가에서 검은 물개 같은 동물이 바닷가를 꽉 채우듯이 죽은 듯이 누워 있더래요. 가까이 가서 자세히 보니, 검은 돼지였다는거예요. 저희 시어머니께서 돼지를 엄청 귀엽게 여기고 좋아하시거든요. 그래서 귀엽다 하면서 좋다고 가까이 가셨는데, 죽은 줄 알았던 돼지 한 마리가 고개를 빼꼼 내밀더니, 눈을 깜빡깜빡하면서 반짝거리고 초롱한 눈빛 있잖아요. 그런 눈으로 어머님을 쳐다 보시는데, 어머니가 너무 좋아하시면서 그 돼지를 안으셨다는 꿈을 꾸셨다고—, 그 꿈이 너무 생생하고 선명하고 기억에 계속 남으신다고 하시네요.. (사랑스런농, 2008.09.16. 이지데이 태몽이야기방)

'그 꿈이 너무 생생하고 선명하고 기억에 계속 남으신다고 하시는데' 이러한 생생하고 강렬한 기억이 태몽 꿈의 특징이다. 다른 사례에서도 있지만, 장차 태어날 아기의 눈빛이 꿈속에서 쳐다보던 돼지의 초롱한 눈빛과 같은 일로 실현될 것이다.

〈 암돼지가 덮치는 꿈 〉

　　임신 초기 임신 사실을 몰랐을 때였어요. 남편이 꿈을 꾸었는데, 꿈에 젖이 12개가 달린 커다란 암돼지가 자기를 확 덮쳤답니다. 처음에는 로또 꿈이라고 복권을 사기도 했었는데요. 이게 태몽인지…

(송주영, 베베하우스. 2007.09.29)

　　이런 꿈을 꾸고 임신을 했다면, 꿈이 생생한 경우 태몽이 맞다. 일반적으로 돼지 태몽으로 남녀를 절대적으로 구분할 수 없지만, 이렇게 젖이 12개 달린 암돼지를 보는 태몽인 경우, 여아를 낳게 될 것이다. 상징적으로 아주 좋다. 여러 사업을 경영하게 되거나, 풍요로운 인생이 될수 있다. 남아 출생인 경우 더더욱 좋은 태몽이다.

〈 분홍색 옷을 입은 아기 돼지들이 모여 있는 꿈 〉

　　2005년 이세창—김지연 부부의 첫딸 태몽이다. 김지연이 꾼 태몽은 방안에 분홍색 옷을 입은 아기돼지들이 와글와글 모여있는 꿈이었다.

　　돼지꿈이라며 로또 복권을 샀는데, 로또는 되지 않고 소중한 아이가 생기는 태몽으로 실현되었다. 이처럼 돼지꿈이 반드시 재물운이 아닌, 태몽이나 이성의 상대방을 상징하는 꿈으로 실현되기도 한다. 분홍색 옷을 입은 아기 돼지꿈으로 미루어, 여성적 성향에 해당되기에 딸로 실현되었다고 보아야 할 것이다.

〈 돼지 떼가 몰려드는 꿈, 귀여운 송아지를 안아주는 꿈 〉

　　김호진—김지호 부부는 결혼 2년여 만에 첫 딸을 낳았는데, 지난 2001년 12월 결혼한 뒤 2년 반 만에 보는 첫 2세다. 태몽은 양가 어른들이 꾸었는데, 시어머니는 돼지 떼가 집 안으로 우르르 몰려드는 꿈을, 친정어머니는 귀여운 송아지를 꼭 안아주는 꿈을 꾸었다고 한다.

(레이디경향. 2004.05.25)

반면에, 김호진은 "꿈에서 쫓아오는 뱀들을 가위로 마구 잘라서 다 버렸어요. 태몽이 아니었다고 자위하고 있어요."라고 밝히고 있는 바 (헤럴드 경제, 2003.12.20) 꿈이 생생한 태몽이라면, 뱀들을 가위로 마구 잘라 버리는 꿈은 아주 안좋은 꿈이다. 태몽이 아닌 일반적인 표상으로는 뱀으로 상징된 못된 사람들이 다가오는 것을 물리치거나, 일거리 대상을 물리치거나 거절하는 일로 실현된 가능성이 높다.

〈 돼지 몇 마리가 집안에 들어와 똥을 싸는 꿈 〉

MC 신동엽이 2007년 4월 딸을 낳았다. 아이의 태몽은 아내가 꿨는데, 돼지 몇 마리가 집안에 들어와 똥을 푸짐하게 싸는 꿈이었다. 한편 신동엽은 자신이 진행을 맡은 KBS 2TV '경제비타민' 1일 방송에서 "태몽은 돼지가 벽에 변을 칠하는 내용이었다"고 아내의 태몽을 소개하기도 했다. (뉴스엔 고홍주 기자, 2007.01.02)

(3) 소에 관련한 태몽

소는 사람에게 유용한 값진 동물로, 일반적으로는 재물·이권·인적자원 등을 상징한다. 소를 잡거나 집안으로 들어오는 꿈이 좋은 꿈이며, 뿔이 잘생기고 윤기가 흐르는 소일수록 훌륭한 인물이 될 태몽이다. 황소 태몽인 경우 아들일 가능성이 높지만 절대적이지 않으며, 여아인 경우 활달하고 남성적 성품이 될 가능성이 높다. 황소가 태몽인 아이는 고집이 있고, 자신의 일에 맡은 바 최선을 다하는 성품을 지닐 수 있다. 강인한 끈기나 힘이 필요한 운동선수 등 활동적인 직업에 알맞다. 태몽 표상에서 순한 소나 암소는 딸의 태몽이라고 볼 수 있다. 하지만, 순한 소라고 해서 반드시 여아는 아닌, 온순한 성품의 남아가 출생할 수도 있다.

꿈속에 나타난 황소 숫자와 관련이 있는 바, 세 마리의 황소가 매어져 있는 것을 보면 자식 셋을 낳게 된다. 또한 풀밭에서 한가롭게 풀을 뜯는 소와 같이 여유로운 환경에 처해 있는 소의 경우, 장차 부유하고 넉넉한 여건에 처하게 됨을 예지해주고 있다.

누런 암소가 검은 송아지를 낳은 태몽을 꾸면, 부모의 성격이나 행동특성을 닮지 않은 아이가 출생해 장차 속을 썩이거나 이별을 면치 못함을 예지한다. 좋게는 어미 소와 송아지의 색이 다르다면, 이 아이는 독립심이 강해 일찍 독립하며 부모의 도움 없이 자수성가할 것을 예지해준다.

〈 누런 황소를 끌고 들어간 꿈 〉

엄마가 저희가 옛날에 살던 시골집으로 누런 황소 한 마리를 끌고 들어가셨다네요. 저는 누런 황소 꿈꾸고, 건강한 아들 낳았습니다.

〈 황소의 고삐를 잡고 끌고 들어온 꿈 〉

뒷산에 황소가 고삐가 매어져 있었답니다. 고삐를 잡고 집으로 끌고 들어와, 소 우리에 넣고 밥을 주는 꿈을 꾸고는 아들을 낳았답니다.

(글쓴이: 몽이, 이지데이, 태몽 이야기 방)

〈 황소와 송아지가 쫓아온 꿈 〉

제가 황소꿈을 꾼날 저희 시어머님께서도 소꿈을 꾸셨다고 하시더라구요.

소는 조상이라고 태몽이 아니라고 하시던데, 집에 와서 책을 보니 소가 들어오는 꿈도 태몽이더라구요. 뿔이 달린 누런 소가 저를 막 쫓아오더라구요. 송아지도 쫓아오고, 쫓기다 보니 소가 여러 마리 나타나더라구요. 현재 임신 6개월째인데, 아들인지 딸인지 궁금하네요.

〈 송아지 두 마리를 끌고 오다가, 한 마리만을 끌고 온 꿈 〉

시어머님이 꿈에 어디를 갔는데, 시할머니께서 가축을 가져가라고 하시래요. 시할머니 앞에 돼지랑 송아지 두 마리가 있었는데, 어머님이 돼지를 가져 가려고 하니까, 시할머니가 송아지를 가져가라 하시더래요. 그래서 어머님이 송아지 두 마리를 끌고 집에 가는데, 혼자서 도저히 두 마리를 키우기 힘들 것 같기에, 집 근처에 계신 작은집 동서에게 한 마리 주고, 한마리만 집으로 끌고 들어오셨다네요. 저에게는 아들 낳을거라 하셨어요. (글쓴이: 몽이, 이지데이, 태몽 이야기 방)

현실에서는 둘째 아들을 낳게 되었는 바, 두 마리를 다 가져오는 꿈이었다면 쌍둥이를 임신하는 일로 이루어질 수 있으나, 한 마리만을 끌고 오는 꿈이었기에 아들을 낳는 일로 실현되었다. 또한 시어머니 꿈의 전개대로, 송아지 한 마리를 준 작은집 동서도 아이를 갖는 태몽으로 실현되며, 마찬가지로 아들을 낳게 되는 일로 이루어진다.

(4) 말에 관련한 태몽

말을 얻은 태몽을 꾸면, 아이가 장차 도량이 넓거나 큰 부자가 됨을 나타낸다. 말을 타고 달리는 태몽은 아이의 인생이 말을 타고 달리듯 순탄함을 암시한다. 성격이 호쾌하거나 정치나 사업 분야에서 뜻을 이룰 수 있는 정치가나 경영자가 될 수 있다. 넓고 비옥한 들판이나 푸른 잔디밭에 매어있는 말이 태몽인 아이는 평생 의식주가 풍부할 운이다. 백마는 아름다운 사람, 단체·권력을 상징하고, 적토마나 검은 말은 강자, 특성 있는 작품 등을 뜻한다. 검은 말을 타고 광야를 달리거나, 힘센 말이 힘차게 달리는 꿈은 아들 꿈에 가까우며, 어예쁜 백마의 꿈이나 순한 망아지가 등장하는 꿈의 경우에는 딸에 가까운 표상이다. 그러나 야성적이고 힘찬 기상의 백마인 경우, 아들 꿈으로 두각을 드러내는 귀한 인물로 아들에 가까운 표상이다. 노무현 대통령의 태몽이 백마 꿈이다.

〈 하얗고 예쁜 말이 다가온 꿈 〉

전쟁 중이었는데, 하얗고 예쁜 말이 다가왔어요. 그때는 임신한 걸 몰랐는데, 부모님이 태몽이라고 하시더군요. 그리곤 얼마 후 정말 임신이 되었답니다.

〈 두 마리의 말이 솟아 오르는 꿈 〉

아나운서 김병찬은 1999.4.22일 아들을 낳았는 바, 아들 태몽은 "두 마리의 말이 금빛이 비치는 하늘로 솟아오르는 태몽을 꿨다" 고 밝히고 있다. (스포츠한국. 1999.4.22)

두 마리의 말의 태몽으로, 장차 아들을 하나 더 두게 되는 일로 실현될 수 있다. 이렇게 첫째 아이 태몽 표상에 둘이라는 숫자 개념이 등장된 경우에, 장차 두게 될 자녀의 숫자를 예지하거나 쌍둥이를 얻게 되는 일로 실현되기도 한다. 드물게는 태어날 아이가 두 사람의 능력을 지닌 뛰어난 능력을 지닌 것으로 보는 경우도 있다.

또한 태몽표상으로 등장된 동·식물과 관련지어 인생길이 펼쳐질 것을 예지해주고 있는 경우가 많이 있다. 2011년 영화 '챔프'의 이환경 감독은 '어머니께서 태몽에 말을 보는 꿈'이었다고 밝히고 있다. '챔프'는 불의의 사고로 시력을 잃어가는 기수와 절름발이 경주마가 함께 역경을 극복하고, 꿈을 향해 도전하는 이야기를 담고 있다. 이처럼 말이 등장된 태몽이 되었다면, 말을 다루고 있는 영화를 제작하는 인생길이 펼쳐질 것을 예지해주고 있는 것이라 볼 수 있다.

재미있는 유사 사례로, 사내아이 고추에서 쌀이 쏟아지는 태몽은 한국 에로비디오의 새로운 분야를 개척해나가는 봉만대 영화감독의 태몽이다. 이처럼 태몽표상의 전개와 관련지어, 장차의 인생길이 관련을 맺고 있는 경우가 있다.

〈 청와대로 흰 말을 데리고 들어가는 꿈 ― 상담사례 〉

임신 3개월 쯤에 꾼 꿈인데요. 꿈에서 제가 말을 기르는 마부가 되어 있더라구요. 그런데 저한테 한 통의 전화가 왔습니다. 청와대라고 하면서, "당신이 아끼는 말 한 마리를 데리고 청와대로 와달라"는 것이었습니다. 저는 너무 기뻐서, 제가 아끼는 하얗고 예쁜 말 한 마리를 데리고 청와대 정문 앞으로 갔습니다. 하지만 가서보니, 문 앞에는 전국각지에서 모인 말들과 그 주인이 안으로 들어가기 위해서 인산인해를 이루고 있었습니다. 전 너무 실망해서, 돌아갈까 고민하고 있었습니다. 그러던 와중에 안에서 문이 열리고, 누군가가 저랑 제 하얀 말만 들어오라고 하더군요.
그래서 열린 문안으로 들어가면서 꿈이 끝났습니다.

태몽꿈의 사연이 재미있게 전개되고 있다. 마부가 되어, 말을 데리고 청와대로 와달라고 하는 소리를 듣는─. 여기서는 데리고 들어간 말 한 마리가 태아의 상징표상이 된다. 일상의 꿈에서도 이렇게 꿈에서 보는 것이 아닌, 듣는 꿈으로 전개되는 경우가 있다.

첫째로, 문안에 선택되어 들어간 꿈의 전개가 다행이다. 문의 상징 의미가 어떤 경계나 갈림길의 상징으로 많이 등장하는 바, 들어가지 못한 꿈이라면 유산·요절 등으로 실현될 수 있다. 실증적인 사례로, 말이 달려오다가 갑자기 주저앉아버리는 꿈을 꾼 후에, 며칠 후에 아이를 유산한 사례가 있다.

둘째로, 청와대 정문이 아이의 인생의 운명의 길을 상징한 경우, 문 앞에 모인 많은 사람들 가운데 선택받았듯이, 장차 청와대로 상징된 관직·관청·공공기관 등에 수많은 경쟁자들을 물리치고 선발되는 일로 이루어질 것이다. 또한 '하얗고 예쁜 말'이었으니, 남아인 경우 귀공자처럼 인물이 단아한 아이가 될 것이다.

태몽으로 본 아이의 운명의 추세선은 관직으로 오늘날 공직자·공무원 계통으로 나아갈 것을 예지해주고 있다. 장차 국가의 중대한 역할을 담당하는 길로 선발되어 나아갈 것이니, 자녀 교육에 있어 그러한 방향으로 전념할 수 있도록 지도해주는 것이 타당하리라 본다. 태몽 상담에 대한 자세한 것은 제 Ⅶ장의 태몽 상담 사례를 보시기 바란다.

(5) 고양이에 관련한 태몽

태몽 표상에 고양이가 등장한 경우, 중요한 것은 꿈속의 고양이가 어떤 느낌으로 다가왔는가에 달려있다고 하겠으며, 태몽 꿈에서도 느낀 그대로 현실에서도 실현되고 있다. 고양이는 영리하면서 민첩한 동물이기에 장차 태어날 아이 또한 이와 유사한 성품을 지닌다. 예쁜 고양이인 경우 딸을 낳게 될 가능성이 높으며, 아들인 경우 귀공자 타입의 깔끔한 외모를 지니게 된다.

일반적 상징으로 고양이는 사납고 앙칼진 부인, 능청스럽거나 표독한 여성, 감시원, 도둑을 상징하고 있다. 하지만 귀여운 고양이인 경우 어린이나 사랑스러운 애인을 상징하고 있기도 하다. 고양이에게 할퀴는 꿈을 꾸고 표독스런 아내에게 시달림을 당한 사례가 있으며, 고양이를 얻은 후 사랑스런 애인을 얻은 사례도 있다. 일반적으로는 고양이가 등장하는 꿈이 좋지는 않다. 하지만 이 역시 고양이 꿈이 어떻게 전개되느냐에 달려있다고 하겠다.

〈 예쁜 흰 고양이를 받아 온 꿈 〉

산에 올라갔는데, 수염이 긴 백발노인이 긴 지팡이를 짚고 서 있었다. 그분은 산신령님이라고 생각했는데, 예쁜 흰 고양이를 건네주면서 "잘 기르라"고 해서 치마에 받아 싸가지고 산을 내려왔다. (장월희의 태몽)

〈 고양이가 쳐다보는 꿈 〉

첫아이 임신했을 때, 큰 고양이 한 마리와 갈치 한 마리가 저를 뚫어지게 쳐다보는 꿈을 꾸었습니다. 눈이 부리부리하게 큰 고양이였고, 갈치는 어찌나 길던지 꼬리 끝이 보이지 않을 정도였어요. 지금 딸이 둘인데, 어찌나 성격이 다른지, 그 꿈이 성격이 다른 두 아이를 의미한 것 같아요.

〈 고양이가 호랑이로 변한 꿈 〉

저희 시어머님이 저의 임신 사실을 알기 3~4일 전에 꾸신 꿈입니다. 저희 어머님이 외출하고 돌아오셨는데, 고양이가(호랑이 무늬) 펄쩍펄쩍 뛰어놀고 있더래요. 고양이 옆에는 제 남편이 서 있었구요. 그래서 깜짝 놀란 어머님이 제 남편한테 "집에서 무슨 짐승을 키우냐"며 호통을 치자 남편이 그랬대요. "어머님 걱정하지 마세요. 똥오줌 다 가려서 괜찮아요. 그러기에 어머님 생각에, '아들이 괜찮다'는데 싶어 마음이 놓이더랍니다.

그리고 안방에 들어가 옷을 갈아 입고 나오셨는데, 고양이는 없고 거실에서 제 남편이 옆으로 누워서 잠을 자고 있더래요. 그런데 그 앞으로 남편 몸집만한 굉장히 큰 호랑이가 누워서 남편과 똑같은 모습으로(동물원에서 호랑이 평화롭게 한가로이 자는 모양) 같이 잠을 자고 있더랍니다. 고양이가 없어지고 호랑이가 나타났어도, 이상하게 생각되지는 않으셨구요

그런데 놀란 것은 그렇게 자고 있는 호랑이와 남편의 사타구니 사이로 남편의 고환 2개가 크게 툭 불거져서 보이고, 호랑이 사타구니 사이에서도 아주 큰 불알 2개가 툭 불거져서 보이더래요. 같은 모습 같은 상태로, 둘 다 쌔근쌔근 편안하게 자고 있더래요. 그런데 어머님은 그 호랑이가 무섭지도 않으셨고, 오히려 호랑이가 너무 크고 탐스러워 자고 있는 호랑이 발을 어루만지며, 신기해서 "어머 호랑이 발 좀 봐라 (발도 굉장히 컸음)" 하시면서, 쓰다듬으시면서 꿈에서 깨어나셨답니다. 너무나 또렷한 평생에 한번도 꾸어보지 못했던 생시같은 꿈인지라, 깨고 났어도 '태몽이다'라고 생각이 확실히 드셨구요.

그리고 저는 3~4일후에 임신사실을 확인했고, 아빠를 꼭 닮은(걸음걸이.얼굴.손.발.성격까지) 예쁜 아들을 낳았습니다. 참고로 저희 친정 엄마도 그 즈음에, 햇별 좋고 맑은날 고추밭에서 빨갛고 크고 윤이 나는 좋은 고

추만 따서 바구니에 가득 담아 오시는 그런 꿈을 꾸셨답니다.

(글쓴이: 카라멜 마끼아또. 다음 카페 아가들의 세상)

호랑이 꿈으로 절대적으로 암수를 구별할 수는 없지만, 이렇게 불알을 보는 꿈은 아들 100%이다. 빨갛고 크고 윤이 나는 고추를 따오는 꿈도 태몽이며, 익은 열매의 경우 아들인 경우가 많다.

(6) 호랑이 · 사자 꿈에 관련한 태몽

호랑이와 사자는 맹수이자 동물의 왕같은 존재로 상징의 의미가 거의 같다고 볼 수 있다. 호랑이와 사자는 권력과 명예 · 성공을 상징하며, 태몽에 등장되는 경우 아이가 장차 큰 능력이 지닌 사람이 될 것을 예지한다. 흔히 아들일 확률이 높지만, 호랑이와 사자도 암수가 있기에 꼭 그런 것은 아니다. 여자 아이라면 활달하고 씩씩한 남성적 성격의 소유자가 된다. 이 경우, 호랑이나 사자의 수컷 생식기를 보는 꿈의 경우 아들을 100% 낳게 된다. 또한 사자의 경우 수컷임을 나타내는 갈기를 본 경우 100% 아들을 낳게 된다.

또한 절대적인 것은 아니나, 태몽 표상에서 작고 앙증맞고 귀여운 표상은 여아일 가능성이 높기에, 새끼 호랑이인 경우 딸, 커다란 호랑이인 경우 아들일 확률이 높다고 하겠다. 태몽표상에서는 아들인 경우, 작은 호랑이보다는 커다란 호랑이가 보다 커다란 능력과 그릇을 지닌 인물임을 상징한다.

간략하게 꿈 해몽을 살펴본다.
ㅇ 호랑이나 사자를 타고 달리는 꿈의 태몽인 경우, 장차 위대한 사람

이나 권력자나 단체의 도움으로 고귀한 지위를 누려 출세한다.

○ 호랑이를 타고 대궐이나 큰 저택 등의 대문으로 들어간 태몽을 꾸면, 태아가 장차 협조자나 정당·단체의 추대를 받아 큰 기관이나 단체의 우두머리로 출세함을 예지한다.

○ 호랑이가 방으로 들어오는 태몽을 꾸면 훌륭한 인재를 낳게 되고, 일반적인 경우에는 호랑이로 상징된 커다란 능력을 지닌 사람이 방문하게 되거나 관련을 맺는 일로 실현된다.

○ 호랑이 두 마리를 한꺼번에 안은 태몽을 꾸면, 연년생인 형제를 두게 되거나 또한 두 배의 능력을 지닌 자식을 얻게 된다. 쌍둥이를 출산하는 일로 이루어질 수도 있다.

○ 한 쪽 다리가 절룩이는 호랑이의 태몽꿈은 태어난 사람이 다리를 다치게 되는 일로 실현되었다.

○ 호랑이 한 마리가 새끼 호랑이를 품에 안고 혀로 핥아 주고 있는 꿈은 어머니의 지극정성으로 보살핌을 받는 아들을 낳는 일로 실현되었다.

○ 사막에 앉아 있는 세 마리의 사자 중 한 마리가 빙그레 웃고 있었던 어느 부인의 태몽은 아들 삼형제를 낳게 되었으나 삼형제의 자식 중에 아들 하나가 속을 썩이게 되는 일로 실현되었다. 이 경우 꿈속에서의 웃음이 밝은 웃음이 아닌 조롱하는 듯한 웃음인 경우이다. 일반적인 상징으로는 사자로 상징된 세 사람의 파워있고 능력있는 권력자를 만나는데, 그 중 한 사람이 자기에게 재물의 손실이나 모욕을 줄 것을 예지한다.

〈 호랑이가 물거나, 호랑이를 삼키거나 호랑이에게 잡아먹히는 꿈 〉

가임여건에 있는 상황에서 태아 표상인 경우에 한하여 태몽꿈으로 실현되고 있다. 이 경우 시부모나 친정 부모 또는 가까운 다른 사람이 태몽꿈을 대신 꿔주기도 한다.

일반적으로는 꿈꾼 사람이 미혼인 경우에는 호랑이로 상징된 이성의 사람과 인연을 맺게 된다. 또한 호랑이로 표상되는 어떤 대상이나 일거리에 종속당하는 일이 일어난다. 예를 들어 작가의 경우 방송국에 출연하게 된다든지, 신문사에 연재하게 된다든지, 호랑이로 표상된 어떤 거대한 기관이나 단체와 인연이 맺어지게 된다. 이 경우 안 좋게는 호랑이로 상징된 깡패나 못된 병마(病魔)에 시달리는 일로 실현될 수도 있다.

〈 호랑이 두 마리가 나란히 앉아있는 꿈 〉

시어머님께 임신을 했다고 말씀을 드리니, 태몽인지는 모르겠지만 얼마 전에 호랑이 꿈을 꾸셨다고 했어요. 그런데 꿈을 꾸신 시기가 제가 임신을 한 시기와 비슷했던 것 같아요. 그리고 저도 특별히 태몽이라 생각되는 꿈을 꾸지 않았기 때문에 태몽이 아닐까 생각해요. 저희 부부가 잠을 자기 위해서 침실로 들어갔는데, 호랑이 2마리가 나란히 앉아 있었다고 해요. 그렇다고 호랑이가 저희 부부에게 해를 가하거나 하는 행동은 하지 않았고, 저희 부부도 덤덤했다고 합니다. 저는 이 꿈을 꾸고서 딸을 낳았는데, 호랑이 꿈 때문인지는 모르겠지만, 상황에 따라서 순한 면도 있고 사나운 면도 있어요. 그리고 다른 아이에 비해서 상상력이 풍부하답니다.

호랑이 두 마리가 나란히 앉아 있는 태몽이었으니, 장차 한 아이가 더 출생하게 될 것을 예지해주고 있다.

〈 새끼 호랑이를 안은 꿈 〉

낚시광이신 시아버지가 꾸신 꿈이에요. 꿈속에서도 낚시를 하고 있는데, 위에서 새끼호랑이 한 마리가 떠내려와 그 호랑이를 안고 집에 와서 아이 아빠에게 주었다고 합니다.

그 꿈을 꾸고 결혼 후 5년 2개월 만에 우리 딸을 낳게 되었습니다.

〈 큰 호랑이 두 마리가 들어온 꿈 〉

친구가 결혼식을 올리기 며칠 전에, 시아버지 되실 분이 꿈을 꾸었대요. 문밖에서 쾅 하는 소리가 나서 문을 열어봤더니, 큰 호랑이 두 마리가 대문 안으로 들어오고 있더래요. 시아버님이 무서워서 벌벌 떨었다고 하더군요.

결혼을 하고 5~6개월 후에 친구가 임신을 했는데, 아들일 것 같다고 해요. "왜 그렇게 생각하냐"고 물으니, 시아버님의 꿈이야기를 하더군요. 몇년이 지난 지금 친구는 남자아이 2명의 엄마가 되었어요.

이렇게 태몽을 대신 꿔주기도 한다. 호랑이 두 마리였으며 무서워 벌벌 떨었다고 했듯이, 장차 용맹하고 쩌렁쩌렁한 두 아들로 실현되고 있다. 다만, 큰 호랑이이었으니 큰 인물이 되리라는 것은 옳지만, 호랑이 꿈이 반드시 아들인 것은 아니다. 호랑이도 암수가 있으니, 여아인 경우 괄괄한 성품의 아이가 될 것을 예지하고 있다. 아들일 확률이 높을 뿐이다.

〈 꼬리가 짤린 호랑이의 태몽꿈 〉

태어난 아기는 남자아이가 아니라 여자아이였으며, 이 경우 사나운 호랑이처럼 성격이 걸걸한 여성이 될 것임을 예지해주고 있다. 즉 태몽꿈에서 학을 보고 태어난 여성이 차분하고 고고한 기품의 여성으로 살아갈 것에 비해, 호랑이 태몽꿈은 활동적이고 적극적인 성격의 여성으로 살아갈 것을 예지해주고 있다.

또한 꼬리가 짤린 꿈의 표상에서 자신의 뜻을 크게 키우지 못하는 다소 안좋은 일이 일어날 수가 있다. 현실에서는 자살을 시도한 것으로 나타나고 있는 바, 태몽꿈의 표상과 일치함을 알 수가 있겠다.

이처럼 태몽꿈을 통해서 일생이 예지된다는 사실은 꿈의 미래예지적인 성격을 단적으로 나타내주고 있다. 예를 들어 태몽꿈으로 들어오는 뱀의 꼬리를 때리는 꿈을 꾼 사람이 그후 태어난 아기가 잘 걷지 못하게 되는 일로 실현되고 있다. 새삼 꿈의 신비로움에 전율을 느끼게 해주고 있다.

〈 호랑이 새끼 두 마리에게 젖을 먹인 꿈 〉

호랑이 새끼 두 마리를 자기가 낳았다고 생각해서, 각각 양쪽 젖을 물려 젖을 먹였다. 그녀는 똑같은 새끼 두 마리니 쌍둥이를 낳지나 않을까 걱정하였지만, 장차 형제 또는 남매를 낳아 키울 것을 예지한 꿈이었다. 비록 똑같은 호랑이 새끼 두 마리이지만, 출산에는 선후의 차례가 있고 젖도 각각 물렸으니, 호랑이 새끼로 상징되는 두 형제가 그 성격이 용맹스럽고 의식주가 풍족한 관직에 오를 것이다. (글: 한건덕)

〈 여아를 낳은 호랑이 태몽 〉

호랑이 꿈을 꾸고 여아를 낳으면, 아이의 팔자가 사납다는 것은 미신이며, 장차 크게 성공하거나 훌륭한 배우자를 만나게 된다. 이 경우 호랑이 같이 씩씩하고 활달한 여장부가 될 가능성이 많다. 여성의 사회 진출이 두드러진 오늘날, 경찰 · 군인 · 공무원 등에서 권세나 명예의 큰 직위에 나아가는 일로 이루어질 가능성이 높다.

〈 호랑이가 나타났다가 사라진 태몽 〉

이 경우 장차 요절 · 유산 등등 아이의 일생이 좋지 못하다. 옛 선인의 사례로, 김덕령 장군의 태몽이 들어온 호랑이가 사라지는 꿈이었다. 장군의 어머니 꿈에 '산으로부터 두 마리의 호랑이가 방에 들어 왔다가 사라지는 꿈'을 꾸었다. 이처럼 산에서 두 마리의 호랑이가 방에 들어 왔다가 사라지는 꿈은 태아가 일찍 요절하거나 장차 권세를 잡지 못함을 예지한다.

김덕령 장군은 임진왜란때 의병 대장이 되어 혁혁한 공을 세웠으나, 후일 반역죄로 몰려 억울하게 옥사했고, 그의 형은 의병 대장으로 전사를 했다. 형제가 다 호랑이처럼 용감하고 또 훌륭한 사람들이었으나, 왔다가 사라지는 태몽이었기에 그들이 다같이 불운한 일생이었다.

〈 호랑이가 팔을 깨무는 꿈 〉

연예인 김승우 · 김남주 부부는 2005년 결혼하여, 그해 첫딸을 낳았다. 태몽은 김남주가 꿨는데, 호랑이가 그녀의 팔을 깨무는 꿈이었다고 한다. 다시 2008년 3월 둘째 아들을 얻었다.

〈 호랑이가 산에서 과일 바구니를 물고 있던 꿈 〉

차세대 한류스타로 두각을 나타내고 있는 만능 엔터테이너 장근석 (24)의 태몽이다. 어머니가 꾼 태몽으로, 호랑이가 산에서 과일 바구니를 물고 있던 꿈이었다.

과일이 이권이나 재물, 또는 능력이나 재주를 상징할 수 있는 바 좋은 태몽이다.

〈 호랑이가 집안으로 들어온 꿈 〉

조폭마누라2의 영화배우 신은경(30)이 아들을 낳은 태몽 사례이다. 시어머니의 태몽에 "집 앞에 바닷물이 찰랑찰랑 거리고 멀리서 배가 한 척 오더니, 커다란 호랑이 한 마리가 뛰어내려 집 안으로 들어오는 꿈이었다." (윤고은 기자, 일간스포츠. 2003.9.7)

〈 골프장에 호랑이가 새끼들이랑 같이 있는 꿈 〉

SBS특별기획 '칼잡이 오수정' 에서 강성진 배우의 아들 태몽 체험담이다. "이름이 민우예요. 태명은 '필립' 이었는데 반드시 '필' 에, 들어갈 '립' 해서 반드시 들어간다는 뜻이죠. 태몽을 제가 꿨는데 골프장에 호랑이(타이거)가 자기 새끼들이랑 같이 있는 거예요. 그때 생각했죠. 아, 이.녀석은 공칠 팔자를 타고 났구나. 골프를 너무 좋아해서 아들이 크면 연예인도 좋지만, 골프선수가 됐으면 좋겠다며 이제 막 5개월이 된 아들의 장래까지 벌써부터 가늠하고 있었다. (이데일리 SPN 박미애기자 2007.07.29)

한편 호랑이가 등장하는 꿈이라고 해서 모두 태몽은 아니다. 꿈은 꿈을 꾼 사람이 처한 상황에 따라 달리 실현되고 있다. 이처럼 해몽하는데 있어서 필수적인 것은 꿈을 꾼 사람이 처해 있는 상황이 중요하다고 할 수 있다. 김하원의 『개꿈은 없다』에 나오는 좋은 사례를 살펴본다.

〈 호랑이가 발을 물은 꿈 〉

'호랑이가 쫓아오길래 무서워서 도망가다 울타리 위에 올라섰는데, 호랑이가 발을 물었다.' 이건 과연 무슨 꿈일까? '이건 보나 마나 임신해서 아이를 낳을 꿈'이라고 생각하지 않을까 싶다. 나도 전에는 그렇게 대답했었으니까.

그러나 그렇지가 않다. 이 꿈 이야기는, 내가 친구들 모임에 나가 그들에게 유산과 단명에 관한 꿈 이야기를 하자, 한 친구가 자신의 꿈 이야기를 하며, '그러면 이건 무슨 꿈이냐?'고 나에게 물어 왔던 것이다.

그 때 나는 이렇게 대답했었다.

"그건 보나마나 임신할 꿈이지." 그랬더니 그 친구는, '네가 그토록 믿는다는 꿈을 겨우 그 정도밖에 해석하지 못하는구나.' 하는 표정을 지어 보이며 웃었다. 스무 살 무렵에 꾸었는데 임신은 무슨 임신이냐고 하면서 말이다. 그 순간 나는 무안해 지면서 이렇게 생각했다. '어이쿠, 내가 또 너무 성급했구나. 언제 꾼 꿈이냐고 먼저 물어보고 해몽에 들어갔어야 하는 건데. 갓 고등학교 졸업할 나이에 꾼 꿈을 가지고 태몽이라고 했으니……'

사연을 듣고 보니 이랬다. 그는 이 꿈을 꾼 다음 날, 술집에 가서 옆에 있는 사람들과 시비가 붙어 서로 주먹을 휘둘러 경찰서에 붙들려 갔다가 '기소유예'로 풀려 나왔다는 것이다. 이 꿈에서의 호랑이는 태아를 상징한 것이 아니라, 시비를 걸어 온 사나운 사람을 상징적으로 보여 주었던

것이다. (글: 김하원)

〈 호랑이를 삼키는 꿈 〉

이런 꿈을 꾸고 아기를 낳으면, 장차 그 아기는 훌륭하고 권세를 잡는 사람이 될 것이다. 전하는 야사(野史)에 진주에 사는 '김진사'가 대낮에 잠을 자다가 꿈을 꾸었다. 호랑이가 덤비는 것을 입을 딱 벌렸더니, 그 호랑이가 입속으로 쑥 들어오는 꿈이었다. 그래서 태몽으로 실현될 것을 믿고 내실로 부인을 찾아 들어갔다. 입을 꼭 다물고 부인을 포옹하려하니, 부인이 양반의 체통을 운운하면서 합방할 것을 완강하게 거절했다.

그렇다고 좋은 태몽을 꾸었다고 말하면, 호랑이는 입에서 나가버릴 것 같아 별수 없이 사랑에 나와 앉았다. 때마침 계집종이 물동이를 이고 지나가므로 그녀를 끌어 들여 잉태시켰는데, 그 몸에서 낳은 아기가 훗날 진주병사가 됐다고 전해온다.

이 꿈이 누가 지어낸 이야기라 하더라도, 이런 꿈이 꾸어지기가 가능한 것은 꿈에 동물을 삼키거나 음식물을 먹었다고 해도 그것이 태몽이 될 수 있기 때문이다. 그러나 태아의 상징은 통채로 삼키거나, 먹더라도 다만 먹었다고 생각하는 것으로 끝나야 한다. 만약 태아의 상징물을 깨물어 삼킨다면, 그 태아는 온전하지 못하고 태아의 상징이 아니라 태아의 일과 관계되는 꿈이다.

이 꿈이 상징형성의 이치에 합당한 것은 사람의 입은 부분적으로 보면 집안이나 가문을 상징하고 있고, 입을 벌렸다는 것은 가문을 열어 놓은 것이 된다. 그 속으로 빨려 들어간 것은 인체를 집으로 간주하거나 일의 종착점이 되기 때문에, 호랑이가 든 것은 집안에 그러한 인물이 태어난다는 태몽으로 볼 수 있다. 이 꿈에서 김진사가 꿈이야기를 부인에게 했더라면, 적자 출생의 아이로 병조판서 하나는 했을지 모른다. (글: 한건덕)

고전소설 홍길동전에 있어서 길동의 탄생도 유사하다. 낮잠을 자다가 좋은 꿈을 꾼 길동의 아버지가 부인과 관계를 맺으려고 했으나, 부인의 완강한 반대로 뜻을 이루지 못하고, 계집종인 춘섬과 관계하여 길동을 낳는 것으로 이야기가 전개되고 있다. 이처럼 고전소설에서 영웅의 출생은 태몽에서부터 남과 다른 비범함이 있었음을 강조하고 있다.

〈 백호(흰 호랑이)를 안아준 꿈 〉

배우 이선균 · 전혜진 부부의 태몽이다. 이선균은 "미로같은 영국식 정원에서, 머리 큰 백호 한 마리가 무섭게 쫓아오는데 친근하게 안아줬다."며 "잠에서 깨고 나서 태몽이라는 걸 느꼈다."고 털어놔 눈길을 끌었다. [TV리포트 요약 발췌]

이선균 · 전혜진 부부는 2009.11.25일 아들을 낳았는 바, 호랑이 태몽은 아들을 낳을 가능성이 높으나, 이 역시 절대적인 것은 아니다. 커다란 백호이니, 장차 큰 인물로 부귀와 권세를 누릴 좋은 태몽이다. 친근하게 안아주는 꿈이었으니 태몽으로 실현되었으며, 이 경우 쫓아내는 꿈은 유산이나 기타 안좋은 일로 이루어지고 있다.

〈 호랑이와 사자 꿈 〉

출산을 앞둔 손태영(29)이 "태몽으로 호랑이와 사자 꿈을 꿨다"고 밝혔다. 최근 연합뉴스와의 단독 인터뷰에서, "나나 오빠(권상우)는 태몽을 꾸지 못했고, 엄마와 언니가 각각 호랑이와 사자 꿈을 꿨다. 건강한 아이가 태어날 것 같다" 며 웃었다. (윤고은 기자, 연합뉴스, 2009.1.18)

2009년 2월 6일 아들을 출산하였으며, 활달하고 괄괄한 남성적 성품의 여아를 낳을 수도 있다.

〈 사자 두 마리가 다가온 꿈 〉

저는 제가 태몽을 꿨어요. 임신을 하고 있는데 검사를 안 받아서 몰랐던 상태였구요. 그래서 태몽인지 몰랐는데, 지금 생각하면 별 다른 태몽이 없었으니까, '이 꿈이 태몽이 아닐까' 해요.

지금 살고 있는 집이나 그 근처가 아닌 낯선 숲이었던 걸로 기억되요. 주변에는 아무것도 없었는데 사자 두 마리가 다가왔어요. 제가 너무 무서워서 떨며 '이제 어떻게 해야 하나?' 고민하고 있는데, 사자가 다가오는 순간 꿈에서 깼어요. 저는 아들을 낳았는데, 남성적인 성격이 유달리 강한 사나이중의 사나이에요.

두 마리인 경우 쌍둥이를 낳거나 두 자식을 두게 되거나, 두 사람의 능력을 지닌 자식을 낳게 된다.

〈 사자 꿈 태몽 상담 사례 〉

다음 사이트의 신지식에 올라와 있는 사자 태몽에 대한 질문을 살펴본다.

태몽인데 궁금해서요. 운동장 같이 넓은 곳에 앉아 있는데, 암사자가

5~6마리가 저쪽에 있다가, 그 중 한 마리가 어슬렁어슬렁 걸어와서 무릎에 머리베고 누웠는데요. 뭘까요? 혹시 남자같은 여자가 태어나는 걸까요. (clearwater, soph****** 2008.08.29)

태몽에 대한 이해가 높은 네티즌이다. 암사자 5~6마리 중의 한 마리가 와서 머리를 베고 누웠으니, 장차 태어날 아이는 여아가 틀림이 없을 것이다. 하지만 사자의 태몽이니 백수의 왕이라, 활달하면서 리더쉽 있는 인물이 될 것이다.

저는 신혼여행 때 태몽을 꾸었는데, 암사자 숫사자 두 마리가 어슬렁 걸어오더니, 암사자가 제 다리를 살짝 물었어요. 그리고 한달 뒤 임신이 되었는데, 아들이라고 하네여. 사자는 아들을 뜻한데요.

한 달 뒤에 임신했다고 하고, 아들이라고 하지만, 사람들이 사자꿈이라고 하니까 아들꿈이라고 말하는 것을 뜻하는 것같다. 하지만 올려진 꿈의 내용대로라면, 암사자가 다리를 물었기에, 물린다는 것은 영향권 안으로 들어감을 상징하며, 장차 여아를 낳게 될 것을 예지해주고 있다. 물론 남아같은 씩씩하고 활달한 여아일 것이다. '사자는 아들을 뜻한데요'는 태몽에 대한 무지에서 비롯된 말이다. 태몽에서 갈기가 있고 없고의 사자의 암수 그대로 현실에서도 그대로 실현되고 있다. 꿈은 결코 반대가 아닌, 상징의 이해에 있는 것이다.

(7) 곰에 관련된 태몽
곰 꿈의 태몽으로 태어난 아이는 체격이 클 수가 있으며, 참을성이 있으며, 묵묵히 자신의 일을 처리해내는 인물로 자라날 수 있다. 곰을 끌어안거나 집 안으로 곰이 들어오는 태몽은 아들을 낳을 가능성이 높으며, 일반적인 상징으로는 곰으로 상징된 재물운이 트여 사업이 번창하게 되고 부귀를 누릴 징조이며, 이때 웅담을 얻는 꿈이면 더욱 좋다.

곰과 즐겁게 노는 꿈의 태몽은 장차 태어난 자식과 보다 친밀한 유대관계를 갖게 되며, 일반적인 꿈의 실현으로는 곰으로 상징된 커다란 능력을 지닌 권력자나 사람과 친분을 쌓게 되는 일로 실현된다. 마찬가지로 새끼곰과 다정스레 노니는 꿈은 가임여건에서는 태몽으로 실현되며, 일반적으로는 새끼곰으로 상징된 사람과 인연을 맺게 되거나, 곰으로 상징된 일거리 대상과 좋은 관련을 맺게 된다.

곰은 남성적으로 아들을 낳을 가능성이 높으며, 또한 시경(詩經)에도 아들낳는 꿈으로 나오고 있으나, 곰 또한 암수가 있으니 절대적이지 않다. 이 경우, 곰의 색깔여부로 남아 · 여아를 낳는 것을 생각해볼 수 있겠으나, 보다 많은 실증사례가 필요하다고 하겠다.

〈 곰 꿈의 태몽 〉

아기를 낳기 전, 아내는 태몽으로 귀한 자식을 본다는 곰 꿈을 꾸었고, 시어머니는 나를 낳을 때와 거의 같은 복숭아 꿈을 꾸었다고 해서 혹시나 귀한 아들이 나올까 기대했건만, 결과는 딸이었다.

(이종락. 딸딸이 아빠에서 딸부자 됐어요! 오마이뉴스)

〈 커다란 곰 꿈 태몽 〉

저희 아빠는 태몽을 꾸지 않았답니다. 엄마가 꾼 꿈은 큰 곰이었는데, 그래서 장군인줄 알았어요. 그런데 그 곰이 마늘을 먹었던 그 곰인 줄 누가 알았겠습니까. 예쁜 공주를 낳았답니다. (강원도 양양군 서면 용천리)

〈 흰 곰이 쫓아와 물은 꿈 〉

제가 임신을 하지 않았을 때로 기억되는데, 저희 남편이 꿈을 꿨어요. 집에 있는데, 흰 곰이 계속 쫓아왔다고 해요. 그래서 남편이 숨을 곳을 찾다가 '높이 가는 것이 좋겠다' 싶어서 냉장고 위로 올라갔다고 합니다. 그런데 흰 곰이 끝까지 쫓아와서는 남편을 물었다고 해요. 남편은 꿈속에서 발로 곰을 찼는데, 제가 현실에서 남편의 발길을 느꼈어요.

태몽인지는 모르겠지만 이 꿈을 꾸고 아들을 낳았어요. 저희 아들은 태몽 탓인지 모르겠지만, 굉장히 힘이 세고 별나게 씩씩하답니다.

〈 곰이 강가에서 입속에서 물고기를 꺼내놓는 꿈 〉

제가 태어나기 전에 아빠가 태몽을 꿨데요. 굉장히 커다란 곰이 강가에 나타나서 물고기를 잡아먹지 않고, 오히려 계속해서 입속에서 물고기를 꺼내어 강속으로 놓아주고 살려주더래요. 어려운 말로는 죽이지 않고 방생을 했다는 것이지요.

그런 꿈을 꾼 후 엄마는 첫 아이지만 늦둥이로 저를 갖게 되었고, 그래서 제 이름을 태어나기 전부터 미리 작명을 했는데, 아들인 경우는 곰을 상징하고 수컷을 상징하는 '곰 웅'을 붙여, 어렵고 힘든 이 세상을 구하는 큰일을 하는 인물이 되길 바라며 저를 영웅이라고 이름지었대요. 암튼 물가에서(나의 성인 '하') 물고기(인간)를 강가(지구)에다 방생하는 훌륭한 살신성인적인 인물이 되라고 '영웅'을 붙여서 '하영웅(河英雄)'이 되었답니다.

〈 까만 큰 곰이 달려드는 꿈 〉

까맣고 큰 곰이 갑자기 저에게 달려들어 확 저에게 왔답니다. 달려듦과 동시에 깬 것 같아요. 목을 물은 거 같기도 하고, 이걸 달려 든다고 표현하는건지. 어떤 꿈인가요? 29살 여자이구요. 현재 7개월 된 여자아이를 기르고 있어요. 아직 둘째를 기다리지는 않고 혹시 생겼을까 걱정이ㅡ, 다른 사람의 태몽일수도 있을까요? 근데.. 곰이 달려든게, 저라서. 가정주부이구요. (행복한 우리집. 다음 신지식, 2008.10.30)

29세의 가임여건에서, 생후 7개월된 여자 아이가 있는 여건에서, 꿈이 생생하고 강렬한 기억으로 남아있다면, 큰 곰이 달려드는 꿈은 태몽이 확실시하다고 보여진다. 자신에게 달려드는 꿈이니, 다른 사람의 태몽을 대신 꿔준 것도 아니다. 중요한 것은 어디엔가 이상이 있지 않은 건강하고 튼튼한 곰이 달려드는 꿈이었다면, 좋은 꿈이다. 임신 사실을 알기 전에 이렇게 꾸는 꿈이 진정한 태몽으로 볼 수 있겠다.

〈 고릴라가 떼로 나오는 꿈 〉

강호동은 2006년 11월 결혼한 이후 약 1년 7개월 만에 아내의 임신 소식을 전하며, 예비 아빠가 된 독특한 태몽을 공개했다.

"고릴라 태몽을 꿨다. 녹화날 낮에 산에 갔다가 잠이 들었는데, 특이한 꿈을 꿨다. 낚시를 하는데 고릴라 여러 마리가 물 속에서 수영을 하더라. 진짜다" 며 독특한 태몽을 전했다. (SBS '야심만만 예능선수촌')

씨름 선수였던 강호동의 2세다운 태몽이다. 아들일 가능성이 높으며, 딸이라 하더라도 터프한 남성적 기질을 보여줄 것이다. 실제로 2009.3.13일 아들을 낳았다.

〈 커다란 곰 한 마리가 호숫가에서 놀고 있는 꿈 〉

'컬투' 김태균은 아들을 출산하였다. 어머니의 꿈에 따르면, 커다란 곰 한 마리가 예쁜 호숫가에서 놀고 있는데, 예쁜 물고기들이 나타나 막 같이 노는 꿈이었다고 한다. 곰이 아들의 태아표상이며, 장차 예쁜 물고기로 상징된 많은 사람들에게 인기를 받는 인물이 될 것임을 예지해주고 있다. 큰 구렁이 옆에 수많은 뱀들이 우글거리는 태몽으로, 수많은 부하를 거느린 장군이 된 사례가 있다.

(8) 사슴 · 기린 · 족제비에 관련된 태몽

사슴이나 기린은 온순하고 유순하여 장차 온순하고 차분한 성품의 인물이 될 것임을 예지한다. 암수가 있는 동물이니, 아들 · 딸의 구분 역시 절대적이지 않다. 연예인 송혜교의 태몽이 커다란 뿔에 보석이 달린 사슴을 보는 태몽이었는 바, 꽃사슴의 태몽은 딸에 가깝다고 하겠다. 사슴이나 기린이 자기 집으로 들어오는 꿈은 가임여건에서 태몽이나, 미혼인 경우 연인을 얻게 되거나, 일반적으로 재물 획득 등 좋은 일로 실현된다.

동물꿈의 태몽에 있어서는 꿈속에서 동물을 보고 느낀 그대로 현실에서 이루어진다. 사슴이나 기린이 조용히 산책하며 풀을 뜯어먹는 꿈을 꾸었다면, 장차 온순하고 내성적인 성품의 아이로 자라나게 된다. 태몽으로 사슴이나 기린 등이 오색찬란한 빛을 발하는 경우에, 장차 여러 사람들의 선망의 대상이 되는 연예인 등 예능에 뛰어난 재능을 보이며 부귀와 명예를 얻는 좋은 태몽이다. 길을 잃고 헤매는 사슴 새끼 한 마리를 치마폭에 싸서 집으로 가져왔더니 황금 사슴으로 변해버린 꿈은 초년기에는 어려운 삶을 살게 되나 장차 부귀로운 존재가 됨을 예지해주고 있다. 족제비를 붙잡거나 들어오는 태몽을 꾸면, 민첩하며 재주 있는 자손을 낳게 된다. 이 경우 외모가 족제비를 연상케 하는 자식을 낳을 수도 있다.

〈 하얀 사슴 꿈 〉

싱글맘 허수경은 출산한 딸의 태몽으로, 하얀 사슴을 꾸었다고 한다.

〈여성중앙, 2008년02월04일〉

또한 허수경은 딸의 태몽을 부모가 태몽꿈을 대신 꿔주었다고 밝히고 있는 바, "엄마는 하늘에서 아이가 뚝 떨어지는데 받아야 한다는 생각이 들어서 받았더니, 떡두꺼비 같은 아이인 꿈을 꿨다. 아버지는 외할아버지와 외할머니가 환히 웃으시면서 코끼리같이 큰 동물을 데리고 오셔서 함께 웃으시는 태몽을 꿨다"고 밝히고 있다.

남편없이 인공수정을 시도하여, 딸을 출산한 싱글맘 허수경이 밝힌 아이의 태몽에서, 하얀 사슴은 딸의 표상에 가깝다. 또한 떡두꺼비·코끼리 등의 태몽표상은 아들에 가까우나, 이처럼 딸인 경우 장차 비교적 신체적으로 덩치가 크거나 커다란 능력을 지닌 남성적 성품의 활달하고 터프한 성격을 지닐 것으로 추정해 볼 수 있겠다.

〈 기린을 타고 신나게 달리는 꿈 〉

빛나고 굉장히 큰 기린을 말처럼 타고 신나게 달리는 꿈을 꾸고, 예쁜 딸을 낳았어요. 기린을 꿈에서 본 건 처음이었죠.

(김영신, 30세, 서울시 중랑구 묵1동)

기린 꿈으로 딸을 출생하고 있다. 한편 가수인 노사연도 TV에 출연하여, 목이 긴 기린을 보는 태몽을 꾸고 아들을 낳았는 바, 태어난 아이가 기린처럼 목도 길고 팔다리도 긴 편이라고 이야기하고 있다.

이처럼 태몽 표상의 동물과 신체적인 유사성이 관련을 맺을 수 있으며, 동물의 경우에 암·수가 있기에 태몽으로 아들·딸의 구별이 절대적이지 않음을 알 수가 있겠다.

〈 사슴과 물오리가 나온 꿈 〉

둘째를 임신한 배우 유준상―홍은희 부부는 19일 방송된 MBC '기분좋은 날'에서 "둘째 태명은 동순이다"며 "태명 동순이는 첫째 동우가 태어나자마자 생겼다. 딸이기를 바라는 마음이 담겨있다"고 밝혔다. 홍은희는 "태몽은 시어머니가 꾸셨는데, 사슴과 물오리가 나왔다더라"며 "남편이 쌍둥이일지도 모른다고 기대했는데, 나중에 병원에서 쌍둥이가 아니라는 사실을 알고는 실망했다. 그래도 태몽으로 딸일지도 모른다고 추측하면서 기대하고 있다"고 말했다. 스타커플 유준상―홍은희 부부의 둘째 동순이는 2009년 4월 출산 예정이다. (이미혜, 뉴스엔. 2008.11.19)

사슴과 물오리의 태몽 표상으로 보자면 딸에 가까우나, 출산 결과 아들을 낳았는 바, 이처럼 태몽 표상으로 아들·딸을 예지한다는 것이 어려움을 보여주고 있다.

(9) 뱀 및 구렁이에 관련된 태몽

태몽에 있어서 구렁이인 경우 아들, 작거나 앙증맞은 뱀인 경우 대체적으로 딸을 낳을 가능성이 많지만 이 역시 절대적인 것은 아니다.

크기나 굵기, 색의 선명함, 윤기의 여부는 장차 아이의 능력이나 귀천의 여부, 역량이나 그릇됨을 나타낸다. 이 경우 크고 굵고, 색이 선명할수록 좋은 태몽이다. 일반적으로 큰 구렁이는 권세 있고 부귀로운 사람, 작은 뱀은 보통 사람이 될 것을 상징하는 태아의 표상이다. 작은 뱀의 표상보다는 커다란 구렁이의 표상이 보다 큰 인물이 됨을 예지해주고 있다.

　간략하게 꿈 해몽을 살펴본다.
　○ 구렁이가 쥐구멍으로 들어가면, 태아가 유산되거나 또는 유아시에 사망을 한다. 일반적 상징으로 재물을 얻으려다가 얻지 못하게된다.
　○ 뱀이 덤벼들어 물려고 하기에, 밟아 죽이는 꿈은 임신상황에서 유산되고 만다. 일반적 상징으로 뱀으로 상징된 사람을 물리치거나제압하는 일로 실현된다.
　○ 뱀이 치맛속으로 들어오는 것은 태아를 잉태할 태몽이며, 새빨간뱀이 들어오면 용감하고 정열적인 사내아이를 출산한다.
　○ 뱀과 성교하는 태몽이면 장차 권세·명예·지혜를 가질 아이가 태어나며, 일반적으로는 세력가와 계약 또는 동업할 일이 생긴다.
　○ 길 옆에 수많은 뱀이 우글거리는 태몽을 꾸면, 태아가 장차 학자나지도자 또는 교사 등이 될 것을 예지한다.
　○ 큰 구렁이의 태몽으로 태어난 여성은 재주가 뛰어나거나 명성을 떨칠 사람, 즉 여류작가·정치가·사업가가 됨을 뜻한다.
　○ 큰 구렁이에게 물린 태몽을 꾸면, 장차 큰 인물이 될 아이를 출산한다.

○ 큰 구렁이가 용마루(지붕마루)로 들어가는 태몽을 꾸면, 태아가 장차 단체나 기관의 우두머리가 되거나 외국 유학을 가게 됨을 예지한 다.

○ 많은 황색 구렁이가 늘어서 있는 태몽을 꾸면, 장차 위대한 정치가 나 사업가·권세가가 될 아이가 태어난다.

○ 청색 구렁이가 산속에 길게 늘어서 있는 것을 보면, 인기직업을 가 진 위대한 인물이 될 태몽이거나 선풍적인 작품을 저술하게 된다.

○ 청색 구렁이가 산정에서 몸체를 아래로 늘어뜨린 태몽으로 장차 기 관이나 사회단체의 장이 된 사례가 있다.

○ 공동 우물에서 큰 구렁이와 그 밑에서 득실거리는 지네를 본 태몽 으로, 장차 사회사업가가 된 사례가 있다.

○ 꿈에 두 마리의 뱀이 친정어머니 치마 속으로 들어오는 꿈으로, 시 집간 딸이 아들 쌍둥이를 낳은 사례가 있다.

〈 큰 구렁이 한마리가 은가락지를 끼고 있는 꿈 〉

홍리나는 지난 2006년 1월 미국에서 배종원씨와 결혼식을 올렸다. 홍 리나는 '큰 구렁이 한 마리가 은가락지를 끼고 있는' 태몽을 꿨는데, 이 는 아들을 낳는다는게 아니겠느냐며 여유를 드러냈다.

결과는 딸을 낳았다. 큰 구렁이는 남성적 상징물이나, 은가락지가 여성적 표상에 가까운 상징물이다. 커다란 구렁이처럼 능력있고 파워 있는 사람이 되는 좋은 태몽이라고 할 수 있겠다.

〈 예쁜 꽃뱀과 굵은 구렁이 태몽 꿈 〉

두 아이 모두 뱀 꿈이었는데요. 큰 아이는 예쁜 꽃뱀이 방안에 누워 있기에 잡았고, 작은 아이는 굵은 구렁이가 똬리를 틀고 있었어요. 그래서 인지 큰아이는 순종적인데, 작은 아이는 공격적이고 고집이 세서 만만치 않답니다.

태몽표상에서 귀여운 꽃뱀은 여성적인 속성, 커다란 구렁이는 남성적인 속성을 지니고 있다. 다른 사례로 이처럼 구렁이 태몽으로 딸을 낳은 아이 아빠의 말을 그대로 인용해 살펴본다. "이 놈은 생긴 게 머슴아 다름 아니다. 구렁이가 태몽이니 그러려니 할 수도 있지만, 그 터프함은 제 엄마나 언니는 '저리가라' 다. 자세히 보면 여자애인 것 같기도 하지만, 노는 것은 터프함의 극치를 달린다."

한편, 아나콘다를 끌어안는 꿈으로 아들을 낳은 사례도 있다.

〈 상자 안에 두 마리의 구렁이가 있던 꿈 〉

상자 안에 누런 구렁이와 검은 구렁이, 이렇게 두 마리가 있었는데 그 중 검은 구렁이를 잡아 점점 커지는 것을 큰 자루에 둘둘 넣는 꿈이었어요. 둘째 때는 태몽을 꾸지 않았는데 아마 그때 남겨두었던 누런 구렁이가 둘째였나 봐요. 첫째는 딸, 둘째는 아들이었어요.

이렇게 첫 번째 태몽에 장차 두게 될 자녀의 태몽을 한꺼번에 꾸기도 한다.

〈 작은 뱀을 움켜잡은 꿈 〉

　2003년 동갑내기 사업가 김현민 씨와 결혼한 개그우먼 다산의 여왕 김지선의 넷째 딸의 태몽이다. "셋째까지는 다 주변 사람들이 태몽을 꿨는데, 넷째 태몽은 남편이 직접 꿨어요. 남편이 꿈에 아주 튼실하고 예쁜 뱀을 보고 잡아먹어야겠다고 생각하고 움켜쥐었대요. 그런데 주위를 둘러보니 뱀이 득실득실했는데 자기가 쥐고 있는 뱀이 제일 예쁘더래요. 남편이 꿈 이야기를 했을 때만 해도 태몽이라고는 생각도 못 하고 복권을 사라고 했어요."

　예쁜 뱀에서 딸을 낳을 가능성이 높은 바, 실제로 딸을 낳았다.
　또한 개그맨 이혁재는 커다란 노란 구렁이와 혈전을 벌인 끝에 뱀의 목을 움켜쥐는 태몽을 꾸고 큰아들 태연이를 낳았다고 한다.

〈 큰 구렁이 옆에 많은 잔 뱀이 있는 태몽 〉

　큰 구렁이 옆에 잔 뱀이 수없이 많이 우글거리는 것을 본 태몽으로 어느 장군의 태몽꿈 사례이다. 구렁이가 태아의 상징표상으로 잔 뱀은 장차 수많은 부하나 추종자를 거느릴 것을 예지하고 있다. 이러한 태몽으로 태어난 사람은 장차 국가나 사회단체의 지도자가 될 것을 예지해주고 있다.

〈 뱀을 잡아먹은 구렁이가 다가온 꿈, 독수리가 날아든 꿈 〉

　태몽이 없어 아쉬웠는데, 7개월 9개월에 다행스럽게 태몽이라는 걸 꾸게 되었답니다. 제가 뱀을 싫어하는데, 제 주위에 뱀들이 우글거리는 거예요. 제가 징그러워하고 있는데, 아주 큰 노랑색의 구렁이가 나타나 그 뱀들을 다 잡아 먹는거예요. 주위의 뱀들을 다 잡아 먹더니, 저에게 다가 오더니 저를 확 덮치려기에 놀라 깨버렸습니다.

구렁이 꿈이라 아들인줄 알았는데, 아들같은 딸이 태어나더라구요. 태몽이 그래서인지 지금 10개월인 딸은 아주 건강하고 벌써 걸어다니고 있답니다. 제 생각엔 주위에 뱀을 다 잡아먹는 걸 보면 욕심이 많은 아이일까 걱정입니다.

잡아먹는 것은 제압·굴복 시키는 것이며, 태몽으로 보자면 활달하고 활동적인 성격으로 다른 사람을 이끄는 지도자가 될 것을 예지해 주고 있다.

〈 구렁이가 담을 타고 들어온 꿈 〉

인터넷에 올려진 시지르(syzyr)의 태몽 체험담 사례이다.

내 남동생의 태몽은 커다란 구렁이가 담을 타고 넘어와서는 자고 있는 나와 언니의 주변을 칭칭 감더니, 멀뚱히 그 자는 모습을 지켜보더란다.

후에 언니에게나 나에게 어려운 일이 닥치더라도 뒤에서 동생이 이를 지켜주고 도와줄 것을 암시하는 것이라며, 있을 때 동생에게 잘 해주라고 어머니가 말씀하신 것이 기억난다. 그러고 보면, 난 차녀이기에 자유롭지만, 동생은 장남에 장손이라는 이유로 집안을 챙겨야 하니, 내가 나이를 먹더라도 어머님의 말씀처럼 동생이 그리할 것 같은 기분이 든다.

〈 뱀이 계속 쫓아오는 꿈 〉

첫째 아들의 태몽입니다. 저는 임신 3개월 정도 지나서 꿈을 꿨었어요. 제가 시골에서 살던 집이 나왔는데, 사람들이 집앞에 커다란 나무뿌리 밑을 삽으로 파고 계신 거예요. 옆에서 지켜보고 있었는데, 흙속에서 커다란 뱀이 잠을 자고 있었던 거예요. 잠에서 깬 뱀이 사납게 막 사람들에게 달려 들어서 저도 막 도망을 치는데, 뱀이 저를 계속 쫓아오는 거예요. 집안으로 들어와 대문을 닫았는데도 뱀이 문틈으로 들어와 저의 몸위로 기어오는거예요. 놀라서 깼답니다. (글쓴이: 몽이, 이지데이, 태몽 이야기 방)

〈 피하려던 뱀이 옆구리를 물은 꿈 〉

어느 주부가 아이가 임신될 무렵에 꾸었다는 꿈이야기이다.

"어린 사촌동생이 뱀을 잡아 가지고 나를 놀리느라고 마구 나의 몸에 갖다 댔다. 나는 징그럽기도 하고 겁도 났다. 그래서 뱀을 피하면서 그걸 놓아 주라고 했는데도, 그는 말을 듣지 않고 계속해서 나를 놀려대는 것이었다. 그래서 나는 결국 계속 뒤로 피하다가 개울에 빠졌는데, 그때 뱀도 나와 함께 개울에 떨어졌다. 물에 떨어진 뱀의 몸에서 빛이 나는가 싶더니, 그 뱀이 어느 새 나에게 다가와 옆구리를 무는 것이었다. 그 뱀에게서 빛이 더욱 반짝거렸지만, 나는 무섭다는 생각보다는 오히려 무척 예쁘다는 생각이 들었다."

이 꿈은 '아이를 유산시키려다 결국에는 낳게 된다' 는 것을 예지하고 있다. 동생이 뱀으로 장난을 칠 때 무서워서 마구 피했던 것은 아이가 들어섰는데 유산시키려 한 것을 뜻했고, 나중에 뱀이 자신의 옆구리를 물었다는 것은 뱀의 영향권 안으로 들어가는 것을 상징한 것으로 아이를 낳을 것을 뜻했던 것이다. 바로 이 꿈은 아이를 낳을 때까지의 과정을 상징적으로 보여 주었던 것이다. 뱀이 무척 예쁜 표상처럼, 딸을 낳는 것으로 실현되었다.

〈 뱀이 나가다 들어온 꿈 〉

시아버지가 대신 꿔준 태몽꿈이다. 조그만 뱀이 집으로 들어오길래, 집으로 들어온 뱀은 좋다고 생각하여 '네 편한 곳을 찾아가서 잘 쉬어라.' 하고 마음 속으로 바라고 있었는데, 뱀이 머리를 돌려 대문 밖까지 완전히 나간 것이 아니라, 대문을 향해 조금 나가다가 다시 들어왔다는 것이다.

나는 묻기를 "그러면 유산시키려고 마음먹은 적이 있지요?" 그랬더니 정말 그렇다고 한다. 첫 아이도 딸인데 이번에도 딸이어서, 다음에 아들이나 임신하면 낳을까하여 유산시키려고 병원에 몇 번이나 왔다 갔다 했었다는 것이다. (글: 김하원)

나가다가 다시 들어온 꿈의 전개에서 임신 상황이 지속되지 않으려다가 다시 지속될 것을 예지해주고 있다. 조그만 뱀이니 앙증스런 면에서 딸일 가능성이 높으며, 일반적으로는 커다란 인물이 되기보다는 평범한 인물이 될 것을 예지해주고 있다.

〈 구렁이가 금가락지 세 개를 끼워준 꿈 〉

결혼해서 얼마 되지 않았을 때에요. 결혼해서 살고 있는 집에 실뱀 여러 마리가 집 안으로 들어왔어요. 저는 너무 징그럽고 기분이 안 좋아서 빗자루로 뱀들을 내 쫓았어요. 그러고 났는데 이번에는 커다란 구렁이가 집으로 들어오려는 거예요. 그런데 실뱀과는 달리 저는 그 구렁이가 너무 예쁘고 반가워서 집 안으로 맞이했어요. 그랬더니 그 구렁이가 덜컥 제

손을 잡는데 느낌이 아주 좋았어요. 구렁이는 제 4번째 손가락에 반짝반짝 빛나는 금가락지 3개를 차례로 끼워주었어요. 저는 이 꿈을 꾸고 아들 셋을 낳았어요. 셋을 낳을 동안 다른 태몽은 꾸지 않았는데, 태몽을 한 번에 꿀 수도 있다고 그러더라구요.

〈 작은 뱀이 커져 몸을 감싼 꿈 〉

배우 이혜은이 6년만에 첫아이를 임신한 태몽은 작은 뱀 한 마리가 나오는 꿈을 꿨는데, 신기하게도 다음 꿈에 같은 뱀이 쑥쑥 자라 큰 뱀이 돼 몸을 감싼 꿈이었다. 태명은 봄에 태어날 아이라 해 '봄'으로 정했다고 한다. (이현우 기자, 뉴스엔, 2008.01.15)

태몽의 결과는 2008.4.19일 아들을 출산하였다. 작은 뱀에서 큰 뱀으로 자라난 뱀의 태몽이기에, 인생의 전반부보다는 후반부에 갈수록 큰 능력을 발휘하게 될 것을 보여주고 있다.

〈 에메랄드빛의 예쁜 구렁이가 나온 꿈 〉

프로 농구선수 임효성(인천 전자랜드, 29)과 결혼한 그룹 S.E.S 출신 엔터테이너 슈(본명 유수영, 29)는 친언니가 대신 꿨다고 밝히고 있다.

"어느 날 언니 꿈에 에메랄드빛의 예쁜 구렁이가 나왔다고 하더라. 결혼한 언니가 본인의 임신으로 기대하는 눈치였지만, 그게 내 태몽이라는 건 나만 눈치챘다"며 "그때만 해도 임신 소식을 나 혼자만 알고 있을 때라, 내색은 못 하고 혼자 신기해했었다"며 뒷얘기를 털어놓았다.

이처럼 태몽을 주변인물이 대신 꿔주기도 한다. 2010년 6월 23일 남아를 출산한 바, '예쁜 구렁이'에서 뱀보다는 구렁이는 남성적인 표상을 예지할 수 있는 바, 아들을 낳았으니 '예쁜'의 상징성에서 귀공자나 미남자의 아이가 될 가능성이 높다고 하겠다.

한편 태몽을 기억 못하거나 없는 경우도 있다. 하지만 이 경우 주변 인물이 대신 꿔주기도 한다. 예를 들어 조형기는 "어릴 때 어머니께 저 낳을 때 어떤 태몽을 꿨냐"고 물어본 바, 어머니가 '너는 태몽이 없다'고 말씀하셨다고 밝히고 있다. 또한 이수근도 어머니에게 태몽이 뭐냐고 물었는데, 그 말을 하자마자 어머니가 태몽은 대한 말씀이 없었다고 밝히고 있다.

(10) 용에 관련된 태몽

용은 국가 최고 통치자의 권세나 고귀함을 뜻하는 것으로 널리 알려져 있다. 임금이 입던 정복을 袞龍袍(곤룡포), 임금의 얼굴을 龍顏(용안)이라고 부르고 있듯이, 용은 상서로운 동물로 제왕이나 최고의 권세에 비유되고 있다. 꿈에서도 이러한 상징 의미는 그대로 원용되고 있으며, 용꿈은 부귀 권세의 상징으로, 태몽으로 용꿈을 꾸면 장차 큰 인물을 낳는다고 믿고 있으며, 태몽이 아닌 일반적인 실현으로도 부귀·권세·명예의 상징으로 널리 알려져 있다. 대부분의 용꿈 태몽은 아이가 권세가·유명인이 될 것을 예지한다.

그러나 태몽으로 용꿈을 꾸었다고 다 좋은 꿈은 되지 않으며, 어떤 표상으로 전개되었느냐의 여부에 있다. 예를 들어 '상처투성이의 용'인 경우에는 좋지가 않다. 꿈속에서 용이 어떠한 모습으로 나타났으며, 어떤 전개양상을 보였는가, 또는 그 일로 인해서 어떤 감정이 생겼는가에 따라 각각 해석이 달라지게 마련이다. 땅에 있는 용의 태몽을 꾸면 태아의 인물은 크나 끝내 득세하지 못하고 평생을 마치게 되며, 방안에서 헤매는 용을 본 태몽을 꾸면 태아가 초년에는 크게 성공하나 결국 큰 뜻을 이루지 못하고 중도에서 실패하고 말 암시다.

구체적인 예를 들어보면, '상처 투성이의 용이 하늘을 날고 있는 꿈'으로 태어난 윤이상 씨의 꿈은 그의 뛰어난 음악적인 재능에도 불구하고 불운한 일생을 사는 것으로 실현되었다. 또한 용꿈의 태몽이지만, 하늘을 힘차게 날아오르지 못하고, 도중에 떨어져 내리는 꿈이었다고 한다면, 큰 인물로 될 수는 있지만 뜻을 얻지 못하고 중도에 좌절되는 혁명가의 일생에 부합되는 표상인 것이다.

용 자체만 가지고 남녀를 정확히 예지할 수는 없으며, 용꿈을 꾸고 태어난 여자 아이라고 팔자가 사나운 것은 아니다. 오히려 여장부 등 부귀와 권세를 누리는 좋은 태몽이다.

간략하게 꿈 해몽을 살펴본다.
○ 용을 타고 하늘을 나는 꿈은 가임여건에서는 장차 한 분야에서 성공하는 귀한 인물이 될 태몽이다. 일반적 상황에서는 성취·성공의 일로 이루어진다.
○ 맑은 물에서 용이 노는 것을 보는 꿈은 아이가 맑은 물로 상징된 좋은 여건에서 직분에 충실하게 될 것을 지켜보게 된다.
○ 개펄에서 용의 머리를 캐낸 태몽을 꾸면, 태아가 장차 어느 단체의 우두머리가 되거나 권세를 얻게 됨을 예지한 것이다.
○ 적룡·흑룡이 몸을 뒤틀며 하늘로 오르는 꿈을 꾸면, 가임여건에서는 태몽으로 태아가 장차 문무겸비한 훌륭한 인물이 되고, 일반적으로는 두 남녀의 결합을 예지한 꿈이기도 하다. 현실에서는 두 권

력자, 두 개의 세력단체, 훌륭한 한 쌍의 남녀를 상징할 수 있다.

○ 용이 구름에 올라 뇌성벽력을 치는 태몽을 꾸면, 태아가 장차 국가
  나 사회의 지도자가 되고 세상을 계몽하게 됨을 예지한다.

○ 물속에서 나온 금빛 잉어가 큰 구렁이가 되었다가 다시 용이 되어
  구름 속에서 두 개의 불덩이를 떨어뜨린 태몽으로, 크게 성공해서
  세상을 놀라게 하거나 감화를 줄 업적을 남기게 된 사례가 있다.

○ 용이 떨군 여의주를 치마에 받았던 태몽으로 태어난 사람이 차를
  타고 가다 수십 미터나 되는 낭떠러지 아래로 굴러 떨어졌다. 하지
  만 자신만이 구사일생으로 차에서 튕겨져 나와 나뭇가지에 걸려 살
  아난 사례가 있다.

〈 용이 날아 오른 꿈 〉

　번쩍번쩍 빛나는 황금빛 용이 침대 한 쪽에서 튀어나왔는데, 그 빛이
너무나 눈이 부셨다. 방안이었는데 용은 날아올라 사라졌으며 어디로 갔
는지는 모른다. 이 꿈 때문에 낳는 순간까지도 아들인줄 알았으나, 여아
를 출생하였다. (인터넷.'거인의 정원' 블로그)

〈 용이 태우고 바닷가로 간 꿈 〉

　아주 큰 용이 나타나서 우리 부부를 태우고는 바닷가로 갔답니다. 색
도 선명하고 어찌나 생생하던지 한편의 영화를 보는 것 같았어요. 용꿈은
아들이라더니 정말로 아들이 태어났는데, 왠지 큰 인물이 될 것 같아 기
분 좋았던 태몽입니다. (엄마 윤옥자 씨)

〈 예쁜 용이 다가와 애교를 부리는 꿈 〉

첫째 아이 때 태몽입니다. 예쁘고 연약해 보이는 용이 호숫가에 있는 저에게 다가와 머리를 가슴에 문지르며 애교를 부리는 꿈을 꾸었어요. 딸일거라 했는데 낳아보니 아들이더군요.

〈 용이 집으로 들어온 꿈 〉

제 꿈은 남편 친구가 꾸어 주었어요. 남편과 그 친구는 고등학교 때부터 절친한 사이여서 형제처럼 친하게 지내더니, 결국 저희 아이 태몽까지 꾸어주네요. 남편 친구가 잠을 자는데 밖이 시끄러웠대요. 땅이 흔들리는 것 같기도 하고 이상한 광채가 나기도 해서, 남편 친구는 '지진이 났나?' 라고 생각했대요. 그래서 밖을 나가봤더니, 커다란 몸체에 눈을 못 뜰 정도로 반짝이는 한 물체가 있더래요. 주위에 사람들이 많았는데 다들 무서워서 어찌할 바를 모르는데, 남편 친구는 아무 느낌도 없이 성큼성큼 그 물체에 다가가서 뭐냐고 물어봤다고 해요. 그랬더니 그 물체가 '나는 용이다' 라고 하면서 그 친구를 번쩍 들어서 어디론가 갔는데, 잠시 후에 정신을 차리고 보니 저희 집이었다고 해요. 저희는 이 용 꿈을 듣고 용띠 해에 딸을 낳았답니다.

〈 커다란 용이 달려드는 꿈, 다이아몬드를 가슴에 안는 꿈 〉

고(故) 최진실의 첫째 아들 태몽은 커다란 용 한 마리가 자신에게 달려드는 꿈이다. 남편 조성민은 번쩍번쩍 빛나는 다이아몬드를 가슴에 한아름 가득 안는 꿈을 꿨다고 한다.

〈 용 세 마리가 품안에 들어온 꿈 〉

이용삼(강원 철원·화천) 국회의원의 부모님 꿈에 용 세 마리가 품안에 들어오는 것을 본 후에 태기가 있어 낳았다. 이에 이름을 이용삼이라 지었다고 한다.

〈 용이 하늘로 날아오른 꿈 〉

로또추첨 방송을 하는 로또걸 설초록(23)씨는 "어머니가 저를 낳기 전에 용이 하늘로 날아 올라가는 용꿈을 꾸셨데요"라고 밝히고 있다. 용꿈의 태몽은 권세나 부귀영화의 성취로 이루어지는 좋은 태몽이다. 그녀는 미스코리아나 수퍼모델이 하는 로또걸을 맡고 있는 바, 광고 등 CF와 영화와 방송에서 패널과 MC로 나서 활발한 연예계 활동을 활발히 하고 있다. (요약, 중앙일보, 2011.02.22)

〈 용이 자신의 품이나 뱃속으로 달려드는 꿈 〉

달려드는 용으로 표상된 귀한 인물을 만나 인연을 맺게 되거나, 태몽일 경우 용으로 표상된 귀한 인물을 출생하게 된다. 실제로 장화왕후는 처녀 때 바다의 용이 자기 뱃속으로 들어오는 꿈을 꾼 후 왕건을 만나게 되어, 훗날 왕건의 비가 되었다.

〈 흑룡이 침실로 날아든 꿈 〉

신사임당은 흑룡이 바다로부터 솟아 올라와 그 침실로 날아 들어와 서리고 있는 꿈을 꿈 후 이율곡을 낳았다. 구비전승되어 오는 다른 이야기에는 선녀가 동해 바다에서 살결이 흰 옥동자를 안고 나와서 안겨주고 사라지는 꿈을 꾸었는데, 이 아이는 후일 율곡 선생으로, 국가의 중신이 되고 위대한 학자가 되어 크나큰 업적을 남겼다.

〈 상처 입은 용이 하늘을 나는 꿈 〉

태몽의 구체적인 실례로, 일생의 미래를 예지해주고 있는 '윤이상' 씨의 태몽꿈을 살펴본다. 오래전의 신문기사를 그대로 전재하여 살펴본다.

> "어머니는 그때 내가 태어난 경남 지리산 하늘 위를 상처 입은 용 한 마리가 날고 있는 꿈을 꾸었다" (고 윤이상씨 태몽)
>
> 이제 윤씨의 한 많은 일생을 돌아보면, 그는 어머니의 태몽 그대로 한 마리의 상처받은 용이었음이 분명하다. 한국출신으로는 최초로 세계적으로 알려진 작곡가였으나, 정치적으로 온갖 박해를 받으면서 끝내 그리던 고국으로 돌아오지 못했기 때문이다. 67년 동백림 사건 당시 그는 서울에 납치된 후, 중앙정보부에서 온갖 고문을 당했다. 결국 간첩활동을 했다는 허위자백 끝에 무기형을 선고받고 옥살이를 하다, 세계 음악계의 구명운동에 힘입어 2년만에 석방된 뒤 한국을 떠났다. 지난해 본사 주최로 광주에서 열린 '윤이상' 음악제에도 정작 주인공인 그는 오지 못했다. 지금 생각하면 참으로 아쉬운 일이 아닐 수 없다. 이념보다는 민족을 중시했던 한 음악가의 죽음을 대하면서, 체제가 무언지 이데올로기가 무엇인지 생각하지 않을 수 없다. (신문기사 인용)

용으로 표상된 태몽꿈으로 말미암아 장차 큰 인물이 될 것임을 예지해주고 있다. 하지만 꿈속에서 상처받은 용으로 표상된 윤이상씨의 일생이 뜻을 펴보지 못하고 불운하게 일생을 보내게 된 태몽꿈의 신비를 보여주고 있다.

4. 조류, 곤충, 어류, 수생동물, 양서류 기타 관련

1) 조류(새)와 관련된 태몽

　크고 사납고 힘센 독수리·매 등의 새는 억세고 용감한 남자 아이를, 귀엽고 작은 새는 여자 아이를 낳을 가능성이 높다. 하지만 절대적인 것은 아니다. 나는 새를 본 태몽을 꾸면 장차 같이 있지 못하고 생이별 또는 사별하기 쉬우나 절대적인 것은 아니며, 하늘을 나는 새가 떨어지는 꿈은 유산이나 요절 등으로 실현될 수 있다.

　독수리나 솔개 같은 크고 사나워 보이는 새는 기질적으로 억세고 난폭하며 용맹한 사람이나, 그러한 일거리나 대상을 상징하고 있다. 꿈이 생생하고 강렬하여 태몽으로 실현될 경우, 장차 권세있고 용감하며 야심만만한 인물이 될 아기를 낳게 될 것을 예지한다. 확률적으로 남아를 출산한 가능성이 높으며, 여아인 경우 활달하고 괄괄한 성품이 된다.

　일반적으로 독수리나 솔개 등 커다란 새가 자기에게 접촉해 오거나, 자기 손을 물거나, 타고 나는 꿈의 경우에 각기 처한 상황에 따라 좋게 이루어진다. 즉 야심가는 권세를 잡고, 학생은 수석이 되며, 처녀는 씩씩하고 활달한 사람을 얻는 일로 이루어진다.

조류에 관한 꿈해몽을 간략하게 살펴본다.
- ○ 학이 품안에 들거나 어깨에 앉는 꿈은 가임여건에서는 태몽으로 학은 지조 있고 고결한 여성을 상징하기에, 지조있는 여성 · 학자 · 성직자 등을 낳게 된다. 일반적인 표상에서 미혼인 남성의 경우 그러한 여인을 얻게 되는 일로 실현될 수 있다.
- ○ 동자가 학을 타고 내려온 태몽을 꾸면, 학자나 높은 관직의 우두머리가 될 것을 예지한다.
- ○ 한 마리의 제비를 가까이 한 태몽꿈은 재주있는 미모의 자식을 낳는다.
- ○ 제비가 가슴으로 날아드는 꿈은 총명하고 재주가 많아 권세를 누리게 되는 태아를 잉태한다.
- ○ 꾀꼬리가 품으로 날아들거나 붙잡는 태몽꿈을 꾸면 가임여건에서 유명인이나 가수가 될 아이를 출산한다. 일반적으로 남자가 이러한 꿈을 꾼 경우, 현실에서는 아름다운 여성을 얻게 된다.
- ○ 수천 마리의 갈매기가 자기를 둘러싼 태몽을 꾸면, 장차 입신양명했을 때 부귀영화를 흠모하거나 탐내는 사람이 수없이 많음을 뜻한다. 희로애락을 같이 해줄 사람들의 동일시이기도 하다.
- ○ 한 쌍의 봉황을 얻은 태몽을 꾸면, 태아가 장차 천재적인 인물이 되거나 고귀한 사람이 되며, 남매가 모두 위대한 업적을 남길 인물이 됨을 예지한다.
- ○ 공작새를 소유하는 태몽꿈을 꾸면, 태아가 부귀영화를 누릴 사람이 된다. 미혼자라면 이상적인 여성이나 남성을 만나게 되고, 작가나

학자라면 작품이나 연구에 성과를 얻게 된다.

○ 화려한 공작새가 날개를 펴면, 선망의 대상이 되는 연예인 등 인기인으로서 상당한 부를 얻게 된다.

○ 한 마리의 참새가 방안으로 날아들거나 품에 드는 태몽을 꾸면, 평범한 자녀를 출산한다.

○ 비둘기의 태몽은 성품이 어질고 착한 아이를 낳는데, 여자 아이를 낳을 가능성이 높다. 아이는 자라서 사회봉사와 관련된, 간호사 · 교사 · 의사 등의 직업에 나아가면 좋다.

○ 새 떼가 날아와 그 중 가장 큰 새가 방안에 들어온 태몽을 꾸면, 태아가 장차 어떠한 분야나 직종에서 지도자가 되는 것을 예지한다.

○ 세계의 최고 레슬러들이 모인 가운데 검은 독수리가 날아간 태몽으로 장차 국제적인 사업가가 되거나 세계적으로 명성을 얻게 되는 일로 실현된 사례가 있다.

〈 강물위로 새 떼가 날아오른 꿈 〉

어머니가 태몽을 꿨는데 강물 위로 하얀 새떼가 날아올랐다. 그리하여 이름을 '이하얀' 으로 지었으며, 그래서인지 그녀는 하얀 옷을 즐겨 입고 다닌다. (탤런트 이하얀)

〈 새가 노래 부르는 꿈 〉

어머니의 꿈에 하늘에서 귀여운 새 한 마리가 내려오며 아름다운 노래를 지저귀었고, 그 위로 수많은 꽃들이 떨어졌다.

훗날 아나운서 직업을 가지게 되었으며, 꽃이 보인 것은 화려한 직업을 가리키는 것이고, 새가 지저귄 것은 말을 많이 하는 아나운서로 풀이해도 무리함이 없을 것이다.

〈 독수리가 날아든 꿈 〉

아프리카의 독수리처럼 큰 검정독수리 여러 마리가 하늘을 빙빙 날고 있더라구요. 그런데 그 중 한 마리가 저에게 날아드는 거예요. 그러면서 잠에서 깨었답니다. 독수리라 아들인줄 알았는데, 아들같은 딸이 태어나더라구요.

독수리의 태몽이니 커다란 능력을 지닌 인물이 될 것이며, 아들같은 딸처럼 활달하고 걸걸한 아이, 독수리가 새들의 왕이듯이 다른 사람들을 제압하고 군림하는 인물이 될 것을 보여주고 있다.

〈 독수리가 날아가는 꿈 〉

황금독수리가 날아가고, 용 두 마리가 승천하는 태몽을 꾼 아버지가 있다. 이에 아들의 이름을 '황금독수리 온 세상을 놀라게 하다' 로 특이하게 지어주어 화제에 올랐다.

태몽꿈으로 보아, 큰 인물이 될 표상으로 전개되고 있다. 또한 큰 독수리가 나래를 펴고 하늘을 날며 아래를 쳐다보고 있는 태몽으로, 군 참모총장에 오른 사례가 있다.

〈 독수리가 나한테 몸을 비비는 꿈 〉

MBC 최대현 아나운서가 결혼한 지 4년 만에 예쁜 딸 정윤이의 아빠가 됐다. 최대현 아나운서는 "태몽이 많다. 장모님은 마당에 소나무가 가득한 꿈을 꾸셨고, 아내는 친한 언니한테 금반지를 받는 꿈을, 난 내 키만한

독수리가 나한테 몸을 비비는 꿈을 꿨다" 고 답했다. (김예나, 뉴스엔)

이렇게 태몽을 여러 사람이 꿀 수도 있다. 또한 여러번 꿀 수도 있다. 모두 좋은 태몽이다. 독수리 태몽이 남아일 가능성이 높지만, 독수리도 암수가 있기에 이처럼 여아가 탄생할 수도 있다. 아마도 체격이 좋고 성격이 활달한 여아가 될 가능성이 높다고 하겠다.

〈 학이 품안으로 날아든 꿈 〉
둘째 애를 가질 때, 학 여러 마리 중에서 한 마리가 제 품으로 쑥 들어오는 꿈을 꾸었어요. 아들을 낳았어요.

〈 들어온 학이 한쪽 다리가 없는 꿈 〉
어미가 태어날 때 외할머니께서 태몽을 꾸셨는데, 학이 한 마리 방 안에 날아 들어와 서 있었답니다. 가만히 보니 한 쪽 날개가 없는 가엾은 새더랍니다. (KBS 명성왕후 드라마, 124회)

명성황후의 태몽이다. TV 드라마에서 나온 말을 인용해보았다. 실제 태몽의 출전을 확인할 수 없어서 정확치는 않지만, 허구적으로 태몽이야기를 창의적으로 삽입해 넣었다고 하더라도, 비운의 명성황후의 일생을 상징적으로 잘 보여준 태몽이야기라고 하겠다.

〈 학이 되어 날아간 꿈 〉
수탉이 된 학을 솥에 삶았더니 사람이 되었다가, 다시 학이 되어 날아가 버린 꿈이었다.

태어난 여아는 지조있고 고상한 여성이 되었으나, 재혼한 남편이 무지하고 사나워 갖은 학대를 받다가 사경에 이르렀다. 그러나 기독교를 신봉하여 남편을 회개시켜 선량한 사람으로 만들었는데, 태몽은 여성의 생애를 함축적으로 예지해주고 있다. (글: 한건덕)

〈 날개를 펼친 은빛 학을 본 꿈 〉

2008년 3월 경찰대학교 졸업식에서 영예의 수석졸업자로 대통령상을 받은 김은비(金銀飛) 경위(24)의 태몽이다. 어머니의 태몽에서 날개를 펼친 `은빛 학`을 본데서, 이름자에 '은 은(銀)' 자에 '날 비(飛)' 자를 쓰고 있다.

(매일경제신문, 박소운 기자, 2008.03.21)

〈 예쁜 비둘기의 꿈 〉

탤런트 이승연의 태몽은 어머니가 예쁜 비둘기를 꿈속에서 본 뒤에 임신을 했다고 하며, 태어날 때부터 포동포동하고 귀여웠다는 것이 가족들의 이야기다. (TV가이드 713호)

〈 제비가 노래하는 꿈 〉

"엄마가 제 태몽으로 제비가 노래하는 꿈을 꿨다고 해요. 이미 제 운명은 가수로 결정되어 있었나 봐요."

댄스 음악이 주도하는 가요시장에 발라드곡 〈어제처럼〉으로 상반기 가요계를 석권한 제이(22, 본명 정재영)의 태몽이다. 제이의 아버지는 60년대 인기그룹 히식스의 리더였던 정희택씨(53)고, 〈꽃밭에서〉를 부른 가수 정훈희씨가 고모다. 친할아버지도 1940년대 가수 겸 피아니스트였던 정근수(작고)옹이다. 음악가 집안에서 태어난 만큼 제이는 음악성만큼은 그 누구에게도 뒤지지 않는다고 자신한다. (최호열 기자, 여성동아, 2000년 8월호)

〈 수컷 봉(鳳)새가 안기는 꿈 〉

제가 임신을 한 지 6~7개월 정도 되었을 때 남편이 꾼 꿈이에요. 그런데 같은 날 밤에 남편이 뱀 꿈을 먼저 꾸고, 잠시 후에 봉황 꿈을 꾸었다고 해요. 어디인지는 잘 모르겠는데 나뭇가지 위에 암수 봉황 두 마리가 같이 있었다고 해요. 색깔은 잘 기억이 나지 않는데 알록달록하고 날개를 쫙 피고 있었는데 굉장히 아름다워서 남편이 '너 봉황 맞지?' 라고 물어봤다고 해요. 그랬더니 암수 중 수컷만 눈을 깜빡이며 웃는 상태로 남편한테 폭 안겼다고 해요. 남편이 떼어내려고 해도 떨어지지 않는 상태에서 꿈에서 깨어났다고 해요. 뱀과 봉황 꿈을 같은 날 꾸고, 남편은 기분이 굉장히 좋았다고 해요.

이 꿈을 꾸고 아들을 낳았습니다.

수컷인 봉(鳳)만이 남편에게 안겼기에, 아들을 낳는 꿈으로 실현되고 있다. 암컷인 황(凰)도 같이 안기는 꿈이었다면, 장차 남매를 두게 되는 일로 실현될 것이다.

〈 새 한 마리가 품으로 날아든 꿈 〉

아이 아빠가 꾼 딸아이 태몽이에요. 산을 오르다가 많은 새가 날아가는 것을 보고 있었는데 그 중 한 마리가 품으로 날아오더랍니다. 그 새가 봉황같다며 꿈해몽 책을 찾아보더니, 두뇌가 명석한 아이가 난다고 적혀 있다며 좋아했어요. 그런데 우리 딸이 말이 정말 많거든요. 아빠가 한 마디 하면, 열 마디 할 정도예요. 지금은 아이 아빠가 "봉황이 아니라 종달새였나봐" 하네요.

〈 학 한 마리와 봉황 2마리를 본 꿈 〉

　　결혼도 일찍한 저는 올해 큰애는 10살, 둘째는 6살이랍니다. 그런데 정말 상상하지도 못한 일이 벌어지고 말았습니다. 3번째 아이를 가진 것이지요. 눈앞이 캄캄해지더군요. ―중략― 사실 객관적으로 생각해보면 아들·딸 다 있죠. 지금 새로 무슨 아이를 낳겠다고 난리인지, 그것도 뒤늦게 말입니다.

　　그런데 항상 찜찜하긴 했었어요. 예전에 제가 결혼해서 큰애를 가져서 꿈을 꿨는데, 누군가의 손에 이끌리어 산에 올라갔습니다. 주변은 검은데 갑자기 이런 소리가 났습니다. "저것이 너의 새들이다" 그래서 쳐다보니 하얀 학 한 마리와 봉황 2마리가 나란히 서서 다정히 얘기를 하고 있는 거예요. 언뜻봐도 학은 숫놈, 가운데 봉황은 암놈, 마지막에 서있는 봉황은 숫놈이더라구요. 꿈을 깨고도 '나는 아이 셋을 가지겠구나' 그렇게 생각했었거든요? (iyanla, 마이클럽, 2006.1.5)

　　마지막에 서있는 봉황은 수놈이었듯이, 아들을 낳는 일로 실현될 것이며, 이렇게 첫 아이 태몽때 장차 두게 될 자녀의 숫자를 예지해주는 경우가 많다.

2) 곤충·벌레에 관련된 태몽

　　곤충꿈의 태몽은 태몽으로서 그다지 좋은 것은 아니다. 곤충의 수명이 오래가지 못하는데서 태어난 아이의 수명이 짧을 수도 있으며, 날아다니는데서 한 곳에 정착한다기 보다는 부모와 떨어져 살거나 생이별할 수가 있다.

　　곤충의 색상이 화려하고 예쁜 경우 여아를 낳을 가능성이 높으며,

장차 사람들에게 선망의 대상이 되는 인기인이 될 수도 있다. 처음에 작은 벌레였던 것이 여러 차례 다른 커다란 동물로 변하는 태몽은 처음에는 미약하지만 점차 능력을 발휘하고 훌륭한 인물로 변모함을 예지한다. 일반적인 상징으로는 벌레가 들어오는 꿈은 질병에 걸리는 일로 실현되기도 한다.

꿈해몽을 간략하게 살펴본다.
- ○ 곤충이나 벌레를 죽이는 꿈은 가임여건에서 태몽인 경우, 유산이나 요절 등으로 실현된다.
- ○ 나비는 밝고 화려함에서 대체적으로 여자 아이를 낳을 가능성이 높으며, 빨간 나비는 개성이 강하거나 특이한 재능이 있음을 예지한다.
- ○ 벽에 붙은 오색 잠자리의 태몽으로 태어난 여아는 날아다니는 표상이 아니기에 활동적이지 못하고 좋지가 않다. 일반적으로는 잠자리 표본 등을 보면 사진이나 출판물을 보는 일로 실현된다.
- ○ 부엌에서 팔망아지(누에와 비슷하고 투명한 초록색의 산벌레)가 이리저리 돌아다닌 태몽으로 태어난 사람이 착하고 정직한 사람으로 부모에게 효성스러우면서, 관리나 사업가로 출세한 사례가 있다.
- ○ 별이 떨어진 주위에 세 마리의 나비가 날고 있는 태몽으로 태어난 사람이 장차 명성을 떨치게 되어, 나비로 상징된 장차 세 여성과 깊은 인연을 맺게 된 사례가 있다.

〈 사슴 벌레를 잡는 꿈 〉
임신을 확인할 즈음해서, 남편이 신기한 꿈을 꾸었다고 하니, 태몽인

듯 합니다. 나무 위를 기어 올라가는 사슴벌레를 잡았다고요. 새까맣고
뿔이 달린, 두 마리가 위, 아래고 기어 올라가고 내려가는데, 그 중 남편이
쌩쌩해보이는 위쪽 놈을 손으로 잡았답니다.

(산골댁, 다음 신지식. 2005.10.25)

〈 빨간 나비 꿈 〉

아주 넓은 바다를 건너는데, 빨간 나비가 날아와 제 몸에 앉아 바다를
같이 건넜어요. 빨간 나비는 딸인줄 알았는데, 아들이 태어났답니다.

(엄마 이경희 씨)

〈 잠자리를 잡았다가 놓아준 꿈 〉

동생이 어제 저녁에 잠자리 세 마리가 하늘위로 날아다녔데요. 근데
그게 너무 이뻐서 한 마리를 잡아서 망에 집어넣고, 또 한 마리를 잡아서
집어 넣으려고 하는데, 잠자리 눈이 너무 순순해서 그만 놓아주었데요.
이거 태몽 맞죠. 근데 잠자리를 놓아주어서 나쁜 꿈이 아닐까 걱정이네
요. (전미선, 베베하우스)

꿈이 생생하며, 가임 여건에 있다면 태몽이 맞으며, 잠자리가 예뻤
기에 여아일 가능성이 높다. 하지만, 잡은 잠자리를 놓아주는 것은 태
몽에서는 결코 좋은 꿈이 아니다. 첫 아이 때, 장차 두게 될 자식의 태몽
을 한꺼번에 꾸기도 하기에, 첫째 애는 아무 이상이 없더라도, 둘째 애
를 가졌다가 자연유산이 되거나 요절이 되는 일로도 실현될 수 있다.

이 경우에 가장 바람직한 꿈의 실현은 일반적으로 실현되는 것이
더 좋다. 잠자리가 태아의 태몽 표상이 아닌, 이성의 상대방으로 실현
될 수도 있다. 동생이 남동생이라면, 하늘을 날아다니는 세 마리의 예
쁜 잠자리로 상징된 미모의 재능있는 세 여자 중에 한 여자를 사귀게

되고, 두 번째로 사귀게 되는 여자와는 사귀다가 결별하는 일로 실현될 수 있다고 하겠다. 태몽에서도 그렇지만, 일반적인 상징에서 동물 등은 거의 대부분 어떠한 사람을 상징적으로 나타내주고 있다.

〈 거미꿈 태몽 체험기 〉

○ 우리 아이 태몽이 털이 많이 난 새까맣고 큰 거미가 제 손을 무는 꿈 이었는데, 딸을 낳았구요 (신동선, 다음 미지넷)

○ 저희 언니가 꾼 꿈이구여. 큰거미줄에 거미가 막 매달려 있는데, 언 니는 징그럽다며 저보구 보라는데, 제가 뭐가 징그럽냐며 거미 두 마리를 휙휙 잡드래요. 그리고 시어머니가 꾼 꿈은 옛날 대청마루 에 누런 강아지 두 마리가 앉아서 안방을 쳐다보구 있었데요 (송혜 란, 다음, 미즈맘토크)

○ 제 동생이 저 아기 가진 것을 확인하자마자, 왕거미 꿈을 꿨습니다. 전 태몽이라 믿고 싶지 않았지만, 근데 친정엄마가 태몽 맞다고 하 시더라구요. 아들을 낳았습니다.

○ 저도 거미가 몸에 기어올라오는 꿈꾸고 임신했는데요. 거미꿈은 보 통 아들이라고 하더라고요. 저는 황금거미꿈 꿨는데 이쁜 공주 낳 았어요.

○ 제 친구가 임신했는데요. 꿈에 꽃게만큼 큰 거미가 가슴밑에 딱 달 라붙어서, 친구가 놀라서 막 소리치면서 깨었다네요.

꿈이 생생하고 강렬하다면, 태몽이 틀림이 없다. 거미 또한 암수가 있기에 남아·여아의 확실한 구분은 어렵다. 다만, 색상이 화려하고 예 쁜 거미인 경우 여아일 가능성이 높다. 꽃게만한 거미이니, 태몽 표상에서는 크고 늠름한 것이 좋은 바, 커다란 능력을 지닌 인물이 될 것을 예지해주고 있다.

〈 용꿈, 흰색 지네가 나타나 춤을 추는 꿈 〉

배우 겸 연예인 이창훈이 16살 연하 아내 김미정씨와의 사이에 "허니문 베이비를 만드는 데 성공해 2009년에 아빠가 된다"고 밝혔다. 이창훈은 "태몽으로 자신은 용꿈을, 누이는 흰색 지네가 나타나 춤을 추는 꿈을 꿨다"고 말했다.

태명을 '사랑'이라고 지은 바, 2009년 5월 8일 딸을 출산했다.

3) 어류, 수생동물 · 양서류와 관련된 태몽

물고기 태몽의 경우, 잉어 등 크고 힘있는 물고기는 남아를 낳을 가능성이 높다. 여아를 출생할 경우에는 체격이 장대하거나 힘이 세고 적극적인 성품을 지니게 된다. 반면에 예쁜 금붕어 등 빛나고 화려한 물고기들은 여아의 낳을 가능성이 높으며, 남아일 경우 여성적 성품의 아이이거나 귀공자일 가능성이 높다. 또한 물고기의 상징의미처럼 소심하고 체격이 작은 사람이 많지만, 외모가 출중하고 깨끗한 것을 좋아하는 특성이 있다.

일반적인 상징에서 물고기는 재물이나 이권 · 재산 · 권세 등을 상징하는 바, 수많은 물고기의 태몽은 장차 그러한 풍요로운 여건에 있게됨을 예지하며, 강에서 노는 물고기를 잡았다면 활동적인 성격을 나타낸다. 태몽에서 물고기가 처해 있는 여건도 중요하다. 맑고 아름다운 호수 등이라면, 풍요롭고 여유로우며 좋은 여건에 있게 됨을 예지하고 있다. 반면 웅덩이라든가 흙탕물의 물고기 태몽인 경우, 궁색하거나 어려운 처지에 놓인 인생길이 펼쳐질 수가 있다. 한편, 잉어 등 물고기가 자기 앞으로 오다가 사라지거나 죽어 있는 것을 보는 태몽은 태아가 유산되거나 장차 요절하는 일로 실현된다.

관련된 태몽을 간략하게 살펴본다.
- ○ 물고기 두 마리를 잡거나 사오는 꿈은 쌍둥이나 형제를 낳을 태몽이다.
- ○ 활발하게 노는 물고기는 활동적인 성격을 예지하며, 싱싱한 물고기일수록 아이가 장차 건강하고 좋은 태몽이다.
- ○ 잉어가 구렁이나 용으로 변한 태몽 꿈인 경우에는 청소년기보다는 장년기 등 점차로 큰 인물이 될 것을 예지해주고 있다. 일반적인 꿈이라면, 처음 시작은 잉어로 표상되는 사업 · 저작물 등이 결국에는 큰 구렁이 · 용으로 상징되는 큰 일을 이루어낼 수 있음을 예지하는 꿈이다.
- ○ 큰 물고기를 손으로 잡아 두 팔로 안고 온 태몽을 꾸면, 장차 능력있고 뛰어난 인물로 직위와 재물을 겸비한 인물이 될 것을 예지한다.
- ○ 오색찬란한 물고기를 앞치마로 받쳐 드는 태몽은 유명한 작가나 예술가를 낳게됨을 예지한다.
- ○ 어항 속의 금붕어를 바라보면서 싫게 느껴진 경우, 자연 유산 등 안 좋은 일로 실현된 사례가 있다.

〈 큰 아들이 물고기 두 마리 잡아 오는 꿈 〉

둘째 아이 태몽인데요. 큰 아들이 작은 물고기 두 마리를 생수병에 담아오는 꿈이었습니다. 다들 큰 아이와 같은 성별일 거라고 했는데, 정말

또 아들이었답니다. (엄마 김은정 씨)

이 경우 일반적으로는 두 가지 재물이나 이권을 얻는 일로 이루어지고 있다. 태몽인 경우 꿈이 아주 생생해야 하며, 물고기 두 마리를 담아오는 꿈으로 미루어, 장차 자녀를 또 두게 되는 일로 실현 가능하다. 또 다르게는 두 마리의 뛰어난 능력을 지닌 아이로 보기도 한다.

〈 잉어를 피했으나 끝까지 따라와 치마폭에 안긴 꿈 〉

인터넷의 알밤하우스 블로그에 '알밤이 태몽' 으로 올려진 유산을 할 뻔한 꿈사례를 요약해 살펴본다.

바닷가에 놀러갔는데, 사람들이 둑 근처에서 옹기종기 모여 있었다. 다들 물가를 보면서 탄성을 질렀는데, 나도 물가로 다가갔다. 물속에서 물고기들이 막 놀고 있는게 보였다. 막 신기해서 들여다보고 있었는데, 갑자기 그중에 한 마리가 무슨 돌고래 쇼장의 돌고래마냥 펄쩍뛰어올랐다. 난 깜짝 놀래서 뒤로 막 물러섰다. 어른 팔길이 만한 잉어가 펄쩍 뛰어올라 내 앞에 툭 떨어졌다. 난 무서워서 겁나게 도망갔다, 잉어가 애처로운 눈빛으로 날 막 쳐다봤지만 쳐다보건 말건 도망갔다.

친정집에 와서 엄마아빠한테 그 잉어 얘기를 했다. 그랬더니 친정아빠가 아깝지 않느냐고 물어보시길래 곰곰이 생각해보니 좀 아까운거 같아서, 아깝다고 기회가 된다면 데리고 왔으면 좋겠다고 그랬다, 그랬더니 갑자기 아빠가 엄마한테 그 잉어가 밖에 있으니 문을 열어주라고 하시는 거였다. 엄마가 베란다로 가시더니 창문을 열었다. 그랬더니 아까 봤던 그 잉어가 집안으로 펄쩍 뛰어 들어오더니, 내 치마폭으로 쏙 들어왔다.

태몽 꿈의 실현은 처음에 잉어가 무서워서 도망간 것처럼, 임신을 원치 않았으나 임신을 하게 되어 부득이 아이를 낳게 되는 일로 이루어지거나, 임신을 하게 되지만 처음에 도망갔지만 다행스럽게도 나중에 받아 들였듯이 유산으로 실현될 뻔하다가 그치게 되는 일로 이루어질 것을 예지해주고 있다. 현실에서는 실제로 유산할 뻔한 일로 이루어지고 있다.

〈 잉어 두 마리를 잡아 온 꿈 〉

시어머니가 꾸신 꿈이다. 물가에 가셨는데, 사람들이 낚시를 하고 있더란다, 그래서 당신께서도 물가에 가서서 물고기를 맨손으로 잡으셨단다. 팔뚝만한 잉어를 잡아서 안고 오시는데, 아무래도 한 마리로는 아쉬워서 다시 물가로 가서 다른 잉어를 또 잡아서 양쪽에 한 마리씩 끼고 오셨다고. 난 알밤이만 낳고 말건데, 둘째가 이미 점지되어 있다는 것인가?

(알밤하우스 블로그)

여타의 꿈사례로 태몽 전문가의 입장에서 살펴보자면, 이렇게 첫째 아이 태몽에 장차 두게 될 자녀수를 예지하는 경우가 많으며, 또한 장차 두 아이를 두게 될 것으로 보인다. 그렇지 않은 경우, 두 마리 잉어이듯이 쌍둥이를 두게 될 것을 보여주는 경우도 있다. '이 세상에 다른 것은 다 속여도, 사람의 태몽꿈은 속이지 못한다' 는 것이 필자의 우스갯소리로 말하는 참된 말이라고 하고 싶다.

〈 숭어를 잡아 주는 꿈 〉

정조국(축구선수)의 부인 김성은 KBS 2TV 가족 버라이어티 '해피버

스데이' 에 출연해서, "작은아버지가 숭어를 잡으셨다더라" 며, "큰 것 한 마리를 빼앗아 성은이 줘야지' 하셨다" 라고 아들의 태몽을 밝히고 있다.

(뉴스엔 이언혁 기자, 2010.05.11)

작은아버지가 대신 태몽을 꿔주고 있는 바, 이처럼 주변 친지 등이 태몽을 대신 꿔주기도 한다. 당시 김성은은 임신 4개월째였던 바, 아들을 출산하였다.

〈 은갈치를 두 손으로 받은 꿈 〉

안녕하세요. 저는 아는 동생이 태몽을 꾸었는데요. 그 친구 말에 따르면 그 친구랑 저랑 재래시장을 같이 걸어가다가, 반짝이는 은갈치 한 마리를 저에게 두 손으로 주었더니, 제가 안듯이 그 은갈치 한 마리를 두 손으로 받았다고 합니다. 은갈치의 특징은 굉장히 길고 크기가 컸다고 합니다. (이주희, 베베하우스)

은갈치의 태몽 표상에서, 여성적 상징이 느껴진다. 하얀 피부에 키가 늘씬하며, 미모가 돋보이는 여아를 낳을 가능성이 높다. 남아라면 꽃미남일 것이다.

고래 · 거북 · 상어 · 물개 기타 태몽 꿈해몽을 간략하게 살펴본다.

○ 고래 · 거북 · 상어 · 물개 또는 수생동물 등을 잡으려고 했으나 놓치거나, 가까이 다가오는 것을 쫓아내는 꿈은 가임여건에서 태몽인 경우 유산되거나 기타 안좋은 일로 실현된다. 일반적으로는 사람이나 재물이나 이권 등을 얻으려다가 얻지 못하는 일로 이루어진다.

○ 고래를 타고 바다를 둥둥 떠다니는 태몽이면, 커다란 고래로 상징된 훌륭한 인물이 바다로 상징된 넓은 무대에서 뜻을 펼치게 될 것을 예지한다. 일반적으로는 현실에서는 권세를 잡거나 좋은 배우자를 얻게 된다.

○ 거북이 태몽인 경우 거북이가 장수의 동물이라 수명이 오래갈 수 있으며, 거북이는 신령스러운 대상으로 귀한 직위에 오를 수 있다. 성실하고 근면함의 상징으로, 차근차근 일을 추진해나가는 대기만성형의 인물로 성장해 나갈 것이며, 거북이 태몽은 아들에 가까우나 절대적이지는 않다.

○ 처음에는 작은 자라이던 것이 커다란 거북이로 변하는 태몽은 처음은 미약한 인물이지만, 장차 유명인사가 되거나 큰 권력을 잡을 수 있는 인물이 된다.

○ 거북을 타거나 접촉하는 태몽을 꾸면, 태아가 장차 정당 당수나 통치자·기관장 등으로 부귀를 누리고, 세력이 당당한 사람이 됨을 예지한다.

○ 상어와 관계된 태몽을 꾸면, 태아가 장차 고급관리나 세도가가 될 것을 예지한다.

○ 상어·악어 등 거친 동물의 태몽인 경우, 아들을 낳을 가능성이 높다.

○ 물개 등 수생동물이 밖으로 나왔다 다시 큰물로 들어가는 태몽을 꾸면, 태아가 장차 넓은 사회에서 활동하다가 한때 고생이 막심하나 말년에 다시 유복해질 것을 예지한다.

○ 인어를 붙잡아온 태몽을 꾸면, 태아가 장차 인기인이나 인기작가 또는 이색적인 종교인 등이 될 것을 예지한다.

〈 거북이가 보석을 물려고 하던 꿈 〉

저희 딸아이 태몽입니다. 큰 거북은 아니고, 거북이가 제가 들고 있는 보석을 물려고 하는 꿈이었답니다. 주위 어른들께서는 흔히 거북은 남아라고 하더라구요. 그런데 전 알록달록 보석을 물려는 것을 보니 딸같다고 하시더라구요. 정말 낳으니 딸이었구요. (김민정, 베베하우스)

〈 돌고래가 안기는 꿈 〉

여러 마리의 돌고래와 함께 바닷속에 있었는데, 그 중 한 마리가 저에게 안겨 같이 덩실덩실 춤을 추었어요. 3년이나 지났는데도 돌고래의 반질거림이 아직도 생생할 정도로 선명해요. 그리고는 딸을 낳았어요.

〈 돌고래와 눈이 마주친 꿈 〉

"바닷가를 걸어가는데, 갑자기 멀리 저 끝에 있는 끝쪽 바닷가에서 정말 눈이 부실 만큼 뜨거운 빛이 올라오면서 바닷가가 두 갈래로 갈라졌어요. 그런데 그 가운데에서 돌고래가 나타났는데, 자세히 보니 돌고래 입속에 금 돼지 두 마리를 물고 바닷가를 막 헤엄치다가 저랑 눈이 마주쳤어요. 깨어보니 그 느낌이 너무 생생해서 태몽이라는 느낌이 들었습니다. 지금 임신 9개월인데 병원에서는 아들이라고 하더군요. 아직도 그날 펄떡이는 돌고래와 눈이 마주친 그 순간을 잊지 못해요."

(럽베비, 이지데이, 태몽이야기방)

이처럼 태몽꿈의 특징은 강렬하고 생생해서, 꿈을 꾼 본인이 태몽으로 인식하는 경우가 대부분이다.

〈 눈부시게 아주 흰 고래 꿈 〉

첫 아이를 가졌을 때, 저와 제 남편이 꿈속에서 맑고 넓은 바다위에 있는데, 멀리서 흰 물체가 보이더라구요. 그래서 가까이 가 보았더니 눈 부시게 아주 흰 고래 등위에 많은 사람들이 있더군요. 그냥 너무 거대하고 눈부실 정도로 희다는 기억을 가지고 꿈에서 깼어요. 그리고 사내아이를 낳았지요.

〈 상어를 잡은 꿈 〉

특별한 태몽없이 임신 4개월을 보내고 있는데, 어제는 꿈에서 상어를 보았답니다. 저를 졸졸 따르는 꿈인데 너무 귀찮아서 제가 그냥 잡아버렸어요. 자꾸 따라다녀서요. 이것도 태몽일까요?

(유월맘. 태교아카데미 태몽이야기)

가임 여건에서 꿈이 생생하고 강렬하다면, 태몽이다. 그러나 일반적으로는 상어로 상징된 다른 남자가 좋다고 추근거리고 따라다니는 것을 처리하거나, 상어로 상징된 어떤 일거리 대상을 정리하는 일로 실현된다.

한편 개그맨 남희석도 부인 이경민씨가 커다란 상어를 낚는 꿈을 꾸었다고 밝히고 있는 바(스포츠서울. 2001.7.24), 2002년 3월 17일 딸을 낳았다.

〈 상어를 껴안고 같이 바다를 헤엄친 꿈 〉

제가 태평양같이 푸르고 넓은 바다에서 상어들이랑 놀았는데요. 조그만한 상어두 있었구 중간만한 상어두 있었구요. 그런데 거기서 제가 제일

큰 상어를 한 손으로 껴안듯이 하고 같이 바다를 헤엄쳤어요. 제가 임신

중이라서 태몽은 맞는데 아들인가요? 딸태몽인가요?

(jjlee0905486. 2004.07.16 네이버 지식iN)

꿈이 생생하고 강렬하다면, 태몽이 틀림없고요. 넓은 바다에서 제일 큰 상어와 같이 헤엄치는 꿈이니, 아주 좋은 태몽이네요. 넓은 바다이니, 장차 활동무대가 넓으며, 제일 큰 상어이니 커다란 능력과 역량을 지닌 인물이 될 것입니다. 같이 사이좋게 헤엄치는 꿈이니, 자식과의 관계도 아주 좋을 것이고요. 상어는 남성적인 이미지에 부합하기에 아들일 가능성이 높습니다. 하지만 상어도 암수가 있으니, 여아가 출생할 경우에는 활달하고 터프한 면이 있을 것이네요.

〈 다슬기를 잡은 꿈 〉

친정 엄마께서 꿔 주신 꿈이라 자세한 상황은 잘 몰라요. 다만 냇가라 생각되는 맑은 물에서 다슬기를 잡으셨대요. 주변에는 다른 것은 아무 것도 없었구요. 그런데 그 중에서도 크고 좋은 다슬기로만 골라서 앞치마에 주워서 가지고 오셔서 저를 주신 거예요. 다슬기를 잡으시면서 엄마 기분은 좋으셨다고 해요. 제가 임신을 하지 않은 상태에서 꾼 꿈이었는데, 엄마께서는 꿈이 아주 생생한 걸로 봐서 태몽 같다고 하시네요. 이 꿈을 꾸고 건강한 아들을 낳았어요.

〈 커다란 고동을 얻은 꿈 〉

전 임신 6주정도 되었구요. 임신한 것을 알고 태몽꿈일 것같은 꿈을 뽑아보니, 길거리에 연예인 남자가 큰 고동을 바닥에 놓고 가만히 보고

있는거예요. 그 길을 지나쳐 가는데, 수박보다 더 큰 고동이 뿌연 물이 담긴 함지박에 담겨있어서, 꺼내어 물을 털어내어 가졌습니다. 그리고는 6시 알람소리에 꿈이 깼구요. 아침에 꾸는 꿈은 태몽이 아니라는 말도 있던데, 태몽이 맞을까요? (조경원, 베베하우스)

태몽이 맞다. '아침에 꾸는 꿈은 태몽이 아니라는 말도 있던데' 전혀 근거없는 황당한 말이다. 낮잠을 자다가 꾸던지, 잠깐 졸다가 꾸던지, 그 언제 어떤 상황에서 꾸더라도, 가임여건에서 강렬하고 생생한 꿈의 기억과 동식물 등 생명체를 얻는 꿈이라면 태몽임에 틀림이 없으며, 자연물과 관련지어 태몽을 꾸기도 한다. 또한 남의 태몽을 대신 꿔주는 경우에는 가임여건과도 무관하게 태몽이 될 수 있겠다.

〈 게, 조개, 꼬막, 장어, 전복 태몽 체험담 〉
* **게를 사온 꿈** → 이제 임신 8주정도 되었는데요. 며칠 전에 꿈에 게 꿈을 꾸었어요. 게가 크지도 작지도 않은 마트나 시장에서 파는 그런 게 있잖아요, 싸게 팔아서 제가 한 봉지 사가지고 왔어요. (김현경, 베베하우스)
* **홍합 · 조개를 주워담은 꿈** → 저희 친언니는 바닷가 모래사장 같은 데서 조개들이 널부러져 있는데 그중에서 홍합이랑 조개 각각 한 개씩 제일 큰 것들을 가슴에 주워담는 꿈을 꿨대요. (zittda, 다음 미즈넷)
* **맑은 물위에 꼬막을 보는 꿈** → 저희 엄마께서 꾸신 꿈인데요. 정말 깨끗한 맑은 물 위에 여러 꼬막이 있었고요. 그중 가장 큰 꼬막이 활짝 열려 있었는데요 . (조은정, 베베하우스)
* **장어가 이불 치마 속을 들어온 꿈** → 저는 뱀이라 하긴 그렇고, 장어

같은 것들이 여기저기 무리들로 꿈틀거리고 있었는데 너무 징그러

워 소리지르고 있을 때, 그중 제일 큰 놈이 제 이불(?)치마 속으로 들

어오는 꿈이었어요. (zittda, 다음 미즈넷)

＊**큰 전복을 따서 담은 꿈** → 꿈에 남편이랑 정말 큰 전복을 땄어.

살아서 막 움직이는…그릇같은데 꽉 차고도 막 넘쳐날 정도로…근

데 옆에 소라같은 것도 있었는데, 이건 안 담았구요 전복만 담았네

여. (이승희, 다음 미즈넷)

〈 개구리가 물은 꿈 〉

큰 개구리인지 두꺼비인지, 아무튼 아주 큰 알록달록한 개구리가 저한

테 뛰어와서 제가 피하려고 점프를 했어요. 근데 그 개구리가 제 치마속

으로 들어와서 거기를 꽉 문 거예요. 제가 자다가 화들짝 놀라 발버둥 치

면서 일어났어요. 이것도 태몽의 일종인가요?

(윤혜랑, 베베하우스. 2007.09.10)

가임여건에 있으며, 꿈이 생생한 경우 태몽으로 실현된다. 하지만,
일반적인 여건에서 이러한 꿈은 자궁 부위에 질병이 생기게 되는 일로
실현될 수도 있다. 이렇게 동물에게 물리는 꿈의 경우 물린 부위에 어
떠한 사고나 상처를 입는 일로 실현되고 있기도 하다.

〈 오색찬란한 도마뱀의 꿈 〉

전 태몽이 오색찬란한 무지개빛이 빛나는 도마뱀이였답니다. 뭡니까,
여자 태몽이 도마뱀이라니, 용도 아니고 꽃도 아니고 아름다운 물고기,
과일 뭐 이런 것도 아니고, 도마뱀이라니, 저희 어머니는 "그래도 너무 눈

이 부서서 쳐다도 못 볼 정도였어, 그게 좋은 거래" 라고 위로를 하시네요. (nijie, 마이클럽)

〈 악어 꿈 〉

악어 꿈의 경우 장차 태어나는 아이가 악어의 특성을 지닌, 강인함과 터프함의 상징으로, 아들을 낳을 가능성이 매우 높다. 사례를 살펴본다.

○ 우리 신랑이 큰 악어꿈을 꿨다고 해서 '로또 살까?' 막 이러고 있었는데, 며칠 뒤에 병원에 가니 임신이라고 하더군요

○ 저두 악어가 제 발을 물은 꿈을 꾸었어요. 근데 무서웠던 기억이―, 아들이에여. 지금 백일이네요 .

○ 저희 형님이 악어꿈 꾸셨다는데, 아들입니당.

○ 저희 동생도 악어꿈 꾸고 아들 낳았네요.

○ 우리 신랑이 태몽 악어꿈 꾸고, 얼마 전에 저 아들 낳았답니다.

[출처] 블로그명: SY♥JH' s HappyDays

〈 공룡 티라노사우르스가 나타난 꿈 〉

KBS 1TV 주말사극 '대조영'에서 '걸사비우'로, KBS2 드라마 천추태후에서 광기에 찬 경종역으로 출연한 최철호는 특이하게도 공룡 태몽을 꿨다.

그는 "꿈에서 내가 어떤 건물에 힘들게 기어올랐다. 그런데 갑자기 땅에서 육식 공룡 티라노사우르스가 나타났다. 공룡의 이빨도 선명하게 보였다"고 말했다. 이 같은 말에 아내 김혜숙 씨는 "처음에는 영화를 너무 많이 보니까 그런 꿈을 꾼다고 했지만, 며칠 후 확인을 해 보니 임신이었

다. 용꿈을 꾸는 것은 많이 봤지만, 공룡 꿈을 꿨다는 얘기는 처음 들어다" 며 미소를 지었다. (이정아 기자)

강인한 공룡의 태몽에서 연상할 수 있듯이, 2006.11.14일 득남을 했다.

5. 자연물에 대한 태몽

1) 해와 달과 관련된 태몽

해와 달은 만물을 비추며 우러러 보는 대상으로, 문학적인 상징으로도 임금과 왕비를 상징하는 등 장차 고귀하고 위대한 인물이 될 것임을 예지해주고 있다. 실증적으로 역사적인 인물로도 해의 태몽으로는 일연 스님·조인규·김이(金怡)·여운형·이승만 등이 있으며, 달의 태몽으로는 인현왕후(仁顯王后) 등 해와 달의 태몽으로 태어난 인물이 상당수 있다.

고(故) 전태일 열사의 태몽이 시뻘건 불덩이의 태양이 산산조각이 나서 사방을 밝게 비추는 꿈이었던 바, 노동운동을 불러일으킨 그의 희생적인 일생이 태몽 속에 예지되어 있음을 알 수 있다. 자세한 것은 역사적 인물 태몽이야기에서 살펴본다.

음양으로 볼 때 해는 아들, 달은 딸일 가능성이 높지만, 이 역시 절대적인 것은 아니며, 해의 태몽으로 여아가 탄생하기도 한다. 하지만 이 경우 여아이지만, 활달하면서 남성적인 성품에 가까우며 장차 훌륭한 인물이 될 것임을 예지해주고 있다.

간략하게 꿈해몽을 살펴본다.

○ 해를 본 태몽을 꾸면, 태아가 장차 성취시킬 업적·권세·사업 등에서 두각을 나타냄을 예지한다.

○ 황금빛 태양이 사람의 얼굴로 변하여 방긋거리는 태몽을 꾸면, 태아가 장차 큰 인물이 될 것을 예지한다.

○ 떨어지는 해를 받는 꿈은 최대의 권리나 명예를 얻게 된다. 일반적인 꿈의 경우에 있어서는 큰 권리나 작품·사업체 등을 얻을 수 있다.

○ 삼켜버린 해를 토하려다 토하지 못한 태몽을 꾸면, 태아가 장차 위대한 인물이 되기 위해 어떤 일이 있어도 유산되지 않고 출생함을 예지한다.

○ 해가 지붕마루에 떨어져 구르는 것을 본 태몽을 꾸면, 태아가 장차 위대한 작품이나 연구 성과 등으로 세상에 과시할 사람이 됨을 예지한다.

○ 검은 치마에 해를 받았더니 오색찬란한 치마가 된 꿈은 장차 평범한 신분에서 일약 높은 신분이 될 것을 예지한다.

○ 해를 손으로 따 가지거나 만지는 태몽을 꾸면, 태아가 장차 크게는 국가의 권세를 획득하게 되거나, 작게는 사회적인 기업체를 운영하게 될 것을 예지한다.

○ 태양을 손으로 따거나 만지면, 권세를 누릴 아들을 낳거나 거부를 낳게 된다.

○ 해가 강에서 떠오르는 것을 본 후, 다시 보았을 때는 중천에 떠있는 태몽을 꾸면, 태아가 장차 모자와 이별하게 되나 성공한 다음에 다시 상봉하게 됨을 예지한 것이다.

○ 두 개의 해가 맞붙어 보인 태몽을 꾸면, 쌍둥이를 낳거나 두 개의 사
  업을 동시에 이룩할 사람이 태어난다.

○ 두 개의 해나 달이 떠 있는 것을 본 태몽을 꾸면, 태아가 장차 두 가
  지 권세를 보유하게 되거나, 형제가 있어 같은 세력을 갖게 됨을 예
  지한다.

○ 지평선 너머에서 해와 달이 떠오른 태몽을 꾸면, 장차 태아가 외국
  에서 출세하게 됨을 예지한다.

○ 해와 달을 삼키거나 치마폭에 받은 태몽을 꾸면, 태아가 장차 국가
  나 사회적인 권세·명예·업적을 얻게 되거나, 사업체를 이루어내
  고 학문적이나 종교적인 성과를 얻게 됨을 예지한다.

○ 해나 달이 품에 들어오거나 떨어지거나 삼키거나 공중에 빛나는 것
  을 본 태몽을 꾸면, 태아가 장차 세도가·사업가·인기인·유명인
  등 계몽적인 사업에 종사할 사람이나 지도자가 됨을 예지한 것이
  다.

○ 달이 공중에서 영롱하게 빛나거나, 달을 삼키는 태몽은 아이가 밤
  하늘의 달처럼 빛나고 높은 존재가 될 것임을 예지한다.

○ 밤하늘에 보름달이 두둥실 떠 있는 것을 보는 태몽은 여아일 가능
  성이 높으며, 성품이 뛰어날 뿐 아니라 효성 역시 지극한 딸이 될 것
  이다. 이 경우 밝음의 정도, 크기에 따라 장차 고귀한 인물이 될 것
  임을 예지해준다.

〈 해가 품속으로 뛰어든 꿈 〉

　어머니께서 꿈속에 머리 위로 해가 계속 따라다니더니, 갑자기 품속으
로 뛰어들더라는 이야기를 해주셨습니다. '커다란 해가 쑥 들어와서, 깜

짝 놀라서 깼다' 며 '아들 같다' 고 하셨는데, 10개월 뒤 정말 아들을 낳았
어요.

〈 하늘에 있는 달을 따오는 태몽 〉

1998년 학군사관후보생 임관식에서 충무공과 생일과 한자까지 같은
이름의 이순신(22부경대) 소위가 임관했다. "어머님이 어떤 장군이 하늘에
있는 달을 따오는 태몽을 꾼 데다, 마침 충무공 탄신일에 태어나 증조할
아버지께서 이름을 이순신으로 지어주셨다" 며 "충무공의 위업을 본받아
훌륭한 해군 장교가 되겠다" 고 말했다. (조선일보, 유용원기자 1998.02.27.)

2) 별에 관련된 태몽

해와 달 못지않게 밤하늘에 빛나는 별 또한 위대한 인물의 상징이
다. 일반적으로 하늘에 있는 별이 땅에 떨어지는 것은 현재 세력권좌에
있는 사람이나 유명인이 하야 또는 몰락하는 것을 상징하는 안좋은 꿈
이지만, 태몽에서는 다르다. 밤하늘에 떠 있는 밝은 별이 갑자기 자신
을 향해 떨어져서 품으로 들어오거나 치마폭에 받는 태몽은 아주 좋은
꿈이다.

역사적 인물 가운데도 김태현(金台鉉), 강감찬, 원효대사, 자장율사,
김유신(세 별이 내려온 꿈) 등이 별의 태몽으로 태어났다. 이 경우 큰 별이
나 빛나는 별일수록 장차 이름을 널리 떨칠 것을 예지하고 있다. 다만
그 떨어진 별이 저 멀리 떨어져 빛났다면 모자 이별의 운세에 있고, 그
가 위대한 사람이 되더라도 서로 떨어져서 그리며 살게 된다.

떨어지는 별을 치마에 받거나 삼키거나 뱃속에 들어가거나 지붕마
루에 구르는 태몽을 꾸면, 태아가 장차 사업이나 창작분야에서 활동하

며 밤하늘에 빛나는 별처럼 뛰어난 업적이나 작품을 낼 것을 예지해주고 있다.

〈 별이 가슴에 떨어진 꿈 〉

숲 속을 산책하고 있는데, 하늘에 수많은 오색 별이 떠있었어요. 그 중 가장 커다란 별이 제 가슴으로 떨어졌고요, 저는 그 별을 두 팔로 감싸 안고 무척 좋아했답니다. 태몽이 반짝이는 별이라 그런지 아이의 눈이 유난히 초롱초롱한 아들을 얻었답니다.

〈 별이 품에 떨어지는 꿈 〉

신라 진평왕 때 김유신의 아버지 서현은 경진(庚辰)일 밤에 형(熒), 혹(惑), 진(鎭) 세 별이 자기 몸으로 내려오는 꿈을 꾸고, 김유신을 낳았다.

(『삼국사기』)

3) 산에 관련된 태몽

산은 어떤 커다란 기관이나 회사·단체·국가 등을 상징하며, 장차 아이가 높은 지위에 오를 것을 암시한다. 태몽인 경우 산이 아름답고 풍성할수록 좋은 꿈이다. 산을 올라가는 태몽이 좋으며, 내려오는 태몽은 좋지 않다. 산을 통째로 삼킨 태몽은 회사나 기관의 우두머리, 나아가 대통령이나 국무총리와 같은 큰 인물이 될 것을 예지해주고 있다.

〈 바위산을 바라보는 태몽 〉

22일, 너무 생생하게 꿈을 꾸었는데요. 제가 사람 많은 길가에서 바위산을 찾고 있었어요. 그런데 사람들한테 바위산이 어디냐고 물어봤는데,

손가락으로 가르키는 거예요. 가르킨 방향으로 바라봤더니, 초록색 산 중간에, 바위산이 웅장하게 서 있는 거예요. 그걸 바라보면서 깼죠.

그 꿈을 꾸고 나서 26일 임신테스트에서 임신확인 된 걸 알았어요. 무얼 가지거나, 뺐거나 하는 게 아니라, 바라보는 것도 태몽인건가요? 너무 생생하고, 시기도 시기여서 태몽이라 생각드는 데 어때요?

(산엄마, 베베하우스)

가져오지 않더라도 보는 것만으로도 태몽이 될 수 있다. 유사한 사례로 연못속의 잉어를 잡지 않더라도 보는 것만으로도 태몽이 가능하다.

〈 산에 나무들이 길게 늘여서 있던 꿈 〉

저희 어머님이 제가 임신 초기, 임신인 줄도 모르고 있을 때 꾸신 꿈입니다. 아주 단풍이 잘든 어느 가을 산에 초록잎이 아주 풍성한 나무들이 강을 따라 단풍나무 사이로 길게 늘어져 있었다고 합니다. 어머님은 좋은 꿈인 거 같아 복권을 사셨다고 했는데, 복권은 꽝이였지만 아기가 생겼다는 걸 알게 되었습니다.

태몽인지 아닌지는 꿈을 꾼 본인이 가장 잘 알 수 있다. 즉, 기억이 강렬하고 생생해서 꿈을 꾸고 나서 20여년이 지나서도, 어제의 일처럼 기억할 수 있는 것이 태몽꿈의 특징인 것이다. 꿈이 아주 생생한 경우, 이처럼 자연물의 태몽도 가능하다. 이 경우 아름답고, 풍요롭고, 웅장할수록 좋은 태몽 표상이다. 초록잎이 아주 풍성한 나무들이 태아의 상징표상으로, 장차 풍요롭고 부귀로운 일생이 될 것을 보여주고 있다.

이런 꿈을 꾸면 회사나 기관의 우두머리, 나아가 한 나라의 대통령이나 국무총리 같은 권력자가 될 아기를 낳을 태몽이다. 태몽이 아니라면 본인이나 자신의 주변인물이(대신 꾸어준 꿈일 경우에) 그러한 권리·이권·명예·재물을 챙기게 될 것을 예지해주고 있는 상징적인 미래 예지 꿈이다.

왜냐하면 높은 산은 어떠한 기관이나 회사, 국가나 정부를 상징하고 있고, 그것을 떡 한 조각 먹듯이 삼킬 수 있었으니, 기관이나 회사, 국가나 정부를 자기 마음대로 할 수 있다는 꿈의 암시가 되기 때문이다. 통채로 삼킨다는 표상은 완전하게 자신의 손아귀에 집어넣음을 뜻하고 있다.

황희 정승이 이 꿈의 주인공으로, 그는 그의 어머니가 온양에 있는 설하산을 삼킨 꿈을 꾸어서, 결국 한 나라를 호령하는 위대한 정승판서가 되어 국사를 다스리는 사람이 된 것으로 입증하고 있다. (글: 한건덕)

요즈음 사람의 꿈에 지구가 멸망하고 화산이 폭발하는 꿈을 꾼 학생이 있었다. 바로 그날 학교에서 전교 부회장에 반장으로 당선되었다고 밝히고 있다. 화산이 폭발하여 온 세상을 덮듯이, 어떠한 영향력을 널리 떨치게 됨을 나타내주고 있다.

4) 물,호수,강,바다,해일에 관한 태몽

물에 관련된 태몽인 경우, 맑고 아름답고 풍요로움의 꿈이 좋다. 웅덩이니 조그마한 시냇물보다는, 강이나 바다·해일의 태몽인 경우 역량과 능력이 뛰어나고 막대한 영향력을 발휘하는 큰 인물이 될 것을 보여주고 있다. 대체적으로 강하고 힘센 이미지의 남성적인 표상인 파도가 세게 치는 바다나 해일은 아들일 가능성이 높으며, 반면에 잔잔하고 고요한 호수나 강은 딸일 가능성이 높다. 거친 파도나 해일의 태몽인 경우, 스케일이 크고 활달하며 남성적으로 모험심과 개척하고자 하는 의지가 강한 편이며, 따라서 혁명가 등 새로운 세계로 나아가는 직업과 관련을 맺게 된다.

간략하게 꿈해몽을 살펴본다.
- 샘물에 관한 태몽을 꾸면, 태어날 아이가 예술·문학 또는 창의력이 필요한 사업에서 성공할 것을 예지한다.
- 맑은 호수에 아름다운 배경의 태몽은 장차 여유롭고 풍요로운 인생길이 펼쳐질 것을 예지한다.
- 해일이 일어난 태몽을 꾸면, 태아가 장차 큰 권세를 행사하거나 문학 등으로 혁신적인 일을 하게 됨을 예지한다. 해일이 일어나는 태몽은 태어날 아이가 바다와 마을을 휩쓰는 해일과 같은 기상을 가진 아이임을 뜻한다. 특히 해일이 거대하거나 파도나 힘이 거셀 때는 아들을 낳는 수가 많다. 해일을 태몽으로 하는 아이는 배포가 크고 꿈이 원대해 현실에 안주하지 않으며 위험이나 모험을 즐기는 경향이 있다. 이런 아이는 모험가, 개혁가, 정치가, 사업가, 예술가 등의 직업을 갖는 것이 좋다.
- 파도가 세차게 몰아치는 꿈은 혁신가적인 과감한 태아를 잉태하게 된다.
- 무지개를 향해 달려가는 태몽은 장차 태아가 인기인이나 유명인으로서 매스컴을 타게 된다.
- 깊은 우물에서 용·구렁이·독수리 같은 동물이 나온 태몽은 정부

기관이나 단체 등에서 사회적으로 크게 출세한다.

〈 호수 배경의 꿈 〉

임신 5월~6월 초. 정확한 날짜는 기억나지 않지만 너무나 선명한 꿈을 세 번 꾸었다. 설악산과 알프스를 적절히 섞은 산 정상에 수평선만 보일 정도로 어마어마하게 넓고 잔잔한 호수가 있는 꿈이다. 까맣고 하얀 대리석으로 외관을 다듬어 놓은 인공 호수였다. 깊이는 겨우 발목까지였지만 깨끗하고 시원한 물이 좋아, 다른 사람과 맨발로 거닐었다. 새파란 하늘과 그 하늘이 그대로 담긴 호수에 넋을 잃었는데, 그 꿈을 꾼 날엔 하루 종일 기분이 좋았다.

두 번째 꾸었을 때는 호수로 올라가는 산길이 첫 번째보다 잘 다듬어져 있었고, 세 번째 꾸었을 때는 공사 중이던 산 아래 절이 완공되는 등 꿈은 점점 발전했다. 꿈을 꾸면서 '어라, 여기 또 왔네' 라고 생각했을 만큼 인상깊었다. 엄마 말씀이 이게 태몽이란다. (DAILY/season II)

꿈이 생생하다면, 가임여건에서 태몽이 될 수 있다. 가임여건이 아닌 상황에서, 이러한 발전적인 꿈은 장차 사실적인 미래투시의 꿈으로 실현되기도 한다.

〈 파랗고 맑은 바다를 보는 꿈 〉

현재 임신 6개월입니다. 꿈에 배가 남산만한 제가 큰 다리를 건너는데, 주위를 둘러보니 온통 아주 파랗고 맑은 바다가 펼쳐져 있었습니다. 너무나 선명하고 예쁘게 꾼 꿈이라, 태몽이 아닌가 궁금합니다. (김정연, 베베하우스)

〈 파란 바다에 보트가 떠 있는 꿈 〉

　제가 임신을 했을 때, 시아버지께서 사나운 소 꿈을 꾸셨다고 해요. 그 래서 그것이 태몽인가보다 생각했는데, 임신 4~5개월 쯤 되었을 때 제가 꿈을 꿨어요. 파란 호수인지 바다인지는 모르겠는데(잔잔한 물결이 넓게 펼 쳐졌어요.) 고급 보트가 여러 척 줄지어 떠 있었어요. 아주 깨끗하고 섬세 한 분위기였어요. 무엇보다 파란색이 아주 인상 깊었어요.

　저나 남편 모두 파란색을 좋아하기 때문에 꿈을 꾸고 나서도 기분이 편안했어요. 제가 평소 꿈을 많이 꾸는데 이 꿈은 기억에 오랫동안 남아 있어서 지금 생각해도 기분이 좋아져요. 저는 이 꿈을 꾸고 딸을 낳았어 요. 그래서 시아버지가 꾸신 꿈보다는 제 꿈이 더 어울리지 않나 생각해 봅니다. 저희 주영이도 파란색을 좋아하고, 성격도 아주 활달하다는 것이 특징입니다.

또한 성격이 활달한데서, 시아버지가 꾼 사나운 소의 상징 표상과 도 일치하고 있음을 볼 수 있겠다.

〈 맑은 바닷물이 덮치는 꿈 〉

　임신한 것을 알고 나서 입덧 때문에 친정에서 쉬고 있었습니다. 어느 날 낮에 잠을 자다가 꿈을 꾸었는데, 완전 맑은 바닷물이 해일처럼 일더 니 저를 덮치더라구요.

맑은 바닷물이 덮치는 꿈은 아주 좋네요. 태몽이 아닌 경우, 뜻밖의 재물을 얻게 되거나 승진 합격 등 좋은 이권을 얻는 일로 이루어지고 요. 강렬하고 생생한 전개의 태몽으로 본다면, 이 역시 좋습니다. 꿈은 반대가 아닌 상징의 이해이지요. 맑은 물은 좋은 경제적인 여건이나 좋은 분위기에 영향권속에 들어감을 뜻합니다. 장차 그러한 상황이나 여건에 놓이게 됨을 뜻하지요.

〈 파도 해일이 닥쳐온 꿈 〉

임신을 했는데요. 태몽일까요? 첫번째는 새벽에 산 넘어서 비행기가 여러대 집을 향해 천천히 날아왔는데, 그중 마지막 비행기가 우리집 베란다로 들어와 거실에 서있는 제 옆에 멈춰 선 것입니다.

그리고 어제는 산을 넘어 큰 파도 해일이라고 해야 하나요? 넘쳐 흘러서 온 도시가 물에 잠긴 꿈을 꾸었어요. 무슨 꿈일까요? (소나기ibes*****)

비행기가 멈춰선 꿈과 해일로 온 도시가 잠긴 꿈이 가임여건에서 꿈이 생생하다면 태몽이 될 수 있다. 비행기는 거대한 기관·단체·조직체를 상징하며, 덮는다는 것은 자신의 영향권 안에 두게 되는 것을 뜻한다. 두 꿈의 공통점은 거대한 기관·단체·세력의 상징 표상의 전개로 나타나고 있는 바, 장차 이 사회에 커다란 변혁과 반향을 불러일으키는 인물이 됨을 예지해주고 있다. 옛 선인들 사례에서도 소변 등으로 온 나라나 고을을 뒤덮은 꿈은 장차 막대한 영향력을 끼치게 됨을 예지해주고 있다.

〈 해일, 꽃게, 옥수수의 꿈 〉

오늘 임신 3주란 것을 알게 됐어요. 신기하기도 하고, 성별이 너무 궁금한데, 태몽이 성별도 맞게 나오나요? 저는 딸이 좋은데, 시부모님이 아들 바라시는 것 같아서, 내심 아들이길 바라거든요.

어머님이 꽃게를 바다에서 계속 잡는 꿈을 꾸셨고, 제가 해운대에 살고 있는데 해운대 바다에 큰 해일이 일어나서 근처 아파트들을 물로 덮었구요. 또 옥수수가 너무 싱싱하고 탐스러워서 제가 막 바구니에 담는 꿈을 꾸었어요. (오로라곤쥬 2008.9.10. 다음 카페)

해일이나 옥수수의 태몽으로 보아서는 아들일 가능성이 높다. 만약에 딸이라면, 활달하고 터프하며 남성미 넘치는 여성으로 장차 경찰이나 여군 등 활달하고 통솔력이 유지되는 분야에 진출하게 될 가능성이 높다.

5) 불에 관련된 태몽

일반적으로 불꿈의 상징은 사업 방도나 자본, 일의 성공 여부와 흥망성쇠·소원·충족·욕정·세력·열정 등을 상징한다. 태몽인 경우 불이 작게 일어나는 것보다는 크게 선명하게 일어나는 불꿈이 좋다. 불의 태몽은 정열적이며, 급진적인 성품을 지니게 되며, 사업의 번창이나 융성이 있게 되며, 교육 활동 등 감화를 시키거나 영향력을 행사하는 인물로 될 것을 예지한다. 불꿈은 남아를 낳을 가능성이 높지만, 이 역시 절대적이지 않다. 태몽으로 불꿈을 꾸었으나, 여아로 탄생한 사례가 있는 바, 탤런트 명세빈의 태몽은 불이 나는 꿈이다. 이 경우 널리 사방으로 자신의 영향력을 행사하고, 존재를 드러내는 빛날 인물이 될 수 있겠다.

간략하게 꿈해몽을 살펴본다.
○ 구름 속에서 떨어진 불덩이를 본 태몽을 꾸면, 태아가 장차 고급관

리나 혁명적인 정책을 펴게 됨을 예지한다. 이름을 세상에 알리게 되어 부와 명예를 함께 지니게 된다.

○ 불덩이가 치마폭이나 뱃속으로 들어가는 태몽을 꾸면, 태아가 장차 큰 사업가가 되거나 훌륭한 배우자를 만나게 됨을 예지한다.

○ 불기둥을 보는 태몽은 커다란 변혁을 가져올 혁명가, 영웅 기질을 가진 아이를 출산하게 된다.

〈 불 관련 태몽 체험담 〉

온 세상이 다 하얗고 하얀 눈인데, 그 가운데에만 커다랗고 붉은 불이 활활 타오르는. 그게 내 태몽이었다고 하셨다. ─ (조아라. 인터넷 한국문학도서관)

친정어머니 꿈에 먼 산을 쳐다보는데, 산 꼭대기에서부터 빨간 용암이 산 아래로 막 흘러내리는 꿈을 꾸었어요. 그 때는 임신인 줄을 몰랐는데, 4주 정도였고요. (최영미, 뱅크베이비)

앞서 언급된 바 있지만, 불이 활활 타서 사방을 밝게 비추는 꿈은 장차 영향력을 크게 행사하고 번성과 번영을 상징하는 좋은 태몽으로 볼 수 있다.

6) 눈, 비, 구름, 무지개, 자연현상에 관한 태몽

눈·비·무지개·구름 등 자연현상에 관련된 태몽인 경우, 밝고 아름답고 신비하게 느껴지는 것이 좋은 태몽이다. 예를 들어 구름 위를 훨훨 날아다니는 태몽인 경우 자신의 뜻을 펼치게 됨을 보여주는 좋은 태몽이며, 무지개를 향해 달려가는 태몽 또한 장차 선망의 대상이 되는 인기인이나 유명인이 될 것을 예지한다. 시냇가에 피어난 무지개 태몽으로 딸을 출산한 사례가 있는 바, 무지개는 화려함과 아름다움의 여성적 표상에 가까우나, 이 역시 절대적인 것은 아니다.

〈 눈을 맞는 꿈 〉

제가 직장을 다닐 때, 같은 회사에서 근무하는 언니가 꿔주신 거예요. 1월이었는데, 언니와 제가 커다란 옛날 사대부 집으로 들어갔다고 해요. 집에는 장독대가 있었고 온통 눈이 하얗게 뒤덮어 있었다고 해요. 하늘에서는 눈이 하염없이 내리고 있었는데, 제가 눈이 오는 마당 중간에 무릎 꿇고 앉아서 하늘에서 내리는 하얀 눈을 만세를 하고 맞고 있었다고 해요. 언니의 말에 의하면 분명 들어갈 때는 같이 들어갔는데, 그 이후부터는 저만 꿈속에서 보였다고 해요. 또, 제가 눈을 온 몸으로 받아들인 것이 태몽같다고 했어요.

전 이 꿈을 꾸고 아들을 낳았어요. 저희 아들이 또래 아이들과 다른 점은 어휘력이 풍부하다는 거예요.

〈 비를 맞는 꿈 〉

꿈에서요. 아들만 둘인 엄마랑 우리 첫애 딸아이와 저랑 길을 가다가, 비가 엄청나게 와서요, 아들만 둘인 엄마집에 들어가서, 비를 조금 닦고 그 아이 엄마가 이불을 꺼내줘서 그걸 덮고 잤거든여. 인터넷에 보니깐 비오는 꿈은 아들꿈이라던데, 이 꿈이 태몽이 맞기는 하나요? 전 지금 임신 11주 거든여. (별이맘, 이지데이 태몽이야기방. 2007.10.13)

눈을 맞는 꿈이 태몽이 될 수 있듯이, 가임여건에서 꿈이 생생한 경우 비를 맞는 꿈이 태몽이 될 수 있다.

〈 뭉게구름이 피어나고, 눈부신 꽃송이가 떨어진 꿈 〉

우리 시어머니가 꿈을 꾸셨다는 거에여. 하늘에서는 하얀 눈부신 뭉게구름이 피어나고, 그 속에서 눈부신 꽃송이 같은것이 마구 떨어졌다는데, 태몽인가여? 태몽이라면, 아들일까여? 딸일까여? (뚱이, 이지데이, 태몽이야기 방.)

꿈이 생생하고 강렬하다면 태몽이며, 하얀 눈부신 뭉게구름, 눈부신 꽃송이의 상징표상으로 보아, 여성적인 속성에 가까워 여아가 태어날 가능성이 높지만 절대적인 것은 아니다. 귀공자의 남아가 태어날 수도 있다. 하지만 공통적으로 외모가 뛰어나며 고귀한 성품을 지닐 것을 보여주고 있다.

〈 무지개를 보는 꿈 〉

임신인 듯 생각은 하고 있었지만, 확실한 검사를 받기 전이었어요. 남편이 꿈을 꿨는데, 혼자서 낯선 길을 가고 있었다고 해요. 그런데 산 중턱에 무지개가 떠 있어서, 남편이 그것을 보고 가까이서 보기 위하여 산중턱으로 다가갔다고 합니다. 결국 무지개를 봤는데, 현실에서 보는 것과 같이 색이 현명한 칼라로 되어 있었다고 해요. 아직 출산을 하지 않아서 잘 모르겠지만, 주위 분들은 무지개 꿈이니 딸일 것 같다고 합니다.

신랑이 꾼 태몽인데요. 직원들하고 하늘을 쳐다보니, 해가 비치면서 일곱 빛깔의 무지개가 땅에서부터 하늘까지 일직선으로 쫙 펼쳐졌다네요. 구름도 뭉게구름이 많고, 색깔도 선명하고, 지금 9주되었어요.

(엔젤, 다음 미즈넷)

무지개 태몽 또한 장차 선망의 대상이 되는 인기인이나 유명인이 될 것을 예지한다. 또한 무지개는 많은 사람들이 우러러보는 신비의 대상으로, 인생길에 있어 찬란하고 고귀한 일생이 펼쳐짐을 예지해 주고 있다. 가수 혜은이의 태몽이 무지개이다.

〈 하늘의 무지개로 걸어 올라간 꿈 〉

제가 임신검사 받으러 병원에―, 저희 딸아이가 병원가기 전날 밤에 꾼 꿈 이야기를 하더라구요. "하늘에 커다란 무지개가 떠 있는데, 자기가 거기를 걸어서 올라갔다구" 해요. 그 꿈을 똑같이 두 번 꿨대요. 그날 아이에게 엄마가 병원 다녀온 이야기는 하지 않았어요. 병원 다녀와서 임신 사실에 대해서는 딸아이에게는 일체 함구했는데, 아이가 저보고 그러네요. "엄마, 아기 가졌지?" 이래요. 무서운 우리딸. 그래서, 사실대로 말해줬죠. (쿨아쿠아, 다음 미즈넷. 2008.02.12)

태몽을 부모 친지나 주변인물이 대신 꿔주기도 하지만, 이렇게 자신의 딸이 꿔주는 사례가 특이하여 소개해 보았다. 무지개를 한자(漢字)로 나타내면, 虹(무지개 홍)으로, '벌레 충' 변이 있다. 여기서 알 수 있듯이 옛 사람들은 무지개가 자연현상이 아니라 신비로운 벌레가 어떠한 조화를 부려내는 것으로 인식했다.

무지개는 찬란한 아름다움과 신비로움으로, 여성적 속성에 가까워 대부분 여아 탄생으로 실현되고 있다. 또한 시냇가에 피어난 무지개 태몽으로 딸을 출산한 사례가 있는 바, 무지개는 화려함과 아름다움의 여성적 표상에 가까우나, 이 역시 절대적인 것은 아니다.

　이렇게 똑같은 꿈을 두 번이나 꾼 경우, 무지개처럼 자연물이 태몽 표상이 될 수 있는바, 생생한 꿈이라면 태몽임이 틀림없다.

6. 광물에 관련된 태몽

금 · 금괴 · 금붙이를 얻는 태몽은 장차 가치있고 고귀한 직위, 재물이나 이권, 명예, 권리 등을 지닌 인물이 됨을 예지한다. 금이나 보석은 누구나 갖고 싶어하는 값진 물건이므로, 일반적으로는 어떤 사업이나 학업 · 연구에서의 성과를 상징한다.

보석을 얻었다면 그 성과를 얻게 되는 것을 뜻하며, 색이 화려하고 아름다울수록 성과가 크다. 보석의 태몽은 장차 고상한 인품으로 품위 있는 직분과, 다양한 재주와 능력을 발휘하며, 선망의 대상이 되는 인기 있는 직종으로 나아갈 것을 예지한다. 금속 수공예품 등 화려하고 섬세함을 상징하는 귀한 보석의 경우, 여성스러움에 가깝기에 딸일 가능성이 높으나, 이 역시 절대적이지는 않다. 반지 꿈은 소중한 자녀를 낳을 태몽이다. 보통의 금반지가 아들이라면, 예쁘거나 화려한 반지는 여자 아이를 낳을 가능성이 높다. 금 자체를 주웠다면 아들을 낳는 경우가 많다.

간략하게 꿈해몽을 살펴본다.
○ 금으로 장식된 물건을 귀한 받는 태몽을 꾸면, 장차 훌륭한 사업기관이나 사업성과 등을 얻게 되고, 그 일에 종사하거나 과시할 일이

있게 됨을 예지한다.

○ 금반지를 얻은 태몽을 꾸면, 태아가 남녀에 관계없이 장차 훌륭한 직업이나 신분·사업체 등을 소유하게 된다.

○ 수없이 많은 반지를 얻은 태몽을 꾸면, 태아가 장차 많은 기업체·작품·사업성과를 이룩할 사람이 됨을 예지한다.

○ 금비녀를 얻은 태몽을 꾸면, 태아가 장차 큰 권세와 명예를 얻음을 예지한다.

○ 금·은으로 된 촛대를 얻은 태몽을 꾸면, 태아가 장차 세상을 계몽하거나 종교 단체·계몽 사업체를 가질 사람이 됨을 예지한다.

○ 쌍가락지를 얻은 태몽을 꾸면, 쌍둥이 또는 두 아이를 두게 되거나, 두 가지 업종에 종사하게 된다.

○ 황금으로 만든 비녀나 빗을 꿈에 보면, 귀한 자녀를 얻는다. 일반적으로는 애인 등을 구하게 되는 일로 실현된다.

○ 다이아몬드·진주 등 보석을 사거나 얻는 꿈은 딸을 낳은 사례가 많다

○ 하수구에서 떠내려온 보석을 얻은 태몽을 꾸면, 태아가 장차 미천한 처지에서 훌륭한 인물이 됨을 예지한다.

〈 예쁜 보석이 박힌 반지를 받는 꿈 〉

저와 잘 알고 지내는 이웃 언니가 있었는데, 그날 그 집을 나와 가려는 저를 베란다에서 부르면서 "왜 그냥 가냐" 고 그러는 거예요. 제가 반지를 놓고 간다면서요. 그래서 부랴부랴 올라갔더니 제게 누런 금반지를 던져 주며 "엇따 네 반지 가져가라" 라는 거예요. 그래서 냉큼 받아 제 손가락에 끼우고는 자세히 들여다보니, 반지 가운데 예쁘고 반짝이는 보석이 박

혀 있지 않겠어요.

그 꿈에서 깨어 한참을 생각해봤더니, 그동안 어른들께 들은 말도 있고 해서 아마도 딸이 아닐까 싶더라구요. 그래도 제게는 이미 딸아이가 하나 있던 터라, 둘째는 아들이길 무지 바랐거든요. 아니나 다를까, 낳고 보니 딸이지 뭐예요. (글쓴이: 원선화)

〈 금 쌍가락지 꿈 〉

친정 엄마와 시어머님께서 비슷한 시기에 비슷한 내용의 꿈을 꾸셨어요. 두 분 다 태몽을 꾼 것 같다고 하셨는데, 제 태몽일 거라고 생각은 못했어요. 그런데 얼마 후에 임신인 사실을 알게 되었고, 태몽을 꾼 시기는 제 임신 초기였어요.

스님으로 추정되는 한 분이 집으로 오셔서, 시주를 하라고 하셨대요. 그래서 시주를 하고 났더니, 스님이 손을 보여주셨는데 금쌍가락지가 끼어 있었대요. 그것을 보는 순간 어머님들이 모두 그 반지가 탐이 나셨대요. 그런데 잠시 후에 보니까, 그 반지가 어머님 손에 끼어 있었다고 해요. 신기하게 내용이 같은 꿈을 친정 엄마와 시어머님이 같이 꾸셨는데, 저는 이 꿈을 꾸고 아들을 낳았어요.

금 쌍가락지 꿈이니, 장차 두 아들을 두게 되는 일로 실현될 수 있다.

〈 금반지 꿈 〉

임신 초기에 제가 꾼 꿈이에요. 길을 가고 있는데 금반지들이 길거리에 깔려 있는 거예요. 인도 양쪽으로 해서 나무·풀·담벼락이 있는 곳까지 해서 아주 많은 반지였어요. 모양은 알이 박힌 것도 있고, 일반 가락지도 있고, 조금씩 달랐는데 모두 금반지였어요. 저는 기분이 좋아서 손에 잡히는 대로 주웠어요. 그러면서 꿈에서 깼는데 얼마 후에 같은 내용의 꿈을 제가 또 꾸게 되었어요. 처음에는 태몽일 거라는 생각을 전혀 안 했는데, 두 번을 꾸고 나서 태몽인 것을 알게 되었어요. 꿈을 꾸고 나서 특별한 느낌은 없었고, 반지 줍는 동안은 기분이 상당히 좋았는데, 꿈을 꾸고 나서는 조금 허탈했지요.

결국, 반지보다 좋은 아들을 낳았고 지금 잘 크고 있습니다.

〈 양냄비 안에 다이아몬드 반지를 받는 꿈 〉

임신이 잘 되지 않던 중에 새벽녘 꿈에 시아버님이 노랑 양냄비를 주셨는데, 그 안에는 다이아몬드 반지같은 게 들어 있었거든요. 그런데, 그 달은 임신이 되지 않았구요. 그 다음달에 임신이 되었어요. 지금은 7주에 접어 들었거든요. (김옥선)

〈 예쁜 에메랄드 반지를 받아 끼는 꿈 〉

유호정은 SBS 〈한밤의 TV연예〉에 출연하여, "꿈을 꿨는데 돌아가신 엄마가 예쁜 옥색 한복을 입으시고, 너무나 예쁜 에메랄드 반지를 끼고 계셔서 너무 예쁘다고 했더니, 엄마가 나한테 반지를 줘서 손에 꼈는데 그게 둘째 딸 예빈이의 태몽이었다" 고 밝히고 있다. (2008.11.13)

한편 첫째 아들 태연이 때는 박성미 언니가 나비꿈을 대신 꿔줬다고 말하고 있다.

〈 양손에 다이아몬드를 쥐고 있는 꿈 〉

오연수 손지창의 득남 아기 태몽 이야기이다. 임신 사실을 몰랐을 때,

아내와 후배인 고소영이랑 식사를 하게 되었죠. 그때 소영이가 간밤 꿈에 양손 가득 다이아몬드를 쥐고 있었다며, 아내에게 '언니, 이 꿈 살래? 하더라고요. 웬일인지 아내도 '그래, 살게' 하고 답해 그날 저녁 식사를 우리가 샀죠. 그 다음날인가 병원에 갔더니, 임신이라고 해서 놀랐어요."

(동아닷컴)

한편 2008년 2월 결혼한 패션모델 겸 국내 파티플래너 1호 지미기는 태몽으로 엄청 큰 다이아몬드 반지를 보는 꿈을 꿨다고 밝히고 있다.

〈 크고 화려한 보석을 선물 받는 꿈 〉

둘째 아이 때, 남편한테서 크고 화려한 보석 반지 1개를 선물받는 꿈을 세 번이나 연속으로 꿨어요. 딸일 것이라 생각했는데, 낳아보니 아들이더군요.

〈 보석을 품에 담아 올린 꿈 〉

임신초기에 제가 직접 꿈을 꾸었는데요, 물이 졸졸 흐르는 강바닥인 듯도 싶고 맨땅인 듯도 싶었는데요, 보석이 많이 큰 것 작은 것, 푸른색 투명색을 기분 좋게 엄청 많이 품에 담아 올렸습니다. 너무 좋아서 깨었습니다. 그래서, 딸인듯 짐작했고요, 실제로 딸 하나를 낳았습니다.

〈 백금목걸이, 코끼리, 자라의 꿈 〉

지난 96년 부산에서 건축 사업을 하는 이기수씨와 결혼한 김성령. 결혼 4년 만에 임신에 성공한 바, 본인은 백금목걸이를 거는 꿈을 꾸었으며,

남편은 해운대 바닷가에서 코끼리를 만나는 꿈, 언니는 거북이들이 언니를 물은 꿈을 꾸었다고 한다.

코끼리, 거북의 태몽에서 연상되는 그대로 현실에서도 아들을 낳는 일로 실현되었다.

〈 황금열쇠와 금메달을 받는 꿈 〉

두 아이의 태몽이 같았어요. 첫아이는 친정엄마께서 황금열쇠를 손에 쥐어주었고, 둘째는 친정아버지가 금메달을 주셨어요. 큰 아이는 아들, 둘째는 딸이랍니다.

〈 금덩어리 관련 태몽 꿈사례 〉

○ 어머님 꿈에 사람들이 금덩어리들을 마구 갖다주어 받는 꿈을 꾸셨는데, 그 다음날 임신 확인됐거든요.

○ 저는 시아버지와 시어머니께서 따로따로 태몽을 꾸셨다는데, 시아버지는 땅속에서 커다란 금덩어리를 캐는 꿈을, 시어머니는 빠알간 복숭아를 따서 옹기에 담아 머리에 이고 오시는 꿈을 꾸셨대요.

○ 산에 올라가다가 금덩어리를 줍는 꿈이었어여. 모양이 다듬어지지 않은 그냥 덩어리였어요.

〈 돌멩이 두 개를 가져온 꿈 〉

저의 태몽은 저희 친정엄마께서 꾸셨는데, 아니 글쎄 돌멩이 두개랍니다. 저희 엄마가 불교인데, 때는 바야흐로 산신기도란 것을 올릴 즈음이랍니다. 하루는 깊은 산속에서 깨끗한 샘이 하나 흐르더랍니다. 그곳에서 물 한 모금마시고 일어나다가, 작고 아주 예쁜 돌멩이 두 개를 어머니 호주머니에 담고 오셨답니다.

유난히 예쁜 돌멩이 두개. 나중에 태몽을 듣고 전 왜 하필 많은 것 중에 돌멩이냐고 저희 엄마께 투덜댔답니다. 낳은 아기는 아들이었답니다. 나중에 예쁜 딸을 낳고 싶은데, 아들이면 어떡하죠? 전 첫째도 예쁜 딸을 원했는데... (허니, 이지데이, 태몽이야기방)

'예쁜' 돌이기에 딸의 출생도 기대해 볼 수 있겠지만, 돌이 남성적이기에 아들을 출생한 것 같다. 돌멩이 두 개를 가져오는 태몽이었기에, 두 형제를 두게 될 것을 예지해주고 있다. 두 돌멩이의 크기나 색상이 다르지 않는 한, 둘째 아이도 아들을 낳게 될 것이 틀림이 없다.

〈 예쁜 조약돌이 손 위에 있는 꿈 〉

제가 꿈을 꿨는데요. 강인지 바다인지 모르겠고요, 물가에서 놀고 있었습니다. 놀다가 손으로 무엇을 담았는데, 예쁜 조약돌이 손위에 반짝반짝 거리고 있었습니다. 한 개가 아니라, 여러 개의 조약돌이 손위에 있었는데요. 그래서 제가 '너무 예쁘다' 하면서 꿈에서 깨어났는데, 얼마후 제가 임신 사실을 알게 되었습니다. 이건 아들 꿈인가요? 태몽은 맞나요?

(행복한 나날, 다음 미즈맘토크, 2007.11.27)

조약돌이 예쁜 것, 여러개 있는 복수 개념으로 미루어 딸을 낳을 가능성이 높다고 하겠다. 하지만 절대적인 것은 아니다. 남아일 경우 미모가 뛰어난 귀공자 타입의 인물이 될 수 있겠다.

7. 인공물에 대한 태몽

1) 문서 · 도장에 관한 태몽표상

　　문서나 도장 등을 받는 태몽이었다면, 장차 태어날 아이가 그러한 문서나 도장을 자주 사용하는 것과 관련된 장차 공무원 등 공직에 나아갈 것을 예지한다. 또한 문서나 도장이 갖는 상징의미대로 학문적이거나 권위적인 직위를 얻게 된다. 예를 들어, 땅문서였다면 거대한 토지를 소유하는 일생이 될 것이며, 관인이었다면 그러한 관청의 책임자가 되는 역할을 맡게 됨을 예지해주고 있다. 따라서 태몽에서는 고귀하며, 화려하고 빛나는 문서나 도장을 받는 꿈일수록 좋다.

〈 도장(인장)을 얻는 꿈 〉

　　큼직한 직인이나 이름이 새겨진 도장을 얻는 태몽꿈으로 태어난 아기는 큰 관직에 나아가거나 명성을 떨칠 아기를 낳는다. 직인은 권세가 주어진다는 뜻이고, 성명인은 명성이 떨친다는 암시이니, 자기 직인이나 사인을 마음대로 찍을 수 있는 사람은 권력자나 유명인이 될 것을 예지한다. 도장이 금 · 은 · 보석으로 만들어진 도장이라면, 장차 그 태아의 신분이 더욱 고귀해질 것이다.

선조 임금 때 윤정승의 아내가 붉은 도포를 입은 백발의 관원이 "네가 금은 보화를 아궁이속에서 발견했으면서도, 분수를 지켜 도로 묻고 모르는 체 했으니, 그 아름다운 덕을 기려서 다섯 개의 금으로 만든 도장을 준다." 하는 꿈을 꾸었다. 이후 도장 다섯으로 상징 표상되었듯이, 남편과 네 아들에게 좋은 일로 실현되고 있다. (글: 한건덕)

〈 도사로부터 삼장인을 받는 꿈 〉

'구름 덮인 한라산에서 노란 옷(가사)을 입은 도사 할아버지가 날아 내려와 삼장인을 주어서 받았다.'

서경보 스님의 태몽이다. 서경보 스님의 태몽은 그의 모친이 꾸었다 한다.

이 꿈은 서경보 스님의 일생을 가장 간단하고 확실하게 상징한 꿈이다. 여기서 '삼장' 이란 '부처의 설법을 모은 경장, 계율을 모은 율장, 교리의 연구·논석을 모은 논장' 의 세 가지를 말하는 것이니만큼, 꿈에 그것을 받았다 함은 서경보 스님이 불교인이 될 것을 뜻하였던 것이다.

삼장법사란 삼장에 능통한 스님을 일컫는 말이다. 그 삼장을 꿈에 받았으니, 그는 학승으로서(스님 중에는 선승과 학승이 있다) 수십 개의 박사학위와 수백 권의 저서를 가진 큰스님이 된 것이다. 이 꿈 역시 한 사람의 일생을 간단하게 상징적으로 표현한 예라 하겠다. (글:김하원)

〈 캐릭터 모양의 금도장을 받는 꿈 〉

전 지금 임신 5주된 맘입니다. 한 2주전 쯤 꾼 꿈인데요. 제가 알고 있다고 생각되는 어떤 남자 분을 따라 갔는데, 제가 가지고 있던 금목걸이와 귀걸이 등을 그분께 주었더니, 캐릭터 모양의 금 도장을 만들어 주었습니다. 그래서 제가 은목걸이, 귀걸이 등도 드리면서 이것도 만들어 달라 했는데 거절하셨어요. 그 캐릭터 금도장을 받아들고 기쁜 마음으로 돌아온 꿈이예요. (써니, 이지데이, 태몽이야기방)

2) 책(서적)·붓 등에 관한 태몽표상

책(서적)을 받거나 관련된 태몽은 장차 학문적이고 학술적인 분야로 나아갈 것을 예지해주고 있다. 이 경우 책의 제목이나 내용에 따른 분야로 나아갈 것을 예지한다. 유사한 경우로, 꿈속에서 어떠한 위인이 나타나는 경우, 그 위인의 위업과 유사한 인생길이 펼쳐질 것임을 예지해주고 있다. 공자를 만난 꿈이었다면 학문적 길로, 이순신 장군을 만난 꿈이었다면 무인의 길로 나아갈 것임을 예지해주고 있다.

〈 돌아가신 외삼촌이 책을 선물로 주는 꿈 〉

배란일에 맞춰 거사를 치르고 임신테스트를 했는데, 아니라고 나오는 겁니다. 그래서 감기약을 처방받아 먹었는데, 그날 밤 꿈에 돌아가신 외삼촌이 나타나서 책을 박스로 선물에 주시더군요. 꿈이 너무 이상해 다시 테스트를 하니 임신으로 나오더군요.

〈 책을 받는 꿈 〉

나는 두 아이의 엄마이다. 큰 아이는 5살, 둘째 아이는 2살이다. 근데 공교롭게도, 두 아이 다 책 꿈을 태몽으로 꾸었다. 큰 아이 태몽은 도서관에서 열심히 공부를 하고 있는데, 잘 아는 후배가 선물 꾸러미를 갖다 주어 풀어보니, 아주 두꺼운 전문 서적이었다.

그리고 둘째 아이는 시어머니가 꾸어 주셨다. 어머니가 낮잠을 자고 있는데, 옆집 할머니가 산나물을 뜯으러 가자고 하여 산으로 갔는데, 가다보니 옆집 할머니는 간 데가 없고, 어머니 혼자 깊은 산속에 들어와 있었다 한다. 무서운 생각이 들어 집에 돌아가려고 돌아서는데, 어디선가 잠깐만 와보라는 소리가 들려 돌아보니, 키가 크고 백발이 성성하며 하얀 도포를 입은 노인이 자꾸 와보라고 하여 가보니, 소매 안에서 두껍고 커다란 고서를 건네주었고 책을 펴보니 한문으로 되어 있는 책이었다고 한다. 그것을 가지고 집에 와서 나를 주었는데 무척이나 기뻐했었다는 꿈이었다.

꿈을 신뢰하는 나는 우리 아이들이 연구를 하거나 학문적인 일에 두각을 나타내리라고 믿는다. 꿈이 그래서인지 우리 큰 아이는 또래보다 훨씬 생각이 깊고 스스로 무언가를 몰두하길 즐기고, 어릴 때 말을 매우 빨리 시작했던 것 같다. 책 태몽을 찾아보니, 나오지 않아 이 글을 남긴다.

필자의 사이트(http://984.co.kr)에 이용자가 올린 태몽 꿈체험기이다. 두 아이 모두 딸을 낳았는 바, 책의 태몽이 반드시 딸이라는 것은 아니다. 책을 받는 꿈이니, 장차 학문·연구기관 등에 종사하게 될 것이다. 또한 큰 아이는 전문서적의 태몽이고, 둘째는 고서의 태몽이었듯이, 꿈의 예지대로 큰 아이는 연구직의 전문 분야로, 둘째는 고서와 관련된 한문학·역사학 등 관련분야로 나아갈 것을 보여주고 있다.

모든 꿈가운데 가장 정확하게 실현되는 것이 바로 태몽 꿈의 세계라 할 수 있다.

〈 돌아가신 할아버님이 붓을 주시는 꿈 〉

　지금은 이 세상에 계시지 않는 할아버지가 꿈에 나타나서, 이 붓을 가
져라 하시기에 받고 보니 꿈이었다. 그때부터 태기가 있었다. (세존사이트)

이처럼 서적이나 문서뿐만 아니라, 붓[筆], 종이[紙], 먹[墨], 벼루[硯]
등 문장사우에 관련된 꿈을 꾸면, 장차 학문적인 연구에 몰두하여 큰
업적을 남기게 됨을 예지해주고 있다.

실증사례로, 조선일보 방상훈 사장은 할머니가 '대나무로 만든 필
통을 받는 꿈'을 꾸었다고 한다. 필통은 문방사우에는 포함되지 않았
지만, 글을 쓰는 것과 관련이 있는 언론 계통에 인생의 길이 펼쳐지고
있음을 예지해주고 있다. 유사한 사례로, 한글의 대중화에 앞장을 섰던
한글학자인 주시경 선생의 태몽은 어느 노인에게 연적을 받는 태몽을
꾸고 태어난 바, 연적은 벼루에 먹을 갈 때 사용할 물을 담아두는 그릇
이니, 문장력이 뛰어나며, 학자로서의 길을 걸어가게 될 것을 예지해주
고 있다.

3) 옷·신발에 관한 태몽표상

옷이나 신발을 받는 태몽 또한 옷과 신발로 상징된 분야로 나아가
며, 그러한 직위를 얻게 될 것을 예지해주고 있다. 따라서 이 경우에 귀
한 옷이나 귀한 신발을 얻는 태몽일수록 좋다. 일반적인 꿈의 상징에
서, 옷은 신분이나 명예 등을 상징하며, 신발 또한 직위나 협조자 등을
상징하고 있다. 따라서 귀한 옷이나 신발을 얻은 태몽을 꾸면, 장차 사

업체나 사회적인 지위를 얻거나 업적을 남길 것을 예지한다. 옷이나 신발 꿈에 있어서는 꿈속에 본 그대로 남성적이었는지 여성적이었는지 여부에 따라, 아들이나 딸의 탄생여부를 가늠해볼 수 있겠다. 예쁘고 화려한 표상일수록 여아에 가까운 표상으로, 예쁜 옥색 고무신의 태몽이라면 여아가 탄생할 것을 예지해준다고 볼 수 있다.

〈 예쁜 한복을 고른 꿈 〉

옷장 안에 분홍색 한복들이 가득 차 있었어요. 그중에 제일 예쁜 한복 하나를 골랐는데 아이 사이즈여서 입을 수가 없는 거예요. 꿈에서 깨자 분명히 딸일 것 같다는 생각이 들었는데, 정말 딸을 낳았습니다.

〈 예쁜 신발을 얻은 꿈 〉

아직도 기억이 생생해요. 임신 6개월쯤 시댁에 갔는데 그날 밤 꿈을 꾸었습니다. 한 신발가게에 들어갔는데, 깊숙이 숨어있던 검정 바탕에 화려한 꽃무늬가 새겨진 신발을 발견했어요. 신발에서 빛이 나면서 너무 예쁘더라고요. 가게에 있는 사람이 신발을 박스에 넣어서 잘 포장해주더라고요. 신발처럼 예쁜 딸을 낳았고요. 신발 꿈은 업적은 남기는 일을 한다고 해서 기분이 좋았답니다.

〈 마음에 꼭 맞는 신발을 보는 꿈 〉

우리나라 현대의학 외과학 분야에 기틀을 마련한 의사이자 민족의 선각자였던 백인제 박사의 차남인 백낙헌 씨의 태몽도 신발의 태몽이다.

어머님 말씀에 의하면 형님(백낙조) 태몽으로는 흰 백조를 보셨고, 나 (백낙헌)를 나으실 때는 가회동 집 대청마루에 놓인 큰 구두 한 컬레를 보셨단다. 꿈속에서 아버님이 '동서양을 다니셔도, 이렇게 꼭 맞고 마음에 드는 구두는 없었다' 고 하셨다는 태몽이었다.

(선각자 백인제, 한국현대의학의 개척자, 인제학원, 1999)

4) 음식 · 식료품에 관한 태몽

음식 · 식료품의 태몽에 있어서도 수북이 쌓여 있거나 좋고 깨끗할수록 좋은 태몽이며, 상한 음식을 먹거나 먹은 음식을 토해내는 태몽은 장차 태아가 유산이나 질병 등으로 고생하게 되거나 요절될 것을 예지하는 불길한 태몽이다. 또한 음식물이나 식료품 등을 얻거나 심지어 훔쳐오는 꿈으로 전개되는 것이 좋지, 다시 빼앗기거나 돌려주는 꿈으로 전개되는 것은 좋지가 않다. 또한 음식물을 통째로 삼키는 꿈이 좋으며, 일부분을 먹다 그치는 태몽은 좋지가 않다. 꼭꼭 씹어먹는 태몽도 표상물이 부서지는 측면에서 본다면, 좋은 태몽이라고 볼 수 없다.

간략하게 꿈해몽을 살펴본다.
　○ 음식을 삼켜버린 태몽을 꾸면, 태아가 장차 그 음식이 상징하는 일거리나 대상을 성취하게 됨을 예지한다. 이 경우 귀한 음식을 먹는 태몽일수록 좋다.
　○ 여러 음식을 닥치는 대로 먹어치운 태몽은 장차 자신의 맡은 바 일거리를 능숙하게 처리해내는 인재가 됨을 예지해주고 있다.
　○ 진수성찬으로 차려진 음식상을 받는 태몽은 장차 여기저기 분야에서 인정을 받고 명예를 드날리게 되어 귀한 대접을 받게 될 것을 예

지하며, 일반적으로는 귀한 직위를 얻게 되거나 자신이 제시한 의견이나 아이디어 등이 좋은 평판을 받게 되는 일로 실현된다.

○ 파나 마늘 등을 산 태몽은 특이한 개성이나 예술적인 재능이 뛰어나며, 깨우침을 주는 성직자나 교육자 등 정신적인 지도자가 된다.

○ 큰 시루에 담은 떡을 다 먹어치운 태몽으로, 태아가 장차 정신적·물질적인 어떤 큰일을 해서 성공하고 부귀로워진 사례가 있다.

○ 참기름 한 독을 다 먹은 태몽은 어떠한 학문 분야에서 독보적인 존재가 되어 진리를 깨우쳐서 널리 베푸는 것으로 실현되었다. 고(故) 한건덕 선생님의 태몽이다.

〈 예쁜 떡을 받아 먹은 꿈 〉

전 딸만 둘인데요. 둘째아이 꿈이 신기해서 글을 올리네요. 꿈에 절에 갔는데 동자스님들이 모여 앉아 있더라구요. 마침 점심시간이었는지 동 그렇게 앉아 점심을 먹다 모두 절 쳐다보더니, 한 동자스님이 제게 예쁜 하얀색, 초록색, 분홍색 떡을 두 손 가득 주셔서, 그걸 받아 하나 먹다가 꿈을 깼어요. 꿈이 하도 신기하고 잘 꾸는 꿈이 아니라 아들일거라 생각 했었는데, 딸을 낳았어요. (고미선, 베베하우스, 2003.1.3)

'예쁜 떡의 여성적 표상으로 딸을 낳고 있다. 배우 겸 국회의원을 지낸 고(故) 이낙훈 씨의 태몽은 커다란 시루에 가득 들어 있는 떡을 다 먹는 태몽이었다.

〈 빵을 먹은 꿈 〉

임신했을 때, 빵가게에 맘이 이끌려 들어갔는데, 글쎄 빵 사이로 하얗게 빛나는 달같이 예쁜 빵이 있는 거에여. 그래서 낼름 한 입에 꿀꺽 삼켰는데, 태몽풀이에 아무리 뒤져봐도 빵은 안 나왔더라구여... (안은숙, 베베하우스, 3003.3.27)

〈 만두를 먹는 꿈 〉

임신 2개월 때 꿈을 꾸었는데, 옛날에 시골집같은 집에 연탄을 때는 아궁이가 깊숙했는데, 그 속에 연탄위에 양은냄비가 무척 컸다. 그속에 큰 만두들이 하나 가득 있었는데, 어른 손보다 더 컸다. 그 만두를 한 입 먹는데, 아궁이 벽이 무너져, 그래 이상해서 또 한번 한 입 먹었는데 아궁이 벽이 또 무너져 버리는 아주 이상한 태몽꿈이라 지금도 그 꿈이 기억이 생생하다. 그 아들은 지금 18세로 건강하게 잘 자라고 있다.

(못난이, 이지데이 태몽이야기방, 2009.2.3)

〈 콩 · 쌀 · 곡식 관련 태몽 꿈 사례 〉

○ 어떤 아주머니한테서 검정콩과 검정 쌀을 한 바가지 얻어서 먹는 꿈을 꾸었습니다. (주선민, 베베하우스, 2007.11.17)

○ 전 꿈에서 악세사리 큰 것을 많이 착용하고, 어머니께서 쌀을 한 주먹 고쟁이에 넣는 꿈을 꾸셨는데, 대부분 딸이라고 했어요. 우리도 80% 딸로 확신했는데, 낳고 보니 아들이었어요. (박현숙, 베베하우스, 2007.4.16)

○ 첫째 딸아이 태몽으로는 호랑이, 햇살이 비치는 바닷가에 곡식 항아리에서 곡식 담는 꿈, 황금잉어 이렇게 꿨거든여. (박민진, 베베하우스, 2004.4.11)

〈 마늘을 가져온 꿈 〉

저희 어머니가 꾸신 꿈인데요. 마늘 두 알을 얻는 꿈이었거든요. 마늘
이 탱글탱글 하구 좋아서 가져가려고 하니, 주인이 "왜 가져가냐"고 하더
래요. 그래서 어머니가 "이거 두 알만 가져간다" 하고 가지고 오셨데요.

(최유리, 베베하우스, 2003.10.23)

임신하셨다면, 아들입니다. 저도 시어머님이 마늘이 2알로 쪼개지는
꿈을 꾸고 둘째를 낳았어요. (김훈미, 베베하우스, 2003.10.23)

〈 다이아몬드가 장식된 막대 사탕을 빨아먹는 꿈 〉

탤런트 하희라가 꾼 아들 민서의 태몽이다. 다이아몬드가 장식된
막대 사탕을 빨아먹는 꿈과 스님이 나오는 태몽을 꾸고 아들을 낳았다.

5) 수저·그릇·접시에 관한 태몽

옷이나 신발과 마찬가지로, 귀한 금수저나 그릇·접시 등을 온전한
상태로 받거나 가져오는 꿈이 좋다. 수저를 얻은 태몽을 꾸면, 태아가
장차 사업가가 되거나 식생활에 궁핍을 느끼지 않음을 예지한다. 또한
조상들이 쓰던 밥그릇을 얻은 태몽을 꾸면, 태아가 장차 가업을 계승하
거나 전통적인 일에 종사하게 됨을 예지한다.

〈 수저 관련 태몽사례 〉

*은수저를 사는 꿈 → 이거 태몽 맞아요? 꿈에서 친정엄마와 급방에
서 잘 닦여진 은수저를 사는 꿈을 꾸었어요. 은수저를 사겠다니까,
주인이 세 가지 정도를 내놓더라구요. 그중에서 가장 예쁘고 반짝거
리는 은수저를 제가 골랐죠. (배미정, 2004.8.12)

꿈이 생생하다면 태몽이 틀림이 없으며, 예쁘고 반짝거리는 표상으로 보아 딸을 낳을 가능성이 높다고 하겠다. 새참이 든 광주리에 누런 놋수저가 가득한 꿈으로, 수만여 명의 식솔을 거느리는 큰 회사를 운영하는 일로 실현된 사례가 있다.

> ***작은 금수저 두 개를 받은 꿈** → 전 이제 21살이구여. 백일 넘은 아기가 있어여. 근데 음 저희 시어머니께서는 빨간 고추 한아름을 꾸셨구여. 친구는 아주 작은 금수저 두 개를 받는 꿈을 꿨대여. 금수저, 저 아들 낳았거든여. (유양희, 베베하우스, 2003.10.15)
>
> ***수저 두 개와 젓가락 두 개를 주운 꿈** → 지금 25주 둘째를 임신중이고여. 둘째도 아들이라고 하네여(병원에서) 몇주 전에 제가 꿈을 꾸었는데, 수저 두개랑 젓가락 두 개랑 길을 가다가 주워서 호주머니에 넣었답니다. 근데 수저 손잡이와 젓가락 잡는 부분에 은으로 무늬가 들어가서 크게 감아져 있더라구여. (김점숙, 베베하우스, 2004.9.16)

〈 세 개의 밥그릇 꿈 〉

옻칠을 한 커다란 상에 흰 사기 밥그릇이 세 그릇 있었어요. 모두 뚜껑이 닫혀져 있었죠. 그 앞에 흰 옷 입고, 흰 머리에 정갈하게 쪽을 진 할머니가 얌전히 앉아 계시더라구요. 지금 생각하면 무서웠을 만도 한데, 꿈에 하나도 무섭지 않았어요. 그 할머니께선 밥그릇 세 개 중에서 첫번째 밥그릇을 제게 주셨고, 밥 뚜껑을 여니 흰 쌀밥이 소복히 담겨있고, 흰 빛이 너무 강해 오히려 빛이 그릇 밖으로 쏟아져 나오고 있었죠. 그 밥그릇을 가슴에 안고, '다른 두개의 밥그릇은 왜 안주시나' 하고 나머지 밥그릇 두개도 욕심내던 꿈을 꾸었답니다. 어른들께선 경제적으로 잘 먹고 잘 살

게 될 아들 꿈이라고 하셨는데, 정말 아들이네요. 다음 아이 임신 때, 두번
째 밥그릇을 받을 수 있을지 궁금하네요.

(김지선, 베베하우스, 2003.1.22)

〈 접시에 대한 태몽사례 〉

 * 냇가에서 노란 황금빛이 나는 바나나 접시를 제가 잡았더니, 첫 딸이
   더라고요. (sky, 다음 미즈넷)
 * 친구집에 가서 접시와 그릇을 셋트로 받는 꿈을 꾸었어요.

(마순영. 이지데이, 태몽이야기방)

 * 저는 임신 한달 전에 태몽 꿨거든요. 그때는 임신 생각도 안하구 있
   을 땐데, 백화점 같은데 가서 접시를 샀거든요. 얇고 이뿌장한 코렐
   같은 걸루요. 엄마가 들으시더니 딸 태몽이라구 하시대요. 전 정말
   딸 낳았구요. 암튼, 임신 전에도 태몽 꿀 수 있나봐요.

(youreun, 마이클럽)

6) 독 · 솥 · 냄비 · 항아리 등에 관한 태몽

냄비 · 솥 · 항아리 등을 얻는 태몽은 장차 무언가를 이루어낼 회사
나 사업체를 운영하게 될 것을 예지해주고 있다. 이 역시 온전하고 크
고 빛날수록 좋은 태몽이다. 또한 커다란 항아리나 솥 · 냄비 등에 맑은
물이나 귀한 물건이나 음식이 가득찬 것을 보는 태몽은 장차 풍요롭고
부귀로운 일생이 될 것임을 예지해준다. 예를 들어 독이 다섯 개 나란
히 있는 태몽을 꾸면, 태아가 장차 5개의 사업체를 가지게 됨을 예지한
다. 사례로 민속주인 이강주(梨薑酒) 제조자인 조정형씨의 태몽은 모친
의 태몽에서 솥을 보는 꿈이었다.

〈 독 · 솥 · 냄비 · 항아리 등의 꿈 체험담 〉

○ 하나는 시장에서 한 가게로 들어 갔는데, 거기엔 아주 시꺼먼 냄비
가 잔뜩 있는 거예요. 거기서 냄비 하나를 사는 꿈이었어요. (이연주,
태교아카데미 태몽이야기)

○ 먼지 낀 큰 항아리가 3개 있었는데, 그중 가장 큰 것을 골라 닦았더
니, 반짝반짝 윤이 나는 꿈이었다. 그래서인지 어머님이 받아오신
이름에도 닦을 수(修) 자가 들어갔나 보다. 이름이 수녕으로 지은 딸
을 출산하였다. (수녕의 탄생설화. 다음 블로그에서)

7) 불상에 관련된 태몽

불상이나 스님 태몽은 정신적인 업적과 관계가 깊어, 책을 써서 후
세에 길이 남길 인물이나 진리를 전파하는 인물을 상징한다.

간략하게 꿈해몽을 살펴본다.

○ 태몽에 금으로 된 불상을 얻으면, 태아가 장차 위대한 정신적 지도
자로서 진리를 탐구하고 파급시켜 업적을 남기게 될 것임을 예지한
다.

○ 관음보살상을 얻으면 장차 큰 인물을 얻을 태몽이며, 학위 · 명예 ·
직위 등으로 나아가게 된다.

○ 법당 안의 사천왕이 눈을 부릅뜬 태몽을 꾸면, 태아가 장차 군인이
나 법관 · 경찰관으로 나아갈 가능성이 높다.

○ 불상 좌우에 늘어선 많은 보살을 보는 태몽은 지도자로서 많은 참
모 등을 거느리는 중요한 직위로 나아감을 예지한다.

〈 금불상을 줍는 꿈 〉

극진한 불교 가정에 태어났지만, 지금은 기독교인이다. 꿈에 장소를 알 수 없는 풀밭 길을 걷다가 더럽혀진 이물을 발견, 주워서 닦아보니 섬세하게 만들어진 조그마한 금불상이 찬란하게 빛났다. 이 꿈이 있은 지 10개월 후에 아들이 태어났다. (임00씨의 꿈)

〈 불상에 절하는 꿈 〉

"원래 시댁에 뒷문을 열면 언덕이 있는데 꿈에서는 산으로 변해 있었어요. 그런데 산꼭대기에 집채 만한 불상이 있었어요. 정말 눈앞에 와 있는 것처럼 선명했어요. 눈, 코, 입 다 생생하게 기억이 났으니까요. 저희 시어머니께서 그 불상을 보시고 저에게 절을 하고 술도 부으라고 하셔서, 한복을 곱게 입고 절하는 꿈을 꾸었습니다. (윤지은)

8. 사람과 관련된 태몽

많은 사람들이 꿈속에서 대통령이나 연예인 등을 만나는 태몽꿈을 꾸었다고 밝히고 있는 바, 이렇게 위인이나 대통령 등 권위를 가진 사람이 나오는 꿈은 꿈속에 나타난 인물과 관련있는 인생길로 나아가게 된다.

태몽에서 아기를 낳거나 보는 꿈은 실제로 태어난 아기의 얼굴과 똑같은 모습으로 실현되는 경우가 있다. 하지만 태몽이 아닌, 상징적인 미래예지 꿈에서 갓난아기는 어떠한 일거리 대상이거나 정신적 작품의 상징인 경우가 더 많다. 꿈속에서 아기를 낳자마자 걸어다니는 꿈은 이제 막 시작된 어떠한 사업 · 회사 · 가게나 작품을 상징하고 있으며, 급속한 발전과 가치가 뛰어남을 뜻하고 있다.

간략하게 꿈해몽을 살펴본다.
- ○ 이미 죽은 사람(위대한 인물의 경우)이 방 가운데로 들어오는 것을 보는 꿈은 꿈속에 나타난 인물과 관련하여 훌륭한 자식으로 태어날 태몽꿈이 되기도 한다.
- ○ 어린 아이를 신선이나 조상 및 신령스러운 존재가 데려다 주는 태

몽은 태아가 장성해서 훌륭한 인물이 되거나 학문적인 업적을 남김을 예지한다.

○ 선녀가 아기를 가져다 준 태몽을 꾸면, 태아가 장차 높은 직위에 올라 중책을 맡거나, 으뜸가는 학자가 되어 학문적 업적을 남김을 예지한다.

○ 스님이나 부처님, 예수님이나 신부님을 만나는 태몽은 각각의 상징 의미 그대로, 장차 위대한 사람이나 고승·성직자로 나아감을 예지한다.

○ 아들 출산 때, 고(故) 박정희 대통령이 나오는 태몽을 4번이나 꿨는데, 그 아들이 공부를 너무 잘 하고 장학생으로 대학에 입학한 사례가 있다.

○ 역사적 사례로, 정여립(鄭汝立)의 아버지 정희증(鄭希曾)은 처음 정여립을 잉태할 때, 무신의 난과 관련된 정중부(鄭仲夫)가 나타난 태몽이었다.

1) 사람, 아이 꿈

〈 여자 아이가 엄마라고 부른 꿈 〉

저는 임신 7개월쯤에, 얼굴은 아이 아빠인데 아기 형상을 한 여자아이가 나타나, '엄마' 하고 저를 부르는 꿈을 꾸었어요. 그 후 아빠랑 너무 판박이인 딸을 낳아서 사람들이 더 놀랬답니다.

〈 두 아들이 태어나기 전에 꿈에서 미리 본 꿈 〉

배우 이종혁은 SBS '야심만만' 방송 녹화에서 "두 아들이 태어나기도 전에 꿈에서 미리 두 아들의 얼굴을 봤었다"고 깜짝 고백해 눈길을 끌었다. 이종혁은 "아내가 아이를 임신했을 때 내가 태몽을 꿨다"고 말문을 열었다. 꿈속에서 한 아이가 나타나 이종혁에게 "아빠!"라고 불렀다는 것.

놀라운 사실은 아이가 좀 자라고 보니 예전 이종혁이 꿈속에서 봤던 아이와 얼굴이 똑같았다는 것이다. 더 놀라운 것은 이종혁의 아내가 둘째를 임신했을 때에도 이종혁이 똑같은 경험을 한 것. 이종혁의 이런 이야기에 출연진들은 놀라움을 금치 못했다.

〈[뉴스엔] 최나영 기자. 2007.12.03〉

해몽 상담 전화의 내용이다. 그 분의 말씀 가운데, 첫째 아이의 임신 사실도 몰랐는데, 아들을 데리고 친정에 가는 꿈을 꿨다고 한다. 그 후 임신을 알았고 꿈을 꾼대로 아들을 낳았으며, 더더욱 놀라운 사실은 "커가면서 아들의 얼굴이 꿈속에서 본 얼굴과 너무나 똑같다"고 하면서, "어찌 이러한 일이 일어날 수 있느냐" 하며 놀라워했다. 사실적인 미래투시의 꿈으로 실현되고 있는 사실에 크게 놀라워 할 것도 없는 일이지만—.

〈 바구니에 예쁜 여아를 끌어 올리는 꿈 〉

어머니의 꿈입니다. 바닷가에 갔더니, 바구니에 끈이 달려서 바닷가에 이어져 있었답니다. 어머니가 줄을 끌어 올려보니, 바구니에 예쁜 여자 아기가 있었다고 합니다. 어머니는 그 꿈을 꾸시고 명이 긴 여아가 태어날거 같다고 하셨습니다. 그런데 그 꿈은 제 태몽이 아니라, 저의 조카 며느리 태몽이었습니다. 저보다 한 달 먼저 임신을 했거든요. 조카 며느

리는 첫딸을 낳았답니다. (글쓴이: 몽이, 이지데이, 태몽 이야기 방)

〈 알에서 아기가 깨어난 아기 꿈 〉

두 번이나 자연 유산으로 아이를 잃고 마음도 몸도 많이 상해 있었답니다. 그런데 어느날 시어머니께서, "알에서 깨어나는 아이 꿈을 꾸셨다며, 아기 포기하지 말라고 용기를 주시더군요." 그렇게 해서 태어난 아들이 지민이랍니다. 남들은 "주몽 신화이냐"며 놀리기도 하지만, 저에겐 너무 소중한 태몽이에요.

〈 동자가 하늘로부터 내려오는 꿈 〉

김유신 어머니(만명부인)의 태몽 꿈이야기이다. 한 동자가 금빛 갑옷을 입고 구름을 타고 하늘에서 내려와 집으로 들어왔다. 이 꿈은 태아의 장차의 운세를 나타내주고 있다. 동자로서 태몽 표상을, 금빛 갑옷의 상징 표상에서 장차 훌륭한 장수로 출세한다는 것을 예지해주고 있으며, 하늘에서 구름을 타고 내려와 집으로 들어온 표상에서 장차 국가나 사회적으로 커다란 인물이 된다는 것을 예지해주고 있다.

이처럼 태아의 상징은 어떤 동물이나 사물로 바꿔서 표현하지 않고, 직접 사람의 형상 그대로 표현하기도 하는데, 여기에는 그 아기가 평범하지 않거나 꿈의 암시를 좀더 신비적인 것으로 꾸미고, 또는 아기를 갖고 싶었던 소원이 좀더 충족된 것으로 표현하기 위함이다.

(글: 한건덕)

〈 동자를 쓰다듬어 주는 꿈 〉

집에 있는데 갑자기 하늘이 어두워지기 시작하였다. 밖으로 나가보니 커다란 구렁이가 산을 감고 있었다. 그 구렁이가 내 곁으로 오는데 그 구렁이 머리 위에는 동자가 앉아 있었다. 그 동자가 얼마나 귀여운지 그 동자를 쓰다듬어 주는 꿈을 꾸었다. 결과는 아들인 줄 알았지만, 딸이었다.

태몽으로 정확하게 남아와 여아를 판별하는 것이 어려움을 보여주고 있다. 이처럼 꿈속에 동자인 경우 아들을 출생하는 것이 일반적이다. 이 경우 혹 남성적 성품의 여자가 될 수도 있겠다.

〈 어린 사내가 영웅을 누르는 꿈 〉

어머니의 태몽꿈으로, 호기 어린 사내가 영웅을 누르는 꿈으로, 그래서 붙여진 이름이 웅진(雄鎭)이다. (꽃동네 오웅진 신부) 이름에 '진압할 진' 자를 쓰고 있는 바, 꿈속에 어린 사내이었듯이 남아를 낳고 있다.

〈 아이를 받아 안는 꿈 〉

창문을 누가 두드리기에 문을 열어보았더니, 아주머니 한 분이 아이 하나를 안고서 "아이를 먹일 것이 없어서 굶주리게 되었으니 키워 달라" 고 하길래 잠시의 망설임도 없이 좋다고 아이를 받아서 방안에 놓았습니다.

독자의 편지이다. 태몽으로 아이를 받는 꿈으로, 실제 아이를 낳게 될 것을 예지해주고 있다. 아이를 받는데 억지로 받거나 물리치게 되는 경우 유산하게 되며, 받고 나서 아이에 대한 인상이 좋거나 기쁜 마음이나 방안이 훤해진 꿈이라면 장차 좋은 일이 있게 된다.

〈 아는 언니가 아기를 주는 꿈 〉

띵동! 누구세요? 문을 열었더니 아는 언니가 찾아왔어요. 언니 품에 예쁜 아기가 안겨있었는데, 저한테 아기를 주더라구요. 아기가 금목걸이, 금팔찌, 금반지 등등. 악세사리란 악세사리는 다 순금이었어요. 노란색들이 빛깔로 화려하진 않아도, 꿈에서도 넘 부러워 했네요.

눈을 떴어요. 꿈에서 깼거죠. 제 옆에서 아기가 실제로 숨을 쉬고 있다는 것을 느낄 정도로 너무 생생한 느낌! 진짜 누가 있나? 하고 고개를 돌려 봤어요. 당연히 아무도 없죠. 꿈에서 깨서 이거 완전 태몽인데? 아이를 기다리고 있던 차에, 나였으면 좋겠다고 생각했죠. 며칠뒤 임신 테스터기 두 줄 확인했어요. 아들 낳았습니다. (민호엄마)

〈 코가 커지는 아이를 낳은 태몽 사례 〉

꿈속에서 아이를 낳았는데 딸을 낳았어요. 딸이면 얼굴이라도 예쁘면 하는 기대에 얼굴을 보니, 갑자기 코가 길어지기 시작하는 거예요, 마치 피노키오 코처럼 너무나 놀라서 깼었지만 공포는 가시질 않았어요, 기형아를 낳으면 어떻게 하나 하는 두려움이 가시질 않아 밤새 울었어요

아들을 낳았으나, 아기의 고추가 몹시 작은 '자라고추' 아기를 낳는 것으로 실현되었다. 늘어나는 피노키오의 코를 연상해 보기 바란다.

〈 강아지가 여자로 변한 꿈, 구렁이가 똬리를 튼 꿈 〉

탤런트 조은숙은 SBS '김승현 정은아의 좋은아침' 에 남편 박덕균 씨와 출연해 임신 사실을 알렸는 바, 다소 엉뚱한 태몽을 공개했다. 그녀는 "이게 태몽인지는 잘 모르겠지만, 너무 예쁜 강아지가 예쁜 여자로 변하

는 꿈을 꿨다"며 "이 같은 이야기를 주변에 했더니, "다들 개꿈이라고 하더라"

"사실 임신된 것을 알고 나서 태몽을 꿨다. 집 마당에 실뱀이 있는 것이다. 내가 소리를 질렀더니 남편이 실뱀을 쫓아냈다. 그런데 문득 남편을 보니 남편 머리 뒤에 커다란 구렁이가 똬리를 틀고 있었다. 그러니까 실뱀을 쫓아내고 구렁이는 그냥 놔둔 것이다"고 말했다.

(뉴스엔, 이정아 기자, 2006.11.23 11)

'예쁜'의 표상에서 알 수 있는 바와 같이 실제로 딸을 낳았는 바, '예쁜 강아지가 예쁜 여자로 변하는 꿈'이 하찮은 개꿈이 아니라, 장차 일어날 일을 예지적으로 보여주는 태몽이다. 예쁜 여자로 변한데서 딸의 미모가 상당히 뛰어날 것을 예지해주고 있다. 또한 실뱀이 아닌 구렁이의 태몽이니, 장차 커다란 능력을 지닌 인물이 될 것임을 예지해주고 있다. 자세한 것은 필자의 사이트 http://984.co.kr의 태몽 항목에서 '구렁이'를 검색해보시기 바란다.

2) 스님 꿈

〈 스님이 아들을 낳을 것이라고 말하는 꿈 〉

꿈에 신랑이랑 어느 산을 올라가는데, 나무로 발판까지 다 해놓은데에요. 대구 갓바위 가보신 분은 아실텐데, 그런 분위기를 풍기더라고요. 산에 올라가는데 힘도 안들고 올라갔는데, 정상에 큰 부처님 불상이 있는거예요. 그리고 어느 스님이 저한테 와서 신랑을 보더니, 올해 무난무제 하겠다는거예요. 그래서 내가 울먹거리며 "그런거 말고요", 그러니까 하시는 얘기가 안다면서, "올해 아들 낳겠네" 이러시는거예요. 그리고 깼는데 얼마나 꿈이 생생하던지, 이거 태몽인가요? (태양맘, 이지데이 태몽이야기 방)

꿈이 생생하고 강렬하다면 태몽일 가능성이 높으며, 스님이 아들을 낳을 것이라고 말하는 이러한 계시적 성격의 꿈은 실제로 현실에서 말 그대로 이루어지는 특성을 보이고 있다. 이처럼 꿈속에서 스님이 아닌 산신령이나 조상, 기타 오래된 동물·식물 등 신령스러운 존재가 말을 하는 경우가 있는 바, 실제 영령이 존재한다기 보다는 직접적인 계시의 방법으로 믿음을 주게 하려는 인물을 등장시키는 꿈의 상징기법의 하나인 것이다.

〈 동자 스님을 보는 꿈 〉

2층 건물만한 돌부처 좌상아래 굴이 있고, 그 굴안에 작은 금부처 좌상이 있는데, 스님 세 분이서 그곳에서 기도를 드리고 있었습니다. 실제로 아이가 없지만, 제 아이라고 느껴지는 남자아이인데(3~4살) 승복을 입고 있었습니다. 꼭 동자스님처럼, 그리고선 아이랑 같이 삼배를 하고 기도를 드리는 꿈인데, 기도가 끝나고 아이가 스님들이 신는 고무신을 벗고 등산화를 신고 있어서, 제가 절에선 고무신 신고 있어야지! 하며 아이를 타이르는 꿈입니다. (믿어_날, 다음 미즈넷)

이렇게 꿈속에서 동자 스님이든 남아를 보는 꿈은 실제로 남아를 낳게 될 것을 예지해주고 있다. 동자 스님이 태몽꿈에 나왔다고 해서, 장차 스님이 반드시 되는 것은 아니다. 불교 계통으로 인생의 길이 펼쳐질 수도 있겠지만, 스님의 상징의미는 덕이 있는 사람이나 정신적 지도자 등을 뜻하기에, 장차 그러한 인생의 길로 나아갈 것을 예지한다.

〈 동자승 두 명을 끌어안는 꿈 〉

이제 임신 7개월차 예비맘이예요. 저희 엄마는 절에 스님들 밥해주러 갔다가, 동자승 2명을 끌어안는 꿈을 꾸었다고 하네요.

(가랑비, 다음 미즈넷)

장차 쌍둥이나, 두 형제를 낳게 될 것을 예지해주고 있다.

3) 조상 및 신선·산신령 등 영적 대상

조상이나 신선·산신령 등의 영적 대상이 태몽 표상에 등장되기도 한다.

〈 돌아가신 분이 안아주시는 꿈 〉

돌아가신 외할머니와 할머니 두 분이 나란히 활복을 입고 산에서 내려오시더니, 저와 친정언니를 따스하게 안아주시는 꿈을 꾸었어요. 곧 우리 자매는 나란히 임신을 했고요.

〈 산신령이 나타난 꿈 〉

저는 지금 둘째를 가졌고, 임신 12주입니다. 둘째가 막 생길 때쯤, 엄마가 꿈을 꾸셨다고 하시더라고요. 꿈에 산신령이 나타났는데, 눈이 부시게 찬란한 황금색 사모관대를 입었고, 엄마를 빤히 오래 바라보셨대요. 근데 원래 태몽이란게 뭔가를 받든지 사든지 하는게 보통인지라, 이 꿈이 태몽인지 어쩐지 잘 모르겠어요. 엄마는 태몽이 아니더라도 길몽이라고 주장하시지만요. 그 반짝이던 황금색옷이 너무 선명했다고 엄마가 그러시대요. (hermes, 다음 미즈넷)

대통령이나 연예인을 보거나 데이트하는 꿈의 태몽이 상당수 있다. 이처럼 신선이나 산신령이 나타나는 꿈도, 꿈의 기억이 강렬하고 생생하다면 태몽이 틀림없다. 동물·식물을 받거나 가져오는 꿈이 일반적이지만, 태몽에는 이처럼 특이한 태몽도 있다. 이밖에도 산신령인지한테서 분첩을 선물 받는 꿈, 하얀 옷에 하얀 수염을 길게 기른 산신령 같은 분이 함박웃음을 지으면서 큰 두꺼비를 주는 태몽을 꾼 사람이 있다.

〈 산신령이 아기를 안겨주는 꿈 〉

지인이 꾼 꿈인데요. 광채가 나는 산신령 같은 분이, 아기를 안고 있다가 품에 안겨주더래요. 주변이 온통 과일나무들로 풍성했다는데.

(별사탕, 이지데이 태몽이야기방)

고전소설에도 이와 비슷한 꿈내용으로 전개되고 있듯이, 누구나 이러한 태몽꿈을 꾼 경우에 큰 인물이나 훌륭한 인물로 자라날 것을 믿게 될 것이다.

숙종 10년 정박옥의 부인의 꿈에, 하늘에서 선관이 백학을 타고 내려와 옥동자를 안겨주는 꿈을 꾸었다. 그리고 아기 탄생 후에 또 하나의 꿈에 그 선관(仙官)이 나타나 아기 이름을 수정(壽政)으로 지으라고 해서 그렇게 지었더니, 박학다식하고 기지에 명언을 남긴 정수정이란 유명인이 되었다고 전해온다.

이때의 선관에 대해서 한건덕 선생님은 자신의 잠재의식이 만들어낸 창작 표상으로 보고 있다. 즉 꿈속에 나타난 선관이나 산신령 등은 실존하는 것이 아니라, 잠재의식의 또 하나의 자아가 신비하게 꾸미기 위하여 분장출현한 것으로 보고 있다.

이러한 입장에서 보면 꿈속에 등장하는 등장인물들에 대해서, 비과학적이고 비현실적인 요소에 대한 궁금증은 모두 해소된다. 뛰어난 견해임에는 틀림이 없으며 부정할 수 없는 진리의 말씀이시다.

다만, 이러한 꿈들에 있어서 모두가 그렇게 보기에 다소 석연치 않은 점이 있기도 하다. 성경에 하나님이 나타나 계시적 꿈으로 일러주는 수많은 사례가 있다.

또한 꿈에 한 해골이 나타나, 무서워 달아나려는 자신의 바지 가랭이를 붙잡으며 자신이 있을 곳을 마련해 달라는 부탁의 꿈을 꾼 사람의 이야기이다. 다음날 새로 건물을 짓고자 했던 곳에 들르게 되며, 인부들에게서 무연고 관이 나왔다는 이야기를 듣게 된다. 이어 간밤의 꿈을 떠올리고, 양지 바른 곳에 새롭게 잘 묻어주었으며 그후 사업이 날로 번창하고 있다. 이 경우 꿈속에 나타난 해골 모양의 사람이 자신의 잠재의식이 만들어낸 창작표상이라고 보기에 다소 어려움이 있다. 어떠한 영적인 대상과의 교감(交感)이 꿈을 통해 이루어지고 있음을 나타내주는 사례는 아닌지 반문해본다.

4) 귀인 및 유명인사

다음은 2009년 출간한 필자의 『행운의 꿈』에 실린 글을 재인용하여 살펴본다.

대통령이나 귀인을 만나는 꿈이, 가임여건에서 태몽으로 실현될 수도 있다. 단, 태몽인 경우 꿈이 아주 강렬하고 생생한 것이 특징이다. 이렇게 꿈속에서 대통령 및 귀인이나 연예인·고승을 만나게 되는 꿈은 길몽에 속한다. 일반적으로 처한 상황에 따라 재물운으로 복권 당첨 등으로 실현될 수도 있으나, 대통령·연예인이 어떤 일거리와 작품 따위를 상징할 때는 어떠한 분야나 직위에서 최고의 우두머리가 되거나, 최대의 명예나 권리가 주어진다.

다음(daum)의 미즈넷 태몽·태교 란에 올려진 글을 인용하여 살펴본다.

〈 이명박 대통령과 같이 잔 꿈 〉

　안녕하세요. 어젯밤에 이명박 대통령과 잤는데, 오늘 산부인과 가니, 6주라네여. 위에 딸이 둘인데 아들이었으면 하는데요. (자연미인)

여기에 대하여 다음과 같은 댓글이 달려져 있다.

○ 저도 대통령 꿈꾸고 아들 낳았고요, 내 옆 직원도 대통령 꿈꾸고, 아들 낳았어요. 대통령 꿈이 아들이 많다네요. 득남하세요. (강정혜)
○ 제 주위 분들은 대통령 꿈꾸고 죄다 아들 낳았는데, 맘 편히 즐태하세요. (흑련화)
○ 저희 어머니는 저 임신했을 때, 대통령 나오는 꿈을 여러번 꾸셨는데 전 여자랍니다. ㅋㅋㅋ. 아들 딸 구별없이 예쁜 아기 낳으시길 바랍니다. (즐쳐드셈)

꿈속에 나타난 대통령이 남자이기에, 또한 대통령하면 남자를 연상하기에 남아를 출산할 가능성이 높은 것이지만, 원칙적으로 태몽꿈으로 70~80%의 개략적인 성별의 구분이 가능한 것이지, 100% 절대적이지는 않다. 해의 태몽으로 딸이 출생하기도 하고, 꽃의 태몽으로 아들을 낳기도 한다. 태몽으로 아들딸을 보여준다기보다는 '남성적이냐, 여성적이냐' 성품을 보여준다고 하는 것이 올바른 판단일 것이다.

〈 노무현 대통령을 만나 악수한 꿈 〉

둘째를 가진지를 저는 몰랐고, 엄마는 이 꿈을 꾸고 복권을 사셨었는데, 태몽인가봐요. 엄마가 아기(우리 큰애인 것 같데요)손을 잡고 시냇가를 가다, 노무현대통령을 만나 악수를 하셨데요. 딱 로또꿈 같아서 로또를 사셨지만 아니었고, 3주쯤 뒤에 제가 둘째를 가진걸 알게 되었거덩요. 태몽맞을까요? (토마토)

여기에 다음과 같은 댓글이 달려져 있다.

○ 대통령 꿈이 태몽 맞는거 같은데요.. 저도 부시랑 악수하는 꿈 꿨거든요. 울아들 지금 25개월 이네용. (빵가룽)

○ 대통령 꿈이 태몽인지는 잘 모르겠는데, 전 크리스마스 이브에 꿈을 꿨어요. 노무현 대통령이 신랑하고 무슨 심각한 얘기를 하더라구요. 한참을 그렇게 얘기하더니 대통령이 저한테 오더라구요. 그리곤 저한테 그러더라구요. 신랑한테 아들 꼭 낳아주라고 간곡히 부탁을 하는데, 꾸고 나서 '정말 특이하고 이상한 꿈이다.' 라고 생각은 했지만, 그게 태몽이 아닌가 싶어요. (yscm79)

꿈이 아주 생생하고 강렬하다면 태몽이 맞다. 태몽에도 여러 가지

가 있다. 특이한 태몽 사례로 김일성과 박정희 대통령이 동침하는 꿈사
례도 있다.

〈 자두 꿈, 대통령 꿈 〉

주영훈―이윤미의 태몽이다. 주변의 지인들이 잇따라 태몽을 꿔 이후
병원을 찾아 검사를 하였으며, 본인들도 각각 태몽을 꿨음을 밝히고 있
다. 이윤미는 "탱글탱글한 자두가 냉장고에 있기에 집었는데 물컹하더
라" 며 "싱크대에서 다시 탱글탱글한 자두를 집었다" 고 밝혔다.

이어 주영훈은 "전직대통령이 꿈에 나와 엔터테인먼트 회사를 하나
물려준다고 하더라. 자동차도 물려주더라" 며 "복권인 줄 알았는데, 하나
도 안 맞더라. 김 빠질까봐 말도 안 했다. 알고보니 태몽이라더라" 고 말
했다.

2010년 3월 딸을 출산한 바, 꿈에서 동식물이 아닌 대통령이나 유명
인사 등 인물이 등장되는 태몽사례가 있다.

〈 강호동을 본 꿈 〉

2년 넘게 아기를 기다려 온 터라. 지난달에 인공수정으로 임신테스트
두 줄을 확인한 다음, 마침 시어머니 생신이라 반가운 소식을 알려드리려
고 전화를 드렸더니, 바로 다음날 전화를 하셔서 태몽을 꾼거 같다고 하
시는 겁니다. 강호동을 봤다면서, 아들같다고 하시는 겁니다. 저나 다들
딸을 원하던 차여서 실망도 실망이지만, 제가 좋아하는 연예인 비 정도면
좋아라 하겠지만, 왜 하필 강호동인지―이걸 태몽이라고 받아들여야 하
는지― 원. (juju, 2007.11.03 이지데이 태몽이야기방)

앞에서, 꿈속에서 대통령이나 귀인·고승·유명인사 등을 만나는 꿈이 태몽으로 실현되는 것을 살펴본 바 있다. 좋게 생각하시면 될 것 같다. 강호동처럼 건강한 아들이 출생할 수 있으니, 또한 강호동하면 모르는 사람이 없을 정도로 씨름 선수에서 유명인사가 되었으니.

〈 낳은 아이가 장동건 얼굴을 하고 있던 꿈 〉

야구선수 마일영은 "아내가 출산 이틀 전 자다가 꿈을 꿨다. 태몽인지 모르지만 집사람이 아이를 낳는 꿈이었다" 면서, "그런데 낳고 보니 장동 건이더라. 눈도 똘망똘망하고 이목구비가 시원시원한 것이 장동건 얼굴 을 하고 있더라. 내 눈은 작은데 얼마나 기분이 좋았는지 모르겠다" 고 밝 히고 있다. (OSEN=강필주 기자, 2011.03.03)

이 경우 장동건처럼 잘 생긴 얼굴이 되거나, 장차 연예인 장동건처 럼 선망을 받는 직업으로 나아갈 것을 예지해주고 있다.

〈 김건모 및 여러 연예인을 만나는 꿈 〉

어머, 저도 김건모 꿈에 나왔었는데 ㅋㅋ, 전 태몽도 가지가지 꾸고 남 자 연예인들하고 그렇게 데이트를 하네요. 의외로 제일 좋았던건 신성우 하고 바닷가를 거닐며 조개도 줍고 물고기도 잡고 한거예요, 그리고 희한 한건 우리 담당 의사쌤하고도 데이트를 했다는―. 꿈은 제 의지대로 꿔지 는건 아니니까요. (글쓴이: 달콤한 봄, 맘스홀릭 베이비 카페)

대통령이나 귀인·고승·유명인사 등을 만나거나 데이트를 하는 꿈이 가임여건에서 태몽이 될 수도 있지만, 일반적으로는 부귀·권세

있는 사람이나 대상과의 관련맺어짐으로 실현될 아주 좋은 상징적인 미래예지 꿈이다. 프로이트 식으로는 단순한 소망이 꿈으로 표출되어 대리만족을 얻는 일로 실현되고 있다고 볼 수 있겠다.

9. 기타 태몽 표상

태몽 표상물의 다양한 전개양상에 대해서는 이제껏 살펴본 바 있다. 앞으로의 인생길을 예지하는 데 있어, 그때그때 가장 적합한 상징물을 등장시켜서 보여주고 있는 바, 태몽 표상물은 동물 · 식물뿐만 아니라 자연물 · 인공물 등 다양하게 나타나고 있다. 서기가 어리거나 뻗치는 태몽을 꾸면 태아가 장차 인기인 · 유명인 · 가치있는 업적 등을 남기게 될 것을 예지하고 있으며, 받거나 가져온 물건과 관련있는 분야에서 사업기반을 얻거나 영귀해짐을 예지한다.

또한 태몽 표상물로 나타난 그 모든 상징물이 어떠한 전개를 보였는가에 따라, 장차 펼쳐질 인생의 길을 함축적으로 보여주고 있으며, 그 모든 전개 하나하나마다 깊은 의미가 담겨 있다. 태몽을 꾼 당시로서는 쉽게 예지하지 못하지만 20~30년이 지나서, 아니 평생에 걸쳐서 태몽 꿈의 예지대로 전개되고 있음을 알 수 있다.

이러한 태몽 표상물의 전개대로 이루어지는 실증적인 실현사례에 대해서는 별도의 장으로 분리한 Ⅴ. 유명인사, 연예인, 운동선수 등의 태몽사례 Ⅵ. 역사적 인물 태몽사례를 참고하시기 바란다.

〈 이 반지는 아들 낳는 사람만 끼는 반지라고 말하는 꿈 〉

미국여자프로골프(LPGA) 투어에서 통산 6승을 거둔 '코리안 파워'
의 대표 주자 중 한 명인 한희원(29.휠라코리아)의 태몽꿈을 대신 꿔준 이가
있다

6월 출산 예정인 한희원은 특이하게 태몽은 투어 동료인 박희정(27.CJ)
이 대신 꿨다고 한다. 올해 초에 꿈에서 한희원의 아버지가 엄지손가락에
반지를 끼고 있는 꿈을 꿨는데, "이 반지는 아들 낳는 사람만 끼는 반지"
라고 말했다는 것이다. 실제 한희원은 최근 태아가 아들이라는 소식을 들
었고, 박희정의 꿈이 태몽이 된 셈이다. (연합뉴스. 2007.4.2)

실제로, 2007년 6월23일 한희원은 아들을 낳았다.

〈 골프장에서 홀인원을 하는 꿈 〉

배우 사강이 결혼 3년 만에, 딸을 출산했다. 골프장에서 홀인원을 하
는 태몽을 꿨다고 밝힌 사강은 아이를 골프선수로 키우고 싶다는 소망을
드러내기도 했다. (서울신문NTN, 오영경 기자, 2011.02.01)

태몽이 인생의 청사진으로 볼 때, 태몽 표상으로 홀인원을 하는
꿈이었다면, 장차 골프와 관련지어 멋진 인생길이 펼쳐질 수 있을 것
이다.

〈 칼을 받은 꿈 〉

태몽인지는 모르지만, 제가 임신 중에 꾼 꿈이라, 태몽이라 봐야겠죠!
어떤 여인이랑 정갈한 한옥 안채에 한복 곱게 차려입고, 둘이 나란히 마

주보고 앉아있는데, 갑자기 그 여자가 커다란 장도를(장군들이 들고 다니는) 무슨 호박 안기듯이 냅다 내게 던져주는 겁니다. 아들 낳았습니다.

(강윤수, 베베하우스, 2003.1.22)

장군들이 들고 다니는 칼을 받는 표상에서 아들을 낳게 될 것을 예지해주고 있는 바, 장차의 인생길이 군인·경찰관 등이나 무술과 관련된 직종으로 나아갈 가능성이 높다고 하겠다.

〈 박스 안의 숯을 산 꿈 〉

이제 막 임신 확인한 맘입니다. 어젯밤 꿈에 신랑과 제가 마트에 가서 숯을 샀는데요. 하얀 박스가 두 박스가 있었는데, 하나는 숯이 별로 안들었고 쪼가리가 들어 있었구요. 하나에는 숯이 가득 들고 크기도 컸었어요. 전 큰 박스 안에 든 숯이 좋아 보인다고 그거 하겠다고 하고, 그걸 보고 좋아하다 깼습니다. (박지연, 베베하우스)

꿈의 기억이 생생하다면, 태몽이 틀림이 없다. 큰 박스 안에 크고 좋은 숯을 고르는 꿈이니 좋은 태몽이다.

〈 하늘에서 떨어지는 시커먼 철근을 붙잡는 꿈 〉

개그맨 박준형의 딸 태몽이다. "하늘에서 시커먼 철근이 떨어지는데, 그걸 잡는 꿈을 꿨다"며 "처음엔 아들인줄 알고, 나중에 커다란 제철회사를 하지 않을까 생각했다고 밝히고 있다.

철근이 강인함의 상징이기에, 아들로 생각하는 것도 당연하다. 하지만, 태어난 여아가 강인하고 굳센 아이가 될 수도 있겠으며, 또한 장차 철근 등 철과 관련된 직종으로 인생길이 펼쳐질 수도 있다고 하겠다.

〈 자신의 오줌이 넘쳐서 온 세상을 덮는 꿈 〉

자신의 오줌이 세상을 덮는다는 것은 온 천하에 자신의 기개를 널리 떨치게 되거나 영향력을 행사하게 될 일이 있음을 나타내주는 길몽이다. 태몽꿈일 경우 장차 큰 인물이 태어날 것임을 예지해주고 있다.

〈 소변을 보아 도시가 잠겨버리는 꿈 〉

소변으로 도시를 덮는다는 것은 도시로 표상된 기관·단체·사회·국가를 자기 세력이나 영향 또는 사상으로 감화시킬 수 있다는 비유다. 이런 태몽 꿈을 꾸고 아기가 태어나면, 그 아기는 장차 커다란 인물이 될 것이다.

역사적인 사례이다. 김유신의 누이동생 보희의 꿈에 경주의 서형산에 올라 오줌을 누었더니 경주 시가지가 오줌바다가 되었다. 이 꿈이야기를 들은 그녀의 아우 문희가 꿈을 삼으로써, 언니와 인연이 맺어질 김춘추를 대신 만나게 되어 훗날 왕비가 되는 것으로 실현되고 있다.

〈 동전 줍는 꿈 〉

제가 돌로 만들어진 공원같은 길을 걷고 있는데 길옆엔 높은 돌담이 있구요. 궁궐이라고 해야 하나? 아무튼 그런 큰 집인거 같았어요. 나무가 많고 그늘지고 계절은 여름 같았어요. 그런데 바닥에 동전같은게 떨어져 있어서 그걸 주워서 보니, 요즈음 동전과 두께랑 크기가 좀 다르고 동전에 날짜가 1687년이라는 글자가 새겨져 있었습니다. 순간 "아싸! 옛날동

전이네? 300년 전꺼니깐 돈좀 되겠는데?' 이러면서 속으로 좋아라 했습니다. (이란희, 이지데이, 태몽이야기 방)

이렇게 돈이나 동전을 얻는 꿈으로 태몽이 되는 경우가 있다. 비행기로 운반한 보따리를 방으로 옮겨 풀어보니 갑자기 돈이 방안에 가득 찬 태몽으로 장차 자수성가하여 굴지의 갑부가 되는 것을 예지한 사례가 있다.

이상에서 태몽표상에 따른 전개를 살펴보았다. 다양한 표상물이 등장되고 있는 바, 가임여건에서 생생하고 강렬한 기억의 꿈인 경우 태몽으로 실현될 가능성이 높다고 하겠다.

1. 쌍둥이 출산 예지 꿈사례

장차 태어날 아이가 쌍둥이인지 아닌지, 조산이나 제왕절개 등 수술로 출산하게 될 것인지, 아기를 낳는데 있어 힘겹게 난산으로 낳을 수 있는지, 장차 신체에 이상이 있는 지, 유산이나 요절하게 될 것인지를 태몽꿈의 예지로 보여주는 경우가 있다. 실증 사례에 간략한 해설 등을 덧붙여 살펴본다.

의외로 쌍둥이를 낳은 사람들도 상당수 많이 있으며, 특히 시험관 시술로 태어나는 경우 쌍둥이가 더욱 많이 태어나고 있다. 인터넷 상에서도 이렇게 쌍둥이 출산 자녀만을 위한 공간도 있다. '쌍둥이 엄마들은 다 모여요.(http://cafe.daum.net/2baby)' 다음 카페에 올려진, 쌍둥이 태몽의 체험 사례에 간략한 해설을 덧붙여 소개한다. 또한 다음과 같이 책으로도 출간되어 있으니, 쌍둥이에 관심있는 분들의 일독을 권한다.

─『쌍둥이 임신에서 육아까지』, 김양숙 엮음, 이미지박스, 2005─

1) 아들 쌍둥이의 꿈사례

〈 뱀 두 마리가 달려든 꿈 〉

　숲속을 걸어가는데, 뱀들이 바글바글 모여 있더라고요. 너무 싫어서
못 본 체하고 몰래 도망가는데, 글쎄 뱀 두 마리가 인정사정 없이 저한테
달려들더라고요. 저도 인정사정 없이 두들겨 패고, 소리 지르고, 집어던
지고 해도, 뱀들이 웃기만 하고 떨어지질 않더라고요. 그래서 하도 기가
막혀서 막대기를 꺾어서 때리려고 하니까, 이번엔 뱀들이 엉엉 울더라고
요. 그래서 갑자기 불쌍해져서 미안하다고 쓰다듬어주니까, 뱀들이 제 품
으로 내달려서 들어왔는데 아무리 찾아도 없더라고요. 그리고 3일 후에
속이 뒤집어질듯이 미식거려서 병원에 갔더니, 쌍둥이 아들 둘이 알콩달
콩 친구 삼아 지들끼리 놀고 있더군요. [0201 왕눈이]

　뱀 두 마리가 달려드는 꿈으로 쌍둥이를 임신, 마지막에 '아무리 찾
아도 없더라고요' 부분이 조금 마음에 걸리는 태몽 꿈이다.

〈 오이 두 개를 집어든 꿈 〉

　우리 집 아들 쌍둥이는 결혼 8년 만에, 네 번째 시험관으로 생긴 녀석
들이랍니다. 수차례 시도한 인공수정, 시험관 시술이 번번이 실패로 끝나
자, '이번이 정말 마지막이다' 생각하고 시술하는 날, 새벽에 애들 아빠
가 좀 별난 꿈을 꾸었다고 해요.

　시골길을 터벅터벅 걸어가는데, 어떤 할머니가 머리에 커다란 광주리
를 이고 가시다가, 애들 아빠한테 좀 들어달라고 하시더래요. 갈 길은 멀
고, 갈등하다가 얼떨결에 받아 들었는데, 새파란 오이가 한가득 들어 있

었대요. 한참을 들고 가다가 할머니가 다시 광주리를 받으시면서, "고마워. 오이 좀 몇 개 가져가" 하시기에, 남편은 얼떨결에 오이 두 개를 집어 들었답니다. '아뿔싸! 이거 태몽이면 혹시 남자 쌍둥이?' 했었는데, 16주 후에 아들 둘이라는걸 알았어요. [01 11옥동재]

오이 두 개를 집어든 표상에서 쌍둥이를 임신하고 있다. 이 경우 장차 두 형제나 자매를 두게 되는 일로도 실현가능하다.

〈 옥수수를 반으로 부러뜨려서 먹은 꿈 〉

시댁 마당의 화분을 이리저리 살피고 있는데, 어떤 화분 하나에 커다란 옥수수가 열려 있었습니다. 평소 그다지 좋아하지 않던 옥수수가 왜 그리 먹고 싶던지, "어머님! 이거 먹어도 되나요?" 충동적으로 물으니, 어머님은 호탕하게 화분에서 그 큰 옥수수를 확 뿌리째 뽑으시더니, 저에게 건네주셨죠. 나는 '어떻게 어디서부터 먹을까' 잠시 고민을 하다가, 양손으로 옥수수 끝을 잡고는 '딱!' 소리가 나게 반으로 부러뜨려서, 정말 맛있게 먹었습니다.

임신 12주쯤 되었을 때 정기검진 받으러 병원에 갔다가, 의사도 신랑도 나도 입에서 '헉!' 소리가 나올 정도로 놀라운 일이 벌어졌습니다. 하나의 아기집에 2층 침대처럼 나란히 누워 있는 두 녀석! 어라~ 결국 옥수수를 반으로 쪼개먹은 꿈은 일란성 쌍둥이 태몽이었다는 사실을 깨닫게 되었죠. [0503 잘될꺼야]

신비한 꿈의 세계가 드러나 있다. 옥수수를 반으로 쪼개는 표상으로 일란성 쌍둥이로 나누어지는 것을 예지해주고 있다.

2) 남매 쌍둥이의 꿈사례

〈 뱀 두 마리가 동시에 다리를 물은 꿈 〉

밥을 하다가 거실로 가려는데, 팔뚝 굵기에 길이 1미터 가량 돼 보이는 뱀 두 마리가 눈앞에 나타났어요. 두 마리가 동시에 다리를 무는 게 아니겠어요? 놀라서 잠에서 깼는데, 꿈이 어찌나 생생하던지…. 부랴부랴 컴퓨터를 뒤졌더니, 곧 아기가 생길 꿈이라고 나와 있더라고요. 꿈을 꾼 지 한 달 만에 임신 소식에 기뻐했고, 병원 다닌 지 세 번 만에 쌍둥이인 걸 알았죠. 어찌나 기뻤는지. 늘 쌍둥이를 갖게 해달라고 기도했거든요. 저에겐 더없이 큰 축복이고 귀한 선물이랍니다. 꿈으로만 보면 일란성 같은데, 저는 예쁜 남매쌍둥이입니다.

동시에 다리를 물은 꿈속의 뱀 두 마리의 숫자에서 쌍둥이 자매를 두게 된 바, 이 경우 따로따로 물은 경우라면 장차 두 형제나 자매를 두게 되는 일로도 실현가능하다.

〈 아기 둘을 데리고 가라는 꿈 〉

시어머니께서 꿈을 꾸셨는데, 아버님이 돌아가시고 나서 사시는 곳을 한 번도 안 데려가시더니, 그날따라 꿈에서 살고 있는 집에 가자고 그러셨대요. 하늘이 훤히 보이는 그런 집이었고, 방 안에 아기 두 명이 누워 있었는데, 아버님께서 "내가 이제 힘들어서 못 키우겠으니, 데리고 가라" 하셨대요. [0401 수호천사]

〈 꽃다발과 독수리를 받아온 꿈 〉

무슨 음악회를 했는지, 화려한 드레스를 입고 엄청난 조명 아래서 인사를 하는데, 누군가 크고 멋진 꽃다발을 주더군요. 잠시 후 어떤 할머니가 오시더니, 잘 생긴 독수리 한 마리가 들어 있는 새장을 가져다주시는 겁니다. "할머니, 이거 저 주시는 거예요? 그랬더니, "가져가, 너한테 아주 잘할 거다. 잘 키워" 하곤 던지듯 주시고 가셨습니다. 저는 좀 당황스럽긴 하지만, 기쁜 마음에 꽃다발이랑 독수리가 들어 있는 새장을 들고 집으로 왔답니다. 모두가 남매 쌍둥이라고 좋아했는데, 태어나고 보니 어떤 놈이 꽃다발이고, 어떤 놈이 독수리인지 분간이 안 갑니다. 아들은 얌전하고 딸은 천하장사처럼 힘이 넘쳐나네요. [0109 찬이예은이맘]

꽃다발의 태몽이 아들이고, 독수리의 태몽이 딸로 보아야 할 것이다. 꽃의 태몽으로도 남아가 태어날 수 있는 바, 이 경우 귀공자같은 타입의 남자가 될 수 있다. 흔한 말로 꽃미남이 될 수 있다고 하겠다.

〈 예쁜 정물화와 멋진 추상화를 그린 꿈 〉

미술시간이었다. 선생님이 나에게 그림을 잘 그렸다고 칭찬해 주셨다. 그래서 보니, 내가 그린 그림은 4절지 만한 크기에 붉은색 톤의 예쁜 정물화였다. 그런데 그 그림 뒤에 한 장이 더 있는 것이다. 그린 기억은 안 나는데, 8절지 만한 크기의 종이에 회색 톤의 멋진 추상화가 그려져 있었다.

그래서 난 '혹시 태몽일까' 라고 생각했다. 색을 보면 남매 쌍둥이일 것 같았다. 그리고 딸이 첫째고, 아들이 둘째일 것 같은 느낌. 내 예상은 적중했다. 아들(2.6kg)이 딸(2.7kg)보다 더 적게 태어났는데, 지금은 게걸스럽게 먹어서인지, 어마어마하게 먹어서인지 아들이 꼭 오빠 같다.

[0409 별님이달님이]

그림을 그리는 특이한 태몽이다. 장차 그림에 소질이 뛰어날 수 있으니, 예능분야에 소질을 길러주는 방향으로 나아가면 좋을 것이다.

〈 유모차 두 대가 당첨되었다는 꿈 〉

꿈에서 벨소리가 들려 나가 보았더니, 경품에 당첨되었다며 유모차가 집으로 배달되어 왔더라고요. 그리고 조금 후 다시 벨소리가 들려 나가봤더니, 한 대 더 당첨되었다며 두 대를 주고 갔어요.

그때만 해도 이 꿈이 태몽일 거라곤 생각도 못했는데, 임신하고 5개월 정기검진 때 의사 선생님께서 그러시더라고요. 또 한 명의 아이가 나타났다고, 축하한다고. 전 5개월 때 우리 아이가 쌍둥이인 걸 알았어요. 불현듯이 그때가 생각나더군요. 두 번에 걸쳐 배달되어온 두 대의 유모차가 바로 우리 아이들이었습니다. 남매 쌍둥이 태몽 이렇게 꾸었어요.

(03. 11. 민재맘)

앞서 그림의 태몽에서 살펴본 바와 같이, 이처럼 동식물이나 자연물이 아닌 어떠한 사물이 태몽 표상으로 전개될 수도 있다.

〈 화려한 꽃과 붉은 고추의 꿈 〉

태몽은 친척과 친한 후배가 대신 꾸었다. 꿈 하나는 큰 리무진 안에 화원을 옮겨놓은 듯 각양각색의 화려한 꽃들이 가득 차 있는데, 꽃들 사이로 아내의 얼굴이 보였다. 다른 하나는 큰 나무에 이상하게도 빨간 고추가 주렁주렁 열려있어, 그것을 바구니에 담았다. 태몽도 영락없이 남자아

이와 여자 아이가 함께 태어날 꿈이다. ([팟찌] 2004년 03월 25일)

결혼 10년 만에 시험관 아기 시술로 이란성 쌍둥이 출산이 예상되는 뮤지컬 배우 부부 주원성—전수경 부부의 태몽이야기이다. 절대적인 것은 아니나, 꽃의 태몽이 여성적이어서 딸에 가까우며, 익은 빨간 고추의 태몽은 아들인 경우가 많다.

3) 딸 쌍둥이의 꿈사례

〈 호랑이 두 마리를 안고 도망친 꿈, 두 마리의 자라와 구렁이 꿈 〉

제가 임신했을 때, 제 동생은 아기호랑이 두 마리가 있기에 너무 귀여워서 안았는데, 엄마호랑이가 쫓아오기에 두 마리를 안고 도망을 치는 꿈을 꾸었대요.

저도 깊은 산속에서 자라 두 마리와 아주 큰 구렁이 두 마리를 보았는데, 구렁이 한 마리가 제 허벅지를 물었어요. 호랑이에 큰 자라 큰 구렁이라, 아들이라고 믿고 있었는데 예쁜 딸 쌍둥이를 낳았어요. 태몽이란 것, 참 신기한 것 같아요. (은서, 은비)

호랑이 두 마리를 안고 도망치는 꿈, 두 마리의 자라, 두 마리의 구렁이 꿈 등 꿈의 진행이 비교적 동시에 진행되는 경우 쌍둥이를 낳게 될 것을 예지해주고 있다. 또한 호랑이 · 자라 · 구렁이의 태몽이 아들일 가능성이 높지만, 절대적인 것이 아님을 보여주고 있다.

〈 누런 뿔 달린 황소 두 마리가 쫓아온 꿈 〉

친정 아빠가 꾸신 꿈인데, 임신 소식과 쌍둥이라는 말에 태몽인 것 같다고 하셨습니다. 누런 뿔 달린 황소 두 마리가 저희 친정 아빠를 열심히 쫓아왔다고 합니다. 도망 다니시다가 지쳐서 막으려고, 두 마리 소의 뿔을 잡으셨다고. 그래서 저희 친정에서는 아들 쌍둥인 줄 알았어요. 그런데 예쁜 딸 쌍둥이였어요. 혹시 커서 너무 터프하게 되는 건 아닌지, 걱정입니다. (해묵)

너무 터프하게 되지 않을는지 걱정하고 있는 바, 태몽에 대해서 높은 이해를 지니고 있다. 태몽으로 남녀성별의 구별이 아닌, 남성적이냐 여성적이냐를 보여주고 있기에, 장차 딸 쌍둥이가 황소처럼 체격이 크거나 터프하고 활달한 남성적 기질을 보여줄 것을 태몽으로 예지해주고 있다.

〈 손가락에 쌍가락지를 끼고 주지 않는 꿈 〉

임신을 하고 얼마 후 꿈을 꾸었지요. 꿈속에 조카딸이 제 손에 있는 쌍가락지를 가리키면서, 둘 중 하나만 달라고 얼마나 떼를 썼는지 모릅니다. 꿈에서도 반지 하나를 가리키면서, 이 반지는 보석이 몇 개 안되어도 사연 있어서 안 된다 하였고, 또 하나는 그리 예쁘지는 않았지만 마찬가지로 사연이 있어 줄 수 없다고 서로 신경전을 했답니다. 결국 조카딸에게 반지는 주지 않았고, 며칠 있다가 병원에 갔더니 쌍둥이라고 해서 기절하는 줄 알았답니다. 저는 꿈에서라도 쌍둥이 키우는 것은 상상도 못했습니다. 그런데 지금은 예쁜 딸 쌍둥이가 내 삶의 전부가 되어가고 있습니다. (정지아)

가락지 하나를 주지 않는 꿈으로 진행된 것이 다행이다. 반지 하나를 간청에 못이겨 주는 꿈인 경우에는 쌍둥이 중의 한 아이가 유산이나 요절로 이루어진다. 또한 이 경우 조카딸이 나이가 어리지 않고, 결혼을 해서 가임여건에 있는 경우, 조카딸도 임신하는 일로 이루어질 수 있다.

〈 하얀 말(유니콘) 두 마리를 얻는 꿈 〉

어떤 남정네가 하얀 말을 끌고 산에서 내려오고 있었고, 마을 사람들은 환호성을 지르며 좋아했지요. 발버둥 치는 유니콘의 자태는 너무나 하얗고 예뻤습니다. 반사적으로 두 팔을 벌렸더니, 그 녀석이 나에게로 와 안기더군요. 그러면서, "한 마리가 더 있어요" 하더라고요.

길은 꽁꽁 얼어 모두들 넘어지고 다쳐서 종종걸음으로 갔지만, 난 썰매를 타듯이 잘 달렸고, 마침내 제가 발견했어요. 그래서인지 우리 쌍둥이들은 꿈에서 본 유니콘처럼 눈에 띌 정도로 유난히 하얀 피부를 가졌습니다. (마법사의 방)

꿈속에 태몽 표상으로 등장된 말이 하얗고 예쁜데서, 딸일 가능성이 높으며, 유난히 하얀 피부를 지니는 것으로 실현되고 있다. 여담이지만 운동회 등에서 달리기 같은 것은 걱정을 안해도 될 것이다. 또한 여기에서는 쌍둥이를 낳는 일로 실현되었지만, 동시적인 것이 아닌 순차적으로 진행되었기에 경우에 따라서는 쌍둥이가 아닌 자매를 낳게 되는 일로 실현될 수도 있겠다.

〈 푸른 두 마리 뱀을 잡은 꿈 〉

신랑이 귀엽고 사랑스러운 푸른 뱀인 청사(靑蛇)를 형하고 둘이서 한 마리씩 잡았는데, 집에 가지고 올 때는 둘 다 안고 온 꿈으로 예쁜 쌍둥이 여자아이를 출산하였다.

〈 독수리 두 마리의 태몽 〉

어머니 태몽에 독수리 두 마리가 나타난 태몽으로 태어난 일란성 쌍둥이 자매인 박영조·박미조가 순경으로 2002년 33대1의 경쟁을 뚫고 순경 모집 시험에 합격하였다. 자매는 "태몽에 경찰을 상징하는 독수리 두 마리가 나타났다는 어머니 말씀을 들은 탓인지, 어릴 적부터 경찰관이 되고 싶은 마음이 있었다"며 "국민을 위해 희생과 봉사를 다하는 경찰관이 되겠다"고 말했다. (금원섭기자. 조선일보. 2003.07.03)

독수리의 태몽으로 남아가 아닌 여아를 출생했지만, 독수리처럼 활달한 활동을 발휘하는 경찰관으로 나아가고 있음에서, 태몽의 신비한 예지를 보여주고 있다.

〈 대 바구니에 빨간 천도복숭아 두 개의 꿈 〉

CJ 홈페이지의 '생활속의 이야기란'에 〈 네 딸 아빠가 된 사연 〉이라는 제목하에 구재영씨가 너무나 재미있게 쓰신 글이라, 글을 전재해 살펴본다.

아내는 지금 나의 셋째아이를 해산하기 위해 수술실로 들어갔다. 말단 공무원인 나는 눈에 넣어도 아프지 않을 예쁜 두 딸만으로도 더없이 행복하지만, 3대 독자로서 어머니의 간곡한 아들 타령을 무시할 수만은 없었기에, 한 번 더 아들을 얻기 위한 시도를 해야 했다.

박봉에 시달리는 아내에게 임신과 육아라는 새로운 부담을 안겨주는 것이 가슴 아팠지만, 어머니가 지난해 초파일 절에 등불까지 달아 공을 들이시며, 틈만 나면 야릇한 눈빛으로 우리에게 신호를 보내셨기에, 그 눈빛을 차마 외면할 수 없었던 것이다.

지금 그 결과인 아이가 세상에 나오려고 한다. 첫째딸의 태몽은 호랑이였다. 어머니는 당연히 아들일 거라 믿고, 일가친척에게 자랑을 늘어놓으셨다. 아내의 배 또한 기골이 장대한 떡두꺼비라도 품은 듯 부풀어 올라, 어머니의 기대치를 급상승시켰다.

"지 애비 등골 빠지지 않게 하려고 한 방에 제꺼덕 고추가 나오니, 하나만 낳아 잘 길러야지 뭐. 지들이 의가 좋아서 하나 더 낳으면 모를까……."

나와 아내도 아들을 예상하고 일사천리로 신생아용품을 준비 완료했다. 그러나…… 4.2kg의 떡두꺼비 같은 딸이 태어났다.

어머니는 실망하지 않으셨다. 용하다는 한의원을 찾아가 아들을 낳는 데 특효가 있다는 한약을 지어 와서는 아내에게 정성스럽게 달여 먹이셨다. 아내가 약을 거의 다 먹어갈 무렵, 어머니는 예의 그 눈길을 우리 부부에게 다시 강요해오셨다. 주술에라도 걸린 듯, 머지않아 두 번째 아이가 태어났다. 그러나 또 딸이었다. 아! 우리는 둘째아이의 갖은 재롱과 애교를 어머니에게 보여드렸으나, 어머니는 꿈쩍도 하지 않으셨다.

그래서 아내는 지금 세 번째로 분만실로 들어가게 된 것이다. "이번 아이는 태몽이 없다며, 혹시 태몽을 꾸지 않았느냐"고 나에게 물어오셨을 때, 나는 아무런 답변도 할 수 없었다. 엄마나 할머니가 태몽을 안 꾸면, 보통 아빠가 꾼다면서 어머니는 나를 추궁하셨다.

사실 나는 아내가 임신한 지 한 달여 만에, 태몽인 듯한 '그 꿈'을 꾸

고 말았다. 잔잔한 호수 위로 떠내려 오는 대바구니에 먹음직하게 담겨
있던 빨간 천도복숭아 두 알. 그러나 나는 그 꿈에 대해 어머니에게 말씀
드릴 수 없었다. 어머니를 생각하며 괴로운 마음을 추스르고 있는데, 간
호사가 외쳤다.

"축하드려요. 예쁜 공주님이 한꺼번에 두 분이나 인사드립니다."

이렇게 해서, 나는 하루아침에 네 딸의 아버지가 되었다.

(글: 구재영, 충북 청주시 흥덕구 복대동)

〈 용 두 마리, 잉어 두 마리의 꿈 〉

첫 번째로 아들 쌍둥이에 이어, 딸 쌍둥이를 낳은 경기도 가평군의 한
20대 부부가 있다. 첫 번째 아들 쌍둥이 때는 태몽이 용 2마리와 잉어 2마
리여서 쌍둥이임을 짐작했다고 하며, 이번에는 시어머니와 친정어머니
가 동시에 큰 토마토를 따는 꿈을 꿔서, 딸이 태어날 것으로 예상했다고
한다. (가평=연합뉴스, 2007.09.13)

〈 땅콩의 태몽 〉

제가 아는 쌍둥이 엄마가 있는데요. 그분은 태몽으로 땅콩으로 꾸셨
대요. 땅콩을 보면 껍질 안에 알맹이가 두 개 있잖아요. 참 신기하죠.

사이트 이용자가 올린 꿈내용이다. 땅콩의 두 알과 쌍둥이의 상관
관계는 일 리가 있는 올바른 해몽이다. 개가 두 마리 달려드는 꿈으로
쌍둥이를 출산한 사례가 있다. 또한 누군가에게서 사기 그릇을 받았는
데, 다시 플라스틱 그릇을 주는 것을 거절하는 꿈으로, 쌍둥이었으나
한 아이는 자연도태 되는 일로 실현된 사례가 있다.

〈 고추 큰 것 하나와 작은 고추 두 개를 손에 쥔 꿈 〉

현재 임신 8개월 쌍둥이 엄마 박미선 씨(경기 용인시)의 태몽 꿈사례
이다.

> 친정엄마가 크고 싱싱한 빨간 고추를 잔뜩 사서, 마지막에 고추 세 개
> 를 손에 쥐었는데, 그 중 가운데 것이 가장 컸다고 해요. 저는 건강한 아들
> 을 낳았습니다. 그 후 둘째를 가진 뒤, 엄마가 첫애 때 태몽을 다시 자세하
> 게 해주시는데, 알고 보니 양쪽에 있던 고추 두 개는 바로 쌍둥이를 암시
> 하는 것이었습니다. 아직 성별은 모르지만요.

이처럼 첫아이 임신때 장차 두게 될 자녀의 태몽을 모두 꾸기도 한
다. 색깔이 같았다면, 큰 고추의 태몽표상으로 아들을 낳았으니, 작은
고추 두 개의 태몽표상이었던 쌍둥이도 아들일 것으로 추정된다.

4) 세 쌍둥이의 꿈사례

〈 세 마리의 용이 날아다니는 꿈 〉

실증사례의 예이다. 남편이 임신 사실을 안 뒤 얼마 안되어 하늘에
서 세 마리의 용이 날아다니는 태몽을 꾸었다. 시험관 시술을 통해 임
신을 했던 터라 쌍둥이 가능성을 조심스레 예상했지만, 현실에서는 태
몽의 세 마리 용의 숫자 예지대로 세 쌍둥이를 임신하는 일로 실현되고
있다.

〈 복숭아 세 개를 가슴에 끌어안는 꿈 〉

전북 익산시 삼기면에 사는 김모(47.농업).유모(39)씨 부부가 일란성 세 쌍둥이 여아를 낳았다. 유씨는 "집 앞의 텃밭에 있는 복숭아 나무에서 복숭아 세 개를 따 가슴에 끌어안는 꿈을 꾼 뒤 아기가 들어섰다"며 태몽을 소개했다. 태몽으로 복숭아 세 개를 가슴에 끌어안는 꿈이었으니, 세 쌍둥이를 두게 될 것을 예지하고 있는 바, 새삼 태몽의 신비함을 느끼게 한다.

〈 뱀 3마리 중 한 마리를 때려잡는 꿈 〉

집안으로 들어오던 뱀 3마리 중 한 마리를 때려잡는 꿈으로, 일란성 쌍둥이 형제를 둔 어머니의 사례가 있다. 태몽꿈의 예지로 미루어 볼 때, 원래는 세쌍둥이에서, 한 아이는 자연 유산 등으로 실현되고, 쌍둥이를 출산하게 되는 일로 이루어지고 있다고 하겠다. 이 경우, 무사히 세쌍둥이를 낳는다 할지라도 성장과정에서 한 아이는 어려움에 처하는 일로 실현되고 있다.

이밖에도 아나고(붕장어) 세 마리가 달려드는 꿈으로, 세쌍둥이의 딸을 출산한 사례가 있다. 또한 잉어 다섯 마리가 죽어 물 위로 떠오르는 꿈으로, 다섯 쌍둥이를 유산하게 된 사례가 있다.

이상에서 쌍둥이 출산의 태몽꿈을 살펴보았다. 거짓으로 태몽 꿈을 지어내라고 해도 못할 정도로 다양한 표상물의 완벽한 상징적 전개를 보여주고 있다. 이러니, 신비한 꿈의 세계를 부정할 수도 없으며, 믿지 않을 수 없다. 그 어떤 유명한 문학가라 할지라도, 신비한 세계인 태몽의 상징기법을 뛰어 넘을 수는 없을 것이다.

2. 제왕절개 · 조산 · 난산 · 신체 이상 여부 예지

일부의 꿈사례에 있어서는 태몽이라기보다는 제왕절개 및 수술 · 조산 · 난산 · 신체 이상 여부 등 장차 일어날 일을 예지해주는 상징적인 미래예지적 꿈이라고 할 수 있는 바, 태몽과 관련이 있기에 따로 독립시켜 살펴보았다.

관련 꿈해몽을 간략하게 살펴본다.

○ 버스가 빨리 달리는 꿈은 임신 여건에서는 예정일 보다 빨리 출산하게 될 것을 예지한다. 또한 버스를 힘겹게 운전하는 꿈은 가임여건에서는 난산을 예지하며, 일반적인 여건에서는 버스로 상징된 가게나 사업체의 힘겨운 운영으로 이루어진다.

○ 깜깜한 곳에서 노래를 부르는데 아무도 들어주지 않는 꿈은 출산시 극심한 산고의 고통에 시달리는 일로 실현된 사례가 있다. 이 역시 일반적인 여건에서는 어려움에 처해 시달리는 일로 이루어진다.

○ 돼지를 잡아먹으려는 사자와 표범을 때려잡는 해몽을 꾸면, 태아 출산시 출산과 후산(태가 나옴)이 순조롭게 이루어질 것을 예지한다. 이 경우 돼지는 태아를 상징하고 있으며, 사자와 표범을 죽이는

것은 방해적인 여건을 제압하는 것을 상징하고 있다.

○ 새끼 돼지들을 손쉽게 잡는 꿈은 순조로운 출산을, 반면에 힘들여 잡는 경우는 힘들게 출산할 것을 예지한다.

○ 창문을 통해서 누군가 안을 들여다보는 꿈은 출산시 산모의 건강이 우려되는 것을 상징한다.

1) 제왕절개 및 수술

〈 호리병(항아리) 안에서 뱀을 꺼내는 꿈 〉

나의 친척 누나는 아이를 임신했을 때, '호리병 같은 곳에 뱀이 들어 있다가 나오는 꿈'을 꾸었는데, 그 아이를 조산해서 인큐베이터 안에서 키웠다 한다. 또한 내 친구의 부친께서는 며느리의 분만 예정일이 거의 다가왔을 때, '항아리를 깨고 뱀을 꺼내는 꿈'을 꾸었는데, 예정일이 지났는데도 아이가 나오지 않아(너무 많이 자라서) 제왕절개 수술을 하여 아이를 낳았다고 한다. 아이를 낳고 보니 몸무게가 4kg이나 되더라는 것이었다.

(글: 김하원)

꿈의 절묘한 상징 기법에 놀라움을 금할 수 없으며, 실증사례로 이와 유사한 꿈을 꿀 경우 비슷한 결과로 실현될 수 있을 것이다.

〈 학이 다리에 붕대를 감고 있던 꿈 〉

학 한 마리가 다리에 붕대를 감고 있고, 그 등에 제가 타고 있었어요. 그런데 아이가 태어날 때, 양수가 터져 한쪽 다리가 질에 끼었답니다. 제왕절개를 해서 낳았는데, 한쪽 다리가 시퍼렇게 멍이 들어 있었어요. 다행히 며칠 뒤에 없어졌답니다.

이렇게 사소한 일로 실현된 것이 다행인 태몽이다. 안좋게 실현된다면, 성장과정에서 다리를 다쳐서 못쓰게 되는 일로도 일어날 수 있기 때문이다. 이 경우 굳이 태몽이라기 보다는 앞으로 일어날 일을 상징적인 미래예지 꿈으로 보여준 것으로 볼 수도 있다. 하지만 태어난 아이가 장차 학처럼 고귀한 성품을 지닌 경우, 태몽이 틀림없다고 해야 할 것이다.

〈 죽은 사람이 같이 가자는 꿈 〉

몇 년 전 저는 너무도 무서운 꿈을 꾸었습니다. 꿈속에서 저희 부부가 이사를 가는데, 너무도 높은 산이라 안개가 자욱하고 그곳에 오르려면 경사진 곳으로 힘들게 가야하는 곳이었습니다. 트럭을 타고 겨우 올라와 집에 짐을 옮기고 있는 중, 몇년 전에 돌아가신 우리아저씨의 고모부께서 다리에 깁스를 하시고 목발을 짚고 멀리서 오시더니, 우리집을 지나 위쪽 산속으로 가시며 저 보고 같이 가자는 것입니다. 그래서 저는 꿈속이지만, '내가 왜 가' 하면서, "고모부 짐 정리를 하고 갈께요" 하고 따라가지 않았습니다.

그리고 일주일 후 저는 자궁외 임신으로, 양쪽 나팔관에 아이가 쌍둥이로 크지도 못하고 터져서, 저는 거의 실신 상태로 죽을 고비를 넘겼습니다.

여러 실증사례에서 죽은 사람을 따라가지 않는 것이 위험이나 죽음을 모면하는 일로 실현되고 있다.

2) 조산

〈 덜익은 사과를 따오는 꿈 〉

"시골길을 걷다가, 길가의 사과나무에서 사과를 따 맛있게 먹었어요. 그런데 사과나무 주인이 나타나 야단을 치는 거예요. 아직 익지도 않았는데 왜 따먹냐구요."

꿈의 실현은 태몽으로 팔삭동이 아들을 낳게 되는 일로 이루어진 바, 신비한 태몽꿈의 세계가 펼쳐지고 있다. 태몽표상에서는 잘 익어 탐스럽고 윤기나는 과일을 가져오거나 먹는 꿈이 좋다. 먹는 꿈의 경우 다 먹는 것이 좋으며, 부분에서 그치면 안좋다.

3) 순산 및 난산

〈 새끼 돼지 두 마리를 잡은 사례 〉

97년 3월 6일. 춘천시 후평1동에서 임미경(가명)씨가 보내오신 꿈이야기이다.

저는 고향이 경북이라서 자주 못 가지만, 명절 때만큼은 꼭 갔는데, 작년 설날이었습니다. 차례를 지낸 다음날 아침녘에, 특이한 꿈을 꿨습니다. 돼지꿈은 한번도 꾸어 본적이 없었으며, 그리고 그전에도 별 특이한 꿈은 없었습니다.

집이 시골에서도 동네 맨 끝집이라, 울타리도 없고 주위에 산이 연결해 있었는데, 마침 꿈에서도 우리집 배경 그대로 너무 실감나게 진행되었습니다.

검은 어미 멧돼지 한 마리가 우리집 앞마당으로 뒤뚱거리며 들어오더니, 잠시후 두 마리 새끼 돼지도 있었습니다. 너무 귀엽게 생겨서 잡으려고 쫓아가니까, 어미 돼지는 울면서 도망을 치고, 새끼 한 마리가 마루 밑까지 들어가려는 순간, 힘껏 목덜미를 움켜잡아 가지고, 잠을 자던 방으로 데려와 품에 안고 정성껏 밥을 떠먹이고 물을 먹이고 했더니, 울음을 그치고 순해지는 것이었습니다. 나머지 새끼 한 마리는 아주 순하게 따라오는 꿈이었습니다.

꿈의 내용을 간추리면 새끼돼지 두 마리를 잡는 꿈이다. 현실에서는 어떻게 실현되었을까? 돼지꿈 하면 복권을 떠올리고 재물이 들어오게 되는 것을 연상하지만, 현실에서는 다양하게 펼쳐지고 있다. 이 꿈에서도 두 마리의 새끼돼지로 표상된 어떠한 일이 일어날 것을 예지해주고 있다. 한 새끼 돼지는 목덜미를 움켜잡아 처음에는 힘든 일이 일어나지만, 정성으로 대하면 좋아질 것이요, 다른 새끼돼지는 순순히 따라왔다는 데서 아무런 문제가 일어나지 않을 것을 예지해주고 있다.

현실에서는 꿈을 꾸는 순간에 전화 벨이 막 울리더니 막내 외삼촌이 첫아들을 낳았다는 연락이 온 것입니다. 막내 외삼촌이 결혼해서 경주에 살고 있다는 얘긴 들었지만, 그때까지 외숙모가 임신했다는 사실을 전혀 모르고 있었습니다.

하지만 난생 처음 돼지꿈을 꿨기에 혹시나 하여 복권을 샀는데, 역시 맞지 않았습니다. 그래서 나름대로 결론을 내리기를 역시 '아들 낳는 소식이였구나'라고요. 그 당시 제 여동생도 임신 8개월쯤 되었는데, 나머지 새끼 한 마리는 아주 쉽게 들어오더니, 제 생각대로 여동생의 순산소식을 가져왔고요.

몇 개월 후에 외삼촌 아기 백일 날에 제 꿈을 얘기했더니, 외삼촌과 외숙모는 무릎을 탁 치면서 아기가 목이 안 좋아서 병원에 한참 다녔다는 거예요. 꿈에서 제가 그 새끼 돼지를 잡을 때 목을 세게 조였거든요.

〈 버스를 힘들게 운전해 나아간 꿈 〉

바다를 바로 옆에 끼고 돌아가는 해안도로를 따라, 친구가 버스 운전을 하고 있었습니다. 그런데 버스 운전하는 것이 너무 힘들다 했습니다. 제가 옆에서 "너무 힘들면 포기는 하지 말고, 잠시 쉬었다가 다시 운전해보자" 다독였습니다. 바닷물에 발도 잠시 담그며 쉬었습니다. 그리고 힘을 내어 다시 운전하여, 마지막에는 구부러진 터널을 가까스로 빠져나왔습니다.

꿈에 나왔던 친구는 그 당시 출산을 앞두고 있는 친구였습니다. 꿈을 꾸고난 뒤에 드는 생각이 애기 낳을 때, 조금 힘들지 않을까 하는 생각이 었습니다. 아이 낳고 얘기를 들어보니, 분만실 들어갔는데 자연분만은 힘들 것 같다고 수술얘기 오고 갔는데, 끝까지 버티고는 결국 자연분만으로 아이를 낳았다고 했습니다.

필자의 사이트(홍순래 박사 꿈해몽) 김민신 이용자가 메일로 보내주신 꿈체험기이다. 감사드리며, 많은 분들이 체험 꿈사례를 사이트에 올려주시거나, 메일로 보내주시기를 부탁드린다.

〈 깜깜한 곳에서 자신 혼자만 노래를 부르는 꿈 〉

경기도 고양시에서 구자옥씨가 97년 2월 9일 보내오신 꿈이야기이다.

출산하기 바로 전날 밤에 꾼 꿈이다. 들어주는 사람은 한 명도 없는데, 깜깜한 곳에서 계속 자신만 노래를 부르고 있는 것이었다.

꿈은 꿈을 꾸는 사람이 처한 상황이나, 자신이 마음속에 품고 있는 어떠한 일에 대해서 나타내 주는 경우가 많다. 깜깜한 곳에서 자신만이 외롭게 노래를 부르는 꿈의 표상에서, 독자 여러분은 무엇인가 안 좋은 일이 일어날 것이라는 생각을 할 것이다.

현실에서 일어난 일을 살펴보자. 다음날 병원으로 갔는데 다른 산모들은 잠깐씩 진통하다가 하나 둘씩 분만실로 가는데, 꿈을 꾼 구자옥씨는 너무나 고통스러워 수술을 해 달라고 애원하다가, 결국은 그 다음날 자연 분만하는 일로 실현되었다. 꿈속의 상황과 현실에서 일어난 일을 비교해 보면, 서로 상관성을 띠고 있음을 쉽게 알 수가 있다. 산고(産苦)의 고통을 참지 못해 비명을 질러본들 누가 쉽게 도와줄 수 있는 상황이 아닌 것이다.

물론 이 경우 다른 일로 실현될 수도 있다. 예를 들어 가수지망생이 전국노래자랑에 나가 노래를 부르기 전날에 꾸어진 꿈이라면 보나마나 낙방이요. 운전을 하고 다니는 사람이었다면 불의의 교통사고로 다른 사람의 도움을 얻지 못하고 고통으로 한동안 신음하는 일이 벌어질 수가 있다. 하지만 틀림없는 사실은 안 좋은 일이 일어난다는 것을 정신능력의 활동으로 빚어지는 꿈의 세계가 앞으로 일어날 일을 예지해 주고 있는 것이다.

결국 꿈을 해몽하는데 있어서는 자신의 처한 상황에 견주어서 해몽되어야 하며, 심지어 남을 죽이고 싶다든지 강간하고 싶다든지 등의 자신의 내면세계에 대한 심리표출이 꿈으로 형상화되어 나타날 수도 있다. 따라서 남에게 해몽풀이를 부탁하기 전에 자신이 처한 상황을 이야기해야 되며, 자신의 비밀스런 내면세계에 관한 이야기를 해야 할 경우가 생기는 것이다.

자신의 꿈을 가장 잘 해몽할 수 있는 사람은 자신이 처한 상황을 가장 잘 이해할 수 있는 바로 자기 자신임을 알아야 할 것이다. 꿈을 꾸는 주체는 바로 우리 내면의 잠재의식으로서, 제 2의 정신활동이라는 것을 명심하시기 바란다.

4) 신체 이상 여부 예지

태몽으로 장차 태어날 태아의 신체 이상 여부를 예지할 수 있는 바, 여러 사례를 살펴본다.

〈 날아오르는 구렁이의 꼬리가 짤린 태몽 〉

큰 구렁이가 하늘로 날아올랐다. 칼을 쥐고 쳤는데 꼬리가 뚝 짤라졌다. 이 태아는 장차 매우 지혜로움을 가질 사람이 되며, 크게 재물도 이룬다. 다만 하반신에 이상을 가지게 되는 것이 매우 안타깝다. 아는 분이 낳은 아들의 태몽이며, 그야말로 빼놓을 데 없는 아이로 자랐으나, 어릴 때 소아마비를 앓아 현재 다리가 온전하지가 못하다. (글: 운몽)

〈 나타난 뱀을 두들겨 팬 꿈 〉

꿈속에 나타난 뱀이 밉더라는 것이다. 그래서 '막 죽어라' 하고 흠씬

뱀을 하고 두들겨 팼다는 거야. 나중에 부인이 임신해서 남자아이를 낳았
어요.

어느 남자의 태몽 꿈사례이다. 꿈의 실현은 태어난 아이가 지능이
많이 모자라는 아이로 태어나서, 아이 혼자서는 아무 것도 못하고 누군
가 옆에 붙어 있어야 하는 일로 실현되었다. (글: 김하원)

〈 잉어 배에 상처가 있는 꿈 〉

커다란 잉어 두 마리가 대야에 담겨 있는 꿈이었습니다. 한 마리는 건
강했지만, 다른 한 마리는 배에 상처가 있었습니다. 꿈속에서 물을 새 것
으로 갈아 주면 배가 나을 것 같다는 생각이 들어 새 물로 갈아 주었습니
다. 비록 배에 상처가 있긴 했지만, 이 역시 나머지 한 마리 잉어처럼 건강
하게 잘 움직였습니다.

잉어 등 커다란 물고기 태몽은 아들일 가능성이 높으며, 두 마리에
서 알 수 있듯이 장차 두 자식을 두게 된다. 한 아이는 건강하게 자라지
만, 한 아이는 장차 배에 이상이 생겨 한동안 어려움을 겪게 된다. 하지
만, 새물을 갈아주면 잘 움직이었듯이, 주변 여건을 잘 해주면 어려움
이 없이 회복될 것을 예지해주고 있다. 결과는 아기가 5살이 될 때까지,
장이 나빠 무척 고생을 하게 되는 일로 실현되었다.

〈 시퍼런 이끼가 잔뜩 끼어있는 잉어를 잡은 꿈 〉

인터넷에 올려진 잉어 태몽에 관련된 이야기를 요약 발췌해 살펴본
다. 아이 아빠의 태몽에 낚시로 잉어를 낚았는데, 시퍼런 이끼가 잔뜩
끼어 있던 꿈이었다.

꿈의 실현은 늦둥이로 둘째 딸을 낳았지만, 만 두 살이 지난 어느날 갑자기 아이가 까무러치려 해서 응급실로 데려갔더니, 소아 당뇨로 판명되어, 체내에서 생산 자체가 아예 안 되기 때문에, 평생을 인슐린을 체외에서 주사로 공급받아야 하는 장애를 지니게 되는 일로 실현되었다.

과일의 경우에 윤기나고 싱싱한 과일이 좋듯이, 잉어나 붕어 등 어류의 경우에 있어서도 상처가 없거나 어떤 불순물이 없는 깨끗한 표상이 좋은 태몽임을 보여주고 있다.

〈 목에 상처난 뱀의 꿈 〉

아주 커다란 뱀 두 마리가 제가 다니는 길에 나란히 있었는데, 한 마리는 건강해 보였지만 다른 한 마리는 목에 상처가 있었습니다. 상처가 있긴 했지만 건강한 다른 한 마리의 뱀과 마찬가지로 움직이는 데는 별 지장이 없어 보이더군요.

장차 태몽대로 이루어지고 있음을 알 수 있다. 커다란 뱀에서 아들로 이루어질 가능성이 높으며, 두 마리 뱀이었듯이, 장차 두 자식을 두게 된다. 한 아이는 건강하게 자라지만, 한 아이는 장차 목 부분에 이상이 생겨 한동안 어려움을 겪게 된다. 하지만 움직이는데 별 지장이 없었듯이, 별 어려움이 없이 회복될 것을 예지해주고 있다.

〈 물개의 지느러미 밑에 팔이 하나 있던 꿈 〉

어머니가 물가에 갔는데, 좁은 개울에 물개가 앉아 있었다. 그래서 그 물개에게 "왜 이 좁은 개울에 앉아 있니?" 물었더니, 엄마를 기다리고 있다고 또록또록 대꾸하는 물개였다고 한다. 그래서 어머니가 "그럼 계속 네 엄마를 기다려라" 하고 자리를 뜨는데, 어느새 그 물개가 어머니의 품 속에 안겨져 있었다. 그런데 물개의 지느러미 밑에 팔이 하나 나뭇가지처럼 나와 있는 게 아닌가. 하지만 꿈속에선 물개의 그 팔 하나가 퍽 예사로웠다고 한다.

그리고 아기가 태어났는데, 다지증이었다. 흔히 말하는 육손이었다. 이용자의 아버지는 이용자의 어머니에게 유전적 문제를 전혀 언급하지 않고 결혼했으며, 이용자가 여섯 손가락을 가지고 태어나자, 그때서야 아버지 가계의 유전적 문제를 언급하고는 두 사람이 크게 싸움까지 했다는 것이다.

필자의 사이트 이용자인 21살 대학생인 태몽 사례이다. 꿈의 신비함, 태몽의 신비함을 그대로 보여주고 있다.

〈 곰보 장사꾼, 언청이 노파에게 밤·대추를 받은 꿈 〉

40대 아주머니의 태몽 체험담이다. 딸을 임신하였을 때는 잉어를 파는 장사가 소복을 입은 여자 곰보였고, 아들을 임신하였을 때는 언청이 노파에게 밤과 대추를 한 보따리 받는 꿈을 꾸었다고 한다.

(무속세상, 스포츠한국, 2010.3.26)

태어난 여자 아이는 곰보, 남자 아이는 언청이로 실현된 바, 새삼 태몽의 신비함을 보여주는 사례이다.

〈 감나무에 말라 비틀어진 홍시의 꿈 〉

뇌성마비에 걸린 여섯 살 난 딸아이에 대한 어떤 아주머니의 태몽꿈이다. 감나무에 붉은 홍시 하나가 곧 떨어질 듯 위태롭게 달려 있었는데, 그 홍시는 말라 비틀어진 것이다. 그 아이는 말도 못 하고, 밥도 혼자서는 먹지 못하고, 대소변도 가리지 못하였다. 그리고 몸은 무척 야위었고.

(글: 김하원)

말라 비틀어진 홍시의 상징표상으로 장차 태어날 아이의 신체적인 상황을 압축적으로 보여주고 있다. 태몽을 거짓말로 지어내라고 해도, 지어낼 수 없을 정도로 그 절묘한 상징 기법에 놀라움을 금할 수 없다.

〈 곰의 등에 밀가루가 붙어 있다 떨어져 나간 꿈 〉

직장 동료의 조카는 8개월 만에 조산되어 두 달간 인큐베이터 안에서 살다 나왔는데, 조산할 당시의 몸무게가 1.1kg이었다 한다. 산모가 고혈압에 당뇨까지 겹쳐서 그대로 놔두었다가는 산모도 태아도 목숨이 위험할 것 같아서 조산을 했는데, 영양이 산모에게로만 가는 바람에 8개월째가 되었는데도 정상적으로 자랄 수가 없었다는 것이다.

그런데 조산을 해서 살기 힘들 것만 같았던 조카가 두 달 후에는 2.2kg이 되어 인큐베이터 안에서 나왔는데, 몇 년이 지난 지금은 다른 아이들보다 더 통통하기만 하다는 것이었다.

그가 태어나기 전에 그의 어머니는 다음과 같은 태몽을 꾸었다고 한다.

'중간 크기 정도 되는 통통한 백곰이 방안에서 어슬렁거리고 있었다. 처음에는 등에 하얀 밀가루가 묻어 있었는데, 나중에 보니 그 밀가루가

다 떨어져 나갔고, 그 곰이 귀여워서 등을 쓰다듬어 주었다.' (글: 김하원)

태몽의 실현은 한 치의 오차도 거짓도 없다는 것을 보여주고 있는
바, 등에 붙어 있던 하얀 밀가루가 떨어져나간 태몽의 표상에서 장차
난관을 극복하고 순조롭게 될 것을 예지해주고 있다.

〈 숟가락이나 그릇이 마음에 들지 않는 꿈 〉

맑은 날씨에 잔잔한 호숫가에 앉아 있는데, 물속에 숟가락 두 개가 있
는 겁니다. 하나는 작은 유아용 숟가락으로 볼품없는 것이었고, 하나는
옛 어른들이 쓰시는 봉황이 새겨진 훌륭한 놋숟가락이었습니다. 저는 유
아용 숟가락은 마음에 들지 않아서 버려야겠다고 생각하다 잠이 깨었습
니다.

다음날 밤 꿈에는 언니가 그릇을 한 개 갖다 주는데, 내 손에 쥔 그릇
과 모양이며 색깔이 똑같았습니다. 그런데 내가 가진 그릇은 무거운 사기
그릇인데, 언니가 주는 건 가벼운 플라스틱이었습니다. 저는 같은 모양의
그릇이 두 개씩 필요 없는데다가 "요즘 누가 플라스틱 그릇을 쓰느냐" 며
받기를 거절하다 꿈이 깨었습니다.

며칠 후 병원에 가니, 임신은 확실한데 너무 일러서 초음파에 나타나
지 않는다고 하더군요. 한달 후 다시 병원에 가니, 선생님 말씀이 쌍둥이
인데 하나는 자연도태 되었다며, 검은 색의 흔적을 보여 주시더군요. 저
는 비로소 꿈에서 예지되었던 것을 깨달을 수 있었습니다.

임신 9개월의 임신부가 보내온 편지로, 꿈속의 상징표상대로 이루
어지고 있음을 볼 때, 태몽꿈의 신비로움에 전율조차 느끼게 된다.

3. 임신 예지

정신능력의 활동이 활발하여 꿈꾸는 능력이 뛰어난 사람은 친지나 주변인물의 태몽을 대신 꿔주는 것으로써, 임신을 예지해주고 있다. 이 경우 현실에서 형식적인 매몽의 절차를 거치기도 하는 바, 실제로는 친지나 주변인물의 임신 여부를 대신 예지해주는 것이라 하겠다.

〈 싱싱한 딸기를 갖다 주라는 꿈 〉

정재윤(개그우먼)의 딸을 출산하게 된 태몽은 친정어머니가 대신 꿔주었다. 어머니 꿈에 작년에 돌아가신 아버지가 나타나 싱싱한 딸기를 주며 재윤이에게 갖다 주라고 했다는 것.

임신 사실은 이미 알고 있었지만, 혹시 잘못될까봐, 주변사람들에게 내색하지 않았던 그에게 어머니가 "혹시 무슨 일 없냐"며 꿈이야기를 했을 때는 소름이 끼칠 만큼 깜짝 놀랐다고 한다. 그로 인해 그는 사랑하는 사람들끼리는 텔레파시가 존재한다는 확신을 갖게 되었다고. (여성동아)

〈 소 한 마리를 몰고 온 꿈 〉

시어머님의 꿈에 큰사위와 아버님 산소를 올라가고 있는데, 절반쯤 가고 있을 때 누런 소가 두 마리 양쪽에 있었답니다. 어머님은 "여보게 사위, 우리 소 한 마리 몰고 가세" 하시고는 산소도 안고, 소 한 마리 몰고 산을 내려오는 꿈을 꾸었답니다. 실제로 후에 임신 소식이 있었고, 떡두꺼비같은 아들을 낳았어요.

〈 지붕위에 박이 열린 꿈 〉

요즈음 부부의 이야기이다. 아들을 하나 둔 젊은 부부가 있었다. 많은 자식을 두기를 원치 않았던지라, 아들 하나두는 것으로 만족하고 살아가기로부부는 약속을 한 상태였다. 그런데, 어느날 남편의 회사로 장모님에게서 전화가 왔다. "여보게, 어제 지붕위에 커다란 박이 열린 태몽을 꾸었는데, 임신 소식이 없는가? " 전화를 받고 비로소 아내가 병원에 가서 진단을 받아보니, 임신이었다. 이에 꿈이 좋다는 말씀에 아기를 더 낳기로 했다는 것이다.

장모님이 대신 태몽을 꿔준 이야기이다. 이처럼 상징적인 미래예지 꿈의 경우에는 결국은 꿈의 상징 표상의 전개대로 실현되고 있으며, 우리 인간이 이러한 꿈의 실현을 피할 수는 없는 것으로 수천수만의 사례는 보여주고 있다. 따라서 우리 인간이 해몽을 할 수 있는 것도, 꿈의 표상 전개에 따라서 앞으로 일어날 일을 예지하는 것이 가능하며, 또한 이러한 꿈의 실현이 한 치의 오차도 한 치의 거짓도 없이 실현된다는데에 있다.

〈 탐스러운 꽃을 보는 꿈 〉

꿈속에서 내 방 안에서 잠을 자고 있었다. 그런데 아침인지 환한 햇살이 눈에 비치여 일어나게 되었다. 나는 나도 모르게 방문을 열고 거실에 나왔다. 거실에는 왠 상자하나가 놓여져 있었다. 그 상자에는 장미를 비롯하여 나리꽃, 백합이 한 송이 한 송이 피어져 있었다. 그 꽃은 아직 피지 않은 꽃이었다. 꽃은 몽우리가 져서 너무나도 탐스러웠다. 곧 몽우리를 터뜨리며 꽃이 피는 모습이 너무나도 생생하였다. 꽃의 모습이 슬로모션으로 순간 활짝 피는 것이었다. 그 꽃이 너무 예쁘고 탐스러워서 만지려고 할 때, 꿈에서 깼다.

무슨 꿈인지 궁금해서 엄마한테 물어보려고 해도, 엄마의 응답은 무응답이었다. 그냥 웃으면서 넘기려고 했었다. 그날 저녁 이모한테 전화가 왔다. 임신을 했다는 것이었다. 정말인지 몰라도 내가 꾼 꿈은 태몽이었던 것이다.

〈 사촌 언니가 임신했다고 말하는 꿈 〉

아기를 가지려 애쓰는 사촌언니가 있었어요. 저는 그런 사실도 모르고 있었는데, 어느날 그 언니가 꿈에 나타나 "나 임신했다" 라고 하면서, 어떤 남자랑 팔짱을 끼고 가는 거 있죠. 그래서 부랴부랴 언니에게 전화를 했죠. 하지만 언니는 임신하지 않았대요. 그런데 웬걸, 그로부터 두달 후에 언니로부터 전화가 왔어요. 임신한 지 두 달째라고.

윗 사례는 사촌언니의 임신 사실을 예지한 꿈이야기이다. 이러한 경우는 태몽이라고 할 수 없으며, 실제 태몽을 대신 꿔주었다고 보기보다는, 그냥 단순하게 보자면 장차 일어날 일을 사실적인 미래투시의 꿈으로 예지한 경우이다.

〈 검은 고양이가 달려든 꿈 〉

시골 벽지에서 근무할 때 일이예요. 관사에서 함께 지내던 선배가 결혼한 지 3년이 넘도록 아이가 생기지 않아서 걱정이 많았지요.

그런데 어느날 제가 꿈을 꾸었는데, 선배가 아주 반색을 하면서 나를 잡아끌면서 자신의 시댁에 놀러가자는 것이었어요. 저는 싫다면서 마지못해 갔는데, 한옥에 행랑채가 있고 마당 한가운데는 우물이 있는 구조였어요. 저는 잠시 행랑에서 기다리고, 선배는 어른께 알리러 들어간 사이였어요. 기다리다가 행랑마루에 걸터앉으려 뒤로 물러서는데, 발에 뭔가 물컹 밟히며 야옹하는 소리가 들리는 거예요. 깜짝 놀라 뒤돌아보니, 아주 크고 검은 고양이가 제품으로 와락 달려들어 안기는 거예요. 그 부피감이 굉장하고 놀라워서 잠에서 깨었어요.

아침을 먹으며 "선배 시댁이 한옥이예요?' 물으니 "응, 왜" 하는 거예요. 그래서 꿈 이야기를 말하였더니 집구조가 일치하고요, 태몽이라며 그 꿈을 사겠다는 거예요. 그래서 맘대로 하라 했지요.

그 뒤 얼마 안되어 선배가 임신을 하고 아이를 낳았는데, 아들이었어요. 저는 그 꿈이 맞은 것에 놀랐고, 특히 한 번도 들은 적도 없고 가서 본 적도 없는 선배의 시댁이 꿈과 일치하는 것이 무섭기까지 했어요. 그 뒤부터는 꿈의 예지력을 믿게 되었죠. 지금도 그 선배와 가끔 연락을 주고받는데, 그 아이는 아주 영특하고 공부를 잘하고 있다고 해요. (여교사)

시어머니가 며느리 태몽을 대신 꿔주듯이, 선배언니의 태몽꿈을 대신 꿔준 것일 뿐이다. 이 경우에 현실에서 꿈을 팔고 파는 형식적인 절차를 거쳐서, 꿈의 실현이 다른 사람에게 옮아가고 있기도 하다. 시어머니가 태몽꿈을 꾼 경우 꿈의 실현이 며느리에게 실현될 가능성이 높지만, 시집간 딸이나 하다못해 옆집 새댁의 꿈을 대신 꿔주는 경우가 있을 수 있다. 이런 면에서 볼 때, 어찌보면 임신을 간절히 원하는 경우에는 안전하게 꿈을 사고파는 매몽의 절차를 거치는 것도 나쁘지 않을 것이다. 정신능력의 활동이 활발한, 꿈꾸는 능력이 뛰어난 사람들은 관심있는 주변 사람들의 앞날에 대해서 꿈을 통해 예지해주고 있는 것이다.

4. 유산 · 요절의 태몽

앞서 쌍둥이 출산이나 제왕절개, 힘겨운 난산이나 조산 등이 꿈으로 예지된 사례들을 살펴보았다. 이보다 더욱 가슴 아픈 이야기이지만, 태몽으로 유산이나 요절하게 될 것을 예지해주고 있기도 하다. 나아가 다치게 되거나, 앞으로의 어두운 일생이 태몽을 통해서 예지되고 있기도 하다.

"제가 임신 5주 쯤에 태몽을 두개나 꾸었는데요, 8주 만에 유산이 되었습니다. 이렇게 태몽을 꾸고도 유산이 가능한가요?"

윗 사례에서 보듯이, 모르는 사람은 태몽을 선명하게 꾸면 유산이 되지 않는 것으로 잘못 알고 있다. 하지만, 태몽꿈은 선명하고 생생한 꿈인 것이 특징이며, 태몽을 꾸었다고 해서 유산이 되지 않는 것이 아니라, 태몽꿈의 표상이 어떻게 전개되었는가에 달려있다고 하겠다.

썩거나 시들은 꿈, 사라지는 꿈, 떨어뜨리는 꿈, 깨지는 꿈, 갈라지는 꿈, 잡으려 했으나 잡지 못한 꿈, 빼앗기는 꿈, 쫓아낸 꿈, 마음에 들어하지 않는 꿈 등등 어둡고 암울하고 불길한 표상으로 전개되는 태몽 표상은 좋지가 않다.

구체적인 예를 들어, 자기 품에 들어온 것을 떨어뜨리는 꿈, 누군가에게 과일이나 동물을 빼앗기는 꿈, 꽃이 시들거나 물고기 · 뱀 · 구렁이 · 짐승이 죽는 것을 보는 꿈, 용 · 이무기 · 새 등이 승천하거나 날다가 떨어지는 꿈을 꾼 경우에 유산이나 요절 기타 안좋은 일로 이루어지고 있다.

여러 사람들의 유산이나 요절에 관계된 태몽 꿈사례를 중심으로 살펴보았으며, 일부 이야기들은 생동감을 주기 위해 그대로 전재했다. 먼저 인터넷 다음 카페의 '임신과 출산 그리고 육아' 및 ' 다음 미즈넷'에 올려진, 어둡고 음울하며 불길한 상징 표상으로 전개되어 유산으로 실현된 다양한 체험사례들을 살펴본다.

〈 무와 무청 부분이 썩어서 뚝 떨어지는 꿈 〉

태몽이 있듯이 유산관련 꿈도 있잖아요. 예를 들어 동물을 죽인다든가 식물이 썩는다든가 하는거요. 저희 이모도 예전에 유산하기 전에, 무와 무청부위가 썩어서 뚝 떨어지는 꿈을 꿨다네요. 근데 제가 그런 꿈을 꾸네요. 이번이 클로 2번째 시도인데요. 저번에는 무에서 무청만 칼로 깨끗이 잘라낸 꿈을 꾸고 바로 생리했구요. 제 생각엔 착상이 잘 안돼서 생리와 같이 흐른 것 같아요. 배가 많이 아팠고 막같은 덩어리도 나왔었거든요. (글: uhoo~)

〈 개를 몽둥이로 쫓아버리는 꿈 〉

전 제 침대에 개가 들어와서, 몽둥이로 쫓아 버리는 꿈을 꿨는데, 그 다음날 병원에 정기 검진하러 갔더니 유산이랬어요. 꿈이 귀신같이 맞더군요. (글: 라임맘)

〈 화분이 썩어가는 꿈 〉

저도 친정엄마가 화분을 봤더니, 밑에 물이 너무 많아서 썩어 들어가더래요. 엄마는 저에게 꿈얘기 안해주고 있었는데, 저 결국 유산됐거든요. '꿈 믿지 말라' 고 그러는데, 이런거 보면 뭔가 있는것 같기도 하고 그러네요. (글: 어니언)

〈 벌레들이 거실에 기어다니는 꿈 〉

저는 아주 징그러운 벌레들이 온 거실 천지에 기어다니는 꿈을 두 번 꾸었는데, 첫번째 꿈일 때는 11주에 유산이 되었구, 두번째 벌레 꿈일 때는 생리를 하면서 엄청난 고통과 열, 울렁거림, 구토증 같은 증상과 함께 덩어리들이 나왔어요. 이것도 유산꿈인가봐요. (글: 아이♡사랑)

〈 호랑이가 쫓아와서 도망가는 꿈 〉

저는 호랑이가 쫓아와서 도망가는 꿈을 꾸었는데 유산되었습니다. 그 꿈도 유산되는 꿈이라고 하더라구요. '결국 하늘의 뜻이었구나' 생각하고 있습니다. '결국 아가는 삼신할미가 주는거구나' 하고 요즘은 생각하고 있어요. (글: 상록수)

〈 몸을 감은 구렁이를 가위로 갈기갈기 찢어낸 꿈 〉

참 신기해여. 임신했을 때는 태몽도 없더만, 저 8주만에 유산할 때는 구렁이 몸이 돌돌 감겨져 있는데, 제가 그 몸을 가위로 갈기갈기 찢었거던여. 전 그게 태몽인 줄 알았는데, 유산꿈이였어여. (글: 색시)

〈 집에 들어온 멧돼지를 쫓아낸 꿈 〉

저두 임신했을 때는 태몽두 안꾸더니만, 꿈에 새끼 멧돼지가 집에 들어왔는데, 제가 막 쫓아내는 꿈을 꿨어요. 안나갈려고 버티는거 제가 억지로 쫓아냈는데, 유산되고 나니 넘 맘이 아프더라구요. (글: 이쁜옥)

〈 죽은 생선을 가져온 꿈 〉

전 시장에서 한 아주머니가 빨간 고무 다라이에 생선을 파시는데, 전부 죽어서 물위에 둥둥 떠있더라구요. 그걸 "그냥 줄테니 가져가라"고 해서 비닐에 담아오는 꿈을 꿨어요. 내용도 좀 으시시해서 생각 안할려구 했는데, 막상 아가 보내구 나니깐 그 꿈이 제일 먼저 생각나더군요.

(글: ND Love)

죽은 물고기를 가져오는데서 유산으로 실현되고 있음을 알 수 있다.

〈 해바라기가 물에 썩어 있는 꿈 〉

저두요. 해바라기가 물에 썩어있는 꿈을 꿨는데, 자연유산되었어요.

(글: 때지)

〈 꽃을 꺽지 않은 꿈, 다가온 강아지를 떼어낸 꿈 〉

넘넘 신기하다. 전 들판에 보라색 꽃이 피어 있는데, '아 이쁘다' 생각만 하고 꽃을 꺾지 않은 꿈과, 강아지가 꼬리를 흔들며 제 주변을 맴도는데 그게 싫어 강아지를 떼어 낸 꿈을 꿨어요. 그리고 그날 계류유산이 되었답니다. (글: 작은요정)

〈 쥐와 장어를 물리친 꿈 〉

처음 유산했을 땐 쥐가 제 잠옷으로 들어 왔는데, 제가 너무 싫어했어
요. 그리고 두 번째 유산 때는 장어가 제 등을 물었는데, 그것도 싫다고 떼
어버렸답니다. (글: 비엔나소세지, 다음 미즈넷, 2008.9.11)

〈 무르고 약한 호박을 보고 있는 꿈 〉

할머니가 얼마 전에 태몽을 꾸셨다는데 제가 보았다고 합니다. 제가
왠 호박 앞에서 굉장히 힘들고 슬픈 표정으로 호박을 보고 있더랍니다.
그 호박이 너무 무르고 약해 보였다는 겁니다. 혹시 아이 가진거 아니냐
고... (글: 몰라님, 다음 미즈넷, 2005.3.18)

1) 식물 · 청과류 관련

(1) 식물 · 청과류 유산 · 요절의 꿈해몽

○ 과일이나 열매가 썩어가는 꿈은 가임여건에서 유산이나 요절로 실
현된다. 일반적인 경우에는 성취에 이르려다 좌절되고 실패되는 일
로 실현된다.

○ 깨진 과일을 얻으면, 유산이나 요절로 실현된다. 일반적인 꿈인 경
우에 결혼 또는 사업이 파멸에 이른다.

○ 상한 과일을 얻으면 임산부는 유산하게 되며, 일반적인 꿈인 경우
에 일의 실패 또는 못된 여자나 성병을 지닌 창녀와 상관할 일을 체
험한다.

○ 청과물을 따거나 삼키는 태몽은 좋다. 하지만 일부만 먹거나, 먹다

버리는 경우의 꿈에서는 유산되기도 한다.

○ 꽃이 시들은 것을 보는 꿈은 유산, 생명의 단절, 질병 등을 가져오게
되며, 일반적인 꿈의 경우에는 일의 실패, 명예나 신분의 몰락 등을
체험한다.

○ 활짝 핀 꽃이 타인으로 인하여 꺾여지면, 유산되거나 생후 얼마 안
있어 사망하게 된다.

○ 잎이 없는 나뭇가지에서 과일을 따거나 흔들어서 떨어진 과일을 얻
은 태몽을 꾸면, 어머니와 생이별하거나 또는 사별할 사람과 관계
한다.

○ 늙은 오이 한 개를 따온 태몽으로, 태아가 얼마 살지 못하고 일찍 죽
은 사례가 있다.

(2) 식물·청과류 유산·요절의 실증사례

〈 과일의 색깔이 좋지 않았던 꿈 〉

돌아가신 시어머니에게서 사과인지 과일을 주는 데, 색깔이 좋지
않았던 꿈은 유산되는 일로 실현되었다.

〈 무가 반으로 쪼개진 꿈 〉

어느 날 무밭에 가서 아주 크고 흰 무를 하나 뽑았는데, 그 무가 갑
자기 반으로 쪼개지는 꾼 태몽 꿈은 얼마 후 유산이 되는 일로 실현되
었다.

〈 잘못하여 꽃을 꺾어버린 꿈 〉

꽃 한 송이가 피어 있는 옆에서 갈대를 꺾다 잘못하여 그 꽃까지 꺾어버린 꿈으로, 첫딸을 낳은 후에 다시 아들을 낳았으나 첫딸이 일찍 죽는 일로 실현되었다.

〈 꽃을 끝까지 캐어내지 못한 꿈 〉

꽃들이 늘어선 것이 보기 좋아 뽑았으나 작다고 느껴서, 새로 뽑았더니 나무만 나오고 뿌리는 그대로 땅속에 있었다. 다시 충실하고 좋은 코스모스 꽃을 뿌리째 캐었다.

첫째는 아들을 낳고, 둘째는 뿌리가 땅속에 그대로 있던 꿈의 예지대로 7개월째 유산했으며(아들이었음), 셋째로 꿈속에서 충실한 것처럼 튼튼하고 영리한 딸을 낳았다.

이처럼 꽃이나 나무 등의 경우에 완전하게 뿌리까지 캐어내지 못했다면, 유산하는 일이 일어나게 된다. 또한 캐어내는 과정에서 한 줄기를 상하게 하면 성장과정에서 팔다리 등을 다치게 되는 일이 일어난다.

〈 꽃이 시들어 죽은 꿈 〉

노인으로부터 비단에 싸인 씨앗 5개를 받아 심어 꽃을 얻게 되었는데, 3 송이는 모두 싱싱한 붉은 꽃이었지만, 두 송이는 차례로 하얗게 말라죽어 갔다. 자식을 다섯 낳게 될 것이나, 그중에 두 사람은 일찍 요절하게 될 것을 예지해주고 있다. 실제로 다섯 명의 아들을 두게 되었고, 그 중의 한 아들은 6.25때 피살당했으며, 한 아들은 홀로 지내다가 26세의 나이로 요절했다.

〈 벌레 먹은 과일 꿈, 용이 희미해지는 꿈 〉

친정어머니와 남편이 태몽을 꾸었어요. 어머니는 사과를 따러 갔는데, 어떤 사람이 주는 사과를 받았더니 벌레 먹은 낙과였답니다. 남편은 용이 하늘로 올라가는데 점차 희미해지는 꿈이었어요. 그래서인지 임신 3개월이 안 되어 유산했습니다.

〈 딸기 제리 같은 것을 반쯤 먹은 꿈 〉

제가 둘째를 가져서 딸기 태몽을 꾸었는데요. 제가 반쯤 먹었거든요. 그런데 먹어보니, 그게 딸기가 아니라 딸기 제리 비슷한 아무튼 진짜 딸기가 아니었어요. 그 뒤로 유산을 했어요.

통째로 삼키지 않고, 반쯤 깨물어 먹는 것이 유산으로 실현되고 있음을 알 수 있다.

〈 맛이 없다고 과일을 뱉어버리는 꿈 〉

나는 유치원 교사였는데, 아이들 낮잠시간이 있어서 깜박 잠이 들었었다. 그런데 꿈속에 교실 창밖으로 보이는 모든 곳이 포도나무 밭이었다.

창문으로 포도송이가 주렁주렁 있는데, 너무나 알이 크고 탐스러워 한 알을 따먹었다. 너무너무 맛있어서 같이 근무하는 선생님을 불러서 너무 맛있다고 하나 따먹어 보라니까, 한 알을 따먹더니 너무 떫고 맛이 없다고 인상을 찌푸리는게 아닌가. 그러고 꿈이 깼다.

처음에 난 결혼도 안한 내가 임신을 하는 건가 생각했었다. 그런데 며칠후 또 낮잠시간 꿈속에서, 이번에는 창밖이 온통 감나무였다. 너무나 통통하고 먹음직스러워서 하나를 따서 베어 물었는데, 너무 맛있어서 그 선생님을 또 불러서 먹어보랬다. 그랬더니 하나를 따먹더니, 너무 떫고 맛이 없다며 인상을 찌푸렸다.

그 두 번의 꿈을 꾸고 지나가는 소리로, 그 선생님도 미스였는데 "선생님 조심하세요. 잘못해서 임신할 지도 모르겠어여"라고 말하고 몇 달이 지났다. 그러고 난 유치원을 다른 곳으로 옮겼는데, 몇 달 만에 만난 그 선생님이 사실 얼마 전에 아이를 임신하여 낙태하였단다.(그 선생님은 미스였으니까, 사귀는 사람도 아니었다고 한다.) 어쨌든 정말 신기한 일이었다. 근데 낮에 꾸는 꿈은 백일몽이라고 별 뜻이 없다고 들었던 것 같은데, 후후~ 정말 꿈이란 대단한 것 같다.

꿈이 미래를 예지해준다는 실증적인 사례이다. 이러한 꿈을 상징적인 미래예지 꿈이라 한다. 즉 꿈으로 미래를 예지해주지만, 우리 인간이 쉽게 알 수 없는 상징적인 표현으로 알려주고 있으며, 꿈의 실현 또한 벗어나거나 피할 수 없이 예지대로 이루어지는 특징이 있다.

이 실증적인 사례를 올린 분은 꿈에 대해서 상당한 이해가 있는 경우로, 꿈의 표상이 태몽표상으로 실현될 것을 예지한 경우이다. 사실 다르게 실현될 수도 있다. 당시에 승진을 앞두고 있다면, 먹은 사람은 합격이요 뱉은 사람은 불합격의 표상이다. 즉 맛있게 먹는 표상은 그 먹은 과일이 상징하는 어떤 권리 · 이권 · 명예 · 재물 등을 얻게 될 것을 뜻한다. 반면에 다시 뱉어내는 표상은 그 어떤 것을 얻었다가 다시 잃게 되는 것으로 실현된다. 꿈은 반대가 아닌 것이다. 오직 상징 표상의 이해인 것이다.

꿈대로 한다면, 실증적인 사례를 올린 분은 '임신하지 않았겠느냐'라는 가정도 가능하다. 하지만, 이러한 꿈의 전개는 오직 동료 교사의 유산을 예지해주기 위한 수단으로 꿈의 상징기법이 전개되고 있다고 해야 할 것이다.

위에 예를 든 태몽(유산)의 표상은 꿈에 관심이 있는 사람이라면, 쉽게 그 의미를 알 수 있지만, 엄청난 사건일수록 꿈의 상징성은 난해하여, 실제로 어떠한 일이 일어나서야 꿈의 의미를 알게 되는 경우가 상당수 있다.

또한 이렇게 반복되고 있는 꿈은 꿈의 예지대로 반드시 실현되고 있음을 알 수 있다. 꿈의 절대 실현을 보장하는 또다른 하나는 꿈속의 표상전개의 생생함과 강렬함에 있다. 생생한 꿈일수록, 강렬하게 기억에 남는 꿈일수록 어떠한 일이 다가오고 있음을 예지해주고 있는 것이다.

'낮에 꾸는 꿈은 백일몽이라고 별 뜻이 없다고 들었던 것 같은데 —' 이는 잘못 알고 있는 것이다. 포장마차에서 잠시 조는 사이에 꾼 꿈으로 복권에 당첨된 사례가 있다. 낮이거나 밤이거나, 점심시간에 잠깐 조는 사이 등 그 어느 때를 막론하고 꿈의 생생함의 여부가 중요한 것이지, 꿈을 꾸는 시간은 아무런 의미가 없다.

또한 나이도 초월한다. 어린 아이의 꿈이라고 해서, 흔히 말하는 개꿈이 아니다. 12살 소녀로 육영수 여사의 죽음을 예지한 사례도 있고, 꿈도 잘 모르는 5살난 딸아이의 "어젯밤 꿈에 돼지가 들어온 것 못봤어"의 말을 듣고 복권을 구입하여 당첨된 사례가 있다.

〈 시들은 배추, 썩은 배의 꿈 〉

다음은 김하원씨의 『개꿈은 없다』에 소개된 유산 사례를 살펴보았다.

주변에 유산한 산모가 있어서, 전화를 걸어서 자세한 내막을 한 번 물어보았다. 그랬더니, 죽은 애는 아들이었는데, 여러 번에 걸쳐 다음과 같은 좋지 않은 꿈들이 꾸어지더라는 것이었다.

[실뱀 몇 마리를 때려 죽였다.] [배추나 상추 같은 게 시들어 있었다.] [과수원의 배나무에 배가 달려 있었는데, 모두가 약간씩 썩어 있었다. 그 썩은 배를 누가 하나 따 주어서 받으려고 하니까, 그냥 가지고 가 버렸다.]

그래서 나는 그녀에게 그런 꿈을 꾸고 나서 뭔가 이상하다는 생각이 들지 않더냐고 물어 보았더니, 자신은 그게 딸 꿈인 줄로만 알았다는 것이다. 동네 아주머니들이 그러는데, 딸 꿈은 그렇게 지저분한 꿈이 많다고 해서, 정말 그런 줄로만 알았다는 것이다 ‘ 나도 이런 엉터리 해몽은 생전 처음 듣는다. 딸꿈이라고 지저분하다니—, 이런 게 요즘 사람들의 꿈에 대한 상식이다. (글: 김하원)

〈 따왔던 고추가 없어진 꿈 〉

친구의 태몽입니다. 고추를 바구니에 가득 따서 집에 오는 꿈을 꾸었는데 집에 와보니 고추 바구니에 고추가 다 없어졌더래요. 친구는 그후에 6개월 된 아들을 유산 했습니다. (박희진, 베베하우스)

〈 복숭아를 받다가 떨어뜨린 꿈 〉

제가 아는 언니는 꿈에 시아버지가 탐스럽고 먹기도 아까운 커다란 복숭아 두개를 따서 하나는 자기에게 주시고, 하나는 언니 친구(이웃집 새댁)를 주었는데, 친구는 그걸 받다가 놓쳐서 바닥에 떨어뜨렸데요. 그런데 그 친구는 임신을 했다가 유산을 하고 말았다네요.

(마우스, 다음 미즈넷, 2008.1.16)

이 경우에 언니 친구인 이웃집 새댁은 임신하는 일로 이루어졌을 것이다.

〈 세 복숭아 중에서 두 개는 썩은 복숭아였던 꿈 〉

엄마가 어떤 과수원을 가서 복숭아를 치마폭에 하나 가득 따가지고 오셨데요. 근데 오는 도중에 다 떨어뜨려버리고 딱 3개가 남았는데, 그중에 두개는 벌써 썩었더래요. 그래서 버렸는데, 그중에 하나는 굉장히 탐스럽구 예뻤데요. 엄마가 그러는데, 태몽을 꾼 후에 딸인 저를 낳고 그 이후에 두번의 유산을 했었데요. 아마도 두번의 유산이 썩은 복숭아였구, 저를 낳은 것이 예쁜 복숭아였나보다 하더라구요. (인터넷 빅토리아 블로그)

이처럼 썩은 과일의 표상은 유산이나 요절로 이루어지고 있음을 알 수 있겠다. 인터넷의 pullip's doggy food 블로그에 '찌그러진 태몽'으로 올려진 유산에 관한 꿈사례를 요약해 살펴본다.

〈 복숭아를 얻지 못한 꿈 〉

혼자 시골로 여행을 가서 민박을 하는데, 민박집 주인 할머니 할아버지께서 아주 넓은 방을 내 주시더군여. 거기서 아주 편안하게 한숨 잘 자고 창문을 열었더니, 약간 비탈진 산처럼 뒷산이 펼쳐지는게 아닙니까. 근데 그게 바로 복숭아 밭이더군요. 복숭아 나무마다 아주 탐스럽고 빨갛게 잘 읽은 복숭아가 얼마나 많이 달려있는지, 거기에서 할머니 할아버지께서 그 복숭아 수확을 하고 계시더군요. 정말 그 복숭아는 너무 커서, 정말 군침이 꼴깍~ 꼴깍~ 넘어갔습니다.

할머니 할아버지는 그 잘생기고 탐스런 복숭아를 하나하나 따서 박스에 넣기도 하시고, 한쪽 옆에 재어 놓으시더군여. 너무 그 복숭아가 먹고 싶어서, "할머니, 저 그 복숭아 하나만 주시면 안되요?" 하고 물었더니 할머니께선 "안되기는 왜 안돼?" 하시더니, 저랑 더 가깝게 있는 할아버지에게 "영감, 저 색시한테 복숭아 잘 생긴 놈으로 하나 주구려~" 하시더군여.. 근데 이 할아버지가 할머니 말을 들었는지 못들었는지 계속 일만 하시는 겁니다. 몇 번을 이야기 했지만, 할아버지는 들은 척 만 척이고, 결국은 복숭아 냄새만 맡고 한 개도 받지도 못하고 잠에서 깼습니다.

또 뽀르르 울 친정엄니한테 전화했습니다. 이런저런 꿈을 꾸었다고 ㅡ. 우리 친정어머니 하시는 말씀이 "그노무 영감쟁이 우째 그래 심술 피우노. 아~ 하나 달라는데 그거 하나주면 어때서 안주고 심술부리노. 복숭아 못받았음 그거 태몽 아니다~ 잊어버려라" 하시더군여.

하긴 저도 복숭아를 받아들던가, 아니면 아주 맛있게 먹던가 해야, 그게 제대로 된 태몽이란 것을 알고 있는데, '이건 내가 보아도 아니다' 싶더군요. 근데 지금도 그 복숭아가 생각이 납니다.

그런 꿈을 꾸고 난 얼마 후에, 하도 배가 아파서 병원에 갔더니, 임신 8주 4일이라고 하더군여. 병원에서 소변검사를 했는데, 임신테스트 기에 희미하지만 생전 처음 보는 두 줄이라 졸도하는줄 알았습니다. 근데 바로 의사 선생님께서 심각한 어조로, "안됐습니다만 유산이 됐네요."

더 이상의 필자의 언급이 있는 것이 사족이 되기에, 덧붙이는 글을 생략한다.

〈 받은 사과를 빼앗기는 꿈 〉

내가 태어나기 훨씬 전에 언니가 태어났는데, 언니의 태몽은 이러했다. 어떤 할머니 한 분이 엄마에게 빨갛고 맛있는 사과를 줘서, 엄마가 반쯤 드시고 계시는데, 할머니가 사과를 뺏어갔다고 한다. 그후 언니는 초등학교 때 병으로 죽었다고 한다. (어느 여고생의 꿈사례이다.)

〈 곯은 사과를 쪼개서 먹은 꿈 〉

지난 토요일에 제가 꿈을 꿨습니다. 저와 사무실 사람 두 명, 그렇게 셋이서 과일이 먹고 싶어 길을 걷는데, 골목길로 계속 이어지는 길을 가고 있었죠. 가다가 사과나무 한 그루가 있는걸 보게 되었어요. 그 중에서 제일 큰 사과가 제 눈에 딱 걸렸죠. 그래서 제가 그 큰 사과를 따서, 반으로 쪼개어 사무실 사람들 하고 나눠 먹었어요. 근데 그 사과 처음 봤을 때는 몰랐는데, 제가 따갖고 보니까 조금 곯은 거 있죠. 그걸 그냥 쪼개서 나눠먹었는데, 맛이 푸석푸석한 거예요. 그러고 깼거든요.

근데 이런 과일꿈은 태몽이라고 하잖아요. 실제로 저희 작은엄마가 임신 2주째였는데요. 그래서 난 작은엄마 대신 내가 태몽꿈 꿔 준거라고 생각했지요. (태몽이요 가까운 사람들이 대신 꿔줄 수도 있다더라구요.) 그래서 그냥 그려려니 하고 잊어버렸었죠. 그리고 그 꿈이 이틀 지난 어제 갑자기 생각난 거예요. 그래서 작은아빠한테 말하려고 아침에 전화를 했죠.

사과가 곯은 거랑 잘라서 나눠준게 조금 맘에 걸리긴 했지만, 별로 개의치 않게 생각하고 장난스럽게 그냥 통화를 했어요. 그리고 그날 저녁에, 저녁 먹으면서 가족들한테 꿈얘기를 했는데요. 내 꿈이 할머니께서 맞다고 하더라구요. 무슨 소린가 했더니, 그게 낙태됐다고 하더라구요. 꿈이 찝찝하네요.

곯은 사과, 반으로 쪼개고 또 쪼갠 사과, 푸석푸석한 맛, 아침까진 괜찮은거 같았는데—아휴, 아무튼 집안이 조금 슬퍼요. 꿈이 맞아 떨어졌다

는게, 찝찝스럽기도 하구 그러네요.(글: 빛의 자식)

〈 겉은 싱싱하지만, 밑이 터진 포도 꿈 〉

　포도 꿈을 꾸었는데여, 겉은 아주 싱싱했는데 밑에는 터진 포도였어여. 그리고 배가 단단하게 자주 아팠는데, 초기에 배가 당연히 아픈 줄 알고 병원은 안 갔어여. 그러고는 유산이 되었어여.

(글: 이쁜이, 이지데이, 태몽이야기방, 2008.07.18)

〈 호박 세 개중에 첫 번 째 두 번 째가 썩어 있던 꿈 〉

　장모님이 꾼 태몽 꿈이다. 호박 3개가 있어, 첫 번째를 열어보니 썩어 있었으며, 두 번째를 열어보니 역시 썩어 있었다. 마지막을 열어보니 너무 좋았다고 하신다. 실제로 꿈의 예지대로 첫번째 두번째 유산이 있은 후에, 세 번째로 임신하는 일로 이루어졌다. 세 번째 태몽은 출근 후 아침잠에 태몽을 꾸었다. 산을 내려오다 앞에 논에 내 몸만한 녹색구렁이가 지나갔다. 깜짝 놀랐는데 잠시 후 밑에서 사람들이 서 있어 보니, 양동이에서 구렁이가 나를 쳐다 보고 있고 자로 구렁이를 재고 있었다.

(인터넷 ryuj72님의 블로그)

2) 동물 관련

(1) 동물 관련 유산 · 요절의 꿈해몽 및 사례

○ 동물을 피하거나 걷어차는 태몽은 유산을 예지한다. 쫓아오는 동물을 피해 나무 위에 숨었더니, 그 동물이 되돌아갔던 꿈으로 유산이나 요절로 이루어진 사례가 있다.

○ 임산부가 호랑이나 사자를 피해서 도망치는 꿈을 꾸면, 태아는 유

산되고, 일반적인 꿈의 경우에는 권리 상실이나 사업 실패 등을 체험한다.

○ 동물이나 과일 등을 방 안으로 들고 들어 왔는데, 나중에 찾아보니 없었던 꿈은 유산이나 요절로 실현된다.

○ 뱀이 치마로 들어와 허리춤 속에 있었는데, 다시 찾아 보니 없어진 꿈으로 유산된 사례가 있다.

○ 동물을 치마폭으로 쌌는데 열어보니 죽어 있었다면, 유산을 예지한다.

○ 동물들이 자기에게 달려들다가 뒤돌아서 달아나는 꿈은 유산을 예지한다.

○ 자기 집안에 들어온 동물이 밖으로 나가 어디론가 사라져 버리는 꿈은 유산을 예지한다.

○ 방안에 있는 동물을 보고 문을 닫아버리면, 태아가 유산되거나 일찍 죽는다.

○ 뱀을 입에 물고 질겅질겅 씹어 피가 묻어 나오는 꿈을 꾼후에 아내가 유산하게 된 사례가 있다.

○ 뱀을 난도질하자 하반신에 피가 나면서 사람으로 변한 태몽으로, 태아는 여아로 중년에 병들어 하반신 마비를 가져오게 된 사례가 있다.

○ 독사가 땅에서 나오더니 발을 물고 달아나는 꿈을 꾼후에, 아들을 낳았는데 일찍 죽는 일로 실현된 사례가 있다.

○ 3개의 뿔이 난 금두꺼비가 방안에 있는 것을 보고 문을 닫아버린 태몽은 인물이 특출하고 부귀로워질 아이가 태어났으나, 세 살에 죽는 일로 실현된 사례가 있다.

○ 늑대를 따라 산 속에 들어갔다. 하늘도 보이지 않고 너무나 캄캄하여 산 속에서 헤매다가 깨었다. 그후 아들을 낳았으나, 일주일 만에 죽는 일로 실현된 사례가 있다.

○ 누런 뱀이 치마속으로 들어왔으나 볼 수 없는 태몽을 꾸면, 중도에서 요절하거나 실종될 아이를 낳는다.

○ 뱀이 자기 발을 물기에 밟아 죽인 태몽을 꾸면, 태아가 유산된다.

○ 몸에 감긴 구렁이를 떨쳐버리는 태몽을 꾸면, 유산된다.

○ 큰 구렁이가 쥐구멍으로 들어가 버리면, 유산 또는 사망 등을 예지한다.

○ 곤충류를 발로 밟아 죽이는 꿈은 태몽이면 태아가 유산될 암시이며, 일반적인 꿈의 경우 사업과 관련된 경우에는 작은 일이 성사된다.

○ 용이 안개 속에 있다가 다시 그 모습을 나타낸 태몽을 꾸면, 태아가 장차 한동안 은둔생활 또는 비밀을 간직할 일이 있게 되거나 모자 이별이 있게 됨을 예지한다.

○ 용이 나자빠져 있는 태몽을 꾸면, 태아가 장차 패륜아가 되거나 요절할 사람과 관계하게 된다.

○ 용이 구름 속에서 눈을 부라리다 빗방울을 떨어뜨린 태몽으로, 태아가 유산된 사례가 있다.

○ 두 마리의 수탉이 싸우다가 그 중 한 마리가 피를 흘리는 태몽을 꾸면, 태아가 중년에 요절하게 된다. 일반적인 꿈의 경우 상대방과 크게 다툴 일이 생기게 된다.

○ 매가 족제비·금붕어·잠자리로 변해 벽에 붙어 있는 태몽은, 태아가 일찍 죽을 때까지의 생활환경 변화나, 허무한 삶이 되어 버린 일

생을 예지해주고 있다.

○ 큰 잉어나 물고기가 자기 앞으로 오다 사라지거나 다른 쪽으로 가는 태몽을 꾸면, 태아가 유산될 것을 예지한다.

○ 죽은 물고기나 동물을 보는 꿈은 가임 상황에서 유산으로 실현될 수 있다.

○ 큰 물고기가 연못에서 노닐다 갑자기 사라지는 꿈은 태아가 유산될 우려가 있다.

○ 두 마리의 물고기 중에서 한 마리는 내버리고, 한 마리는 연못에 넣은 태몽을 꾸면, 한 아이는 유산되고 한 아이는 순산하게 된다. 혹은 두 형제를 낳았으나 성장 과정에서 한 아이가 죽게 된다.

○ 자라가 자신의 동생을 꼭 잡구 매달리는 꿈으로 유산된 사례가 있다.

○ 흰 고양이가 오빠 엉덩이를 잡구 안놓던 꿈으로 유산된 사례가 있다.

(2) 동물관련 유산 · 요절의 실증사례

먼저 김하원씨의 『개꿈은 없다』에 소개된 동물 관련 유산 사례를 간략하게 살펴본다.

① 호랑이를 떨쳐버리는 꿈

"차 안에 있는데, 호랑이가 들어오려고 하여서 문을 꼭꼭 닫았더니, 호랑이가 발로 문을 긁다가 돌아가 버렸다."

"호랑이가 무서워서 도망가다 울타리 위에 올라섰는데, 발뒤꿈치를 물었다. 그래서 발로 세차게 차서 그것을 떨쳐 버렸다."

② 방안으로 뱀이 반만 들어온 꿈

한 아주머니가 임신했을 때, "뱀이 방 안으로 들어오고 있어서, 문을 얼른 닫아 버리니 반은 들어오고 반은 들어오지 못했다."

③ 뱀을 쫓아버린 꿈

"새끼 뱀이 머리를 치켜들고 뒤를 졸졸 따라오는 것을 무서워하면서, 뱀을 쫓아 보내려고 멈춰 서서 노래를 불러 주었다. 그제야 더 이상 뱀이 따라오지 않아, 혼자서 걸어가다가 잠에서 깨어났다."

④ 구렁이가 사라진 꿈

"구렁이 두 마리가 방으로 들어오더니, 벽장에 올라가 똬리를 틀고 있었다. 너무 무서워 막 쫓으려 해도 나가지 않았다. 그래서 친정어머니를 불렀는데, 어머니가 벽장문 옆에 걸려 있던 서양화 액자를 떼어내니, 구렁이가 벽장 안에서 스르르 나오면서 밖으로 나가 버렸다."

⑤ 개나 실뱀을 때려죽이는 꿈

"개를 때려 죽였다." "방 안에 있는 걸레를 들춰 보니, 거기에 조그만 실뱀이 있었는데, 그게 큰 뱀으로 변했다. 그래서 막대기로 마구 때리니, 배를 하얗게 드러내 놓고 죽었다."

⑥ 용을 떨쳐 낸 꿈

"용이 허리를 감기에 너무도 무서운 나머지 손으로 마구 떼어내서, 땅바닥에 떨쳐 버렸다."

⑦ 어린 송아지가 들어왔던 꿈

"삐쩍 마른 어린 송아지가 들어왔다 나간 꿈이었다." 어린 송아지였던 것처럼 병이 들어 몸이 야윈 상태에서, 어려서 죽는 일로 실현되었다.

이처럼 동물과 관련된 유산·요절의 태몽 표상은 불길하고 음울한 전개를 보이고 있다. 이런 꿈들은 가임여건에서 유산이나 요절로 실현되며, 일반적인 상징의 예지적 꿈으로 실현되더라도, 일거리나 대상의 좌절·실패 등으로 이루어지고 있다. 유산·요절의 실현사례를 간략 해설을 덧붙여 더 살펴본다.

〈 말이 달려오다가 주저앉는 꿈 〉

시어머니가 젊어서 아이를 가졌을 때 꿈을 꾸었는데, 말이 달려오다가 갑자기 주저앉아버리더래요. 그래서 기분이 안 좋았는데, 며칠후 아이를 유산했다고 하시더군요.

태몽 표상은 대표적인 상징적인 미래예지 꿈이다. 꿈의 기억만 정확하다면, 태몽 표상처럼 분명하게 앞으로 일어날 일을 예지하는 꿈은 없다. 꿈은 반대가 아닌 것이다. 꿈은 반대가 아닌 상징의 이해에 있는 바, 달려오는 말이 주저앉는 표상으로 유산의 불길한 실현을 예지해주고 있다.

〈 뱀에게 소금뿌린 꿈 〉

작년 여름에 임신 소식을 알고 너무 기뻤어요. 그즈음 꾼 태몽이, 제 주위에 뱀이 가득해서, 너무 놀라고 징그러워서 순간 소금을 막 뿌렸어요. 작은 새끼 뱀 한 마리가 제 등으로 타고 올라오자, 기절할 뻔 했다가 깨어났다는—. 저는 크리스천이라 괜한거 잘 신경도 안 쓰는데, 8주 있다가 계류유산 했어요. (글: 하이비스, 다음 미즈넷, 2007.12.21)

유사 사례로, 달려드는 호랑이에게 에프 킬러를 뿌리는 꿈으로 유산한 사례가 있다.

〈 기운없는 뱀이 쳐다보는 꿈 〉

인터넷에 올려져 있는 뱀꿈의 유산에 관한 사례이다.

낼 유산 수술하러 갑니다. 지난 12월 23일 새벽 아주 예쁜 주홍뱀이 저희집 탁자위에서 절 쳐다보고 있는데, 너무 기운없이 어디가 아픈 것처럼 보였습니다. '무슨 뱀이 저렇게 기운이 없냐' 하며. 저를 보고 있는 뱀이 징그러워, 남편한테 죽여 달라고 했습니다.

잠에서 깬 후에 너무 불안해했는데, 유산 후에 의사가 가르쳐준 아기 심장이 멈춘 날이 바로 내가 예지몽을 꾼 날이었습니다. 오늘 8주밖에 못 산 우리 아기, 초음파 사진을 보며 떠나보내려니 맘이 아프네요. 그래도 외롭진 않을거라 믿습니다. 전에 떠내보낸 아이도 9주, 비슷했거든요. 아마 서로 평생친구하며 잘 지내겠지요. 부디 좋은 곳에 가기를 바랍니다.

〈 뱀이 다시 알 속으로 들어간 꿈 〉

저희 어머님 태몽이 참 잘 맞아요. 이건 저희 형님 태몽인데요. 어머님이 꾸신거예요. 뱀알이 있는 둥지에 알이 2개 있었네요. 알에서 먼저 뱀이 머리를 내밀고, 조금 후에 두 번째 뱀이 머리를 내밀었다는 군요. 그런데 잠시 후, 갑자기 첫 번째로 머리를 내밀고 주의를 두리번거리던 뱀이 다시 알속으로 들어가 버렸답니다. 어머님이 꿈이 참 희한하다 생각하셨는데―저희 형님이 쌍둥이를 낳았어요. 쌍둥이라서 개월 수를 다 못 채우고 태어났어요. 그래서 둘 다 인큐베이터에 있었어요. 병원에서 첫애는 괜찮은데, 둘째가 좀 상태가 안 좋다고 해서 마음이 많이 좋지 않았거든요. 병원 인큐베이터에서 한 달 정도 두 아이가 있었는데, 갑자기 첫째 애가 운명을 달리 했답니다. 작은애는 지금 건강하게 잘 크고 있구여.

(글쓴이: 몽이, 이지데이, 태몽 이야기 방.)

태몽 꿈의 예지는 놀라움을 넘어 신비함에 이르고 있다. 첫번 째로 머리를 내밀고 주의를 두리번거리던 뱀이 다시 알속으로 들어가 버린 데서, 첫째 애의 요절로 실현되고 있다.

〈 구렁이를 숲으로 쫓아낸 꿈 〉

인터넷 http://blog.naver.com/sizyr에 올려져 있는 태몽의 유산꿈에 대한 시지르(syzyr)의 실증사례 이야기이다.

내 위의 오빠의 태몽이 참으로 신기했다. 물론 세상에 빛을 보지 못하고 유산되었기에 태어나지 못했지만―. 그 오빠의 태몽은 이렇다. 어머니가 부엌에서 일을 하시다가 마당에 뱀이 세 마리가 있는 것을 보았단다. 깜짝 놀라서 주걱으로 휘―휘― 쫓아내려고 했더니, 고모할아버지가 오시며 "너는 이쪽, 너는 저쪽으로 들어가거라" 라며 가장 첫 번째 뱀을 한쪽 방에 들여보내주고, 세 번째 뱀을 그 옆방으로 들어가라고 손을 휘휘 가리키더란다. 그리고 남은 두 번째 뱀에게는 "네가 들어갈 방이 없으니,

너는 숲으로 가거라" 하며 내쫓아버리셨다는 꿈이었다.

그래서 오빠가 태어나지 못했던 것일까? 가끔씩 술을 마시며 어머니가 말씀하시기를, 그 꿈에서 첫 번째 방으로 들어간 것이 우리 언니, 두 번째 방으로 들어간 것이 나일 것이라고 해몽하신다. 그래서 오빠를 잃고 난 뒤에도, '이 뒤에 아이를 또 갖게 되는구나'라고 생각하셨다나.

아마도 첫째 아이인 언니를 가질 때, 이 꿈을 꾸었을 것이다. 그리하여, 첫째와 셋째 아이는 순산하게 되지만, 둘째로 가지게 될 아이가 유산 등 잘못될 것을 태몽으로 예지해주고 있다. 이처럼 첫째 아이를 가질 때. 장차 두게 될 자녀의 태몽을 한꺼번에 꾸기도 한다.

〈 동물들을 쫓아내는 꿈 〉

저는 가정주부입니다. 결혼한 지 10년째이고요. 그런데 아직 아이가 없습니다. 저는 항상 태몽의 꿈으로 상징되는 동물들(곰,잉어) 등등 이런 것들을 옆에 두고도 항상 쫓아내는 꿈을 꾸고는 합니다.

이렇게 쫓아내는 꿈은 임신의 태몽 표상하고 너무나 거리가 멀다. 임신이 안되던가 혹 임신하더라도 유산하는 일로 실현되고 있다. 꿈해몽 상담 가운데 태몽 표상 가운데 유산이나 요절의 표상에 대해서 이야기해야 할 때, 가장 가슴 아프다. 태몽은 상징적인 미래예지 꿈이기에, 꿈의 실현을 벗어날 수가 없으며, 단지 장차 다가올 일에 대하여 '마음의 준비를 하라'는 뜻으로 받아들이면 될 것이다. 사실 꿈으로 이러한 사실을 어느 정도 예지 없이, 어느날 안 좋은 일로 실현되었을 때, 심리적 충격을 이겨낼 사람은 얼마 되지 않을 것이다.

꿈은 우리 인간에게 神(신)이 내려준 최상의 선물인 것이다. 안좋은 꿈을 꿔서 그러한 일이 일어난 것이 아니라, '안좋은 일이 일어나기로 예정되어 있는 것을 꿈을 통해 미리 알려줌으로써, 마음의 준비를 하게 하였다' 라고 생각하면 될 것이다.

〈 다가오는 쥐를 내치려고 했던 꿈 〉

앞서 식물 청과류의 태몽부분에서, 빅마마가 대신 꿔준 태몽이었던 '박경림이 빅마마의 집에 주렁주렁 달린 호박을 따서 달아나는 태몽' 에 대해서는 살펴본 바 있다. 2009.01.21일 아들을 출산한 바, 박경림이 본인이 꾼 아들의 태몽이다.

> "올 1월 1일, 태몽을 꾸었어요. 쥐가 저한테 살금살금 다가오는 꿈이었어요. 제가 원래 쥐를 싫어하거든요. 쥐가 품 안으로 들어오려고 해서 내쳤는데, 그래도 안 나가고 제 손을 핥고 품에 꼭 안겨 있는 거예요. 당시 꿈이 너무 생생했어요.

쥐를 내치려고 했으나 쥐가 나가지 않고 품에 안겨 있는 꿈이었기에, 임신 후 유산 등의 위태로움을 극복하게 될 것을 보여주고 있다. 실제 레이디 경향에 소개된 당시의 기사내용을 일부 전재한다.

> "임신한 지 8주 반 됐어요. 병원에서는 하혈이 심해서 유산 가능성이 있으니, 12주가 되기 전까지는 주위에 말하지 말라고 하더라고요. 그때까지는 안정을 취하면서 계속 지켜봐야 한다면서요. 가족들에게만 임신 사실을 알렸어요. 그런데 아버지께서 친구 분에게 얘기하는 과정에서, 기자

의 귀에 들어가 언론에 알려지고 말았어요."

그 다음 주에 병원에 갔더니, 아기 심장이 뛰는 게 보였어요. 의사 선생님에게 '이렇게 심장이 뛰는데, 잘못될 리는 없지 않느냐?' 고 물었더니, '그래도 조심해야 한다' 고 하더라고요. 그렇게 또 일주일을 보내고 병원에 갔는데, 아기 머리와 몸, 다리가 보였어요. 그제야 의사 선생님께서, '이제는 안전하다. 임신했다고 말해도 된다' 고 했어요. 그때 얼마나 기쁘고 감사했는지….

〈 송아지를 피해 달아나는데 송아지가 쫓아온 꿈 ― 두번째 꿈 〉

임신하고 한 4개월 정도 돼서, 유산할 뻔한 고비를 넘기고 바로 꾼 꿈이다. 오빠랑 논길을 걸어가면서 산책을 하고 있는데, 웬 사거리 같은 곳에서 커브를 트니 누런 황소가 한 마리 있었다. 황소라기보다는 송아지였다. 엄청 눈망울이 초롱초롱 귀여운 송아지, 근데 꿈속에서도 그 송아지를 보면서 이상하다고 생각한 것이 분명 체구도 작고 눈도 아직 아기티가 팍팍 나는 송아지인데 뿔이 있어서, '왜 아기송아지가 뿔이 달려있을까' 하고 많이 고민했다.

암튼 목줄도 없고 귀걸이표(?) 같은것도 없는 야생 송아지같이 보이는 관계로, 또 도망갔다. '송아지가 날 못 봤겠지' 라고 생각하면서, 오빠를 끌고 막 반대편으로 도망가는데, 근데 갑자기 송아지가 눈물을 흘리면서 음메음메~ 하면서 달려오기에 무서워서 더 도망갔다. 근데 나보다 송아지가 달리기가 더 빠르더니, 엉덩이를 툭~ 올려서 나를 붕~ 띄우더니 자기 등에 탁 타게 했다. 아프진 않았다, 암튼 소를 타고 이상 얄딱꾸리한 기분을 느끼며, '태몽이구나' 하면서 점잖게 일어났다.

태몽표상에서 동물을 물리치는 꿈은 장차 유산이나 요절로 이루어질 수 있는 흉몽이다. 송아지를 물리치고자 하지만 끝까지 따라온 꿈의 전개가 다행스럽다고 해야 할 것이다. 유산의 위험을 벗어나게 되거나, 또한 장차 성장과정에서 교육이나 직장 문제 등으로 자식과 떨어져서 살아야 할 상황이 전개될 여건에 처하게 되나, 효심이 지극한 자식에 의해 함께 사는 일로 실현될 수도 있겠다.

〈 토끼가 토끼 가족으로 가려다가 품에 뛰어든 꿈 〉

난 유산될 뻔했다고 한다. 우리 엄마가 임신했을 때, 감기인줄 알고 감기약 먹고 한약도 먹었다는 것 같다. 여하튼 엄마 꿈에 토끼 새끼가 엄마한테 안겼는데, 토끼 대가족이 와서 새끼 토끼 달라고 했단다. 그런데 새끼 토끼가 토끼 무리로 갈려다가, 엄마한테 뛰어들었다는ㅡ. 그래서 딸인 내가 태어났다. 꿈도 참 기막히지. 토끼띠 해에 태어나다니. (인터넷 Happy daily 블로그에서)

〈 새가 날아간 꿈 〉

태몽으로 새가 손에 붙어 있다가 날아가는 꿈을 꿨거든요. 그리고 나서, 5개월 때 유산을 했고요. (글쓴이: 소영낭. 성은맘의 임신 출산 육아 정보창고)

〈 새가 날개가 꺾여져 추락하는 꿈 〉

새가 하늘을 향해 날아오르다가 날개가 꺾여져 추락하는 꿈을 꾸게 되었다. 이후 똑 같은 꿈을 수회 반복해서 꾸었다.

태몽꿈으로 아들을 낳았으나, 1주일 만에 죽게 되었다. 이 경우 꿈 속의 작은 새가 태아의 상징 표상으로 앞으로 일어날 일을 예지해주고

있으며, 이처럼 똑같이 반복되는 꿈은 꿈으로 예지된 일이 반드시 일어
난다는 강렬한 상징기법인 것이다.

〈 학이 숨도 안 쉬고 누워있는 꿈 〉

① 하얀 학 한 마리가 처량하게 움직이지도 않고 고개만 숙인 채, 물
   가만 바라보고 앉아 있는 것을 보는 꿈.

② 학이 안겨들듯이 날아오더니, 서있는 다리 밑에 쭉 뻗은 채로 누
   워 숨도 쉬지 않고 움직이지도 않고 누워있는 꿈.

두 꿈 모두 한 사람이 이어서 꾼 꿈의 내용으로, 꿈의 상징대로 결과
는 좋지 않게 일어날 것을 예지해주고 있다. 현실에서는 임신을 했으나
유산하게 되는 일로 실현되었다.

이렇게 꿈으로 예지된 경우에, 결국은 꿈에서 보여준 상징의 의미
대로 전개되고 있음을 수많은 꿈사례는 보여주고 있다. 현실에서는 의
사의 실수로 인해 유산이 이루어지고 있는 것으로 실현되고 있지만, 상
징적인 꿈의 의미로 보아서는 혹 출산을 하게 되더라도 단명에 그치게
되거나, 신병 등으로 인해서 불행한 일생이 될 것을 예지해주고 있다.
덧붙이자면 꿈의 상징으로 보아서는 기품 있는 딸이 될 가능성을 보여
주고 있다.

〈 어항속의 금붕어가 보기 싫던 꿈 〉

금붕어가 어항 속에서 여러 마리 놀고 있었다. 그 중에 어쩐지 앞에 있
던 금붕어를 보기가 싫어지고, 그 뒤에 있던 눈이 까만 금붕어가 좋아진
꿈이었다.

첫애를 유산하고, 다시 가진 아이를 낳게 되었으며, 아이의 눈이 크고 까만 귀여운 딸을 낳게 되었다.

〈 죽어가는 듯한 물고기를 잡은 꿈 〉

꿈에 조카가 태어나는 꿈을 꾸었는데, 시간과 날짜까지 너무나 생생했어요. 또 하나는 붕어인지 잉어인지 기억은 없지만, 맑은 냇가에 아주 많은 붕어들이 있었어요. 저는 한 마리라도 잡아야겠다고 살금살금 기어 갔는데, 왠 고기들이 도망도 가지 않고 모여서 있는거예요. '이상하다. 왜 고기들이 도망을 안 가고 이렇게 모여 있는 것일까?' 하며 고기를 한 마리 잡았는데, 그 많은 물고기들이 힘이 없이 꼬리만 흔드는 거예요. 한 마리를 잡아서 유심히 살펴보니, 꼬리가 이상하게도 찢어지고 죽어가는 듯한 모습에, '왜 고기들이 이럴까?' 하며 꿈을 깼어요.

그리고 나서 저는 '이건 바로 태몽 같은데, 누가 임신을 했을까?' 하고 하루를 바쁘게 정신없이 보내는데, 막내 동생한테 전화가 왔어요. 작은 언니가 임신을 했다고 그런데, 유산 기가 있어서 집에서 쉬고 있다고 하더군요. 그리고 나서 며칠후에, 동생에게서 밤늦게 전화가 왔어요. "언니, 나 유산됐어." 하는 거예요.

상징적인 미래예지 꿈은 앞으로 일어날 일을 예지해주고 있으며, 그 실현의 결과는 피할 수 없다. 자신이나 자신의 주변인물 나아가 국가적·사회적인 일에 대해서 상징적인 꿈으로 어렴풋하게 알려줌으로써 장차 일어나는 일에 대해서 마음의 준비를 하게 해주는 것이다.

따라서 좋은 꿈을 꾸고 로또에 당첨된 사람들이 많듯이, 꿈은 반드시 나쁜 일만을 예지해주는 것은 아니지만, 대체적으로 좋은 일보다는 나쁜 일을 예지해주는 쪽으로 실현되는 경우가 더 많은 편이다. 이는 우리의 인생길에서 좋은 일보다는 안좋은 일에 대한 마음의 준비가 더 필요한데서 기인하지 않을까 한다.

필자에게 해몽 부탁을 하는 경우 70% 정도가 안좋은 꿈에 대한 해몽요청이다. 물론 이 경우 '좋은 꿈을 이야기하면 재수가 없다'는 속설을 믿는 사람도 있어서, 본인이 생각하기에 좋은 꿈의 경우에는 자신의 마음속으로만 생각하고 있을 뿐, 다른 사람에게 꿈이야기를 하지 않는 경우가 많다.

하지만 좋은 꿈을 이야기한다고 해서, 상징적인 미래예지 꿈의 경우에 그 꿈이 실현되지 않는 것은 아니다. 단지 우리 인간이 꿈의 의미를 좋다고 단정하고, 노력하지 않을 자만심을 일깨우기 위해서, 겸허한 마음자세로 노력하라는 뜻에서 말하지 말라는 것이다. 또한 '꽃가마 타고 가는 꿈' 등 좋은 꿈으로 보이지만, 죽음예지 등 안좋게 실현되는 경우가 있을 수 있는 바, 좋다고 보여지는 난해한 꿈의 상징의미를 완벽하게 해몽할 수 없는 경우도 있을 수 있기 때문이기도 하다.

꿈속에 잡은, 한 마리의 힘이 없고 찢겨진 물고기의 표상이 장차 태어날 태아의 상징표상으로 등장하고 있음을 알 수 있겠다. 이러한 상징적인 미래예지 꿈은 처한 상황에 따라 태몽 이외에 다르게 실현될 수 있을 뿐, 그 어떤 경우라도 좋은 않은 결과로 진행되는 것은 틀림이 없다. 또한 본인 스스로 태몽일 것 같으며, 안좋게 진행될 것을 짐작하고 있는 것처럼, 우리 모두 어느 정도의 꿈해몽의 능력을 지니고 있다. 꿈 일기를 적어가면서, 자신의 꿈을 자신 스스로 해몽해보자. 그러면 놀라운 꿈의 세계를 발견할 수 있게 될 것이다.

〈 붕어 두 마리를 잡았다가 놓아준 꿈 〉

애를 두 번 잃었어요. 시아버지는 붕어를 두 마리 잡았는데, 가지고 갈 그물망이 없어서 놔줬데요. 시어머니는 멀리서 붕어 두 마리가 물밖에 튀어나와 팔딱대고 있는데, 너무 멀리 있어서 그냥 숨도 못 쉬고 죽어가는 것을 바라 봤대요.

친분이 있는 분이 꾼 꿈인데, 용 두 마리가 하늘위로 솟구쳐 날아가 버리더래요. 아, 정말 싫어요. 두 번 유산되기 전에 꾼 꿈이랍니다.

(쌀쭈, 이지데이, 태몽이야기방,)

첫째 아이 태몽에 등장하는 동·식물의 숫자로써 장차 두게 될 자녀수를 예지하는 경우가 상당수 있다. 마찬가지로 두 차례의 유산을 하게 될 것을 잡은 두 마리의 붕어를 놓아 주는 것, 두 마리의 붕어가 죽어가는 것, 두 마리의 용이 날아가 버리는 것으로 예지하여 주고 있다.

〈 큰 잉어를 잡는 꿈, 금목걸이를 훔쳐서 주머니에 넣는 꿈 〉

임신이 잘 안되어, 이제는 나팔관에 유착이 심해 자연 임신이 힘들어서 체외수정을 하려고 날을 거의 잡아놓은 상태인데, 얼마 전에 우리 남편이 꿈을 꿨는데, 언제나 꿈에서 낚시해 고기를 잡으면 남을 주거나 놓치거나 죽은 고기거나 했는데, 이번에는 큰 잉어를 잡는 꿈을 꾸고 또 하늘에서 큰 불기둥이 자기 앞에 내려오는 꿈을 꾸었다고 합니다.

그리고 저는 금목걸이를 훔쳐서 너무 좋아하며 제 주머니에 넣는 꿈을 꾸었는데, 우리 신랑은 좋은 꿈이라며 이번 일이 잘 될거라 저에게 희망을 주는데 정말 좋은 꿈인지 해몽을 꼭 부탁 드립니다.

주부의 꿈사례이다. 낚시해 고기를 잡으면 남을 주거나 놓치거나 죽은 고기였던 꿈의 예지처럼 수차례 임신의 실패가 있었으나, 큰 잉어를 잡거나 하늘에서 큰 불기둥이 내려오는 꿈은 성공적으로 임신하게 될 것을 꿈으로 예지해주고 있다. 큰 잉어, 불기둥, 금목걸이 — 등 태몽 표상도 아주 좋다. 태몽표상의 꿈 전개에 있어 결점이 없고, 크고 탐스러운 대상일수록 좋은 것이다.

〈 잉어 다섯 마리가 죽어 물 위로 떠오른 꿈 〉

탤런트 최란이 2009.1.2일 방송된 MBC '이재용 — 최현정의 기분 좋은 날' 에 남편 이충희 감독과 함께 출연해 다섯 쌍둥이를 갑자기 유산한 사연을 털어놨다. 최란은 출산 당시 배란촉진제를 맞으며 노력을 했으나, 늦어지는 임신으로 불화설과 이혼설에 시달려야 했다고 고백했다. 그러던 중 다섯 쌍둥이를 임신한 최란은 너무나 기뻤다고. 그러나 기쁨도 잠시, 남편 이충희 감독이 잉어 다섯 마리가 죽어 물 위로 떠오르는 예사롭지 않은 꿈을 꾸었고, 이후 최란은 이유도 모른 채 다섯 쌍둥이를 유산하게 됐다고 밝히고 있다.

최란은 "큰 아픔을 겪었지만, 이후 예쁜 쌍둥이 딸들과 막내아들을 얻어 행복한 나날을 보내고 있다" 고 말했다.

〈 물고기가 밖으로 나오지 못하는 꿈 〉

이무송 · 노사연 부부는 불임 부부들에게도 희망이 되고 싶다는 마음으로, 둘째를 갖기 위한 프로젝트를 실행에 옮긴 적이 있다. 5~6년 전 두 차례 시험관 아기를 시도한 것이다. 시험관 시술 후엔 안정을 취해야 하는데, 한창 바빴던 노사연으로서는 그럴 수 없어 두 차례 시도는 모두 실패로 돌아갔다.

"두 번째 시도는 소변 검사를 했을 때, 양성 반응이 나오기까지 했어요. 하지만 착상이 잘 되지 않았죠. 시어머니께서는 그때 태몽 비슷한 것까지 꾸셨대요. 미국 시댁 마당엔 수영장이 있는데, 겨울엔 물을 빼지 않고 비닐로 된 덮개를 덮어두거든요. 꿈에 시어머니가 수영장 가에 계셨는데, 덮개가 울룩불룩하더래요. 그 밑에서 잉어인지 붕어인지가 자꾸 밖으로 나오려고 하는데, 결국은 덮개 때문에 못 나오더라는 거예요. 그 이야기를 어머니께 듣고 얼마나 가슴이 아팠는지 몰라요. 우리에게 오려던 아기가 그렇게 갔는가 싶어서…." (여성조선, 박혜전 기자, 2008.04.22)

〈 거북이가 움직임이 없이 물에 떠있는 꿈 〉

이용자가 보내온 친구의 유산을 예지한 꿈 사례이다.

집에서 키우던 큰 거북이가 아기 거북이를 4~5마리를 낳았는데, 이상하게 아기 거북이들이 얇고 투명한 막에 쌓여, 움직임 없이 마치 죽은 것처럼 물위에 떠 있는 꿈이었다. 그로부터 며칠 후 가까운 친구에게서, "이제 6개월 접어든 아이가 유산되었어" 라고 전화가 왔다. 그 유산된 아이는 남자, 여자 쌍둥이였다.

3) 사물 관련

일반적인 태몽 사례나 유산·요절사례에서도 동물·식물이 가장 많은 태몽 표상물로 등장하고 있으며, 사물에 관한 유산 사례는 비교적 드물게 보이고 있다.

(1) 사물 관련 유산·요절의 꿈해몽

○ 사물이 비정상적인 위치에 있거나, 파손되거나, 무너지거나, 부서지거나, 버리거나, 사라지거나, 얻었다가 빼앗기는 꿈 등은 태몽인 경우 유산이나 요절 등으로 실현될 것을 예지해주고 있다.

○ 가구나 어떠한 사물을 옮기거나 돌려놓으면, 임신 중에 유산될 우려가 있다.

○ 큰 장독이나 항아리 등이 뒤집혀 있는 것을 보면, 임신 중 상황에서 유산될 것을 예지한다. 일반적인 실현으로는 하고자 하는 일거리나 대상에 변동이 생기면서 어긋나는 일로 실현된다.

○ 물건 또는 음식을 어느 부분만을 입으로 깨물어 먹은 태몽을 꾸면, 태아가 유산되거나 중도에서 요절한다.

○ 삼킨 물건을 토해내면 태아를 유산하게 된다. 일반적인 꿈의 경우에는 어떤 권리를 얻었다가 상실한다.

(2) 사물 관련 유산·요절의 실증사례

〈 반지를 빼앗기는 꿈 〉

12개월인 딸이 있어서, 생각지도 못했는데 둘째가 생겼어요. 꿈에 루비 사파이어 등등 보석들을 봤는데, 어느새 반지가 손에 끼어 있었어요. 그런데 갑자기 어떤 여자가 자기 것이라며, 반지를 뺏어 가더라구요. 태몽인 것 같았는데, 좀 기분이 나쁘더라구요. 결국 임신 7주 만에 유산을 했어요. 의사가 "계류유산이라고, 아기 심장이 안뛴다"고 할 때, 제 심장이 멎는 줄 알았어요

〈 훔쳐 가져오던 신발을 다시 놓고 온 꿈 〉

전 너무 예쁘고 천연색색의 꽃신이 가득한 곳에서, 한 켤레를 가슴에 품고는 뒤돌아오는데, 갑자기 신랑 생각이 나길래 한 켤레 더 가질러 돌아가는데, 저쪽에서 어떤 여자가 쳐다보고 있는 거예요. 훔쳐가는 거라는 생각에, 무서워서 그냥 품고 있던 신발을 내려놨어요. 에궁~ 그래서 그런지, 10주에 아무 이상 없다가 유산 되었답니다. (맘*^^*, 다음 카페의 '임신과 출산 그리고 육아')

〈 검은색 옷을 받는 꿈 〉

우리 학원 선생님이 유산하셨을 때, 꾼 꿈이래. 선생님이 입덧이 너무 심해서 병원에 입원해 있었는데. 진짜 입덧 때문에 학원도 두 달이나 쉬셨거든.

근데 병원에서 꿈을 꿨는데, 꿈에서 선생님이 교회에 가고 계시더래. 선생님이 교회에 다니시거든. 근데 교회에서 사람들이 전부 검은 옷을 입고 있더래. 그중 선생님 친구도 계시기에, 선생님께서 "누가 죽었어?" 라고 친구한테 물어 봤다는 거야. 그래서 그 친구가 선생님에게, "왜? 넌 옷 없어?" 하더니, 어디서 났는지도 모르는 검은색 옷을 선생님한테 던져주더래. 선생님이 그걸 받고 잠에서 깼는데, 그 다음에 어쨌는지 잘 기억은 안나고ㅡ, 검사를 하게 되었는데, 애가 유산이 되었다고.

(조길란 [WHRLFFKS])

〈 무덤 앞에 애기 고무신이 놓여진 꿈 〉

우리 시어머니가 제가 유산될 꿈을 꾸었습니다. 병원에 가서 검사했는데, 심장이 안 뛰었거든요. 5주 정도에 임신한 것을 알았는데, 8주 쯤에 수술했습니다. 그 당시 손윗 동서도 임신중이었는데, 제가 유산하고 나서 그 얘기를 하시더라구요. "사실은 이런 꿈을 꿨었다." 그런데, 꿈의 내용이 정말 소름 끼치는—. 시아버님이 일찍 돌아가셨거든요. 그런데, 그 아버님 산소에 애기 고무신 하얀 것이 가지런히 하나가 놓여 있더래요. 저 정말 그때 그 꿈이야기 듣고 얼마나 끔찍했는지 몰라요.

(줄리엣님 1128kh1***, 다음 미즈넷, 2005.5.12)

4) 사람 관련

아기나 동자 등 사람이 등장하는 태몽에 있어서, 사라지거나 결별하거나, 받기를 거절하거나 밀쳐내는 꿈 안좋은 표상전개로 이루어지는 태몽은 유산·요절로 실현되고 있다. 꿈은 반대가 아닌, 상징의 이해에 있음을 여실히 보여주고 있다.

(1) 사람 관련 유산·요절의 꿈해몽

○ 있던 아이가 사라지는 꿈은 유산·요절로 실현된다.

○ 아기들이 나타나 주위에서 놀다가 안거나 같이 놀아달라고 하는데, 자꾸 밀쳐내는 태몽꿈은 유산하게 되는 일로 실현된다.

○ 꿈속에 등장된 아이의 얼굴이나 모습이 잘못되어 있는 태몽의 경우, 현실에서 유산이나 요절로 이루어진다. 태몽이 아닌, 일반적인 꿈의 상징에서는 아이로 상징된 자식같이 애착이 가는 소중한 일거리·대상에서 어려운 문제 상황이 발생하거나 손실이 있게 된다.

(2) 사람 관련 유산·요절의 실증사례

〈 등에 없었던 아이가 없어진 꿈 〉

임신을 확인하고 3일째 되는 날 꿈을 꿨어요. 제가 아이를 업고 집으로 가면서, 다시 아이를 업으려고 등을 보니 아이가 없는 거예요. 그런데 뒤에서 애기 우는 소리가 들려서 막 뛰어갔는데, 아이가 없더라구요. 그러고 나서 아침에 혈이 보여서 병원에 갔는데, 유산이라구 하더라구요.

(곰곰이, 이지데이 태몽이야기방)

〈 아이가 혼자 빠져나가고 문이 닫히는 꿈 〉

[사위와 딸이 외국에 간다고 함께 공항에 갔는데, 손자라고 생각되는 조그만 사내아이가 혼자 출국장을 빠져나가고, 문이 스르르 닫혀 버리는 꿈이었다]

자기의 딸이 임신했을 때, 사내아이가 보이는 걸 보고 아들 낳을 태몽인 줄로만 알았다. 하지만, 꿈의 예지대로 단명의 요절하는 일로 실현되었던 것이다.(글: 김하원)

〈 지하실 물속에 버려진 아기 〉

'예지'라는 필명의 이용자가 사이트에 올린 유산에 관련된 꿈사례이다.

오늘은 태풍의 영향으로 바람이 많이 분다. 이런 날엔 이런 꿈이 생각난다. 어느 친구의 둘째 아이에 대한 태몽꿈이다. 질펀한 공사장을 혼자 지나가는데, 하늘은 어둡고 심란한 풍경 그 자체였다. 아직도 공사 중인 어느 건물 안을 들어가 보니, 흰 까운을 입은 사람들이 웅성 거리며 모여 있었다. 자세히 보니 간호원이 아기를 안고 있었는데, 갑자기 아래 지하 실 쪽으로 아기를 던져 버리는 것이 아닌가!

너무 놀란 나머지 계단을 허겁지겁 내려와 지하실에 가보니, 그 곳은 어둡고 차가운 시멘트 벽이고, 한 면은 유리로 만들어진 작은 수영장처럼 보였는데 물이 가득 차 있었다. 다행히 아기는 물에 빠져서 죽지는 않았 는지, 천천히 내가 들여다보고 있는 유리벽 쪽으로 흘러 왔다. 아기를 건 지려고 얼굴을 돌려 본 순간, 너무 놀라 소리를 지르며 꿈에서 깨고 말았 다. 그 아기의 얼굴은 이목구비를 알아 볼 수 없을 만큼 모두 문드러진 채, 나를 바라보았던 것이다.

이 꿈을 꾸고 난 얼마 후, 그 친구를 만나 혹시 아기를 가졌냐고 물으 니, 친구는 소스라치게 놀라며 어떻게 알았느냐고 되물었다. 그 친구는 자신도 모르게 임신 3주가 되었는데, 그 3주 동안 독감 약을 많이 먹어서, 기형아를 의심한 의사의 권유로 식구들 아무도 모르게 인공유산 수술 날 짜를 받아 놓았다는 것이었다. 결국 친구는 수술을 하고 말았다.

친구의 유산을 예지한 꿈으로 보아야 할 것이다. 이러한 상징적인 미래예지 꿈의 결과는 피할 수 없게 되어 있다. 음울한 분위기의 전개, 아기의 등장 등등── 안좋은 일로 실현되어짐을 보여주고 있다.

〈 하이얀 한복을 입은 아이 〉

인터넷의 pullip's doggy food 블로그에 '찌그러진 태몽' 으로 올려 진 유산에 관한 꿈사례를 요약해 살펴본다.

결혼하고 난후. 생생하게 꾸었던 태몽 같은 것이 두 개 있습니다. 처음 꿨던 태몽은 저희 외할머니 같은데, 하이얀 한복을 입고 아주 잘 생긴 4~5살 된 아가 손을 붙잡고, 제가 있는 방문을 열고 들어오시더군여. 그러더니 그 아가를 저한테로 밀어주시면서, 아가가 혼자 걸어가게 하시더라구여. 그 아가는 가슴에 금덩이 같은 누렇게 번쩍번쩍 거리는 것을 안고 천천히 웃으면서, 저한테로 걸어오더라구여. 그래서 저 양팔을 벌려 환한 미소 지으면서 그 아기를 안았습니다.

임신한 줄 알고 무지 기뻐했는데, 얼마 후인가 결혼한 지 이제 1년 조금 넘은 아랫동서가 전화를 해서는, "형님~ 죄송한데요. 저 임신이래요" 하더군여. 태몽 꿈을 대신 꿔준 것이었습니다.

태몽이야기를 우리 친정어머니에게 했더니, 우리 친정어머니 "그거 태몽 아니다. 잊어버려라. 소복입고 나타나면 안 좋을끼다. 그 애기 오래 못산다." 하시더군여. 우리 어머니 점쟁이도 아니고, 그런 말씀을 무 짜르듯 날카롭게 하시는데, 소름이 쫙~ 끼치시더군여.

근데 얼마 후, 동서의 임신 소식을 전해들은 지 보름쯤 되어, 동서가 병원에 입원했다고 전화오더니, 병원에 입원한지 1주일 만에 유산되어 버려서, 수술을 받고 퇴원했습니다. 그래서 바로 친정어머니에게 전화해서 여차저차 이야기를 했더니, 우리 친정엄마 "그럴 줄 알았다"는 식으로 태몽에 소복같은 것이 보이면 안좋다고 하더군여. 아~ 우리 엄마. 어디 돗자리 펴야하지 않겠습니까?

〈 엄마 나 엄마한테 들어가두 돼 〉

(가위 눌린 일) 때는 2003년 10월 말이었어요. 결혼을 하고 신혼여행을 다녀와서, 친정부모님께 잘 다녀왔다는 인사를 하려고 친정엘 갔죠. 그때

아버지께서 편찮으셔서 홍천에 계셨었는데, 친정에 갔다가 곧바로 홍천으로 갔지요. 그때 잘 곳이 마땅치 않아서, 근처에 적당한 곳을 찾아 하루 묵게 됐는데요, 아주머니께서 제 한복의 새댁 옷을 보시더니, 제일 좋은 방이라면서 가장 위층 방을 주시더라구요.

여행을 다녀온지라 너무 힘들어서 일찍 잠자리에 들었는데, 이리 뒤척 저리 뒤척이다가 겨우 잠에 들었는데, 갑자기 방의 문이 열리는 소리가 들리는 거예요. 끼~~이~~익. 아니나 다를까 가위에 눌렸답니다. 한 할아버지와 어린 아이가 들어왔어요 (어떻게 아냐구요? 목소리가 들렸어요) 제가 새우잠 자는 듯한 자세로 옆으로 누워 있었거든요.

근데 그 아이가 제 등에 업히듯이 딱 달라붙더니, 저에게 이러더군요. "엄마 나 엄마한테 들어가두 돼?" 너무 무서웠어요. 정말 식은땀이 나더라구요. 근데 "안돼!" 하고 말하기가 그러더라구요. 행여나 해꼬지 당할까봐서요, 그래서 생각한 것이, "아직은 안돼, 나중에 와" 하고 타이르듯이 말을 했어요. 그랬더니 할아버지가 아이에게 "가자" 그러더라구요. 그러더니 가위가 풀렸어요

너무나 이상한 가위눌림이라서 아빠한테 얘기했더니, 거기가 강경국도가 나면서 근처에 이것저것들이 많이 생겨서 그렇지, 묘가 유난히 많았던 곳이라고 그러시더라구요. 너무 무서웠어요. 지금도 그때 생각만 하면 소름이 돋아요 (글쓴이: 장영경)

꿈의 세계를 잘 모르고 하는 말이다. 귀신이 나타난 꿈, 가위눌림 등으로 무서운 꿈을 꾼 것으로 생각하고 있지만, 필자가 보기에 "엄마 나 엄마한테 들어가두 돼" "아직은 안돼, 나중에 와" 등의 꿈속의 대화로 미루어, 신혼인 새댁이 아기를 임신할 뻔하다가, 나중에 임신하게 되는

일로 이루어질 것을 예지해주고 있다. 혹은, 이 경우 임신하게 되지만 유산하게 되고, 다시 나중에 임신하는 일로 일어날 것을 예지해주고 있다.

5) 기타 유산·요절의 표상

(1) 기타 유산·요절의 꿈해몽

○ 과일이나 기타 음식물을 일부만을 깨물어 먹는 태몽 꿈인 경우 유산으로 실현된 사례가 있다.

○ 상한 음식을 얻거나 먹으면, 임신 중에 유산이 되거나 약한 자식을 낳게 된다.

○ 먹은 음식을 토해내는 태몽은 태아가 유산될 우려가 있으며, 일반적으로는 성취를 이루었다가도 일시적으로 일이 어긋나서 이권이나 재물을 상실케 되는 일로 실현된다.

○ 아랫니가 빠지는 꿈을 꾸고 나서, 동서가 아기를 유산했다는 소식을 들었다.

○ 왼쪽 엄지손가락 손톱 밑에서 하늘 방향으로 조그마한 가시같은 손톱이 나오더니 빠져버리는 꿈은 인위적으로 유산을 하게 되는 일로 실현되었다.

(2) 기타 유산·요절의 실증사례

〈 잘라놓은 오징어를 먹는 꿈 〉

지금 나와 함께 근무하는 동료 직원이 2개월 된 아들을 하나 잃은 적이 있다. 그 어머니가 그 아이를 임신했을 때 꾼 꿈이다. "접시 같은 데 오징어 한 마리가 있었는데, 누군가가 그걸 칼로 토막토막 잘랐다. 그러자 그 토막들이 마치 산낙지를 잘라 놓은 것처럼 꿈틀거렸다. 그런데 어디선가에서 사람은 보이지 않고 목소리만 들려 왔다. "아들이니까 먹어라." 하고."

태몽 가운데는 무엇을 먹는 태몽이 있다. 흔히 과일을 먹는 꿈을 자주 꾼다. 그런데 이 때 주의해야 할 것은 무엇을 먹든 한 입에 삼켜야 그게 별 이상이 없는 태몽이지, 잘라 먹거나 으싹 깨물어 먹는 것은 좋은 꿈이 아니라는 것이다.

이 오징어를 먹는 꿈도 "아들이니 먹어라."라는 이야기가 없었다면, 태몽으로 보기 어려운 꿈이나, 그런 소리를 했으니 아들에 관한 태몽인 것이다. (글: 김하원)

〈 새 둥지 속의 알이 깨진 꿈 〉

꿈속에서 아주 잠깐 한 순간이었던 것 같다. 그 때 임신 중이었다. 새 둥지 속에 여러 알들이 있었고, 그 화면은 TV에서 바탕부분이 하얗게 환상적으로 처리된 듯한 그런 모습이었다. (TV 등에서 꿈내용이라고 보여줄 적 등에 쓰는 듯) 꿈속에서 신의 계시같이 울리는 음성, 여자 목소리였다.

"누구야. 생명은 소중한 거란다" 라고 했다. 무슨 꿈인지 몰랐다. 그 후에 유산을 하게 되었고, 그 후 생각을 하여보니 그 새 둥지 속에 담긴 작은 알하나가 이상하게 조금 찌그러져 있었던 것 같았다. 의사들이 아이가 이상하다고 했다. 하지만 의사말만 믿고 성급했던 것 아닌가 더 검사를 해봐야하지 않았던가 후회가 된다. 여자음성의 "생명은 소중한 거란다" 하는 말과, 그 새 둥지가 잊혀지지 않는다.

상징적인 미래예지 꿈에 계시적인 성격의 꿈의 요소가 결합되어 있다. 꿈은 우리 인간으로 하여금 다가올 길흉에 대해서 마음의 준비를 하게 해 주고 있는 것이다. 상징적인 꿈의 결과에 있어서는 꿈의 실현을 피할 수 없음을 여러 사례는 보여주고 있다.

〈 가상공간이라는 꿈 〉

너무 경치 좋은 곳에, 큰 거북이가 날아다니고. 색깔 예쁜 어마어마한 비단 잉어가 날듯 헤엄치고. 그런데 그게 다 레스토랑에서 만든 가상공간이라며, 주인이 나타나더군요. 날아다니던 거북이가 곁에 뚝 떨어졌는데, 가상공간이란 걸 알고 실망하며 깼었죠. 그리고 큰 거미가 나타나서 놀라고 있는데, 이쁜 고양이가 잡아먹고, 그러더니 유산이 되었답니다. ─ 리플 달기, 이지데이, 임신에서 출산.

〈 악취가 심한 도랑물에 빠진 꿈 〉

누군가가 엄마를 밀어서 도랑물에 빠졌다는 것이다. 엄마는 보이지 않고 도랑물의 악취가 심하게 날 뿐이었다. 다음날도 꿈을 꾸었는데, 내가 작은 흑염소를 흥정하며 판 꿈이다. 상대방이 돈을 주면서 양동이를 보여주는데, 그 안에는 검은 물이 있었다.

모두가 안 좋은 표상이 나타나고 있으며, 현실에서는 남동생의 올케가 아기를 조산했으나 죽고 말았다. 흑염소가 태몽 표상물인 경우, 사지 않고 파는 꿈은 유산하는 일로 이루어진다.

다음은 참고적으로 살펴본, 유산을 막아준 꿈사례이다.

〈 산신령이 계시하여 아이를 낳은 꿈 〉

우리 옆집에 사는 사람은 딸만 셋이다. 나는 그것을 보고, 무슨 딸을 셋씩이나 낳았는가? 하는 생각을 했었는데, 그 사람의 꿈 이야기를 듣고 보니 거기에는 그럴 만한 사정이 있었다.

셋째를 임신했을 때, 검사 결과 딸이란 소리를 듣고는 한동안 망설인 끝에 유산시키기로 마음을 먹었다는 것이다. 그래서 최종적으로 결심을 굳히던 날, 이제는 아들이든 딸이든 더 이상 낳지 말고 두 딸만 잘 기르기로 남편과 약속하고(또 절대 후회하지 않기로 다짐하고), 다음 날 병원에 가서 뱃속에 든 아이를 유산시키기로 작정하고, 미역까지 사서 물에 담가 놓고 잠을 잤다는 것이다. 그런데 새벽녘 꿈에, 옷·머리·수염 할 것 없이 온통 하얀, 도사나 산신령 같은 할아버지가 큰 지팡이를 쿵 하고 짚으면서 나타나, "왜 전생에 짓지 않던 죄를 지으려 하느냐!" 하며 호통을 치는 바람에 놀라 깼다는 것이다.

그래서 그 아이를 그냥 낳기로 하고 미역국만 끓여 먹었는데, 그러다 보니 딸만 셋을 낳게 되었다는 것이다. 그러니까 그 셋째 아이는 꿈 때문에 이 세상에 태어나게 된 셈이다. (글: 김하원)

꿈으로 인하여 유산을 하지 않게 된 사례이다. 덧붙여 살펴보면 과학적으로 보자면 아이를 가질 무렵에 산신령 같은 할아버지가 꿈에 나타나 "전생에 짓지 않던 죄를 지으려 하느냐"고 야단을 친 꿈은, 자기가 아이를 유산시키려고는 하였지만 그것을 죄악으로 생각하고 있었기 때문에 그 죄의식에 대한 심적 부담감에서 이러한 꿈을 꾸게 된 것으로 볼 수 있으며, 또한 계시적인 입장에서는 꿈의 상징기법의 하나인 신령스런 존재인 산신령을 등장시켜 유산에 대한 일깨움을 꿈을 통해 일러주고 있다고 볼 수 있다. 한건덕 선생님은 산신령 등은 자신의 잠재의식의 자아가 만들어 낸 꿈의 창작 표상이라고 말씀하시고 있는 바, 탁견이시다.

Ⅳ 유명인사 · 연예인 · 운동선수 등의 태몽

1. 유명인사 태몽사례

　선인들의 태몽에 대한 믿음은 신앙적이라 할 정도로 절대시하고 있다. 역사적인 인물의 탄생에 있어 신비로운 태몽이 있었음을 중시하고, 일대기를 기록한 행장(行狀) 등을 비롯해 여러 문헌에 태몽을 언급하고 있다. 정몽주(鄭夢周)는 꿈에 주공(周公)을 보았다고 해서 붙여진 이름인 바, 이처럼 역사적인 인물들의 이름에서 태몽과 관련된 이름도 많다.

　또한 고전소설의 시작이 영웅의 태몽이야기로 시작되고 있을 만큼, 민중의 태몽에 대한 신앙은 절대적이라 할 정도로 믿고 있었음을 알 수 있다. 오늘날에 있어서도, 유명인사나 연예인 등의 탄생에 있어, 신비로운 태몽이 있음을 부인할 수 없다. 근대의 정치가인 夢陽(몽양) 여운형도 그의 어머니가 태양이 이글거리는 꿈을 꾸고 낳았으며, 그의 호가 '몽양'인 것도 태몽에서 유래되었다. 이명박 대통령의 이름 또한, 보름달이 치마폭에 들어오는 태몽으로 '밝을 명(明), 넓을 박(博)' 자를 넣어 지었음을 밝히고 있다.

　이러한 유명인사의 태몽 속에는 그 일생의 삶의 파노라마가 투영되어 있다. 실로 태몽은 인생의 청사진이요, 하늘이 보여주는 인생의 이정표이다. 구체적인 사례를 살펴보기로 한다.

〈 푸른 밤송이 속에서 붉은 밤 한 개를 감추어 둔 꿈 〉

　푸른 밤송이 속에서 붉은 밤 한 개를 얻어서 감추어 둔 것이 태몽이라
고 어머니는 늘 말씀하셨다.(김구『백범일지』)

　위대한 민족의 지도자로, 민족의 자주독립을 위하여 헌신하셨던 김
구(1876~1949) 선생님의 태몽으로, 의외로 다소 평범한 태몽이다. 푸른
밤은 딸, 익은 밤은 아들인 경우가 많은 바, 과실이나 열매 태몽은 자신
의 존재를 드러내고, 성취 · 업적의 결실을 이루어내는 일로 실현되고
있다. 필자의 태몽도 태극 깃봉같은 붉은 열매이다.

〈 북두칠성 중의 별 하나가 떨어지는 것을 치마에 받는 꿈 〉

　구한말의 교육가요 의병장이자, 일본 침략의 원흉이었던 이토히로
부미(伊藤博文)를 사살한 안중근(1879—1910) 의사의 태몽이다.

　어머니의 꿈에, 파란 하늘의 북두칠성 중 유난히 큰 별 하나가 떨어
지는 것을 치마를 펼쳐 그 별을 감싸 안는 꿈이다. 아이를 낳고 보니, 할
아버지는 어머니가 별을 받은 태몽처럼, 아기의 등에 일곱개의 점이 있
는 것을 자랑으로 여겼다. 그래서 어렸을 때의 이름은 북두칠성의 기운
을 받았다고 하여, 응칠이라고 하였다.

〈 치마폭에 보름달을 안는 꿈 〉

　이명박 대통령의 태몽이다. 아버지 이충우(1981년 작고)씨와 어머니
채태원(1964년 작고)씨 사이에서 난 4남 3녀(귀선, 상은, 상득, 귀애, 명박, 귀
분, 상필) 가운데 다섯째이다. '상(相)' 자 돌림인데, 유독 이명박 대통령
만 항렬인 '상(相)' 자를 넣지 않고 이름을 짓게 되었다고 한다. 이는 어

머니가 낳기 전 보름달이 치마폭에 들어오는 태몽을 꾸고는, 이름으로 돌림자를 써야 한다는 아버지의 주장도 뿌리치고, '밝을 명(明), 넓을 박(博)' 자를 넣어 이름을 지은 것"이라며, "족보에는 돌림자인 '상' 자가 들어간 상정(相定)이라고 되어 있다.

이처럼 태몽이 좋은 경우, 태몽과 관련된 이름을 지어주고, 또한 자라나는 아이에게 태몽을 이야기해줌으로써, 장차 성장과정과 인생의 길에 있어 훌륭한 인물이 될 것이라는 자부심을 지니게 하고, 용기와 희망을 주는 방향으로 나아가는 것도 바람직하다고 해야 할 것이다.

달꿈은 초승달이나 그믐달의 표상보다도 밝은 보름달의 표상이 가장 좋다. 보름달이 가장 밝게 온 세상을 비추기에, 세상에 영향력을 더욱 크게 떨치게 될 것을 예지해주고 있기 때문이다.

이러한 해와 달은 하늘에 빛나는 하나밖에 없는 존재로, 문학적으로도 왕·왕비를 상징하거나 만물을 비추고 감화시키고 교화시키는 상징으로 널리 쓰이고 있다.

역사적인 인물의 태몽을 보면, 해·달·별 등의 태몽표상은 매우 좋은 결과로 이루어지고 있다. 해의 태몽으로는 일연 스님, 여운형, 이승만 등이 있다. 달의 태몽으로는 조선 인조의 왕비인 인열왕후(仁烈王后)의 꿈이 있다. '지붕이 활짝 열리면서 해와 달이 하늘에서 떨어져 가슴속으로 들어오는 꿈'으로, 1623년(계해년)에 인조반정으로 남편인 능양군이 왕위에 오르게 되면서 왕비가 됐다. 별의 태몽으로는 김유신, 강감찬, 원효대사, 자장율사 등이 있다.

〈 웅덩이에서 광채를 뿜는 달덩이를 치마폭에 담는 꿈 〉

전두환 전 대통령의 태몽이다. 어머니 김점분 여사는 웅덩이에서 광채를 뿜는 달덩이를 손으로 떠올려 연신 치마폭에 담는 태몽을 꾸었다고 한다.

사실이라면, 좋은 태몽이다. 앞서 이명박 대통령의 '보름달이 치마폭에 들어오는 태몽'에서도 살펴보았지만, 달은 온 세상을 널리 비추기에 그 영향력이 널리 퍼질 것을 예지해주고 있다. '월인천강지곡(月印千江之曲)'은 '달이 천 개의 강에 널리 비춘다'의 뜻으로, 달로 상징된 부처님의 자비로움, 부처님의 교화가 온 세상에 널리 퍼지기를 바라는 마음을 담고 있다.

다만, 다음의 서태지 태몽의 예에서 볼 수 있듯이, 일부 유명인사들의 태몽 이야기 속에는 미화하고 신성시하기 위하여 조작된 태몽을 만들어 전파시키는 경우가 있을 수 있겠다.

〈 문화 대통령 서태지의 조작된 태몽 〉

팬들이 다 알겠고, 형식적이지만 출생 년월일과 태어난 곳, 그리고 혹시 부모님께 들은 태몽이 있다면 말씀해 주시지요. "예. 1972년 2월 21일 생이고요. 가회동에서 태어났습니다. 태몽에 대해서는 제가 아는게 없습니다. 어떤 책에서 어머니가 새벽에 떠오르는 태양을 집어 삼켰다고 돼 있는데, 그건 조작된 거구요. 아직 안 물어봐서 잘 모르겠어요."

(인터뷰, 출처: 유토피아를 꿈꾸며 內 대담. 글쓴이: 이동연, 1995.2.25)

〈 노인이 고삐를 주면서 백마를 타고 가라는 꿈〉

노무현 전 대통령의 태몽이다. 1946년 8월 6일(음력) 경남 김해시 진영읍으로부터 10리쯤 떨어진 본산리 봉하마을에서 농부인 아버지 노판석씨와 어머니 이순례씨의 사이에서 3남 2녀 중 막내로 출생했다.

김해시의 관광 안내 책자에 노무현 대통령의 태몽이 실려 있다. 노대통령 어머니 꿈속에 수염이 하얀 할아버지가 나타나서 "이 고삐를 줄 터이니 저 백마를 타고 가라"고 말한 뒤, 큰 말이 우렁차게 발굽을 내딛는 소리에 깜짝 놀라 잠을 깼는데, 이를 들은 아버지가 "그 녀석 다음에 큰 인물이 되겠구먼"이라고 말했다고 한다.

〈 천신(天神)을 보는 태몽 〉

김대중(金大中) 전 대통령의 태몽이다. 농사를 짓던 아버지 김운식과 어머니 장수금의 사이에서 네 형제 중 둘째아들로 태어났다. 태어나기 전 어머님이 천신(天神)을 보는 태몽을 꾸었다고 전한다. 태어난 곳은 목포에서 34km떨어진 한반도 서남쪽 끝에 위치한 작은 섬 하의도이다. 섬이 연화만개(蓮花滿開)형태라 하여 연꽃을 상징하는 하(荷)와, 낮고 평탄한 산들은 섬이 옷을 입은 것 같다고 하여 '옷 의(依)'를 써서, 하의도(荷依島)라 부르게 되었다고 한다. 지금의 전남 신안군 하의면 후광리이다. 그래서 '후광'(後廣)이란 아호도 태어난 마을이름을 따랐다고 한다.

〈 구렁이가 쫓아와 발 뒤꿈치를 문 꿈 〉

노태우 전 대통령의 태몽이다. 밭을 매러 갔는데 거기에 커다란 구렁이가 한 마리 있었다. 그래서 너무도 무서운 나머지 집으로 도망쳐 왔는데, 그 구렁이가 끝까지 집으로 쫓아와서 발뒤꿈치를 물었다. 노태우 전 대통령의 할아버지가 그의 이름을 '태룡'(꿈속의 구렁이를 용으로 생각했던 것이다)으로 지으려다, 너무 좋은 건 드러내면 좋지 않다고 하여 '태우'로 지었다고 한다.

여러 마리의 뱀들을 거느리고 있는 구렁이 태몽으로 장군이 된 사례가 있듯이, 커다란 구렁이는 커다란 능력이나 큰그릇의 사람이 될 것임을 보여주고 있다.

〈 용이 하늘에서 내려와 가슴으로 뛰어드는 꿈 〉

이승만 대통령의 태몽이다. 용이 하늘에서 내려와 가슴으로 뛰어드는 것을 품에 안았다. 그래서 이승만 대통령의 아명이 '승룡'이었다고 한다.

〈 큰 잉어 한 마리를 잡아서 가져온 꿈 〉

인촌 김성수의 태몽이다. 물에서 노는 큰 잉어 한 마리를 잡아서 치마폭에 싸 왔다.

이 경우 큰 잉어일수록 장차 커다란 인물이 될 것임을 예지해주고 있다. 태몽 표상에서는 탐스럽고 크고 좋고 아름다울수록, 장차 좋은 운명의 길이 펼쳐질 것임을 보여주고 있다.

〈 자라가 안긴 꿈 〉

육영수 여사는 1925.11.29(음력10.14) 충북 옥천군 옥천읍 교동리 덕유산 기슭에서 부친 육종관과 모친 이경령 여사 사이에 1남 3녀중 둘째 딸로 태어났다. 어머니 이경령 여사는 태몽으로 큼직한 자라가 품에 덥석 안기는 꿈을 꾸고 육영수 여사를 잉태하였다. (또는 '집마당으로 기어든 거북을 안고 안방으로 들어온 것'으로 나오기도 한다.)

〈 거울을 보는 꿈 〉

춘원 이광수의 아명(兒名)은 '보경(寶鏡)' 이다. 부친이 거울을 보는 태몽을 꾸고 낳았다고 해서 부른 이름이라고 한다. 춘원은 어느 면으로는 '시대의 거울' 이다. 그의 삶과 문학을 통해 그가 살았던 시대와 오늘의 여러 가지 풍경이며 가치관들을 두루 비추어볼 수 있다.

출처: 방영주 장편소설〈돌고지 연가〉, 춘원 이광수가 '보경(寶鏡)' 임을 알다.

(오마이뉴스. 2007.08.07)

〈 청년이 "어머니, 저 주교 됐어요" 하고 말하는 태몽 〉

두 번째 한국 추기경에 서임된 정진석 대주교의 태몽이다. 정 추기경의 친가와 외가는 모두 4대째 독실한 가톨릭 집안이다. 어머니 이복순(루시아)씨는 20세에 명동성당에서 당시 역관이었던 정 추기경의 아버지와 결혼했으며, 22세 때 정 추기경을 임신했다. 이 씨는 주교의 관을 쓰고 지팡이를 든 잘 생긴 청년이 "어머니, 저 주교 됐어요" 하고 말하는 태몽을 꾼 뒤, '큰일을 할 아이가 나올 것' 이라는 믿음을 갖고 날마다 기도를 했다고 한다. 1996년 87세에 세상을 떠나기 전까지, 하루도 성체조배(성체 앞에서 바치는 기도)를 거르지 않고 외아들을 위해 기도했다.

정진석 대주교의 태몽은 믿을 수 없을 정도로, 태몽의 놀라운 예지력을 보여주고 있다. 꿈속에 청년이 등장한 것처럼 아들을 낳았으며, 실제로 현실에서 주교가 되고 나아가 추기경까지 되었으니, 그 누가 태몽을 헛되다고 할 수 있겠는가?

〈 달음산이 갑자기 커다란 용으로 변해 용트림하는 꿈 〉

1927년 음력 9월 29일, 경남 동래군 장안면(현 부산광역시 기장군 장안읍 일대)의 갯마을에 사내 아기가 태어났다. 박봉관과 김소순, 이들 젊고 평범한 부부는 토끼해에 얻은 첫 아이의 이름을 '태준(泰俊)'이라 지었다. 한학을 공부한 남편이 아내에게 "장차 크게 잘 되라"는 뜻이라고 풀이해 주었다.

젊은 어머니는 친척들에게 태몽을 들려줬다. "올해 정초 어느날 밤에 달음산이 갑자기 커다란 용으로 변해 용트림하는 꿈을 꿨는데, 그런 다음에 태기가 있었어요."

'인물이 되려면 논두렁 정기라도 받고 나야한다'는 말이 있긴 해도, 탁월한 인물의 태몽은 자칫 그의 삶을 신비롭게 채색하려는 고의로 둔갑할 수 있다. 박태준의 어머니는 그저 평범한 여인으로, 갓난 아들의 태몽을 꾸며내지 않았다.

태몽의 주인공인 '달음산'은, 그 정기를 나눠준 한 아이의 미래를 대비하듯 지명이 '철(鐵)'과 관련 있다. 달이 뜬다 하여 '달음산(月陰山)'이라고도 하나, '달구어진 산'을 뜻한다고도 한다. 『동국여지승람』에는 달음산이 '탄산(炭山)'으로 나와 있다. '타는 산'을 향찰과 유사하게 표기한 것으로 추측한다. 달음산을 '타는 산'이라고 부른 까닭은, 산의 형세가 불길 타오르는 모양같고 아득한 고대에 야철장(冶鐵場)이 있었기 때문이라는 설이 있다.

(이대환, 세계 최고의 철강인 박태준, 현암사, 2004, p.17~p.18)

현암사에서 펴낸 '박태준'의 책에서 인용하여, 세계 최고의 철강인 박태준의 태몽을 살펴보았다. 포항제철(포스코)을 키워낸 박태준의 인생의 길이 태몽꿈에 함축적으로 예지되고 있음을 알 수 있다. 철(鐵)과 관련이 있는 달음산이 용으로 변해 용트림하는 태몽에서, 장차 철(鐵)과 관련지어 커다란 뜻을 펼치게 되어, 용꿈의 상징의미처럼 최고의 명예와 권세를 지니게 될 것을 예지해주고 있다. 책을 읽으면서, 제철보국의 박태준의 삶의 노정에 대하여 감동을 받았으며, 박태준이 포철을 건설할 수 있게 해준 하늘에 대하여 감사와 기쁨의 울먹이는 시간을 가질 수 있었다. 독자 분들의 일독을 추천한다.

〈 붙잡아 온 꿩이 방안을 날아다니는 꿈 〉

9촌 숙모를 뵙고 돌아오는 길에 커다란 호두나무가 눈에 들어왔다. 전에는 못 보던 나무였다. 호두가 주렁주렁 열린 게 정말 탐스러웠다. 딱 한 개만 따고 싶어, '저걸 어떻게 딸까' 궁리하며 나무를 쳐다보며 서 있었다.

그런데 나무 꼭대기에서 수꿩인 장끼가 우아한 자태로 내려왔다. 원래 꿩은 수컷이 암컷보다 털도 윤기있고 몸집도 크다. "그래! 호두 대신에 이 놈을 잡아야겠다." 하지만 꿩은 생각보다 날랬다. 아무리 쫓아가도 잡히지 않았다. 꾀를 내어 수풀사이에 숨어 몇시간이고 기다렸다. 아무것도 모르고 어슬렁거리던 꿩은 끝내 잡혔다. 꿩 발목에다 끈을 매달아 집으로 데리고 오는데, 녀석은 좀 푸드덕거리는 게 아니었다. 방 문고리에 줄을 매 놓으니 방 안 온 구석구석을 날갯짓을 하면서 날아다녔다. 반기문의 어머니 신현순은 땀을 흘리면 잠에서 깨어났다.

— (『바보처럼 공부하고 천재처럼 꿈꿔라』에서)

널리 알려진 반기문 유엔사무총장의 태몽이다. 태몽꿈에서 수꿩인 장끼였기에, 이런 경우에는 100% 남아가 출생할 것을 예지하고 있다. 가족들은 꿩이 온 방을 그렇게 날던 것이 외교관으로서 세계무대를 넘나드는 것을 예지했다고 보고 있는 바, 올바른 태몽풀이로, 장차 인생길의 앞날을 보여주는 태몽의 특성을 잘 나타내주고 있다.

〈 새참이 든 광주리에 누런 놋수저가 가득한 꿈 〉

가천길재단 회장이자, 경원대학교 이길여(李吉女) 총장의 태몽이다.

"들일이 한창인 여름이었지. 새참이 든 광주리를 일꾼들 앞에 내려놓고 열어보니 밥과 반찬은 온 데 간 데 없고 누런 놋수저만 가득하더라." 어머니가 내게 말씀하신 태몽 이야기다. 할머니 할아버지는 아들을 낳는 태몽이라고 믿었으나, 딸을 낳자 실망이 크셨다.

'한 광주리 가득한 놋수저' 는 수만여 명의 식솔을 거느리고 있는 지금, 신기하게 맞아떨어지는 태몽이 아닐 수 없다. ─요약발췌, 이길여[중앙일보] 남기고 싶은 이야기들. 2006.05.25

전국 각처의 길병원, 가천의과대학, 경원대학교, 가천길재단 등 의료 및 교육경영자로서 뛰어난 능력을 발휘함으로써, 태몽의 예지력을 보여주고 있다.

〈 돌바위산에서 죽순을 치마폭으로 안는 태몽 〉

서두칠(66) 동원시스템즈 사장의 태몽이다.

"어머니가 돌바위산에서 죽순을 치마폭으로 안는 태몽을 꾸었다고 해요. 어려서부터 어머니가 태몽을 귀에 못이 박히도록 들려주셨어요. 그 기대에 부응하려다보니, 절로 말 잘 듣는 아이가 될 수밖에 없었지요. 어머님이 그토록 제게 태몽을 이야기해주신 것은 '돌처럼 굳고 죽순처럼 곧은 사람이 되라는 당신의 바람을 표현하신 것이구나' 하는 것을 나중에야 깨우쳤어요."

1998년 회생불가라고 판정내린 한국전기초자를 부임 3년만에 상장기업 중에서 영업이익률 1위의 흑자기업으로 반전시켰으며, 동원시스템즈 사장으로 옮겨서 재무건전화는 물론 이익창출을 통해 또 한번의 경영신화를 창조하고 있다.

또한 이처럼 좋은 태몽을 꾼 경우에, 자녀들에게 태몽을 이야기해줌으로써, 장차 자신의 인생의 길을 걸어감에 있어서 용기와 희망을 주고, 올바른 삶을 살아갈 것을 이끌어낼 수 있다고 하겠다.

〈 새가 방안으로 들어온 꿈 〉

성악가 김자경 씨의 태몽이다.

'창밖의 나무 위에 수백 마리의 참새 떼가 앉아 울고 있었는데, 그 노랫소리가 너무도 아름답게 들렸다. 그래서 창문을 열었더니, 그 중 한 마리가 방안으로 들어와서 꼭 껴안았다.'

'앵두나무 가지에 앉아 재잘거리던 파랑새가 방안으로 날아들었다.'

이러한 꿈들을 꾸고 그녀의 어머니는, 그때 새소리가 어찌나 맑고 투명하던지 자기 딸이 노래하는 사람이 되리라는 것을 미리 알았다고 한다.

〈 꽃이 만발한 가운데 명주실을 감는 꿈 〉

60년 그림 인생의 서양화가이자 원로화가 이한우(78세) 태몽이야기
이다.

"어머니가 꽃이 만발한 가운데 명주실을 감았다고 해요. 그래서 제가
꽃도 좋아하고 수명도 이렇게 긴 모양입니다.

(이코노미스트 최은경 기자 2009.1.20)

〈 오색구름이 바다를 건넌 뒤 집을 짓는 꿈 〉

코오롱그룹 창업자 이원만 회장의 태몽이다. 코오롱 그룹 회장인
이동찬 씨가 쓴 [벌기보다 쓰기가, 살기보다 죽기가]라는 책을 보면, 코
오롱 그룹 창업자인 그의 부친 이원만 회장의 태몽 이야기가 나와 있
다.

그의 부친은 할아버지로부터 500석지기를 물려받았는데, 풍류로
인해 가산을 모두 탕진하고, 나이 열 아홉에 산림조합에 취직하여 10년
간이나 모자 쓰고 각반 차고 도벌을 단속하는 일을 했다고 한다. 그러
던 그가 어느 날 갑자기 가출하여 단신으로 일본으로 건너가는 바람에,
아들인 이동찬 씨는 돈이 없어 학교를 도중하차하기까지 했다는 것이
다.

그는 부친의 태몽에 대해 이렇게 쓰고 있다. 할머니가 태몽을 꾸셨
는데, [오색구름(그래서 아버지의 호가 '오운〔다섯 구름〕')이 두둥실 바다를
건넌 뒤 큰 집, 작은 집들이 여럿 지어지더라는 것이다. '그 집들이 지
금의 여러 공장들을 암시한 것이었을까?' 그의 부친은 이 꿈대로 바다

건너 일본으로 건너가 사업에 성공해서, 오늘날의 코오롱 그룹을 일으켰던 것이다. (글:김하원)

〈 춤추는 닭 〉

윤홍근 제너시스 BBQ 회장의 태몽은 어머니 태몽이 '춤추는 닭'이었다고 밝히고 있다.

> "아마도 닭 사업 안했으면, 춤추는 길로 갔을지도 몰라요." "제가 20년만 늦게 태어났어도, 'HOT(90년대 인기 아이돌그룹)' 는 존재하지 않았을 것입니다. 춤의 달인이라서, 요즘 젊은 사원들도 제가 춤 한번 보여주면 모두 깜빡 죽습니다." (요약발체. CEO들의 세상사는 이야기, 한국경제신문. 2007.1.4)

신비한 태몽의 세계에 입이 벌어져, 다물어지지 않을 정도이다. 이 글을 읽는 독자분들도 태몽의 신비한 예지력에 놀라움을 금할 수 없을 것이다. 태몽의 상징표상이 현재의 닭 체인점의 사업분야 및 춤을 잘 추는 신체적 행동특성과 너무나 절묘하게 맞아 떨어지게 펼쳐지고 있다.

아니, 태몽이 인생길을 예지해주는 것이 아니라, 어쩌면 인생길에 맞춰서 태몽을 창의적으로 만들어낸 것처럼 보인다. 하지만 노벨 문학상을 수상한 그 어떤 작가가 거짓으로 태몽이야기를 지어낸다고 할지라도, 꿈의 세계에서 펼쳐지는 태몽 표상의 전개 이상으로 참신하고 창의적인 표현을 해 낼 수 없을 것이다.

또한 앞서 예로 들어 살펴본 다른 유명인사의 태몽 사례와 인생길을 비교해볼 때, 태몽의 실현이 어쩌다가 이루어지는 우연이 아닌 필연적인 결과이며, 태몽이야말로 압축적으로 인생길을 예지해주고 있음을 여실히 드러내주고 있음을 부인할 수 없을 것이다.

태몽을 자신이 직접 체험을 해보지 못한 사람이라 할지라도, 이러한 유명인사들 나아가 이 책에서 살펴보고 있는 연예인이나 역사적 인물의 태몽 실현에 대한 수많은 실증사례야말로, 태몽의 세계가 하늘의 태양처럼 밝게 존재하고 있음을 우리에게 보여주고 있으며, 일깨워주고 있는 것이다.

이러한 태몽이야말로 상징적인 미래예지적 꿈의 대표적인 것이며, 여타의 로또(복권) 당첨, 사건·사고나 죽음의 예지 등 미래예지적 꿈의 세계가 존재하고 있음을 부인할 수 없을 것이다. '꿈은 소망의 표현'이라든지, '꿈은 잠재의식의 거울'이라든지, 꿈은 '심리표출'에 불과하다는 서구적 이론이나 심리학자들이 말하는 꿈의 세계는 장님이 코끼리를 만져보는 부분적인 언급이며, 미래예지적인 꿈의 세계와는 애시당초 차원이 다른 세계인 것이다.

〈 해가 가슴에 부딪쳐서 많은 조각으로 쪼개진 꿈 〉

[또 한 며칠 있다가 친정집에 갔는데, 방안에서 문을 열어 놓고 보니 이상하게 밤중에 해가 떠요. 그래서 친구들하고 "밤중에 달이 떠야 하는데, 왜 해가 뜨노?" 하고 있는데, 아이고, 그 해가 차차차 막 내 곁으로 오는데 무섭고 겁이 나더라고. 그래서 내가 문을 닫으려고 하는데, 그냥 해가 탁 내 가슴에 부딪쳤는데, 그만 내가 다 산산조각으로 깨어져서 없어져 버렸어요.

신선 할아버지가 나타나서, "네 가슴은 쪼개져서 벌써 사방으로 흩어졌다. 저 앞산을 봐라." 캐요. 그래 앞산을 보니 뭐가 번쩍번쩍해요. 그때

할아버지가 이러능기라. "해가 가슴에 부딪쳐서 수많은 조각으로 쪼개진 것이, 저렇게 흩어져서 온 고을을 밝힐 거다."]

—(87년 8월 〈월간조선〉 이소선 씨의 인터뷰 기사 요약발췌.)

〈 콩이 사방에 흩어진 꿈, 콩이 퍼져 열매를 맺어야 한다는 꿈 〉

와룡산 바위틈을 뚫고 나온 콩이 사방에 흩어지는 태몽을 꾸고 나온 아들이었다. 꿈속의 신선은 "이 콩이 세상에 퍼져 열매를 맺어야 모든 백성이 먹고 산다"고 말했다. (팔순 맞은 '전태일의 어머니' 이소선 여사, 신정선 기자, 조선일보, 2008.12.13)

꿈에 한 할아버지가 나타나 어떤 산에 올라가라고 해서, 바위와 가시덤불을 헤치고 피투성이가 되어서 겨우겨우 봉우리까지 올라갔다. 거기에 가서 보니 바위 속에 메주콩이 가득 들어 있었는데, 그 콩들은 모두 물에 불은 것들이었다. 잠시 후, 그 불은 콩들이 산 아래로 마구 굴러 내려가는 것을 보고, 메주콩들이 굴러간다고 소리쳤다. 그러자 그 할아버지가 "이렇게 콩이 제 갈 데로 다 굴러가서 땅에 심어지면, 배고픈 일꾼들이 그 콩나무에 달린 콩을 따 먹고 배를 채우며 한을 푸는 거다." 하고 말했다.

(87년 8월 〈월간조선〉 이소선 씨의 인터뷰 기사 요약발췌.)

고(故) 전태일 열사의 태몽에 대해서 김하원 씨의 『개꿈은 없다』에서 발췌해서 살펴보았다. 전태일 열사는 1970년 11월, 22살의 나이로 청계천에서 "우리는 기계가 아니다. 근로기준법을 준수하라."고 외치며 분신자살함으로써, 노동운동의 횃불을 밝혔다. 해가 가슴에 부딪쳐서 많은 조각으로 쪼개진 태몽으로, 장차 자신을 희생하여 노동운동에

횃불을 지펴 많은 사람들이 보다 나은 인간적인 삶을 살아갈 것을 예지해주고 있다. 또한 콩이 사방에 퍼져 열매를 맺어야 모든 백성이 먹고 산다는 꿈으로, 장차 노동여건이 개선되어 나가게 될 것을 예지해주고 있다.

〈 골목길에서 호미 세 자루를 주운 꿈 〉

'장애와 인권 발바닥행동' 활동가이며, 풀무학교 전공부에 2학년으로 재학 중인 여준민의 인터뷰 글 중에서 일부를 간추려 살펴보았다.

'흙은 정말 나의 운명인 것일까? 요즘은 자꾸 그런 생각이 든다. 엄마가 나를 낳기 전에 꾼 태몽이 골목길에서 호미 세 자루를 주운 것이라고 했고, 1974년 2월 생인데 사주에 土(흙)이 있다는 것도 자꾸 흙을 운명으로 받아들이게 한다. 논과 밭에서 기고 쪼그려 앉아 흙과 작물을 매만지다 보면 시간가는 줄 모르고 쏙 빠져드니, 내가 자꾸 '운명' 을 생각하는 것은 나름 이유가 될 것 같기는 하다.

〈 노인이 노란 학을 타고 내려와 책을 주는 꿈 〉

최송설당의 태몽이다. 아버지인 최창환은 맏딸 송설당이 태어나기 5년전 고부에서 김천으로 이주했다. 고부에서 첫 부인과 사별한 최창환은 김천에서 경주 정씨 집안 처녀를 후취로 맞았다. 첫아이를 임신한 정씨는, 달 밝은 밤에 흰옷 입은 노인이 노란 학을 타고 하늘에서 내려와, 붉은 글자로 쓴 책 한 권을 주고 가는 태몽을 꾸었다. 조상의 원한을 풀어줄 아들을 간절히 원하던 최창환은 아내의 태몽을 듣고 아들 낳을 징조인 줄 알고 기뻐했다. 하지만 정작 태어난 아이는 딸이었다.

1930년 김천고보 설립을 위해 전 재산을 기부한 최송설당은 책을 받는 태몽으로 태어났기에, 문예와 관련된 뛰어난 재능을 보이고 있기도 하다. 최송설당은 50편의 가사와 258수의 한시를 남긴 조선의 마지막 여류시인이다. 예순여덟 살 되던 1922년에는 '송설당집' 3권 3책을 간행했다. 최송설당의 시가를 주제로 한 박사학위 논문이 나올 만큼 작품 수준도 높다. (신동아, 2007.06.25 요약 발췌)

〈 금잔화에서 씨를 받는 꿈 〉

학술원 회원으로서 평생을 육종 연구에 바친 서울대 농대 학장 한신규 씨의 태몽은 '금잔화(키가 크고 가느다란 꽃)에서 씨를 받는 것' 이었다는 것이다. 그래서 그의 어머니는 그 꿈을 생각하고, 아들이 항상 가느다랗게 야위어 있는 것은 순전히 이 태몽 때문이라고 했다는 것이다.

물론, 그렇게 볼 수도 있다. 그러나 그의 직업이 바로 이처럼 '나무 씨를 받아서 연구하는 것' 이라 생각할 때, 이는 그의 직업을 상징했다고 보는 게 더 옳을 듯하다.

〈 바위가 나타난 꿈 〉

정치가이면서 소설가인, 유진오의 아호(雅號)는 '현민(玄民)' 으로 되어 있으나, 어렸을 때에 선친이 지어주신 호는 '지암(芝菴)' 이라 하였다. '지암' 의 유래는 미심하나, 어머니 태몽 속에 고향집 뒷산에 있는 바위가 나타났기 때문이라 한다.

('나의 아호[雅號] 유래', 유진오, 〈다시 창랑정에서〉, 창미사, 1985)

〈 태양이 솟아올라 가슴에 안기는 꿈 〉

고(故) 앙드레 김(김봉남)의 태몽이다. 어머니가 그를 임신할 무렵, 바다에서 큰 태양이 솟아올라 자신의 가슴에 '턱' 하고 안기는 태몽을 꾸었다고 한다.

(이승재 기자의 테마데이트. 2002.3.28)

〈 호랑이를 데리고 이 산 저 산을 넘나드는 꿈 〉

'초우' 등으로 유명한 가수 패티 김(김혜자)의 태몽을 직접 인용하여 살펴본다.

"어머니께서 꿈에 큰 호랑이를 옆에 데리고, 이 산 저산 홀쩍홀쩍 넘어 다니셨다고 그래요. 이제 와 생각해보니, 세계 곳곳을 누비며 공연할 제 팔자를 어머니께서 태몽으로 예지하신게 아닐까 싶어요."

어머니의 태몽에 대한 풀이는 올바르다고 볼 수 있다. 산의 상징이 거대한 기관·단체·국가 등의 상징에 부합하며, 이러한 산을 넘나드는 것은 산으로 상징된 국가나 거대한 기관·단체를 초월하여 이루어내는 것으로 볼 수 있다.

또한 호랑이 태몽이 반드시 남아의 출생이 아닌 것을 잘 알 수가 있겠다. 패티 김의 외모와 시원시원하며 통 큰 배포의 패티 김을 보면, 커다란 호랑이의 태몽 표상의 상징물이 가장 적합하다고 볼 수 있는 바, 일생이 예지되는 태몽의 신비로움을 잘 보여주고 있다.

〈 선녀가 떨어지는데 치마에 담은 꿈 〉

강선영(姜善泳 1925~)는 무용가로, 본명은 강춘자(姜春子)이다. 어머니의 태몽에 선녀가 떨어지는데 치마에 담는 꿈으로 태어나, 어머니는 그런 꿈은 팔자가 사나운 꿈이라 하여 예사롭지 않게 생각했다.

13세 때 춤에 소질을 보여, 학교 선생님의 권유로 춤을 시작하게 되어, 당대 최고의 명무로 손꼽히는 한성준 선생에게 춤을 배우게 되고, 한국을 대표하는 무용가로서의 길을 걸어가고 있다. 대표작인 〈목란장군〉이 있으며, 1988년 〈태평무〉로 중요무형문화재로 지정이 되었다. 선녀를 치마에 담았듯이 여아가 탄생하고 있다.

한편 한국에서 유일하게 '승무'와 '살풀이' 두 종목의 인간문화재인 이매방(81)은 모친이 그를 가질 때 불덩어리가 치마로 들어오는 태몽을 꿨다고 한다. (『삶이 춤이었고 춤이 삶이었다.』, 유인화 지음, 동아시아, 2008.)

한편, 시인 이해인 수녀의 태몽이 화려한 선녀이기도 하다.

〈 파란 눈의 흰 용이 들어오는 꿈 〉
소설가 고(故) 박경리(1926.10.28~2008.5.5) 태몽이다.

"어머니가 저를 뱄을 때, 흰 용이 방을 차고 들어오는 꿈을 꿨답니다. 파란 눈알이 박힌 흰 용을 본 태몽이기에, 아들을 낳는 줄 알았다고 하더군요. 그런데 딸로 태어난 제가 어머니께 불효 많이 했어요. 오늘 밤 꿈에서라도 어머니를 뵐 수 있으면 얼마나 좋겠어요."

〈조선 인터뷰, 박해현 기자. 2008.03.30〉

'나의 출생'이란 시를 보면 태몽이었던 용꿈과 호랑이 띠에 대한 이야기가 나오고 있기도 하다. "어머니는 말하기를 산신에게 빌어 꿈에 흰 용을 보고 너를 낳았으니, 비록 여자일망정 너는 큰 사람이 될 것이다"라고 용꿈의 태몽에 대한 믿음을 보여주고 있는 바, 『토지』 등 불후의 명작을 남겼다.

〈 화분에서 과일이 주렁주렁 달린 꿈 〉

하숙생 등으로 유명한 가수 최희준(1936.5.30)의 태몽이다.

> 노란 꽃이 탐스럽게 핀 화분을 신기하게 생각해서 방안으로 들여왔다. 얼마 뒤에 꽃이 지고 그 꽃나무에서 사과같은 과일이 주렁주렁 열렸다.

아름답고 풍요로움의 태몽 표상으로 장차 인생길이 밝으며, 열매를 맺는 것처럼 성취와 성공의 인생길이 될 것임을 예지해주고 있다. 수많은 히트곡의 노래 외에, 15대 국회의원을 역임하기도 하는 등 태몽의 예지에 부합되는 인생길을 보여주고 있다.

〈 갈매기 떼가 둘러싸고 노래를 부르는 꿈 〉

70~80년대에 유명한 영화배우 윤정희씨의 태몽이다. 그녀의 모친이 꾸었다는 꿈 이야기다. 파도가 넘실대는 바닷가의 한 바위 위에 앉아 있었는데, 수천 마리의 갈매기 떼가 그녀를 둘러싸고 노래를 부르고 있었다. 장면이 바뀌면서 그녀는 높은 산의 정상에 앉아 있었다.

이 꿈에서 바닷가에 수많은 갈매기(세상 사람들, 팬)들에 의해 둘러싸여 있던 어머니는 현실의 딸을 대신했으며, 꿈에 자기가 높은 산의 정상에 올라간 것도 딸이 현실의 어떤 분야에서 높은 정상에 올라서게 될 것을 대신했던 것이다. (글:김하원)

〈 하늘이 갈라지고 불기둥이 몸을 덮치는 꿈 〉

증산(甑山) 강일순(姜一淳)은 1871년 전북 고부서 양반 후손으로, 하늘이 갈라지고 불기둥이 몸을 덮치는 태몽을 꾼 후에 그가 태어났다. 마을 뒷산이 시루봉이라, 후에 증산(甑山)이라는 호를 지었다.

(요약발췌, 김천〈객원기자〉, [뉴스메이커], 2008.2.21)

증산교의 창시자 강증산에 대한 태몽이야기로, 하늘이 갈라지고 불기둥이 몸을 덮치는 꿈으로, 장차 인생길에서 변혁과 큰 영향력을 미치게 될 것을 예지해주고 있다. 불기둥을 보는 태몽은 커다란 변혁을 가져올 혁명가 · 영웅의 일생을 함축적으로 예지해주고 있으며, 하늘이 갈라지는 개벽(開闢)의 꿈 또한 새로운 세상을 열고자 하는 종교 창시자로서 일생의 길을 보여주고 있다고 해야 할 것이다.

〈 청포도 태몽 〉

이용문(李龍文:1916.1.22~1953.6.24) 장군은 1916년 1월 22일, 평안남도 평양시 경제리에서 깊은 산의 청포도 태몽으로 태어났다. (이은팔. 월간 KDR[Korea Defense Review], 이용문 장군의 생애와 일화, 1998.9.)

정치인 이건개의 부친이기도 하다. 지리산 일대의 빨치산 토벌 작전을 지휘하다가, 전라북도 남원군에서 안타깝게도 37세의 나이로 비행기 사고로 사망했다. 일본육군사관학교를 나온데다가, 활달하고 호방한 성품이었으며, 시국관도 비슷하여 박정희 대통령의 존경을 받았다.

〈 그 밖의 명사들의 태몽 간략 소개 〉

이름을 지을 때 태몽과 관련하여 짓기도 하며, 태몽 표상에 전개된 대로 인생길이 펼쳐지고 있음을 볼 수 있다. 이로써 보면, 태몽으로 장차의 직업운이나 인생길을 보여주고 있다는 사실을 믿지 않을 수 없을 것이다.

* **청룡의 꿈** → 전 서울대 의대 교수이자, '간의학 분야의 대부'로 꼽히고 있는 김정룡(72)은 어머니가 태몽으로 '청룡'을 꾸어 이름을 정룡(丁龍)으로 지었다고 한다. (요약발췌, 김문 전문기자, 서울신문, 2007.10.29)

* **숲에서 매가 날아오르는 꿈** → '천년 궁궐을 짓는다'의 저자이자, 광화문 복원을 진두지휘하고 있는 신응수 대목장의 이름을 한자로 쓰면, '申鷹秀'로, 다소 의아하게 하늘을 나는 매의 응(鷹)자를 쓰고 있다. 이는 "향나무 숲에서 매가 날아오르는 어머님의 태몽이 있었기에, 이름을 '매 응'자로 했다고 밝히고 있다. (요약발췌, 김문 전문기자, 서울신문, 2007.10.08)

* **솥을 보는 꿈** → 민속주인 이강주 제조자 조정형(趙鼎衡)씨의 태몽은 운명의 길을 잘 예지해주고 있다. 모친의 태몽에서 솥을 보는 꿈으로, 아들을 낳자 이름에 솥 정(鼎)자를 넣은 것부터, 대학도 농예화학과에서 양조학을 전공했고, 양조회사에 입사하여 좋은 술 개발에 몰두하여, 민속주인 이강주를 세계적인 술로 만들어 내었으며, 자

신 또한 1990년 무형문화재가 됐다. (요약 발췌, 이세명 기자, 전북일보, 2007.09.06.)

* **거북이를 안는 꿈** → "금강산이 보이는 동해 바다에서 거북이가 나왔는데, 가슴에 왕(王)자가 써 있는 거북이를 어머니가 품에 안는 꿈이었다"고 한다. 그래서 이름을 지을 때 '어'(御)자를 집어넣었다고 한다. (조용헌 살롱, 조선일보, 2009.2.8)

이어령(李御寧) 이화여대 석좌교수의 태몽이다. 임금의 명령을 '어명(御命)이라 하듯이, 왕(王)자가 쓰여진 거북이의 태몽에서 어(御)자의 이름자를 사용하고 있는 바, 어느 분야에서 최고의 직위와 능력을 발휘할 것을 보여주고 있는 바, 주요 신문의 논설위원이자 저술가로 언론 및 학문에서 뛰어난 업적을 보여주고 있다.

* **구름과 별을 본 꿈** → 10여 년째 구름과 하늘을 그리고 있는 작가로 이름난 강운(姜雲) 화가는 태몽에서 구름이 연관되어 있다. 40분 차이로 태어난 일란성 쌍둥이로, 어머니는 구름을, 아버지는 별을 태몽으로 꾼데서, 형은 성(星) 동생은 운(雲)이라는 이름을 갖게 되었다고 밝히고 있다. (조채희 기자, 연합뉴스, 2005.11.16)

* **흰 용을 본 꿈** → 13~15대 국회위원을 한 김덕룡 의원은 태어날 때부터 몸집이 컸으며, 태몽에 백룡이 나타나 이름 끝 자를 용(龍)자로 했다고 한다.

* **빛이 비친 꿈** → 태어나기 전에 할아버지께서 태몽을 꾸셨다. "하늘이 어두워졌는데 다시 빛이 자기 며느리에게 비췄다고 한다"며 "할아버지께서는 '완전한 어둠이 없이 빛이 가득하다'는 의미의 이름을 찾으셨다. 그렇게 일만 만(萬)자, 빛날 희(熙)자를 써서 '만희'로 지어주셨다. (신천지교회 이만희 총회장)

* **바다에 진주가 떠오는 태몽** → '국악신동' '판소리 천재' 의 별칭으로 유명하며, 1998년 6세의 나이로 3시간이 넘는 판소리 '흥보가' 를 완창해 세상을 떠들썩하게 했던 유태평양. 아버지 유준열씨는 '태평양' 이란 특이한 이름을 바다에 진주가 둥둥 떠오는 태몽에서 지었다고 밝히고 있다. (요약발췌. 매일경제신문, 2002.03.11)

* **사내아이 고추에서 쌀이 쏟아지는 꿈** → 1970.1.21 출생한 봉만대 영화감독의 태몽은 특이하다. 그의 어머니는 사내아이 고추에서 쌀이 펑펑 쏟아지는 재미있는 태몽을 꾸고 아들을 낳았다고 한다. 고추에서 쌀이 쏟아지는 태몽으로, 고추의 남성성기 상징 표상대로 한국 에로비디오의 새로운 분야를 개척해나가는 영화감독으로서의 인생길이 예지되어 있다. (요약발췌. 매일경제신문. 2003.6.30)

* **대통령이 넥타이를 준 꿈** → 박관현 열사는 1953년, 아버지 박정한과 어머니 이금녀 사이에 6대 장손으로 태어났다. 그의 어머니 태몽에, 대통령이었던 이승만이 자신이 메고 있던 고급 넥타이를 풀어 어머니의 목에 걸어주면서 이렇게 말했다고 한다. "이 넥타이의 주인은 바로 당신이요. 나는 이 넥타이를 맬 자격이 없소. 바로 당신이 주인이요." 아마 훗날 정치적으로 큰 사람이 되리란 암시였던 모양이다. (정용일 기자, 민족 21. 2008.5.1)

　　박관현 열사는 1980년 당시 전남대학교 총학생회장으로 광주민주화운동을 주도하여 활동하다가, 수배를 받고 82년 체포되어 옥중에서 단식 끝에 사망하였다.

* **담 밖에서 호랑이가 포효하는 꿈** → 미국 태권도 대사범 이준구 씨 (73)는 미국에서 '그랜드 마스터' (대사범)라 불리며 클린턴 전 대통령 등 미국 사회 각계 인사에게 태권도를 전수한 인물이다.

나를 가지셨을 때, 어머니는 아주 높고 단단한 담 안에 서 있는 꿈을 꾸셨다. 그때 밖에서 호랑이가 담벼락이 무너지도록 아주 커다란 소리로 포효했는데, 그 큰 울부짖음으로 보아 호랑이 몸집이 어느 정도인지 짐작할 수 있었다고 한다. 훗날 어른들은 이 태몽을 두고 "담 밖에서 호랑이가 포효를 했으니, 필시 이 땅을 벗어나 더 넓은 땅에서 이름을 높일 것이 틀림없다"고 풀이했다. (태권도로 세계를 정복한 한국인 이준구 자서전에서)

* **오색의 깃발의 하늘에서 내려온 꿈** → 고향 기좌도를 그린 화가 김환기의 태몽은 그의 어머니 태몽에 휘황찬란한 빛깔의 이불만큼씩이나 큰 깃발들이 하늘에서 마당으로 내려오는 꿈을 꾸었다. 어머니가 보기에, 아들이 그리는 화포의 그림은 꼭 그때에 태몽에 비쳤던 오색찬란한 깃발들이었다. (김향안, "1944년 어머님의 회고에서" 김조기 화집 1978)

* **포도나무 꿈** → 와인 마니아이자, '와인21닷컴(www.wine21.com)' 최성순(崔成順 · 37) 사장은 어머니 태몽이 포도나무로, 마셔본 포도주만 하더라도 1000여종 넘는다고 말하고 있다. (서일호 기자, 주간조선 1714호. 2002.08.01)

　　포도나무 태몽으로 태어난 사람이 와인 전문가의 인생길을 걷게 될 것을 예지해주고 있다.

* **꽃을 선물하는 꿈** → 고양시 일산동구 식사동에서 '원예마을'을 운영하고 있는 한소진(여 · 37)의 태몽이다. 한씨는 세상에 날 때부터 '꽃'과 인연이 있었다. 친정어머니가 꽃을 남에게 선물하는 태몽을 꾼 뒤 한씨가 태어났다. 교사인 친정어머니가 꽃을 좋아해 화분 100여 개를 키우자, 어린 시절부터 자연스레 꽃과 친해졌다. (김연주 기자,

조선일보, 2008.07.14)

* **멧돼지에 물리는 꿈** → 3선 의원과 보사부 장관을 지냈으며, 백수(白壽)를 앞둔 김판술 전 의원의 태몽이다. "어머니가 태몽을 꿨는데 멧돼지에 물리는 꿈이었어요. 멧돼지가 산을 좋아하잖아요. 나는 산만 보면 올라가고 싶어져." (조성관 기자, 주간조선[1942호], 2007.02)

* **횃불을 받는 꿈** → 한국 심리상담 연구소장 김인자 소장은 1932년 서울에서 4녀 중 장녀로 태어났다. "아버지가 독특한 태몽을 꾸셨습니다. 꿈속에서 공동묘지를 걷다가 길을 잃었는데, 무덤 속에서 할아버지가 나와 횃불을 건네주더랍니다. 어둠이 걷히고 주위가 환해졌죠. 그래서인지 아버지는 제가 어릴 적부터 평생 주변을 밝히는 삶을 살라고 하셨습니다." (서일호 기자, 주간조선 1925호. 2006.10.09)

* **놋 세숫대야를 닦는 꿈** → 1964년 10월 28일 충남 논산군 연무읍 마산리에서, 2남 3녀 중 셋째로 태어난 안희정 충남지사의 태몽이다. 어머님의 태몽에, 방안 가득히 광채를 발하는 놋 세숫대야를 닦는 태몽을 꾸셨다 한다.

* **승천하는 용 꿈** → 민주당의 대변인으로 2008년 7월 9일 발탁된 민주당 김유정(39) 의원의 태몽이야기이다. "할아버지도 4형제, 아버지도 4형제 집안이라 첫딸을 많이 고대하셨어요. 아버지는 3남매를 뒀지만 승천하는 용꿈의 태몽으로 태어난 만딸에게 아들보다 더한 기대를 걸었어요." (구희령 기자, 중앙 선데이 포커스 제82호, 2008.10.04)

* **잉어를 가져온 꿈** → 의학박사 한국남의 태몽이다. 맑은 강물에서 두 팔이나 되는 큰 잉어를 광주리로 건져 와, 우물에 넣어 길렀다.

* **해가 떠오른 꿈** → 메리츠 증권 김기범 사장의 태몽은 둥근 해가 떠오르는 태몽이다. 그의 어머니는 늘 "너는 잘 될 거야" 란 말을 했다

고 한다. 그 덕에 그는 어릴 때부터 긍정적이고 자신감에 넘쳤다.

　마음을 비우고 최선을 다하는 것이 성공의 비결이라고 말하고 있는 바, 이처럼 부모가 자녀에게 태몽을 이야기해주면서, 자신감과 긍정적인 사고를 지니게 하는 것이 중요하다는 것을 보여주고 있다.

* **샘물에서 은가락지를 건져낸 꿈**　→　'차가운 샘물에 잠겨 있는 은가락지를 건져 내는 어머니의 태몽(胎夢)에 안겨 이 세상에 왔습니다.' 라고, 청록파 시인 조지훈은 35세 때 쓴 자신의 글인 '이력서'의 본적에서 밝히고 있다.

* **솥단지 안의 구렁이 태몽**　→　돌부처의 별명으로 널리 알려진 바둑 기사 이창호의 태몽은 어머니가 솥단지에서 밥을 뜨려는 순간, 큰 구렁이가 땅에서 솟아 그 솥단지 안으로 들어가는 태몽이었다.

* **애호박 8개를 받아온 꿈**　→　'독사'라는 별명으로 더욱 알려진 최철한 바둑 기사의 태몽은 어머니의 꿈에, 산신령처럼 긴 수염에 흰 도포차림의 노인으로부터 윤기가 나는 애호박 8개를 건네받아 조심조심 가지고 집으로 돌아온 꿈이었다.

2. 연예인 태몽사례

수많은 대중들의 주목과 관심을 한몫에 받는 연예인은 선망의 대상으로, 그들의 태몽 특징은 빛나고 화려하거나 풍요로움이 넘쳐나며, 고귀한 태몽 표상물이 등장되고 있다. 이는 장차 연예인으로서의 빛나는 인생길이 펼쳐질 것을 태몽으로 예지되고 있다고 할 것이다.

이를 반증하듯이 연예인에 대한 인터뷰나 소개기사에서, "태어날 때의 태몽이 무엇이었는가"를 물어보는데서 알 수 있듯이, 평범한 인생길이 아닌 선망의 대상이 되는 연예인으로서 이름을 날리는데 있어 좋은 태몽이 있었음을 믿고 있으며, 또한 좋은 태몽이 있는 것을 당연시하고 있음을 잘 알 수 있겠다.

먼저 미스코리아 태몽을 간략히 살펴본 후에, 연예인들의 태몽 사례에 대해서 살펴본다.

1) 미스코리아 태몽사례

미스코리아 대회에 출전하는 후보들은 어떠한 태몽을 꾸었을까? 또한 대회에 나가기 전에 어떠한 꿈을 꾸었을까? '껍질을 까서 놓은 감이 그릇에 예쁘게 담겼다' '복숭아를 한아름 안았다' '코스모스 꽃길을 걷던 중 남자에게 흑장미 꽃다발을 받았다''함박눈이 펑펑 쏟아졌다''청사(푸른뱀)를 만졌다' 등 본인 또는 주변에서 꾸어준 꿈의 내용들이다. 이처럼 꿈의 상징표상으로 본다면, 재물운이 아닌 여성적 상징물에 가까운 내용들이다. 예쁘고 귀한 태몽일수록 장차 태몽꿈의 예지대로 이루어지고 있음을 알 수 있겠다.

〈 화려한 국화꽃이 장식된 중국집으로 들어가는 꿈 〉

이혜정씨의 친정어머니는 이혜정씨를 임신했을 때, 화려한 국화꽃이 장식된 중국집으로 들어가는 태몽을 꾸었다고 한다.

이혜정씨는 1986년 당시 미스코리아 대회에 출전해 미스 르망 타이틀로 선발됐다. 그후 1988년 대만에서 열린 미스원더랜드 대회에 참가했을 때다. 그녀가 아시아 최대 화교 재벌인 필리핀 탄유그룹의 후계자인 정위황 사장의 열렬한 구애를 받아들여, 정위황씨와의 결혼을 운명으로 받아들였다. 미스코리아와 재벌의 만남, 그것도 국경을 초월한 사랑을 이룬 두 사람이다. (요약 발췌, 박연정 기자, 레이디경향 2006년 9월호)

신비한 태몽의 세계가 펼쳐지고 있다. 화려한 국화꽃이 장식된 중국집으로 들어가는 태몽의 예지대로, 화교 재벌과 결혼하여 세 자녀를 두는 데에 이르렀으니, 태몽의 놀라운 예지력에 찬탄을 금할 수 없다.

〈 요람의 아기에게 태양광선이 비추어 내리는 꿈 〉

어머니의 꿈으로, 요람에 누워있는 아기에게 한줄기 태양광선이 비쳐대고 있었고, 많은 사람들의 주변에 서서 부러운 표정을 짓고 있는 꿈이었다. 어머니는 내가 미스코리아에 당선 됐을 때, 문득 태몽이 생각 나셨다고 한다.

미스코리아 출신인 영화배우 염정아의 태몽이다. 한줄기 태양광선이 아기에게 비춰지고 많은 사람들이 지켜보는 태몽은 장차 사람들에게 선망의 대상이 될 것을 예지해주고 있다.

〈 금빛 줄기가 쫙쫙 펼쳐져 있는 동굴을 본 꿈 〉

어머니의 꿈으로, "빨간 불빛이 보여 따라갔더니 금빛 줄기가 쫙쫙 펼쳐져 있는 동굴이 나타났다."

미스코리아 및 탤런트로 활약하고 있는 '설수진'의 태몽이다. 금빛 줄기가 펼쳐지는 동굴의 태몽이다. 금빛줄기에서 고귀하고 찬란한 일생으로, 여러 사람의 주목을 받게 될 것임을 예지하고 있다. 프로이트식으로 보자면 동굴은 여성 상징이 되고 있으며, 음양으로 볼 때도 어두컴컴한 동굴이 음의 상징이기에 여아 탄생에 가깝다고 보아야 할 것이다.

〈 내려온 용을 바라보다가 깬 꿈 〉

"하늘에서 용이 내려왔다고 동네 사람들 모두가 몰려가고 있었다. 그래서 그 틈에 끼여 용이 나타났다는 곳으로 따라가 한참 동안이나 용을 바라보다가 잠에서 깨어났다."

92년도 미스코리아 진, 유하영 양의 태몽이다. 용이나 호랑이 꿈이라고 하여 반드시 아들인 것은 아닌 것이다. 용꿈이지만, 이렇게 딸을 낳을 수도 있다. 하지만 용은 부귀 권세의 상징으로, 장차 고귀한 인물이 될 것임을 예지해주고 있다.

〈 호랑이가 집으로 들어온 꿈 〉

그녀의 어머니 꿈에 호랑이가 집으로 들어오는 태몽을 꾸었다.

97년 제주미스코리아 진, MBC 26기 공채 탤런트 출신으로, 드라마 허준에서 허준의 아내역으로 활동한 연예인 홍충민은 충성 '충' 에 옥돌 '민' 의 남자 이름이다.

그녀의 어머니는 호랑이가 집으로 들어오는 태몽을 꾸었다고 한다. 당연히 사내아이라 생각해 남자이름을 지어 놓았으나, 결과는 예쁜 딸이었다. 이처럼 호랑이도 암수가 있기에 호랑이 꿈이라고 해서 다 아들은 아닌 것이다. 일반적으로 아들이 많지만, 딸인 경우에는 괄괄하거나 남성적인 성품을 지닐 가능성이 높다.

2) 연예인 태몽사례

〈 공작새 세 마리가 눈부시게 날개를 펼치면서 뽐내는 꿈 〉

"공작새 세 마리가 눈부시게 날개를 펼치면서 뽐내는 꿈이었지요. 처음에는 공부 잘하는 큰딸 꿈으로만 생각했어요, 그래서 큰딸에게 기대를 걸었는데, 지금 생각해보면 그게 효리 꿈이었던 것이죠. TV에서 긴 생머리 찰랑거리며, 노래하는 모습이 공작새랑 똑 같잖아요"

1979년 봄, 이효리는 충북 청원군의 한 시골 마을에서 1남 3녀의 막내로 태어났다. 그의 어머니는 큰딸을 낳으면서, 효리 태몽까지 한 번에 꾸었다.

어여쁜 공작새의 태몽은 여성적 표상에 부합된다. 큰딸의 태몽에서 장차 세 딸을 두게 될 것을 예지하고 있다. 이처럼 태몽으로 장차 태어날 자녀들의 꿈을 한꺼번에 꾸기도 한다. 필자의 어머니도 필자의 태몽으로 빨간 태극 깃봉같은 열매 세 개를 따서 친정 다락속에 넣어두는 꿈으로 필자를 비롯하여, 아들 삼형제를 두셨다.

〈 찬란한 광채의 다이아몬드를 품에 안는 꿈 〉

최정원(연예인)의 태몽이다. 어머니의 태몽꿈에 숲을 거닐다가 찬란한 광채를 내뿜고 있는 '다이아몬드'를 발견하고, 두 팔을 벌려 그것을 한껏 품는 꿈이었다.

다이아몬드와 같은 보석은 귀한 인물, 재물, 권리, 명예, 부귀영화 등을 상징하고 있다. 찬란한 광채를 내뿜은 다이아몬드가 태몽표상이니, 장차 미모나 재능면에서 뛰어난 능력을 지니게 될 것을 예지해주고 있으며, 깨끗한 피부미인 최정원에 부합되는 태몽이라 할 수 있다. 일반적으로 다이아몬드를 줍는 꿈이 태몽이 아닌 경우, 재물운이나 좋은 이성의 상대방과 인연을 맺게 되는 일로 실현되고 있다.

〈 탐스런 꽃을 한아름 꺾어 가슴에 안는 꿈 〉

황신혜(연예인)의 태몽이다. 어머니의 꿈에, 꿈속에서 하늘나라 정원사였는데, 크고 탐스런 꽃을 한아름 꺾어 가슴에 안는 꿈이었다.

꽃은 부귀 · 성취 · 기쁨 · 미인의 상징으로, 크고 탐스런 꽃의 태몽표상이니, 장차 돋보이는 미모를 지니게 될 것이며, 크고 탐스러우며 풍요로움의 태몽 표상에서 여러 사람들의 시선을 받게 될 것을 예지해주고 있다.

꽃꿈이기에 여자일 수도 있지만, 태몽에 꽃꿈이라고 하여 반드시 여아가 태어나는 것은 아니다. 연예인 '김진'의 경우, 태몽이 꽃꿈이었지만 남자로 태어났다. 하지만 유난히 하얀 얼굴에서 알 수 있듯이, 꽃처럼 귀공자 타입의 얼굴을 보여주고 있다.

〈 바구니에 귤을 담은 아주머니들이 옆에서 보좌하는 꿈 〉

김희애(연예인)의 태몽이다. 어머니의 꿈에 숲의 오솔길을 한가롭게 거닐고 있는데, 길 양 옆으로 귤을 바구니에 담은 아주머니들이 옆에서 보좌하고 있는 꿈이었다.

태몽이 되려면 아주 강렬하고 생생한 꿈이어야 한다. 그리하여 20~30년이 지나서도 꿈의 내용을 기억할 수 있어야 한다. 풍요로움의 표상이 담겨 있는 좋은 태몽꿈이다. 바구니에 귤을 담은 아주머니들이 보좌하는 꿈은 사람들에게 추앙을 받게 됨을 예지해주고 있다. 이 경우, 바구니에 담긴 귤이 탐스럽고 싱싱할수록 재물운이나 성취운에 있어 두드러지게 두각을 나타낼 것을 보여주고 있다.

〈 태양이 품에 떨어진 꿈 〉

소유진(연예인)의 태몽이다. 그녀의 부친이 꾸었다. 바닷가를 거닐고 있는데, 태양이 자신의 품으로 뚝 떨어지는 꿈이었다.

태양의 태몽표상이니, 태양은 만물을 비추어주는 빛나는 존재로 하나밖에 없기에 임금 등을 상징하고 있음에서 알 수 있듯이, 장차 커다란 인물이 됨을 상징적으로 보여주고 있다. 태양꿈인 경우, 일반적으로 아들의 표상이지만, 이처럼 딸로 태어날 수도 있다. 이 경우 여자이지만, 남성적인 활달한 성품을 지니게 되는 것이 일반적이다.

고(故) '전태일' 역시 태양의 태몽꿈이었지만, 밝은 태양이 굴러 여러 조각으로 깨어지는 꿈이었기에, 분신자살하여 많은 영향을 끼치게 될 것임을 예지해주고 있다.

〈 꽃뱀과 매화의 태몽 〉

173cm의 시원한 키에 날렵한 몸매를 자랑하는 이화선(연예인)의 태몽은 꽃뱀과 매화의 여성적 태몽이다. 화사한 꽃뱀의 상징의미에서 알 수 있듯이, 무늬가 화려하고 예쁜 표상이라면 외모가 화려한 사람이나 귀한 일, 대중적으로 선망의 대상이 되는 인물로 연예인으로 적합한 태몽상징이다. 태몽표상에서 장차 미모가 돋보이며 재능이 뛰어남을 보여주고 있으며, 매화 태몽에서 알 수 있듯이 고귀한 자태를 뽐내고 있음을 알 수 있다.

〈 백조가 물에 빠졌다가 나온 꿈 〉

권혜수(개그맨) 태몽이다. '개그콘서트' 팀의 막내인 권혜수의 어머니가 꾼 태몽에 따르면, '백조가 우아하게 호숫가를 노닐다 그만 실족하여, 물속에서 허우적거린다. 겨우 물속에 뭍으로 올라왔으나, 인근 개가 나타나 털을 쪼아 영 볼품없이 되는 찰나 꿈에서 깼다.'

우아한 백조의 태몽 표상에서 여아의 상징에 걸맞는 표상이다. 실족, 허우적, 털을 쪼는 꿈 등 개그맨의 행동표상에는 부합된다고 볼 수 있지만, 일반적인 태몽표상으로는 좋지 않다고 보여진다. 일반적인 상징에서는 개로 상징된 사람에 의해 시달림을 받게 되며 어려움에 처하게 될 것을 보여주고 있다. 명성황후의 태몽은 한쪽 날개가 다친 학이 날아든 꿈이라고 하는 바, 뜻대로 펼치지 못하고 비운에 처하게 되는 운명을 예지하고 있음을 알 수 있다.

〈 반짝반짝 빛나는 사과를 껴안는 꿈 〉

가수 장나라의 태몽이다. 반짝반짝 빛나는 사과를 껴안는 태몽인 바, 윤기가 나는 사과로써 여러 사람들의 선망의 대상이 되는 연예인의 태몽 표상에 부합된다고 하겠다. 열매 태몽으로 성취·결실을 이루어 내는 인생길이 펼쳐지고 있다.

〈 빨간 과일을 한 바구니 따 가지고 온 꿈 〉

고(故) 탤런트 최진실씨의 태몽이다. 어머니 정옥숙씨(46)는 '큰 과일나무에서 빨간 과일을 한 바구니 따 가지고, 집으로 돌아온 태몽을 꾸고, 딸이 태어날 것을 예감했다.

윤기나는 빨간 사과는 성취·결실을 이루어내는 인생이 펼쳐질 것을 예지해주고 있으며, 한 바구니 가득 따온 것에서 풍요로움의 표상이 담겨 있다. TV 드라마나 영화에서 자신의 능력을 마음껏 발휘한 바, 비운의 길을 선택한 만큼, 태몽 뒷부분에 드러나지 않은 이야기가 있지 않을까 보여진다.

〈 하마가 달려든 꿈 〉

'하마가 달려들었다.' 가수 노사연 씨의 태몽이다. 가수 노사연 씨가 여자치고는 덩치가 크고 몸이 좀 비대한 걸 예지한 태몽일 것이다. 이처럼 태몽은 인생의 운명 길에 대한 개략적인 추세뿐만이 아니라, 단순하게는 몸의 생김새나 특이한 성격을 알려줄 때도 있다.

앞서 살펴본 바 있지만, 아들의 태몽으로 기린을 본 바, 출생한 아이가 목도 길고 팔다리도 긴 편이라고 이야기하고 있다.

〈 오이와 호박을 한아름 따는 꿈 〉

"눈부시도록 푸른 농장에서 아버지가 오이와 호박을 한아름 따는 꿈" 이다. 연예인 박채림의 태몽으로 풍요로움의 표상이 담겨 있다.

〈 무지개가 떠 있는 꿈 〉

"비가 오는 날 날씨가 개어 문을 열고 밖을 내다보았다. 이때 눈에 확 들어오는 것은 오색찬란한 무지개가 시야 가득히 좌우로 걸쳐있는 것이었다."

가수 혜은이의 무지개 태몽 꿈이다. 무지개를 한자로 나타내면, 무지개 홍(虹)으로, '벌레 충' 변에 있듯이, 옛 사람들은 무지개가 자연현상이 아닌 신비로운 벌레가 어떠한 조화를 부려내는 것으로 인식했음을 알 수 있다. 무지개는 찬란한 아름다움과 신비로움으로, 여성적 속성에 가깝기에 대부분 여아 탄생으로 실현되고 있다.

또한 무지개는 많은 사람들이 우러러보는 신비의 대상으로, 인생길에 있어 찬란하고 고귀한 일생이 펼쳐짐을 예지해주고 있는 바, 맑은 음색의 뛰어난 가창력으로 많은 사람들에게 사랑을 받고 있는 오늘날의 운명의 길을 보여주고 있다고 해야 할 것이다.

〈 예쁜 금붕어가 헤엄을 치는 꿈 〉

탤런트 김혜자 씨의 태몽이다. 김혜자 씨의 태몽은 그녀의 부친이 꾸었다고 한다. "높은 연단 위에서 연설을 마치고 나자 청중들이 크게 박수를 쳤다. 기분이 좋아진 그가 주위를 둘러보았을 때, 바로 옆에 어항이 하나 놓여 있었는데, 그 속에서 예쁜 금붕어가 헤엄을 치고 있었다. 그러고 보니 사람들은 자기를 보고 박수를 쳤던 게 아니라, 그 금붕어를 보고 박수를 쳤던 것이다."

이러한 꿈을 꾼 그녀의 부친은 그 꿈을, 장차 딸이 커서 사람들을 기쁘게 하여 박수를 받게 될 것이라고 풀이하여, 그녀가 탤런트가 되겠다고 했을 때, 처음부터 격려를 해 주었다고 한다. 명배우가 되라면서. 그런데 지금 그녀는 한국에서 손꼽히는 탤런트가 되어 있다.

어항과 금붕어는 사람들이 구경하기 위해서 있는 것이다. 따라서 이 꿈에서 어항은 TV를 말하고, 금붕어는 탤런트를 뜻했다고 볼 수 있을 것이다. 그 당시엔 우리나라에 TV가 없었을 텐데도—. (글: 김하원)

〈 백마가 용이 되어 오르는 꿈 〉

탤런트 강석우의 태몽이다. "우물가에서 백마가 용이 되어 하늘로 오르는 것을 지켜보았다."

마치 연예인이 되고 나서, 지어낸 태몽처럼 좋은 태몽 표상을 보여주고 있다. 백마의 태몽만 하더라도 뛰어난 인물이 될 것임을 예지하는 좋은 태몽인데, 다시 용으로 변해 하늘로 날아올라 뜻을 펼치는 태몽이니, 용으로 상징된 권세·부귀·이권을 드날리게 될 인생길을 예지해주고 있다. 인생의 후반부로 갈수록 더더욱 자신의 존재가치를 높이는 좋은 태몽이다.

〈 도자기를 집으로 가져온 꿈 〉

탤런트 강수연의 태몽이다. "고구마 밭에서 골동품(화병)을 캐어 개울물에 씻어보니, 찬란하게 빛이 났다. 그 화병을 집으로 가져왔다."

　태몽으로 보자면, 인생의 전반부는 평범한 존재로 빛을 발하지 못하다가, 씻어내어 찬란하게 빛을 발하는 골동품의 화병이 되었듯이, 나중에는 획기적인 일로 인하여 자신을 널리 드러내고 빛나는 존재로, 선망의 대상이 되는 연예인이 될 것을 예지해주고 있다.

　연기를 하다보면, 여러 배역을 맡는 일이 다반사이겠지만, 골동품의 태몽표상답게 '씨받이', '여인천하' — 등등 외모 및 분위기에서 한국적이고 고전적인 분야에서 두각을 보이고 있는 것 같다.

〈 물고기 두 마리를 잡은 꿈 〉

　"길을 가다가 맑은 물에서 붕어가 노는 것을 보고 두 마리를 잡았는데, 그 크기가 손바닥만 했다. 양동이에 담아 가져왔다."

　70년대 하이틴 스타로 이름을 날렸던, 국민 여동생의 원조라고 할 수 있었던 연예인 임예진의 태몽이다. 여아 탄생으로 미루어, 태몽에서 아마도 예쁘고 빛나는 붕어일 것으로 추정된다.

　맑은 물에서 노니는 붕어이었기에 장차 인생길의 배경이 깨끗하고 고결한 삶을 영위해나갈 것이며, 손바닥 크기의 커다란 붕어에서 자신의 역량을 발휘하고 주목받는 존재가 될 것임을 보여주고 있다.

　두 마리의 붕어이듯이, 두 영역에서 뛰어난 능력을 발휘하는 것도 가능하며, 부모의 입장에서 본다면, 이 경우 두 마리의 붕어이듯이 쌍둥이를 낳게 되거나, 장차 한 자식을 더 두게 될 것임을 예지하는 태몽으로 실현된 사례가 많다.

〈 보석 목걸이를 걸은 꿈 〉

MC 왕영은의 태몽이다. "여러 가지 보석 목걸이를 목에다 주렁주렁 걸었다." 보석의 태몽으로 태어난 사람은 보석처럼 진귀하고 선망의 대상으로의 가치 있는 삶의 길을 예지해주고 있다. 귀한 보석이 여러 개로 뭉쳐있는 목걸이의 태몽 표상 그대로 아름답고 풍요로움이 넘치는 인생길이 펼쳐질 것을 보여주고 있다.

〈 받은 세 개의 사과 중 한 개를 먹은 꿈 〉

탤런트 김창숙(1949.1.15)의 태몽이다. "수염이 하얀 할아버지가 사과 세 개를 주면서 먹으라고 했다. 한 개를 먹으니 배가 불러서 도저히 먹을 수가 없었다. 남은 두 개를 쌀 뒤주 속에 넣어 두었다."

아마도 사과가 윤기나고 빛나는 사과일 것이며, 크기가 무척 큰 사과로써, 선망의 대상이 되며, 커다란 능력을 지니게 될 것을 보여주고 있다. 열매 꿈이 성취·결실을 이루어내는 인물로 실현된다는 것은 앞서 밝힌 바 있다.

태몽 표상에서, 사과의 상징은 사람·일거리·재물 등등 다양한 추정이 가능하다. 사람인 경우, 장차 두 동생이 더 생겨날 것을 예지해주고 있으며, 일거리나 재물인 경우 하나의 큰 성취를 이루고, 추후 두가지 성취나 성공의 일로 실현될 것을 보여주고 있다.

수염이 하얀 할아버지는 삼신할미·산신령 등의 상징의미와 같다. 꿈의 상징기법의 하나로, 어떤 절대적 대상의 상징으로 등장되고 있다.

〈 볏 짚단을 가져오는 꿈 〉

"논에서 짚단을 날라다 대문 앞에 잔뜩 쌓아 놓았다."

70~80년대에 가수로 활동하다가 사업가로 변신한 구창모씨의 태몽이다. 태몽 표상으로 보자면, 노래하는 가수보다는 재물이나 이권과 관련된 사업가적인 태몽을 보여주고 있다. 꿈의 상징에서 쌀 · 소금 · 나무 · 된장 · 물고기 · 돼지 · 똥 등은 재물의 상징으로 널리 쓰이고 있는 바, 그냥 짚단이라면 그렇게 좋지는 않다.

하지만 탈곡하지 않은 이삭이 주렁주렁 달려있는 짚단을 대문앞에 잔뜩 쌓아놓는 것은 풍요로움의 표상으로, 막대한 재물의 획득이나 성취 · 성공의 인생길로 나아갈 것을 예지해주고 있다.

90년도부터 사업에 몰두하고 있는 바, 태몽 자체에 가수 등의 연예인 직업보다는 사업분야에서 성공할 것을 보여주고 있다고 해야 할 것이다.

〈 고추를 가득 따오는 꿈 〉

"붉은 고추가 많이 열린 고추밭에서 소쿠리에 가득 따 담아가지고 집으로 왔다."

가수 배철수 씨의 태몽으로, '고추밭에서 가득 따 담아왔다'에서 알 수 있듯이 풍요로움의 표상이며, 이러한 열매 꿈의 태몽표상은 어떠한 결실을 맺고 성취를 이루어내는 인생길로 나아가고 있다.

〈 비닐하우스에서 빨간 고추를 따 담는 꿈 〉

"산등성이에 비닐 하우스 같은 이상한 집이 있었는데 고추가 심어져 있었다. 한겨울인데도 빨간 고추가 무성하게 열려 있었고, 어머니는 그 고추를 마구 따서 치마폭에 담으셨다."

　가수 김건모의 태몽으로, 풍요로움의 표상이 넘쳐나고 있는 좋은 태몽이다.

〈 밤송이가 주렁주렁 달려 있는 꿈 〉

　"산에 올라갔는데 수많은 밤나무에 밤송이가 주렁주렁 열려 있었다. 밤송이마다 아람 불어 장관을 이룬 것을 지켜 보다 잠을 깨었다."

　연예인 이혜숙씨의 태몽으로, 이 역시 풍요로움의 표상이 넘쳐나고 있다. 산의 상징은 어떠한 거대한 기관이나 단체 · 조직의 상징으로, 국가나 사회단체 · 회사 · 기관 등을 상징한다. 연예인으로 인생길을 살아가고 있는 현실에 비추어본다면, 방송국이나 TV 등 매스미디어의 세계를 산으로 상징하고 있다고 볼 수 있다.

　수많은 밤나무에 밤송이가 아람이 벌어져 있는 풍요로움의 표상에서, 선망의 대상이 되고 부러워하는 존재로 살아가는 풍요로운 인생길을 보여준다고 할 수 있겠다. 또한 이렇게 태몽표상에서는 굳이 따가지고 오는 것이 아니더라도, 보는 것만으로도 소유획득의 개념이 적용된다.

〈 많은 뱀들이 큰 뱀 주위에서 노는 꿈 〉

　1980년 2월 22일 생으로, 그룹 '젝스키스' 멤버로 활동한 가수 강성훈의 태몽이다.

　나는 태몽부터 가수가 될 팔자였다고 한다. 어머니는 내가 들어서면서 태몽을 꾸셨는데, 한 마리 커다란 뱀이 가운데 있고 수없이 많은 뱀들이 그 큰 뱀 주위에서 노는 그런 꿈이었다. 그것도 여러 차례. 그래서 부모님들은 뭔가 큰일을 할 놈이구나 하는 기대를 가지셨는데, 내가 가수가 되면서부터 '아! 가수가 되려고 이 꿈을 꿨구나' 하는 생각을 하신다. 어머니의 말로는 "작은 뱀들이 지금의 팬들이고, 내가 큰뱀인 듯싶다" 고 말씀하시며 흐뭇해하신다.

그런 태몽 탓일까. 나는 어릴 적부터 연예인다운 끼가 다분했던 아이였다. 세 살짜리 꼬마가 뭘 안다고, 팝송만 들으면 어디서나 춤을 추곤 해 주위의 귀여움을 독차지했다. 그런 끼가 가득한 꼬마 아이를 주위 어른들도 가만두지 않았다고 한다. 나를 한번이라도 안아보려고 사람들이 몰려들었을 정도로 주위 사람들의 사랑을 넘치게 받아왔다.

수없이 많은 뱀들이 그 큰 뱀 주위에서 노는 꿈에서, 오늘날 오빠부대를 연상시키는 태몽 표상이라고 할 수 있겠다.

〈 국화꽃이 만발한 정원을 거니는 꿈 〉

72년 생인 이휘재(연예인)(본명 이영재)는 2녀1남의 셋째로 태어났다. 이휘재의 어머니는 그를 임신했을 때, 국화 꽃이 만발한 정원을 거니는 태몽을 꾸어 또 딸인 줄 알고 비통한(?) 나날을 보냈다고 한다. 그러다 아들이 태어나자, 그의 아버지는 잔치를 크게 벌였을 정도로 기뻐했다고 한다.

국화 꽃이 만발한 풍요로움과 꽃의 아름다움의 좋은 태몽표상으로, 여러 사람들에게 선망의 대상이 될 인생길을 보여주고 있다.

〈 잡았다가 놓아준 잉어가 하늘로 날아오른 꿈 〉

가수 조성모의 태몽이다.

"양어장에서 잉어를 잡았는데, 잉어가 눈물을 흘리며 놔 달라고 사정했다. 그래서 놔 줬더니, 날개가 돋쳐 하늘로 날아오른 꿈이다."

일반적인 꿈에서, 잡았던 것을 놓아주는 꿈은 좋지가 않다. 여기서는 태몽 표상으로, 날개가 돋쳐 하늘로 날아올랐다는데서, 뜻을 펼치게 되는 것을 보여주고 있다.

〈 새끼 돼지 서너 마리가 품안으로 뛰어든 꿈 〉

발라드 황제라 불리우는 가수 신승훈의 태몽이다. "새끼 돼지 서너 마리가 품안으로 뛰어들어왔다"고 한다.

그의 부드러운 이미지에 어울리는 따뜻하고 귀여운 꿈이다.

〈 용이 벽을 뚫고 들어가는 꿈 〉

연예인 이병헌의 태몽이다. "높은 천장이 있는 방에 어머니께서 누워계시는데, 한쪽 벽에서 커다란 용이 튀어나오더니 반대쪽 벽으로 뚫고 들어가고, 반대로 또 커다란 용이 나와서 반대편 벽으로 들어가는 꿈이었다고 한다."

특이한 태몽이다. 용의 태몽이니, 권세·부귀영화의 뜻을 펼치게 될 것을 보여주고 있다. 태몽 꿈이 전개되는 하나하나의 꿈내용 모두에다 의미가 있다. 용이 튀어나와 반대쪽 벽으로 뚫고 들어가는 전개에서, 하나의 일이나 직업, 어떠한 대상에 집착하기보다는 변화롭게 자유로운 인생길이 펼쳐질 것을 예지해주고 있다.

〈 바닷가 동굴에 소라가 수북히 쌓여 있는 꿈 〉

가수 이소라의 태몽이다.

> 바닷가 동굴에 커다란 소라가 가득 쌓여 있고, 밑으로 빛을 발하는 뱀 한 마리가 쉬익 지나가는 꿈. 엄마의 꿈속에 바닷가가 펼쳐져 있었으며, 해변가에 어슴푸레 동굴이 보여 신비감에 싸여 동굴속으로 끌려 들어갔단다. 그런데 그 안에는 큰 소라가 수북이 쌓여 있었다고―. 그래서 내 이름이 소라가 되었나 보다. (나우누리/가수마을/이소라 팬클럽)

이렇게 자연물이 태몽 표상으로 등장되기도 한다. 아마도 예쁜 소라였기에 여성적인 태몽이며, 수북히 쌓여 있는 태몽에서 풍요로움의 표상이 담겨 있다.

〈 우물에서 쌀이 가득 담긴 바구니를 품에 안는 꿈 〉

연예인 김국진의 태몽이다. "어머니가 우물에서 물을 긷는데, 물 대신 쌀이 가득 담긴 바구니가 올라와 품에 안았다고 한다."

풍요로움의 표상이 담겨 있으며, 장차 재물운과 관련지어 큰 성공을 기약할 수 있는 좋은 태몽이다.

〈 색동저고리의 눈이 큰 여아가 춤을 추는 꿈 〉

"어머니의 꿈에 부부가 같이 소극장에 공연을 보러 갔다. 공연은 족두리에 색동저고리를 곱게 입은 여자 아이들이 무대에 나와 사랑스럽게 춤을 추고 있었을 때, 유난히 눈이 큰 아이가 객석을 보고 생글생글 웃으며 칼춤을 추는 꿈이었다."

어렸을 때부터 활동한 아역 출신의 배우인 김민정의 태몽이다.

태몽 꿈에서 아이가 등장하는 경우, 장차 태어난 아이의 남녀 성별과 일치하며, 나아가 생김새와 얼굴이나 외모가 같은 일로 실현되고 있기도 하다. 꿈속에서 눈이 큰 아이였듯이, 그러한 모습을 아이를 낳은 현실에서도 그대로 이루어지고 있다. 또한 태몽표상에서 사랑스럽게 춤을 추고 있었듯이, 춤에 뛰어난 소질이 있을 가능성이 높다고 하겠다.

〈 황소가 풀을 뜯어먹는 꿈 〉

지진희(연예인)의 태몽이다. 1973년생으로, 외아들로 태어났다. "지진희를 임신했을 때, 어머니의 꿈에 집채만한 황소가 풀을 뜯고 있었고, 그 옆에는 개 한 마리가 한가로이 놀고 있는 꿈이었다."

황소가 수소는 아니지만, 커다란 소이니 아들을 낳을 가능성이 높다고 하겠다. 황소가 풀을 뜯어먹는 한가로운 풍경이었듯이, 인생길에 여유로움이 넘쳐날 수 있으며, 옆에는 개 한 마리가 한가로이 놀고 있는 태몽인 바, 외아들이기에 동생이 있는 것을 예지했다기 보다는 한가로이 놀고 있는 개로 상징된 인생의 반려자를 보여주고 있다고 볼 수 있다. 수많은 뱀을 거느린 구렁이의 꿈으로 장군이 된 태몽을 떠올려보시기 바란다.

참고로, 아테네 올림픽 태권도 금메달리스트인 문대성 선수의 태몽도 황소 꿈이다. 이처럼 동물이 등장하는 꿈은 태몽에서는 그 동물의 특성에 걸맞는 사람을 100% 상징하고 있으며, 행동특성 및 성격특성이나 신체적 특성 등이 태몽에 등장된 동물과 일치하게 이루어지고 있다.

태몽과 마찬가지로 일반적인 꿈에 있어서도, 동물의 상징의미가 어떠한 사람을 뜻하고 있는 경우가 대부분이다. 이는 우리의 언어 관습적 상징과도 통하고 있다. 예를 들어, '여자는 여우, 남자는 늑대' 라는 말을 쓰는 것 외에, 떡두꺼비같은 아들, 유혹의 화류계 여성을 '꽃뱀', 표독스런 아내를 '암고양이', 엄마가 사랑스러운 아이를 우리 '강아지' 라고 부르는 등 사람을 동물에 비유하여 관습적 언어로 사용하고 있음을 알 수 있겠다.

〈 자줏빛 목련이 만발한 꿈 〉

가수 변진섭의 태몽이다.

어머니가 나를 임신했을 때 꾼 태몽은 꽃꿈이었다고 한다. 놀릴까봐 어머니는 태몽에 관해서 남들에게 이야기하지 말라고 하시기도 했다. 어머니 말씀에 따르면, 그리스 로마 신전을 연상케 하는 커다란 건물에 자주빛 목련이 만발해 있었고, 그 꽃이 너무 예뻐 관광객들이 모여들고 있었다고 한다. 어머니는 왠지 그 꽃이 자신의 것이라는 생각이 들어, 남들이 꽃을 볼 수 없도록 막았다고 한다. 어머니는 이 꿈을 꾸고 내가 딸이라고 생각해 아버지에게 "낳지 않겠다"고 했다고 한다. 그러나 낳은 모습을 보니, 버젓이 고추를 달고 나온 아들 아닌가. "뱃속에서 하는 짓도 영락없는 계집애였는데" 하며, 어머니는 감격(?)의 눈물까지 흘리셨다고 한다.

대체적으로 꽃꿈의 태몽인 경우 여아일 가능성이 높지만, 탤런트 김진의 태몽도 꽃꿈이듯이 이렇게 남아가 태어날 수도 있다. 태몽으로 여성적이냐 남성적이냐를 보여주는 것이지, 태몽으로 성별을 절대적으로 구별할 수 있는 것은 아님을 절대적으로 보여주고 있다. 변진섭의 성품 또한 차분하며, 여성적인 성품에 가깝게 부드럽고 섬세한 타입으로 활동하고 있다.

〈 구덩이 맑은 물에 잉어가 있는 꿈 〉

인기 발라드 가수로 인정받고 있는 태진아의 아들 '이루' 의 태몽이다. "동그란 구덩이가 파여 있었는데, 맑은 물이 가득했고, 그곳에 빛나는 대형 잉어 한 마리가 있었다."

물고기 중의 으뜸인 잉어의 꿈이니, 커다란 능력을 발휘하는 좋은 태몽이다. 또한 맑은 물이 가득했으니, 인생길에 처할 여건은 더할 수 없이 풍족하고 좋은 여건이다. 다만, 드넓은 강이나 호수가 아닌, 동그란 웅덩이에 있는 잉어의 배경적인 태몽꿈으로 볼 때, 커다란 세계무대가 아닌 제한적인 여건에서의 활동이 있을 것임을 보여준다고 하겠다.

한편 다른 기사에서는 "팔뚝만한 비단잉어가 폭포수 같은 물줄기를 타고 하늘로 승천하는 꿈" 으로 소개되고 있는 바, 이 경우는 자신의 뜻을 크게 펼쳐내는 아주 좋은 태몽이다.

〈 금반지를 가득 주워 담는 태몽 〉

영화배우 이영애의 태몽이다. 그녀의 어머니에 의하면, "금반지를 가득 주워 담는 태몽" 이었다고 한다. 반짝반짝 빛나는 금반지는 여러 사람들이 귀하게 여기는 선망의 대상이듯이, 영화배우로서 빛나는 외모와 뭇 사람들의 선망의 대상으로, 존재가치를 빛내는 인생길이 펼쳐질 것을 예지해 주고 있다.

이처럼 금반지 태몽은 남녀를 불문하고 고귀한 신분이나 직업에 관련되고 있다. 또한 금반지를 가득 주워 담는 태몽 표상에서, 풍요로움이 넘쳐나고 있어, 금상첨화의 풍요롭고 부귀로운 삶의 길을 보여주고 있다.

〈 산삼을 캐가지고 오는 태몽 〉

"산길을 걸어가다 산신령님을 만났다. 길을 물었더니 지광이로 땅위
에 그려주며 그쪽으로 가보라고 했다. 한참 가다보니 한 곳에 산삼이 두
뿌리가 있었다. 그중 한 뿌리는 보기 드물게 커서 그것을 캐가지고 오면
서 이 산삼을 대통령께 바쳐야겠다고 생각했다. 집에 와서 생각해보니 남
에게 주는 것이 아까운 생각이 들었다. 그러던 중 깜박 잠이 들었다 깨어
보니 산삼이 없어졌다. 한참 찾고 있는데 뱃속에서 '여기에 있다 여기' 라
는 소리가 들렸다."

방송인 김혜영씨의 태몽이다. 1981년 MBC 3기 코미디언으로 데뷔
한 바, 현재 MBC 라디오 '싱글벙글쇼' 에서 강석과 더불어 재치있고 알
콩달콩한 방송으로 많은 인기를 누리고 있다.

태몽속에 인생의 청사진이 펼쳐져 있고, 인생길이 숨어 있듯이, 뱃
속에 있는 산삼이 '나 여기 있다' 의 말을 했다는 태몽 그 자체가 한 편
의 코메디이자, 장차의 인생길을 그대로 보여주고 있다.

산삼의 태몽이니, 장차 귀한 존재로 자신을 드러낼 것이며, 한 뿌리
가 보기 드물게 컸다는 것은 능력이나 파워가 뛰어나고 그릇됨이 훌륭
하다는 것을 보여주고 있다. 대통령께 바쳐야겠다고 생각하다가 남에
게 주는 것이 아깝다고 생각한 것처럼, 처음의 인생길이 대통령으로 상
징된 어느 분야의 전문가나 우두머리와 결혼하거나 그러한 분야와 관
련을 맺을 뻔하다가, 코메디언 등의 인생길로 나아갈 것을 예지해주고
있다. 또한 산삼 두 뿌리가 있었던 것처럼, 나머지 산삼 하나는 그냥 두

고 왔다면 안좋은 결과로도 실현될 수 있으며, 보는 것만으로 태몽의 효력이 발생하여 동생을 두게 된다할지라도, 보통의 산삼이나 작은 산삼이기에 김혜영씨 보다는 인물됨이 떨어지는 것을 상징한다고 볼 수 있겠다.

원래 고(故) 한건덕 선생님이 김혜영씨에 대해서 풀이해놓은 태몽풀이가 있으나, 지나친 인용이 되는 것 같아 필자의 생각을 주관적으로 풀이해놓았다.

〈 화투를 치다가 광이야! 하고 외친 꿈 〉

개그맨 이경규의 태몽이다. 꿈속에서 화투를 치다가 '광이야!' 하고 외친 후에 얻은 아들이 이경규라고 한다.

다소 특이한 태몽으로 개그맨으로서의 인생길을 짧은 태몽으로써, 희극적으로 한편의 영화장면처럼 대변해주고 있음을 알 수 있겠다.

〈 용 아홉 마리가 승천하는데, 뱀 아홉 마리가 시비를 거는 꿈 〉

개그맨 이홍렬의 태몽은 '용 아홉 마리가 승천하고 있는데, 뱀 아홉 마리가 시비를 걸어 싸움이 나는 꿈'으로 알려져 있다.

이 역시 특이한 태몽이다. 싸움에서 현란한 말솜씨를 주무기로 하듯이, 재치있는 언변 및 화술이 뛰어남과 관련이 있다고 해야 할 것이다. 여러 방송 출연자와의 대화나 진행이야말로, 주먹만 오가지 않을 뿐이지, 피 튀기는 접전이 벌어지고 있다고 보아야 할 것이다.

〈 사슴의 뿔에 보석이 달린 꿈 〉

연예인 송혜교의 태몽이다. "커다란 뿔에 보석이 달린 사슴을 보는 태몽이다." 그녀의 사진에서 연상되지만, 아마도 예쁜 꽃사슴이었을 것이다. 사슴 뿔에 빛나는 보석이 달려 있으니, 고귀한 존재로서 인생의 길이 펼쳐질 것을 태몽으로 예지해주고 있다.

앞에 언급한 바 있지만, 태몽이 아닌 일반적인 꿈속에 등장되는 대부분의 동물에 있어서도, 해몽시에는 각각 그 동물의 특성에 어울리는 어떠한 사람을 상징적으로 보여주고 있다고 여기면 옳다고 하겠다.

또한 태몽에 나오는 동물에 관련된 태몽 이야기를 살피다 보면, 마치 불교 윤회설의 업보에 따른 육계(六界)인 '지옥, 아귀, 축생, 아수라, 인간, 천상'의 육도설(六道說)이 실제로 있음을 태몽으로 실증시켜 보여주는 것이 아닌가 하는 생각이 들게 하고는 한다. 이런 점에서 볼 때, 불가에서 보자면 태몽은 전세의 연(緣)을 계시해주고, 나아가 현세의 연(緣)을 보여주는 신비의 세계라고 할 수 있겠다.

부부 인연의 소중함을 일컫는 말에 세세생생(世世生生)이란 말이 있는 바, 전세의 인연으로 현세에 부부가 되고, 나아가 내세에 이르기까지 영원히 함께 하는 소중한 인연이 바로 부부의 인연이 아닌가 한다.

〈 용이 아이를 물고 어머니 몸속으로 들어온 꿈 〉

연예인 김희선의 태몽이다. "용이 아이를 물고 어머니 몸속으로 들어온 꿈이었다."

용이 아이를 물고 들어온 태몽 표상이니, 부귀·권세가 있는 좋은 태몽이다. 이 경우 용이 물어온 아이는 여아일 것이며, 용으로 상징된 외부적 여건에서 부귀 영화의 좋은 인생길의 배경이 펼쳐진다고 볼 수 있겠다.

〈 구렁이가 치마 밑으로 기어들려는 꿈 〉

연예인 손지창의 태몽이다. 어머니의 꿈에, 커다란 능구렁이가 어머니 치마 밑으로 슬금슬금 기어들려고 하더란다. 어머니는 "안돼, 안돼"라고 외치다가 깨어난 꿈이다.

큰 구렁이로 장차 커다란 인물로 큰 그릇의 사람이 될 것을 보여 주고 있다. 또한 "안돼, 안돼"라고 외치던 꿈에 대한 필자의 해설은 사정상 생략한다.

〈 시냇물에서 복숭아를 건지는 꿈 〉

개그맨 신동엽의 태몽은 "어머니의 꿈에 시냇물에 있는 복숭아를 건져내는 꿈이었다."

복숭아가 하도 예뻐서 어머니는 딸이 태어날 거라 믿었으나, 결과는 아들이었다. 태몽으로 성별을 절대적으로 구분할 수 있는 것은 아님을 볼 수 있다. 개그맨 홍록기의 태몽도 복숭아이다. 하지만, 실제로 연예인 이유진의 태몽도 복숭아 태몽으로 여자이다.

〈 예쁜 강아지의 개 꿈 태몽 〉

현영은 음악 포털 사이트 엠넷닷컴 매거진 M을 통해 그녀의 태몽이 '개 꿈'이었다고 고백했다. 어머니가 태몽이 개 꿈이었다고 했다고 전하며, 그냥 변견이 아닌 예쁜 강아지였다는 점을 강조했다. 또 현영은 본인의 태몽에 대한 해석을 친근함으로 풀이했다. 현영은 자신의 태몽은 인생을 친근하게 살 팔자라는 의미였을 것이라고 해석했다. 태몽 덕에 사람들과 친근하게 지내는 것을 좋아하며 많은 사람들이 자신을 거부감 없이 받아 주는 것 같다고 덧붙였다. 〈뉴스엔 엔터테인먼트부, 2007.06.18〉

〈 어머니가 가슴에 난을 안는 태몽 〉

연예인 이태란의 태몽은 어머니가 난을 가슴에 안는 태몽을 꾸었다. 이름에 '난초 란(蘭)' 자가 들어가 있는 것도 태몽꿈에서 연유된 것임을 알 수 있겠다.

〈 이선희 가수가 나온 꿈 〉

신인가수 블랙(진영민. 1991.4.15)의 태몽이다. "어머니께서 태몽을 이선희 선배님 꿈으로 꾸셨다고 했는데, 처음엔 농담으로 건넨 말씀인 줄 알았다. 태몽을 가수꿈으로 꿀 수도 있는지 아직도 궁금하다."

이렇게 꿈속에서 대통령이나 귀인·유명인사를 만나고 태몽으로 실현된 사례가 상당수 있다. 이 경우, 꿈이 생생하고 강렬해야 태몽이 되며, 꿈속에 나타난 인물과 어떠한 관계를 갖게 되는 것만은 틀림이 없다. '블랙' 은 가수 이선희씨와 마찬가지로, 자신이 가수로서의 인생길을 걸어가고 있으며, 좋아하는 가수로 윤도현 선배님과 이선희 선배님을 뽑고 있음에서 관련성이 있음을 알 수 있겠다.

〈 고(故) 정주영 명예회장이 나온 꿈 〉

KBS 아나운서로 '상상플러스' 에서 재치있는 진행으로 인기를 모았던 노현정도 2006년 현대그룹 창업주 3세인 정대선과 결혼하여, 임신한 당시에 "남편이 아침에 일어나서 할아버님(고 정주영 명예회장)이 꿈에 나오셨는데, 너무 생생했대요. 그게 태몽인가요?" 라고 말하고 있는 바, 이렇게 동식물이 아닌 대통령이나 유명인사 등이 태몽꿈에 등장될 수 있다.

이 경우, 꿈속에 나타난 인물과 관련있는 인물로 자라나게 된다. 아들을 낳았는 바, 장차 고(故) 정주영 회장같이 뛰어난 능력을 발휘하는 훌륭한 경영자가 될 수 있으리라 본다. 한편 노현정씨 친정어머니는 외손자 임신 당시에 아들 낳는 꿈을 꾸었다고 하는데, 사실적 미래투시의 예지 꿈으로 실현되었다고 보아야 할 것이다.

노현정 아나운서 본인의 출생 태몽은 "국화꽃을 들고 있는 꿈이었다"고 밝힌 바 있다. 꽃의 이미지처럼 기품 있고 우아한 그녀의 이미지에 걸맞는 태몽으로 보여진다.

〈 왕관을 쓴 잉어가 안기는 꿈 〉

트로트 퀸 장윤정의 태몽에 관한 이야기이다.

> 태몽은 아버지가 꾸셨어요. 낚시를 하러 갔더니, 잡어들이 흘러 내려가더래요. 그래서 물 밖으로 나와 낚싯대를 드리우고 있는데, 갑자기 물이 갈라지며 왕관을 쓴 잉어 한 마리가 아버지에게 안겼다네요.
>
> 〈[술술토크] (15) 장윤정, 스포츠조선, 이정혁 기자〉

그냥 잉어의 태몽이라 하더라도, 장차 뛰어난 역량을 발휘하는 인물이 될 것임을 보여주고 있는 바, 왕관을 쓴 잉어이니 금상첨화로 어느 분야에서 최고의 지위에 오르게 될 것을 예지해주고 있다.

〈 바닷가에 호랑이가 나타나 발을 물면서 품에 안기는 꿈 〉

'곤드레 만드레' 등 신세대 취향의 트로트 곡으로 '남자 장윤정' 이라는 별명을 얻은 가수 박현빈(24)의 태몽이다.

나는 1982년 10월 18일 경기도 광명에서 2형제 가운데 둘째로 태어났다. 묘하게도 태몽을 어머니가 아니라, 이모가 꾸셨다고 한다. 이모는 어느날 넓은 바닷가에 갑작스럽게 호랑이 한마리가 나타나, 발을 물면서 품에 안기는 꿈을 꾸셨다고 한다. 그 이후 내가 태어났는데 어머니는 이모로부터 이 얘기를 듣고, 아들이 '평범한 사람은 되지 않겠구나'라고 기대하셨다고 한다.

〈마이라이프, 스포츠서울. 2006.10.29〉

〈 붉은 고추를 광주리에 가득 따 담은 꿈 〉

KBS 2TV '꽃보다 남자' F4 이민호(1987.6.22)의 태몽이다.

어머니의 꿈에 고추밭에 붉은 고추가 주렁주렁 매달려있는 꿈이었는데, 너무 예쁘고 탐스러워보여서 광주리 한가득 고추를 주어 담았다.

〈 꽃을 따려는 순간 꽃밭으로 변하는 꿈 〉

대한민국 여성 3인조 그룹 씨야의 리드 보컬인 남규리의 태몽은 엄마가 커다란 꽃을 따려는 순간 꽃밭으로 변하는 꿈이다.

—[술술토크] 남규리. 스포츠조선. 전상회 기자

꽃밭처럼 탐스럽고 풍요로움의 표상은 풍요로움의 인생길로 펼쳐지고 있다.

〈 하얀 호랑이 새끼 두 마리를 꺼내어 뒷산에 풀어주는 꿈 〉

탤런트 차태현(1976.3.25)의 아버지 차재완, 어머니 최수민 씨는 두 아들을 두었다. 차태현의 태몽은 아버지인 차재완 씨가 쌀독에서 솜털

이 하얀 호랑이 새끼 두 마리를 꺼내어 뒷산에 풀어주는 태몽을 꿨다고
한다.

호랑이 새끼 두 마리이기에, 필자가 쌍둥이나 두 형제 꿈으로 추정
하고, 인터넷을 검색해본 결과, 차태현의 가족관계는 2남 중 둘째로 형
이 있다. 이로써 보면, 형을 임신했을 때 그의 부친이 꾼 태몽이다. 이
효리의 어머니가 꾸었다던 공작새 세 마리가 화려한 자태를 뽐내는 태
몽도, 그의 어머니가 큰 언니를 낳을 때 한꺼번에 꾼 것으로, 자매 셋을
낳게 될 것을 예지해주고 있는 바, 이효리가 막내이다.

〈 수세미가 커다란 성을 뒤덮는 꿈 〉
영화배우 신현준의 태몽이다.

어머니는 저를 낳기 직전 수세미가 커다란 성을 뒤덮는 꿈을 꿨다고
합니다. 참 희한한 태몽이죠? 수세미는 그릇 등을 닦는 기능을 가진 천연
재료니까, 어쨌든 나쁜 뜻은 아니겠죠. 누나 둘과 여동생 등 4명의 여자들
틈에서 자란 저는 보기와는 달리 의외로 섬세하답니다.

(스포츠서울, 2000.10.27)

수세미가 성을 뒤덮는 태몽은 특이한 태몽이다. 현재로서 정확하게
추정할 수 없지만, 커다란 성으로 상징된 어떤 거대한 기관·조직·단
체에서, 덮는 꿈으로 상징된 막강한 영향력을 행사하게 될 것을 예지해
주고 있다. 덮는다는 것은 자신의 영향권을 떨치고 장악하는 것을 상징
하고 있다.

3) 연예인들의 태몽 간략 소개

* **송승헌** → 어느 날 송승헌의 아버지가 한여름에 큰 원두막 쪽으로 걸어가다가 그 안에 큰 용이 있는 것을 보고, 그쪽으로 다가가서 쓰다듬어 주었다. 그런데 용이 꼬리를 치고 귀여움을 떨다가 그만 사라지고 말았다. 한편 아버지 송세주씨에 의하면, 큰 구렁이와 노는 꿈이었다는 태몽 이야기도 있다.

* **김규리** → 어머니께서 꿈을 꾸셨는데, 그때까지 한 번도 보지 못했던 너무도 환한 빛이 쏟아져 들어온 것이다. 눈이 부셔 잠시 감았다가 다시 뜨니 그 환한 불빛 주위로 그때까지 한 번도 본 적이 없는 특이한 색깔의 꽃이 둘러싸고 있었다고 한다. 이 꿈을 꾸시고는 딸인줄 아셨다고 한다.

* **강동원** → 안방의 장롱 옆에 빨간 덧버선과 파란 복주머니가 놓여 있는 꿈.

* **이재황** → 어머니의 태몽에, 용이 집 대문으로 들어와 마당에서 하늘로 높이 솟아오른 꿈

* **김남주** → 어머님이 복숭아 2개를 치마폭에 담는 꿈

* **하희라** → 어머니의 꿈에 금을 두 팔 가득 한아름 안고 있었던 꿈

* **엄정화** → 마당에 돼지가 많이 다니는데, 그 중에서 새까만 돼지가 어머니 품에 안기는 꿈

* **가수 세븐**(본명: 최동욱) → 어머니의 꿈에, 나를 낳기 전 어항에서 힘 있게 물살을 휘젓는 금붕어 꿈

* **나얼**(유나얼) → 남성듀오 브라운아이즈의 나얼은 어머니의 꿈에 금두꺼비가 나오는 꿈

* **가수 최정원(남성듀오 UN)** → 어머니의 꿈에 맛있게 생긴 삶은 감자를 마구 먹는 꿈

* **가수 김종서** → 목터지게 우는 닭을 보는 꿈

* **가수 노고지리** → 맑은 물에서 용이 노는 것을 구경하는 꿈

* **가수 이명훈** → 붉은 해가 한 줄기 빛을 발하여 떠올랐다. 그 옆에서 용 한 마리가 하늘로 떠오른 것을 보면서 깜짝 놀라 깨어난 꿈

* **성유리** → 빨갛고 탐스런 왕복숭아가 둥둥 떠 다니는 꿈

* **박경림** → 바다 가득 갈매기 알로 채워진 꿈

* **심은하** → 커다란 능구렁이가 몸을 칭칭 감는 꿈

* **박진희** → 감나무 앞에 이르러 탐스런 감을 치마 가득 따온 꿈

* **옥주현(가수 겸 뮤지컬 배우)** → 어머니의 태몽에 휘황찬란한 빛을 내는 구슬을 안는 꿈

* **이요원** → 어머니가 가장 아끼던 꽃신을 호랑이가 빼앗으려고 했는데, 안 뺏기는 꿈

* **장진영(영화배우)** → 어머니의 꿈에 꽃밭에서 꽃도 따고 오이랑 가지를 따는 꿈

* **최민식** → 아주 큰 도마뱀이 어머니 치마 속으로 기어들어온 꿈

* **김윤진** → 어머니가 길을 가다 번쩍거리는 다이아몬드 한 덩이를 줍는 꿈

* **강성연** → 퍼런 용이 승천하는 꿈

* **안재욱** → 맑은 시냇물이 흘러가는 곳에서 금덩이를 줍는 꿈

* **달이(여)** → 시냇물에서 떠내려오는 복숭아를 잡은 꿈

* **윤빛나** → 백조와 연꽃이 둥둥 떠 있는 꿈

* **조현성** → 전복 꿈

* **김정화(여)** → 하늘에서 용 한 마리가 노는 꿈

* **이진아(여)** → 금반지 꿈

* **이상민** → 빨간 홍시를 따는 꿈

* **김진만** → 황소 꿈

* **우나영** → 구렁이가 장롱 밑에서 기어 나온 꿈

* **원지현** → 지붕위에 큰 수박이 달려 있었던 꿈

* **소찬휘** → 새벽에 붉은 해가 뜰 때 닭이 우는 꿈

* **최보은** → 나무 한 그루가 하늘로 뚫고 올라가는 꿈

* **김이지(BABY V.O.X)** → 꽃밭에서 예쁜 꽃을 꺾는 꿈

* **이재진** → 남해 바닷가에서 조개를 잡고 있는데, 뱀 5마리가 치마 속으로 푹 들어오는 꿈

* **송종국** → 어머니 꿈에 구렁이 두 마리가 감는 꿈

* **이민영** → 큰 바구니에 갓난아이 머리만큼 탐스러운 과일을 가득 담아 집 안으로 들여온 꿈

* **김종국(터보)** → 어머니가 깊고 어두운 산속을 걷고 있는데, 복숭아가 굴러오는 꿈

* **임경옥** → 할머니가 꾼 태몽으로, 나뭇가지에 이름모를 열매가 주렁주렁 열려 있던 꿈

* **은지원** → 백마를 타고 하늘을 나는 꿈

* **김미려** → 각종 야채가 나온 꿈

* **박정아(가수)** → 토마토가 나온 꿈

* **김재원** → 용 50마리가 합창을 하며 노래하는 꿈

* **윤계상** → 흰 뱀이 어머니를 따라 집까지 따라 들어오는 꿈

* **장혁(정용준)** → 꿈속에서 시퍼런 용이 하늘을 향해 시원스레 날아

올라가는 꿈

* **휘성(최휘성)** → 어머니께서 낮잠을 주무시는데, 꿈에 얼굴도 본 적 없는 할아버지가 나타나셔서 "이제 우리 가문에 장손이 태어난 다"라는 말씀을 하는 꿈

* **고(故) 터틀맨(본명: 임성훈)** → 어머니의 꿈에 '잠자는 소'의 태몽 을 꾸셨다고 한다. 터틀맨의 취미는 '멍잡기'로, 그냥 휴식이 필 요할 때면 푹신한 소파에 앉아 아무것도 하지 않는 것을 즐겼다고 한다.

* **강유미** → 용 두마리가 승천하는 꿈

* **안재욱** → 맑은 시냇물이 흘러가는 곳에서 금덩이를 줍는 꿈

* **슈퍼주니어의 슈퍼 루키** → 백조가 사람들을 태우고 강을 건넌 꿈

* **테이** → 박정희 대통령이 백마를 타고 하늘을 날아다니는 꿈

* **장신영** → 궁궐에 서 있는 여자 아이

* **황보** → 어머니 태몽에, 주방에서 밥을 하고 있는데 뱀이 들어와 서 똬리를 틀며 허리를 조이는 꿈.

* **김보경** → 사자와 호랑이를 섞어 놓은 듯한 1000마리의 동물이 날 개를 달고 하늘로 날아가고 용도 날아가는 꿈

* **정아름** → 보름달이 품에 안기는 꿈. 정아름의 본명은 정보름 이다.

* **이세영** → 엄청나게 큰 누런 구렁이가 엄마의 뒤꿈치를 확 무 는 꿈

* **노홍철** → 고추가 잘 익어서 밭을 뻘겋게 물들인 꿈

* **김현성** → 어머니의 꿈에, 중국의 황제가 월계관을 씌워준 꿈

* **김주희** → 어머니의 태몽에 연못의 흐드러진 연꽃 가운데 가장 예

쁜 한 송이를 꺾어드는 꿈

* **명세빈** → 불이 나는 꿈

* **함은정** → 어머니가 꾼 꿈으로, 바닷가에서 보석을 줍는 꿈

* **오연서** → 태양에서 한 사내아이가 나와 엄마 품으로 걸어 들어오
  는 꿈으로, 본명은 오햇님이며 실제로는 여아인 바, 남성적 성품의
  활달함을 나타내준다고 할 수 있겠다.

* **한지민** → 푸른 나무에 핀 연분홍빛의 꽃 꿈

* **가수 로즈비**(ROSE · B 본명 황인경) → 예명에서 '로즈'는 장미, '비'
  는 두꺼비의 끝 음절 '비'를 따온 것이다. 태몽에 장미랑 두꺼비
  가 나왔다고, 직접 지은 예명

* **신화창조 김동완** → 얼룩무늬 돼지꿈

* **스티브 유** → 백구렁이가 버스 뒷문으로 들어오더니 나갈 때는 앞
  문으로 나가면서 용으로 변한 꿈

* **유상무** → 감자가 나타난 꿈

* **하하**(하동훈) → 동쪽하늘에서 용이 날아와 어머니께 여의주를 안
  기는 꿈

* **강세정**(여성 3인조그룹 파파야) → 당시 전두환 대통령이 집에 와서 엄
  마한테 다이아몬드 반지를 주고 간 꿈

* **박한별** → 앞치마에 천도복숭아를 가득 담는 꿈

* **정지현 선수** → 어머니의 태몽에, 감나무에 모두 파란 감인데 맨
  위에 홍시가 매달려 있었던 꿈. 레슬링 선수로 메달을 획득.

4) 연예인들의 자녀 태몽 간략 소개

임신 중에 장차 태어날 아이의 태명을 사용하는 것도 바람직하다고

해야 할 것이다. 아기에 대한 사랑과 애정을 듬뿍 담아 아이의 태명을 부르면서, 날마다 대화하듯이 속삭이는 태교를 행하면 부부간의 애정이 깊어짐과 동시에, 하늘이 내린 2세에 대한 기쁨과 생의 보람을 느낄 수 있을 것이다.

일부 연예인들이 임신 후에 아이의 태명을 부르는 것이 소개되고 있는 바, 일반인이라고 하더라도 태몽 표상에 나타난 상징물로 태명을 짓든지 기타 부부의 애정이 듬뿍 담긴 태명을 사용하는 것이 좋을 것이다.

2011년 MBC TV 드라마 '애정만만세'에서도 극중의 한정수가 임신한 아이를 두고 '난놈'이라고 부르고 있음을 볼 수 있다. 연예인들의 자녀가 임신했을 때의 아이 태명을 간략히 살펴본다.

* **강호동 → 백두산** '1박 2일' 백두산 행 촬영 이후 임신 사실을 알게 되어, 당시 "백두산의 정기를 받았다"고 백두산으로 태명을 지었다.

* **김호진─김지호 부부 → 아지** 태몽에 나왔었던 송아지의 '아'자와 돼지의 '지'자를 따서

* **김희선 → 잭팟**(우리 인생의 대박이라는 의미)

* **이수근**(개그맨) **→ 일박**(1박2일에 출연해서)

* **박경림 → 별밤**('별이 빛나는 밤'에 DJ)

* **변정민 → JJ**(임신 당시 남편과 자신의 이름 이니셜을 따서)

* **김지영─남성진 부부 → 환희**(온 가족에게 기쁨을 준다는 의미)

* **장혁**(배우) **→ 태희**(크고 넓은 사람이 되고 또 많이 웃을 수 있는 기쁜 삶을 살 수 있는 사람이 되기를 바라면서)

* **장신영** → **건이**(건강하고 이쁘게 태어나라는 뜻)

* **황승환** → **우선**(우리에게 준 선물이라는 뜻에서)

* **이승철** → **촌동에서 자이로 바꾸었는 바**, "무밭에서 무를 뽑는 태몽을 꿔 아들인줄 알았다"며 "처음에는 태명을 동부이촌동에 살고 있어서 '촌동' 으로 지었다가, 이후 딸이라는 사실을 알고 자이로 바꿨다고 말하고 있다.

* **허수경(싱글맘)** → **별이** 초음파 검사 때, 별처럼 반짝반짝 거리는 심장을 보고 감동받아 '별이' 라고 아이의 애칭을 지었다 한다. 허수경 자신의 인생에도 별처럼 반짝이는 희망을 준다는 의미도 담고 있다.

* **이한위** → **통통이**

* **이창훈** → **사랑이**

* **신동엽** → **똘똘이**

* **박준형** → **주니**

3. 유명 운동선수 태몽 사례

유명인사나 연예인들의 태몽과 마찬가지로, 유명 운동선수의 태몽 또한 태몽 표상 속에 나타난 동물·식물이나 사물이 온전하고 알찬 좋은 태몽으로 전개되고 있다. 대체적으로 식물의 태몽표상보다는, 소·구렁이·호랑이·용 등 힘이 세거나 굳센 동물적 표상이 많이 등장하고 있지만, 아이나 반지 등 다른 표상물도 전개되고 있기에 절대적인 것은 아니다. 여러 태몽 사례를 보면, 다양하게 전개되고 있으며 공통적으로 모두 밝고 풍요로운 좋은 표상으로 전개되고 있음을 알 수 있겠다.

〈 큰 호수에 백조가 노니는 꿈 〉

박찬호(야구선수) 태몽이다. 박찬호 어머니 정동순씨는 박찬호를 낳을 때, 태몽으로 "엄청나게 큰 호수에 백조가 노니는 꿈"을 꿨다고 한다. (또는 은빛 호수에 돛단배가 떠있고 그 안에서 학이 날아오르는 꿈)

백조의 태몽표상으로 태어난 박찬호는 오늘날, 넓은 호수로 상징된 세계 무대에서 야구선수로서 능력을 마음껏 발휘하고 있다. 또한, 어머니인 정동순씨는 지난 1998년 덴버에 살고 있는 친척집을 찾았으며, 당시 로키 산맥의 해발 3,600m의 산에 올랐다가 3,200m 정도에 위치한 호수를 보고, '태몽에서 본 호수가 바로 이 곳'이라고 밝힌 바 있다. 이렇게 태몽꿈은 실현은 20~30년 뒤에, 아니 평생에 걸쳐서 실현되는 특징이 있다.

〈 커다란 황소가 달려와 고개를 숙이고 온순해지는 꿈 〉

아테네 올림픽 태권도 금메달리스트이자, 2008년 IOC 선수위원인 문대성 태몽이다.

> 나는 1976년 9월 3일 인천의 판잣집 골목에서 세상의 빛을 보았다. 어머니는 내가 태어나기 전 신기한 태몽을 꾸셨다. 광활한 벌판에 서있는 어머니 앞으로 커다란 황소가 미친듯이 달려온 것이다. 어머니는 도망치려고 몸부림쳤지만 발이 떨어지지 않았다. 눈을 감고 운명에 맡기는 순간, 황소는 어머님 앞에 딱 멈추더니 순한 양으로 변해, 고개를 숙이고 혀로 어머니 볼을 핥으며 온순해지는 꿈이었다.
>
> 어머니는 "참 심상치 않은 꿈이라고 생각했으나, 꿈 얘기를 함부로 입 밖에 꺼냈다가는 복이 달아날까봐 한동안 혼자만 알고 있었으며, 그로부터 얼마 후 임신한 사실을 알게 됐다". 어머니는 아버지와 꿈이야기를 나누면서 나중에 큰 인물이 나올 것이라며, 이름을 대성(大成)이라고 지었다.—문대성 '울지 않는 거인'

한편 다음과 같이 소개된 것도 있다. 문대성 선수가 태어났을 때, 위로 딸만 넷을 낳은 어머니 오은자(64) 씨는 안도의 한숨을 내쉬었다고 한다. 용이 승천하는 태몽을 안고 태어난 아이답게 큰 인물이 되라는 뜻으로 '대성(大成)'이라고 이름 붙였다. (오선영 기자, Queen 잡지)

〈 호랑이가 치마폭으로 뛰어든 꿈 〉

유도 은메달리스트 황정오의 태몽이다. "호랑이가 치마폭으로 뛰어든 꿈"인 바, 아마도 커다랗고 늠름한 호랑이이었을 것이다. 호랑이라고 반드시 아들이 아닐 수 있으며, 또한 호랑이 태몽이라고 반드시 운동선수가 되는 것은 아니다. 장차 커다란 능력의 터프하고 남성적인 인물이 될 것임을 예지해주고 있는 바, 태몽대로 인생길이 펼쳐지고 있다.

〈 황소만한 호랑이를 만난 꿈 〉

국내 야구사에 선동열(삼성 감독)과 함께 전설적인 투수로 뽑혔던 고 (故) 최동원 투수(한화 2군 감독)의 태몽이다.

어머니가 길을 가다가 황소만한 호랑이를 만난 태몽을 꾸고 낳았으며, 아버지는 기골이 장대한 신체적 특성이 유전이라는 설명을 덧붙였다.

(김두호의 인물노트, 2008.6.16)

한편 어머니 김정자 여사는 "큰 구렁이를 안는 꿈을 꾸었다." 고 밝히고 있기도 하다. 최동원이 세상에 태어나기 전, 모친 김정자씨는 커다란 뱀이 김씨의 배를 타고 기어올라 오는 태몽을 꿨다. 김씨는 두 손으로 뱀을 꽉 움켜 잡았는데. 어찌나 힘이 센지 계속 꿈틀거리며 발버둥쳤다. 김씨는 "태몽 때문인지 동원이는 힘이 무척 센 아이였다. 초등학교 시절에는 또래 아이들보다 몸집도 컸다"고 회상했다. (스포츠서울, 2011.09.23)

〈 뱀 한 마리가 입에 1,000원짜리 지폐를 물고 있는 꿈 〉

이승엽(야구 선수)의 태몽이다.

어머니 김미자씨는 태몽이 특이했다고 한다. 큰 소쿠리에 뱀의 무리가 똬리를 틀고 있었는데, 손가락으로 툭 건드리니까 그 중 꽃뱀 한마리가 고개를 치켜들고 일어서는데, 입에 빳빳한 1,000원짜리 지폐 한 장을 입에 물고 있는 꿈이었다. 깜짝 놀라는 순간에 잠이 깼었다.

(스포츠서울, 1998.7.23)

예쁜 뱀 한 마리가 천 원짜리 지폐를 물고 품에 안기는 태몽인 바, 뱀도 암컷 · 수컷이 있기에, 뱀꿈으로 아들 딸을 100% 구분해 낼 수는 없다. 일반적으로 큰 구렁이 꿈의 경우에는 아들인 경우가 많으며, 작고 앙증맞은 뱀의 경우에는 딸인 경우가 많지만, 이 역시 절대적인 것은 아니다.

이승엽 선수의 경우 예쁜 뱀의 태몽이니, 여아의 상징에 가깝지만 남자로 태어났다. 일반적으로 이렇게 예쁜 뱀의 태몽인 경우 미남자이든가, 여성적인 성품의 사내가 될 가능성이 높다. 뱀이 천 원짜리 지폐를 물고 품에 안기는 꿈이었으니, 재물운에 있어서는 넉넉할 것을 예지해주고 있다.

〈 구렁이가 치마폭에 뛰어드는 꿈 〉

올림픽 권투 금메달리스트 신준섭 씨의 태몽이다. 넓은 들판에서 전혀 보지도 못했고 상상도 할 수 없는 커다란 구렁이가 뒤쫓아 와서, 치마폭에 뛰어드는 순간 '악' 소리를 지르면서 잠에서 깨어났다.

이처럼 구렁이 등 등장된 태몽표상이 크고 탐스러울수록 커다란 능력을 지니거나, 뛰어난 인물로 두각을 나타낼 것을 예지해주고 있다.

〈 웅덩이에 구렁이 세 마리가 있는 꿈 〉

레슬링 은메달리스트 김종규 씨의 태몽이다. 반석같이 생긴 널따란 바위 옆에 물이 고인 웅덩이가 있었는데, 거기에 시커먼 구렁이 세 마리가 뒤엉켜 있었다.

김종규 선수의 부친은 막대기를 들고 죽인다고 구렁이를 막 건드리고, 모친은 이를 못 하게 말리는 꿈을 꾸었는데, 그 후로 아들 셋을 낳게 되었다.

이처럼 첫째 아이를 가질 때 한꺼번에 태몽꿈을 꾸기도 하는 바, 구렁이 세 마리의 태몽 표상에 나타난 숫자와 일치하게 장차 아들 삼형제를 낳게 될 것을 예지한 꿈이다. 사막에 앉아 있는 세 마리의 사자를 보는 꿈으로, 아들 삼형제를 낳은 사례가 있다.

〈 구렁이가 다가와 다리를 물은 꿈 〉

2006년 한화 이글스에 입단한 류현진은 첫해 프로야구에서 신인 투수 3관왕에 신인왕 MVP까지 싹쓸이하며 '괴물' 열풍을 몰고 왔다. 류현진의 태몽은 구렁이가 다가와 다리를 무는 꿈이었다.

〈 불그스름한 큰 구렁이가 들어오는 꿈 〉

야구선수 봉중근 투수의 태몽이다. 이미 딸 셋을 두고, 아들을 바라던 봉동식씨가 나이 40살에, 무척 커다란 불그스름한 큰 구렁이 한 마리가 눈에 확 들어오는 생생하여 잊을 수가 없던 꿈이었다. 그후 큰 구렁이 태몽처럼, 초등학교 때부터 또래보다 체격이 월등히 컸다고 밝히고 있다.

(요약 발췌, 심은정 기자, 스포츠서울. 2003.5.8)

〈 큰 뱀 한마리가 펄쩍 뛰어올라 목을 물었던 꿈 〉

배구선수인 박철우의 태몽이다.

"어머니가 꿈속에서 뱀이 하나 가득 들은 큰 통이 실은 경운기를 몰고 시골길을 가는데, 통에서 큰 뱀 한 마리가 펄쩍 뛰어올라 목을 물은 꿈이었어요". "요즘도 어머니는 제가 후위공격을 할 때 점프하는 장면을 보시면, '그 때 그 뱀이 꼭 저렇게 펄쩍 뛰더라니까' 라며 웃으세요"

(이원만 기자, 세계일보, 2009.01.20)

〈 구렁이가 몸을 감은 꿈 〉

16년 만에 탁구 단식에서 금메달을 획득한 유승민의 태몽은 어머니가 꾸셨는데, 큰 구렁이가 아버지 몸을 감았다고 한다. (스포츠 조선, 2004.08.24)

〈 용과 큰 뱀이 자신의 몸을 칭칭 감고 하늘로 오르는 꿈 〉

박지성(축구 선수)의 태몽이다. 어머니 장명자 씨는 용과 큰 뱀이 자신의 몸을 칭칭 감고 하늘로 오르는 태몽 꿈을 열 달 내내 꿨다고 한다.

용은 부귀영화 및 권세·권위의 상징으로, 장차 커다란 권세를 누리거나 부귀영화 등 여러 사람들에게 주목을 받게 될 것을 예지하고 있다. 다만, 이 경우 하늘에 날아올라 기세를 떨치는 꿈일수록 좋다. 음악가였던, 고 '윤이상' 씨도 용꿈의 태몽이었으나, 상처입은 용이 하늘을 나는 꿈이었기에 크게 자신의 뜻을 펼치지 못한 사례가 있다. 큰 뱀은 구렁이가 되는 바, 이 역시 남아일 가능성이 높으며, 크고 늠름한 태몽 표상에서 커다란 인물이 될 것임을 예지해주고 있다.

유도 최민호 선수와 핸드볼의 김경순 선수도 용이 날아오르는 꿈이었다고 밝히고 있으며, 한편 축구 선수 기성용의 태몽은 그 어머니의 꿈에 축구공만한 귤이 냇가에 둥실둥실 떠다니는 꿈이었다고 한다.

〈 금두꺼비가 나온 꿈 〉

2007년 유도 국가대표 최연소 왕기춘(19 · 용인대) 선수는 어머니의 태몽에 금 두꺼비가 나온 꿈이었다. (한국일보, 이상준 기자, 2007.7.31)

〈 고추밭에서 싱싱한 고추 3개를 따는 꿈 〉

축구선수 김남일의 태몽이다. 고추밭에서 고추 3개를 따는 꿈을 꾸었는데, 그 고추들이 아주 파랗고 싱싱했다. 김남일 선수는 3형제 중 막내로 태어났다.

〈 감나무에 달린 홍시를 보는 꿈 〉

2008년 베이징 올림픽 태권도 금메달 손태진의 태몽이다. 어머니의 꿈에 감나무에 달린 노랗게 잘 익은 홍시를 꿈에서 본 뒤, 손태진을 낳았다.

〈 밝게 빛나는 금반지 꿈 〉

이천수(축구 선수) 태몽은 밝게 빛나는 금반지이다. 밝게 빛나는 금반지 태몽 역시 태몽꿈으로는 최상이라 할 수 있다. 일반적으로 금반지는 신분, 명예, 능력이나 귀한 일거리나 대상을 상징하며, 연분이나 인연됨을 뜻하고 있다. 누구나 갖고 싶은 선망의 대상의 상징이기에, 자신의 능력이나 그릇됨이 다른 사람의 주목을 받는 인물로 되는 것을 예지해주고 있다.

⟨ 커다란 링 반지를 줍는 꿈 ⟩

아테네 올림픽 사격에서 은메달을 따낸 진종오 선수의 어머니 박숙자 씨는 "막내인 아들이 태어날 때 커다란 '링' 반지를 줍는 태몽을 꾸었는데, 그것이 바로 올림픽 메달이 될 줄은 정말 몰랐다"고 말했다.

(춘천=연합뉴스) 2004.08.17

⟨ 금반지나 금목걸이 줍는 꿈 ⟩

농구 은메달리스트 김화순 씨의 태몽이다. 금반지나 금목걸이 줍는 꿈을 많이 꾸었다. 당시 그 동네에는 나즈막한 언덕과 냇가가 주욱 펼쳐져 있었는데, 그 언덕배기에서도 냇가에서도 시종 금목걸이와 금반지가 눈에 띄어 그것을 숱하게 줍다가 꿈에서 깨곤 했다.

⟨ 반짝반짝 빛나는 것이 금이었던 꿈, 잉어가 하늘로 올라간 꿈 ⟩

안시현(골프선수) 태몽이다.

모친의 태몽은 땅을 파다보니 반짝반짝 빛나는 것이 있어, 목에도 대보고 머리에도 올려보고 했는데, 나중에 깨끗이 닦아보니 금이었다. 부친의 태몽은 잉어가 용솟음치며 하늘로 올라간 꿈이었다.

(스포츠한국, 2003.11.07)

모친의 꿈을 보면 나중에 귀한 금으로 알게 된 것처럼, 처음보다는 장차 나중에 크게 이름을 날리게 될 것을 보여주고 있다. 잉어 등 물고기 꿈 역시 암수가 있기에 남녀를 구별해낸다는 것이 절대적인 것은 아니다. 다만, 잉어 등 커다란 물고기 태몽인 경우, 장차 그릇됨이 크거나 커다란 역량의 사람이 될 것임을 예지해주고 있다.

〈 놋그릇 · 은수저 · 쌀을 가져온 꿈 〉

핸드볼 은메달리스트 성경화 씨의 태몽이다.

깊은 산 속이었다. 무성한 수풀 사이로 황토색 오솔길이 끊어질 듯 이어지고 있었다. 길을 따라 숲을 지나자 조그만 연못이 나타났다. 연못 바닥에 놋그릇 몇 점과 은수저 한 벌이 가라앉아 있었다. 놋그릇들은 시퍼렇게 녹이 슬어 있었는데, 그 중 하나만 반짝반짝 광이 났다. 그래서 윤이 흐르는 그 그릇과 은수저를 건져 올렸다. 그릇의 뚜껑을 여니 하얀 쌀이 가득 들어 있어서, 얼른 집으로 갖고 돌아와 그 쌀로 밥을 해 혼자 맛있게 먹었다.

예쁘고 탐스럽고 귀한 물건을 가져오는 태몽 표상일수록, 장차 그러한 여건에 처하게 됨을 예지해주고 있다.

〈 바구니에 하얀 계란이 가득 든 것을 보는 꿈 〉

98년 프로야구 신인왕이었던 김수경 투수의 태몽이다. 어머니 강효남(42)씨의 꿈에, 바구니에 하얀 계란이 가득 든 것을 보는 태몽이었다.

이 역시 풍요로움의 표상이 넘쳐나는 좋은 태몽이다. 계란은 재물의 상징이 가능한 바, 장차 인생길에 재물적인 풍족함이 있게 될 것을 예지해주고 있다.

〈 눈이 많이 내리지는 않고 밥알처럼 하늘에서 쏟아지던 꿈 〉

2008 베이징 올림픽 혼합 복식 금메달리스트 이용대의 태몽이다.

어머니는 "태몽이 절대 잊혀지지 않는다"며 "눈이 많이 내리지는 않

고, 밥알처럼 하늘에서 쏟아지더라. 그게 셔틀콕이 아니었을까하는 생각

이 든다"고 설명해 웃음을 선사했다. (마이데일리 2008.08.27 최나영 기자)

〈 장군이 태어날 것이라고 계시한 꿈 〉

1984년 LA올림픽 유도에서 금메달을 딴 하형주 선수의 태몽이다.

넷째로 태어난 바, 태몽은 그의 할머니가 꾸셨다. 삼신할머니가

나타나, "이 집안에서 세계 각국을 떠돌아다닐 장군이 태어나니, 그리

알라"는 태몽이다.

하형주는 태어날 대부터 기골이 장대하고, 발이 커서 왕발이라는

별명으로 불리울 정도였다. 씨름을 하다가 유도에 입문한 후, 태몽의

예지대로 세계 여러 나라에서 개최되는 대회에서 우승을 하다가, LA

올림픽에서 금메달을 획득하였다.

〈 금테를 쓴 아이가 내려와 치마폭에 안긴 꿈 〉

하늘에서 현란한 빛을 발하는 금테를 쓴 아이가 내려와 치마폭에

안겼다.

1984년 LA올림픽 레슬링 금메달리스트 유인탁 씨의 태몽으로, 금

테를 쓴 아이가 내려와 안긴데서, 장차 일어날 올림픽 금메달의 영광을

정확히 예지한 것이라고 할 수 있겠다. 참으로 신비한 태몽의 세계를

보여주고 있다고 하겠다.

〈 연싸움에서 다른 사람들의 연을 모두 끊어 버리는 꿈〉

2000년 제27회 시드니 올림픽경기대회에서 남자개인 플뢰레 종목

에서, 펜싱사상 올림픽 첫 (동)메달을 딴 이상기 선수의 태몽이다. 3남3

녀로 태어났다.

어머님 꿈에, 아버지께서 연싸움에서 다른 사람들의 연을 모두 끊어 버리는 꿈을 꾸었다고 한다. 다른 사람들의 연을 끊어버리는 태몽에서, 무언가 싸움이나 경쟁에서 이길 것을 예지해주고 있다고 해야 할 것이다.

〈 산신령이 이름을 계시한 꿈 〉

1984년 LA 올림픽 양궁 금메달 서향순 선수와 관련된 꿈으로, 서향순 선수 어머니가 쓴 글을 살펴본다.

> 아기를 낳은 지 초 7일이 지난 어느 날 꿈에, 나는 내가 믿는 神(신) 할아버지를 만나게 되었다. "네 믿음이 하도 극진하여 내가 네 딸의 이름을 지어 주러 왔다." 수염이 허연 도사 할아버지는 너무도 생생하고 확실하게 나타나서 현몽을 하는 것이었다. "너의 이름과 네 딸의 이름을 똑같이 짓고 보면, 그 아이가 장차 큰일을 할 것이니, 그렇게 짓도록 하여라."
> 나는 그 꿈을 깨고 나서도, 그것이 생시였는지 꿈이었는지 모를 정도로 생생하여, 방 안을 둘레둘레 살펴볼 지경이었다. ─중략─ 우리 부부는 별다른 기대 없이, 마침 이름도 지어야 할 처지에 그런 꿈을 꾸었으니, '이왕이면 좋다는 이름을 짓자' 하여 내 이름과 같은 향순이로 짓게 되었다.

꿈의 실현은 LA올림픽 때 양궁 여자 경기에서 금메달을 따는 일로 실현되었다. 아이를 낳은 뒤에 꾼 꿈이니, 엄밀한 의미에서 태몽으로 볼 수는 없을 것이다. 그러나 장차 아기에게 일어날 일을 예지해주는 넓은 의미의 태몽으로 여겨 살펴보았다.

Ⅴ 역사적 인물(우리나라 및 외국)의 태몽

1. 우리나라 인물

역사적인 인물의 태몽에 있어, 범상치 않은 태몽으로 전개되고 있음은 주지의 사실이다. 널리 알려진 인물을 중심으로 살펴보았으나, 구체적으로 세세하게 살펴보지는 못하였음을 밝힌다.

1) 해·달·별·산 등 자연물의 태몽 사례

역사적인 인물에 대한 태몽은 다양하지만, 대부분 해와 달이나 별 기타 좋은 표상으로 전개되고 있다. 해·달·별 등이 하늘에 떠서 만물을 비추며, 만인이 우러러보는 표상이라, 귀한 존재로 이름을 크게 떨치거나 업적·권세·사업 등에서 빛나는 존재가 됨을 상징하고 있다.

〈 일연― 태양이 몸을 비추다 〉

일연의 어머니 낙랑군부인의 꿈에 태양이 사흘 밤이나 부인의 몸을 비춘다. 일연의 처음 이름은 '見明'(견명)인바 광명의 상징인 태양을 꿈에 보았다는 뜻이다. (장덕순, 『한국고전문학의 이해』, 일지사, 1976)

〈 조인규— 해가 품안으로 〉

조인규는 충렬왕 때 사람이다. 어머니가 해가 품안으로 드는 꿈을 꾸고 임신하였다. 나면서부터 영특하였으며 좀 자라서 공부를 시작하자 문의(文義)를 대략 통하였다. 국가에서 민첩하고 재주있는 자제들을 뽑아서 몽고어를 가르치는데, 조인규가 뽑혔으나 동류들보다 뛰어나지 못하였다. 3년 동안 문을 닫고 밤낮으로 쉬지 않고 익혀서 드디어 이름이 알려졌다. —『신증동국여지승람』 제55권.

〈 김이(金怡)— 꿈에 해가 들어오다 〉

김이(金怡)의 어머님의 꿈에 하늘이 찬란하게 붉고 해가 붉은 햇무리를 띠고 품속으로 들어 와 보였다. 곧 임신하였더니 이(怡)를 낳으니 얼굴이 크고 의젓하며 일찍부터 큰 뜻이 있었다. —『신증동국여지승람』 제24권.

〈 보우대사— 해가 가슴에 파고 들어오는 태몽 〉

보우대사(普愚大師, 1301~1382) 호(號)는 태고(太古), 속성은 홍(洪)씨며 홍주(洪州 楊根)출신이다. 아버지는 홍연(洪延), 어머니는 정씨(鄭氏)이며 해가 가슴에 파고 들어오는 태몽 이후로 태어났다.

〈 이강년— 태양을 삼키는 꿈 〉

이강년(李康秊)은 1858년 음력 12월 30일 경북 문경시 가은읍 완장리에서 이기태(李起台)와 의령남씨 사이에서 태어났으며, 태몽은 남씨의 태몽에서 태양을 삼키는 꿈을 꾸었으므로 아명을 양출(陽出)이라 하였다. 운강이 태어나기 전에 마을 앞의 둔덕산이 계속 울었는데, 사람들이 기이하게 여기다가, 운강이 태어나자 울음을 멈추어 사람들이 앞으로 크게 될 인물이라 여겼다 한다.

〈 여운형 – 태양이 이글거리는 꿈 〉

근대의 정치가인 夢陽(몽양) 여운형도 그의 어머니가 태양이 이글거리는 꿈을 꾸고 낳았다. 그의 호가 '몽양'인 것도 태몽에서 유래되었다.

—『한국인물전집』, 제9권, 한국인물간행회 간, 1968.

어머니 이(李)씨가 치마폭에 태양을 받는 태몽을 꾸었다고도 한다.

〈 인현왕후(仁顯王后) –해와 달이 두 어깨에서 떠오르다 〉

인현왕후의 어머니, 은성부부인(恩城府夫人—송준길(宋浚吉)의 딸)은 서울의 서부(西部) 반송동(盤松洞) 집에서 해와 달이 두 어깨에서 떠오르는 태몽을 꾸고 인현왕후를 낳았다.

〈권상하(權尙夏), 한수재집(寒水齋集) 인현왕후(仁顯王后)에 대한 만사(挽詞)〉

〈 장렬왕후(莊烈王后) – 달이 품안으로 들어온 꿈 〉

조선 제16대 임금 인조의 계비 장렬왕후(莊烈王后, 1624 1688)의 태몽은 달이 품 안으로 들어오고, 탄생 때 상서로운 무지개가 방에 가득했다 한다. 옥녀가 내려와 "갓 태어난 귀인이 장차 옥책을 열 것이다"라고 했다는 이야기가 전해진다.

〈 안정복의 모친 – 네 개의 달이 떠오른 중에 세 번째 달이 밝았던 꿈 〉

돌아가신 어머니께서는 자매들 중에 셋째이신데, 외조부께서 여러 딸들 중에서 선비(先妣)를 가장 사랑하셨다. 외조부께서 일찍이 네 개의 달이 함께 떠오른 꿈을 꾸셨는데, 세 번째 달은 매우 밝게 빛나는 반면 다른 달은 모두 구름에 가려져 빛이 흐릿하였다.

꿈을 깨고 나서 외조모에게 말씀하시기를, "달은 여자의 상(象)이다. 우리가 네 명의 딸을 두었고 꿈이 또한 이러하니, 이것은 셋째 딸이 필시 귀하게 될 징조이다." 하셨는데, 그 후 다른 따님들은 모두 운수가 막히었거나 과부가 되었다. 그리고 외조모께서 만년에 돌아가신 어머니께 말씀하시기를, "옛날 너의 아버님의 꿈은 아마도 너의 심덕(心德)이 달과 같기 때문인 듯하다." 하였다.

〈선비공인이씨행장(先妣恭人李氏行狀), 『순암집』 제25권행장(行狀)〉

조선 후기의 실학자 안정복(安鼎福)이 자신의 어머니의 일대기를 적은 행장에서, 어머니가 밝게 빛나는 달이었음을 밝히고 있다. 네 개의 달이 떠오른 꿈이 태몽인지 확실치 않으나, 이렇게 달이 뜨는 꿈의 태몽에서는 크기의 여부 및 빛남의 정도로 장차의 고귀함의 여부를 예지해주고 있다.

덧붙이자면, 일반적으로 해의 태몽은 아들, 달의 태몽은 딸이지만 이는 절대적이지 않다. 요즈음 사람들의 태몽 사례로, 떠오르는 해의 태몽이었지만 딸로 태어난 경우도 있다. 이 경우, 여자이지만 성격이 활달하고 호탕하다든지 남성적인 성품을 지니고 있다. 따라서, 꿈속의 태몽 표상으로 아들·딸을 구분한다기보다는, 남성적·여성적 경향을 나타내주고 있다고 해야 할 것이다.

〈김태현— 밝은 별이 품에〉

김태현(金台鉉)은 김수(金須)의 아들로, 어머니 고씨(高氏)가 꿈에 명성

(明星)이 품에 들어오더니 태현을 낳았다. 일찍이 동무들과 선배의 집에서 공부했다. 선배의 집에 딸이 하나 있어 새로 과부가 되었는데, 시를 좀 할 줄 알았다. 그 여자가 하루는 창틈으로 시를 던졌는데, "말 탄 사람 뒤 집의 백면서생인가, 3개월 동안 그 이름을 몰랐었도. 이제사 그가 김태현인줄 알았으니 가는 눈 긴 눈썹이 가만히 정이 생기네." 하였다. 김태현은 이 시를 받은 뒤부터는 딱 끊고 그 집에 다시는 가지 않았다. ─『신증동국여지승람』제 35권

〈 강감찬─ 큰 별이 품에 〉

강감찬도 그 어머니 꿈에 큰 별이 품에 떨어지는 꿈으로 출생한다.

『고려사』권94, 열전 권 7.

〈 원효대사─ 유성(流星)이 품속에 〉

처음에 그 어머니 꿈에 유성(流星)이 품속에 들어옴을 보고 인하여 태기가 있었으며, 장차 해산하려 할 때 오색 구름이 땅을 덮었다. 원효(元曉)는 속세 있을 때의 성(姓)이 薛氏(설씨)였다. ─『삼국유사』권4.『동경잡기』

〈 자장율사─ 별 하나가 품에 〉

홀연히 그 어머니의 꿈에 별 하나가 떨어져 품안에 들어오더니 인하여 임신하였다. ─『삼국유사』, 권4.

〈 김유신─ 세 별이 내려오다, 황금갑옷을 입은 동자가 내려오다 〉

김유신은 경주 사람으로 수로왕의 13세손이다. 아버지 서현은 경진(庚辰)일 밤에 형(熒)·혹(惑)·진(鎭) 세 별이 자기 몸으로 내려오는 꿈을 꾸었고, 어머니 만명은 동자가 황금 갑옷을 입고 구름을 타고 내려와 대청으

로 들어오는 꿈을 꾸었다. 이윽고 임신하여 20개월 만에 낳았는데, 등에 7개의 별 무늬가 있었다. 아버지가 말하기를 "庚(경)자와 庚(유)자가 서로 비슷하고 辰(진)자와 信(신)자가 音(음)이 서로 가까우며, 하물며 옛사람에 庚信(유신)이라는 사람이 있었음에랴?" 하고 드디어 유신이라고 하였다.

—『동경잡기(東京雜記)』

김유신의 태몽에 관하여, 『삼국사기』에 기록된 내용을 살펴본다.

김유신의 부(父)인 서현(舒玄)이 젊었을 때, 길에서 숙흘종의 딸 만명을 보고 마음에 들어 그에게 눈짓을 하여 서로 좋아하게 되었다. 서현이 만노군 태수가 되어 장차 만명과 함께 가려 하였다. 숙흘종이 자기 딸이 서현과 좋아하는 걸 알고, 그를 미워하여 딸을 다른 집에 가둬 두고 사람으로 하여금 지키게 했다. 홀연이 그 집 대문에 벼락이 내려 지키던 자가 놀라 어지러워할 때, 만명이 벼락이 떨어진 구멍으로 빠져나와 서현과 함께 만노군으로 갔다.

경진(庚辰)일 밤 서현은 두 개의 별이 자기에게로 내려오는 꿈을 꾸었고, 만명도 신축일 밤에 금으로 된 갑옷을 입은 동자가 구름을 타고 방안으로 들어오는 꿈을 꾸었는데, 얼마 후 태기가 있어 스무 달 만에 유신을 낳았다.

아이에게 이름을 지으려 할 때 부인에게 이르기를, "내가 경진일 밤 좋은 꿈을 꾸고 이 아이를 얻었으니 이름을 경진이라고 해야 되겠으나, 예법에 날과 달의 간지(干支)로 이름을 짓지 못하게 되어 있소. 그런데 경(庚)과 유(庾)는 글자가 서로 비슷하고 진(辰)과 신(信)은 음이 서로 근사할 뿐더러 옛날 어진 사람에게 유신이라는 이름이 있었으니 이름을 유신이라 짓는 것이 좋을 것 같소?' 하고 이름을 유신이라 하였다.

—『삼국사기』권 제 41.

별이나 해와 달의 태몽은 우러름을 받는 귀한 인물이 될 것을 예지해주고 있다. 갑옷을 입은 동자가 구름을 타고 방안으로 드는 꿈에서, 장차 갑옷과 관련지어 장수로서 크게 이름을 떨치게 될 것을 태몽꿈으로 예지해주고 있다.

태아의 상징은 어떤 동물이나 사물로 바꿔서 표현하지 않고, 직접 사람의 형상 그대로 표현하기도 한다. 꿈은 태아의 장차 운세를 나타내주고 있다. 동자로서 태몽 표상을, 금빛 갑옷의 상징 표상에서 장차 훌륭한 장수(將帥)로 출세한다는 것을 좀더 구체적으로 예지한 것이며, 하늘에서 구름을 타고 내려와 집으로 들어온 표상에서 장차 국가나 사회적으로 커다란 인물이 된다는 것을 예지하고 있다.

〈 이징옥― 원적산이 속곳 가랑이로 들어온 꿈 〉

조선 초기 최고의 장수로, 최고의 장군 반열에 오른 세 장수인 이징석·이징옥·이징규 삼형제의 태몽 이야기이다. 남해안 왜구 방어의 책임자 이징석. 북방 오랑캐 방어의 책임자 이징옥. 그리고 조선 국방의 총책임자 이징규.

세 장수의 아버지인 이전생이 자리잡은 양산 삼수리의 세 장수 생가터는 명당으로, 북쪽은 영취산(영축산), 남쪽은 원적산, 더 남쪽은 금정산이다.

어머니의 꿈에 영취산이 또박또박 걸어와 속곳 가랑이로 들어오는 태몽으로 큰아들을 낳고, 둘째 때는 원적산이 가랑이로 들어오고, 셋째 때는 금정산이 들어오는 태몽이었다. 큰아들 징석 아호가 영취산 취를 써

취봉, 둘째 징옥이 원봉, 셋째 징규가 금봉인 것이 다 그런 태몽에 연유한다.

　　이징옥은 김종서 장군의 심복으로, 세조가 김종서를 죽이고 단종의 왕위를 찬탈하자, 군사를 북방에서 일으키나 부하의 배신으로 실패하고 만다.

요약 발췌, [동길산 시인의 부산.경남 문화지리지]〈19〉

(양산 삼수리, 부산일보, 2006.2.11)

〈 신용개의 태몽─ 악신이 나타나다 〉

　　신용개(申用漑)의 어릴 때 이름은 악종이니, 그 조부 신숙주의 꿈에 '악신'이 내린 상서로움이 있어서, 이름을 악종이라 하였으니 거처하는 북쪽이 곧 백악이었다. (신용개, [해동잡록] 4)

　　유사한 또다른 설명을 살펴보면, 부모나 가족이 꾼 태몽과 관련하여 이름을 짓게 되는 경우가 있는 바, 신용개가 태어날 때 그의 할아버지 문충공(文忠公) 신숙주(申叔舟)의 집 뒤에 백악산(白岳山)이 있었는 바, 문충공이 산에서 상서로운 기운이 내려오는 꿈을 꾸었다. 그래서 아명을 백악종(白岳種)이라고 이름을 지었다.

─신용개의 이락정집(二樂亭集) 묘지와 비명.

〈 이현일(李玄逸)─ 오색의 상서로운 기운이 집안 가득 덮여 있는 꿈 〉

　　조선 후기의 문신학자인 이현일(李玄逸: 1627~1704)은 어머니의 태몽에 오색의 상서로운 기운이 집안 가득 덮여 있는 꿈을 꾸었다고 한다.

2) 사람(동자) 및 고인·조상 관련의 태몽 사례

태몽에 동자나 사람, 또는 이미 죽은 사람이 들어오거나 나타나기도 하는 바, 영혼 탄생 전생설화 속에 자주 보이고 있다.

〈 이순우의 태몽— 작은 아이가 내려오다 〉

이순우의 출생몽이다. 작은 아이가 등주(燈柱) 아래로 내려오는 것을 받들어 품고 임신했다. 〈고려사 권 99. 열전 12〉

〈 강수(强首)— 꿈에 뿔이 달린 사람을 보다 〉

강수(强首)는 중원경(현재의 충북 충주시) 사량인(沙梁人)이다. 아버지는 나마 석체(昔諦)이다. 그 어머니가 꿈에 뿔이 달린 사람을 보고 임신하여 낳았더니, 머리 뒤편에 뼈가 불쑥 나와 있었다. 석체가 아이를 데리고 당시 어질다고 하는 사람을 찾아가 묻기를, "이 아이의 머리뼈가 이러하니 어떻습니까?" 하니, 대답하기를

"내가 들으니 복희(伏羲)는 호랑이 모습이고, 여와(女媧)는 뱀의 몸이며, 신농(神農)은 소의 머리 같았고, 고요(皐陶)는 입이 말과 같았으니, 성현은 다 같은 유(類)로서 그 골상도 보통 사람과 같지 않은 바가 있었다. 그런데 아이의 머리에 검은 사마귀가 난 것을 보니, 골상법에 얼굴의 검은 사마귀는 좋지 않으나 머리의 사마귀는 나쁠 것이 없으니 이는 반드시 기이한 것이리라!" —중략—

태종대왕이 즉위하였을 때 당나라 사신이 와서 조서(詔書)를 전하였는데, 그 글 가운데 이해되지 않는 부분이 있어 왕이 불러 물으니, 왕의 앞에서 한번 보고는 해석하는 데 막힘이 없었다. 왕이 크게 기뻐하여 서로 늦게 만남을 한스러이 여겼다. 그 성명을 물으니 대답하기를 "신은 본래 임

나가량(任那加良) 사람으로 이름은 우두(牛頭)입니다." 하니, 왕이 말하기를 "그대의 두골(頭骨)을 보니 강수(强首)선생이라 불러야겠다." 하고, 그로 하여금 당나라 황제의 조서에 감사하는 답서를 쓰게 하였다. —후략—

『삼국사기』 권 제46, 열전 제6.

〈 김경손— 구름사이에서 푸른색 옷을 입은 동자를 품안으로 받는 꿈 〉

최항이 또 장군 송길유(宋吉儒)를 백령도(白翎島)에 보내어 추밀원 부사 김경손(金慶孫)을 바다에 던져 죽였는데, 계모 대씨(大氏)의 아들 오승적(吳承績)의 인친(姻親)이었기 때문이다.

경손은 평장사 태서(台瑞)의 아들인데, 어머니 꿈에 오색구름 사이에서 푸른색 옷을 입은 한 동자를 여러 사람이 옹위하여 품안으로 떨어뜨려 보냈다. 드디어 태기가 있어 낳았기 때문에 처음 이름을 운래(雲來)라 하였다. 머리 위에는 용의 발톱같이 생긴 뼈가 있었고, 성이 나면 수염과 머리털이 모두 일어섰다. 성품이 씩씩하고 중후하고 화평하며 여유가 있었고, 지혜와 용맹이 출중하였다.

〈고려사절요 제17권, 고종 안효대왕 4(高宗安孝大王四), 신해 38년(1251)〉

〈 정여립— 정중부를 본 꿈 〉

정여립(鄭汝立)의 아버지 정희증(鄭希曾)은 대대로 전주 남문 밖에서 살아왔다. 처음 정여립을 잉태할 때에 꿈에 정중부(鄭仲夫)가 나타났고, 날 때에도 또 같은 꿈을 꾸었다. 친구들이 와서 축하하였으나, 그는 기뻐하는 빛이 없었다. —후략—

《혼정록(混定錄)》『연려실기술』 제14권 선조조(宣祖朝) 고사본말(故事本末)
기축년 정여립(鄭汝立)의 옥사(獄事)

이처럼 조선 중기의 사상가인 정여립(鄭汝立: 1546(명종 1)~1589(선조 22)의 태몽은 아버지인 정희증(鄭希曾)에게 고려의 무신난을 일으킨 정중부(鄭仲夫)가 나타난 꿈으로 알려져 있는 바, 역모사건으로 자결하게 되는 일생과 무관하지 않아 보인다. 1589년(선조 22) 기축년(己丑年) 10월에 정여립이 역모를 꾀하였다 하여, 기축옥사(己丑獄事)의 장본인으로 동인세력이 숙청되게 되고, 전라도 전체가 반역향이라는 낙인을 찍히게 하여 호남출신 인사의 관계 진출을 어렵게 만들었다.

〈 서경덕의 태몽— 공자의 사당에 들어가다 〉

　　화담 선생의 성은 서씨요, 이름은 경덕, 자는 가구이다. 어머니가 일찍이 공자의 사당에 들어가는 꿈을 꾸었다. 선생은 태어나서부터 뛰어나 크게 보통 아이와 달랐다. 차차 자라자 스스로 글을 읽는 것을 알아 눈을 거치면 문득 외었으며, 넓게 책을 보고 많이 기억했다.

〈[해동잡록] 4. 송도기이, 대동야승 제 71권〉

태몽에서 공자의 사당에 들어간 꿈에서, 장차 학문으로써 이름이 나게 될 것임을 예지해주고 있다. 또한 이렇게 공자와 관련된 태몽을 꾸었다고 밝히고 있는 위인으로 우암 송시열과 퇴계 이황 선생이 있다.

〈 송시열의 태몽— 공자가 제자들을 거느리고 온 꿈 〉

　　송시열의 태몽은 부친(宋甲祚, 睡翁)이 태몽을 꾸었다. 꿈에 공자(孔子)가 손수 여러 제자들을 거느리고 그의 처가인 구룡촌(九龍村)으로 왔다는 것이다. 그래서 아명(兒名)을 '성인이 주었다'는 의미로 '성뢰(聖賚)'라고 지었다.

〈서수용, 종가기행 [54] 恩津 宋氏 尤菴 宋時烈 (은진 송씨 우암 송시열)〉

우암(尤菴) 송시열(1607~16895)의 본관은 은진. 아명은 성뢰(聖賚). 자는 영보(英甫), 호는 우암(尤菴), 화양동주(華陽洞主), 시호는 문정(文正)이다. 그의 모친은 밝은 달과 같은 구슬을 삼키는 태몽을 꾸고 우암을 잉태하였다고 한다.

〈 퇴계 이황의 태몽─ 공자가 제자들을 거느리고 온 꿈 〉

퇴계 이황(李滉) 선생의 태몽은 어머니인 춘천 박씨가 꾸었는데, 공자가 집에 왕림했다는 것이다. 그래서 퇴계 태실에 가면 솟을대문 위로 성림문(聖臨門)이라는 현판과 아울러 기문이 게판되어 있다. 조선 시대의 태몽 가운데 단연 최고는 '공자 꿈' 이었을 것이다. 이들 두 분 선현이 공자의 꿈으로 태어난 것이다. 후일 두 분은 모두 많은 제자를 거느렸으며, 학문적 성취와 아울러 문묘에까지 배향되었다.

(서수용, 종가기행 [54] 恩津 宋氏 尤菴 宋時烈)

〈 김득신의 태몽─ 노자를 본 꿈 〉

김득신(金得臣)은 그의 태몽으로 노자를 보았다하여 노자의 이름인 담(聃)을 따서 '몽담(夢聃)' 이란 아명을 지어 주었다. 어머니가 태몽에 노자를 보고 낳아, 그의 아버지가 대성할 것으로 기대했다는 김득신(金得臣)은 아홉 살에야 겨우 글을 배우기 시작했고, 처음 시를 지은 때가 스무 살이었다. 그는 자신이 가진 둔재성을 이겨내기 위해 '무조건 외우기' 라는 가장 무식한 방법을 사용하게 되었다. 결국 사마천의 '사기(史記)' 중 '백이전(伯夷傳)' 만 1억1만3000번을 읽었다는 김득신의 피나는 노력에 대하여 황덕길은 "부족한 사람은 있어도 부족한 재능은 없다" 고 평하고 있다. ─ [CEO와 책 한 권] '대충대충 시대' 를 혼내는 매서운 채찍.

(성신제 피자 대표이사, 2006.01.18)

〈 박승(朴承)— 부친이 후직(后稷)의 방문을 받는 태몽 〉

학천(鶴川) 박승(朴承:1520~1577)은 벼슬길에 발을 들여놓은 적이 없는 순수한 처사로서, 그가 태어나던 날 부친이 중국에서 농신(農神)으로 추앙받고 있는 후직(后稷)의 방문을 받는 태몽으로 태어났다. ―『학천집(鶴川集)』

〈 용성선사— 법의를 입은 스님이 방안에 들어오는 꿈 〉

용성선사는 장수 출신이다. 그의 속성은 백씨이며, 본관은 수원이다. 그의 속명은 상규이고, 법명은 진종이다. 용성선사는 그의 법호이며, 선사는 그의 불도적 이념과 경지가 가장 뛰어났던 고승에게 붙는 칭호이다.

용성선사는 구한말 이 나라에 풍운이 감돌기 시작한 1864년(고종 1년) 5월8일 전라북도 장수군 번암면 죽림리에서 아버지 백남현과 어머니 밀양 손씨 사이에서 큰아들로 태어났다.

구한말의 고승이자 항일투쟁에 앞장섰던 애국자이며, 한국 근세 불교의 여러 신화적 입지의 경지를 이룬 용성선사의 어머니 손씨가 어느 날 꿈을 꾸는데, 법의를 입은 스님이 방안에 들어오므로 이것이 태몽이 되어 용성선사를 낳게 되었다고 한다.

〈 법인국사— 범승(梵僧)이 나타나 금빛나는 기과(奇菓)를 건네주는 꿈 〉

고려초의 화엄종 승려 법인국사(효공왕 4, 900~ 광종 26, 975) 대사(大師)의 법호(法號)는 탄문(坦文), 자(字)는 대오(大悟), 속성은 고씨(高氏), 광주(廣州) 고봉(高) 출신이다. ―중략― 어머니는 백씨(白氏)이니, 어느 날 밤 꿈에 한 범승(梵僧)이 나타나 금빛나는 기과(奇菓)를 건네주었다. 그로 인해 임신하고 만삭이 되어 탄생하였으며, 아버지 또한 꿈을 꾸었으니 법당(法幢)이 뜰 가운데 세워져 있거늘, 범패(梵唄)가 그 위에 걸려 있어 바람을 따라 이

리저리 나부꼈고, 많은 사람들이 그 밑에 모인 것이 마치 둥근 담장과 같았다. ─[이은정의 문화재사랑]

예지적인 태몽으로 장차 불가에 귀의할 인생길로 나아갈 것을 보여주고 있다고 하겠다.

> **〈 진감선사─ 범승(梵僧)이 아들이 되고 싶다면서 유리병을 주는 꿈 〉**
>
> 진감선사(眞鑑禪師)는 백제 말기(百濟 末期)의 유명한 고승(高僧)으로서, 이 고을 금마(金馬) 출신이다. ─중략─ 선사의 어머니 고씨가 낮잠을 자다가 문득 꿈을 꾸었는데, 한 행덕(行德)이 단정하고 깨끗한 중이 나타나서 말하길 저는 어머님의 아들이 되고 싶다면서 유리병을 주더라는 것이다. 이 꿈을 꾼 뒤에 과연 태기(胎氣)가 있어 선사를 낳았던 것이다.
>
> (전주한옥마을 인터넷 사이트)

한편, 죽지랑의 태몽은 거사가 죽은날 집안으로 들어오는 꿈으로 『삼국유사』에 기록되어 있다.

3) 동물·식물·사물 관련 사례

역사적 인물의 태몽에서도 동물·식물이나 사물 등이 다양하게 나타나고 있는 바, 태몽 표상물이 어떠한 전개를 보였는가에 따라, 좋고 나쁜 그대로 인생의 길이 펼쳐지고 있어, 태몽의 신비로운 예지력을 실증적으로 보여주고 있다.

〈 하경복 — 자라가 품속으로 들어온 꿈 〉

양정공(襄靖公) 하경복(河敬復)은 본관이 진주다. 그 어머니가 꿈에 자라가 품속으로 들어오는 태몽을 꾸고 임신하여 그를 낳았으므로, 어릴 때 이름이 왕팔(王八)이었다. 어려서부터 기운이 남보다 뛰어났으며, 기개가 뛰어났다. 무(武)에 능함으로써 발탁되어 크게 현달하였다.

(서거정(徐居正)『필원잡기(筆苑雜記)』제1권. 요약 발췌)

〈 김덕령 장군 — 방안에 들어왔던 두 마리의 호랑이가 사라지는 꿈 〉

김덕령(金德齡)(1567.선조 즉위년1596.선조 29)장군의 태몽은 산에서 두 마리의 호랑이가 방에 들어 왔다가 사라지는 꿈이었다. 김덕령(金德齡) 장군은 임진왜란 때 의병대장이 되어 혁혁한 공을 세웠으나, 후일 이몽학(李夢鶴)과 내통했다는 반역죄로 몰려 억울하게 옥사하였다.

태몽꿈의 실현은 호랑이처럼 용감하고 훌륭한 두 형제를 낳게 되나, 들어왔다가 사라지는 꿈에서 자신의 뜻을 크게 펴지 못하고 꺾이게 될 것을 예지하고 있다. 그의 형도 의병대장으로 전사했다. 김덕령에 대한 이러한 우국충절을 꿈을 빌어 노래한 작품으로 권필의「취시가」가 있다.

태몽에서 이렇게 들어왔다가 사라지는 표상은 유산이나 요절로 실현되고 있다. 요즈음 사람의 사례이다. 무슨 짐승 같은 것이 보였는데, 한 번은 반이 없어져 버리고, 한 번은 흐물흐물하다 나머지가 다 없어져 버리는 태몽으로, 조산되어 인큐베이터 안에 들어갔으나 결국은 한 달 후에 죽는 일로 실현되었다.

〈 김일손(金馹孫)— 용마(龍馬)의 태몽 〉

김일손은 자는 계운(季雲)이며, 본관은 김해(金海)요, 호는 탁영자(濯纓子)이다. 공의 아버지 맹(孟)은 벼슬이 집의에 이르렀다. 용마(龍馬)의 꿈을 꾸고 세 아들을 낳아 준손(駿孫)·기손(驥孫)·일손(馹孫)이라 이름을 지었는데, 모두 문장으로 세상에 이름이 나고 과거에 올랐다.《허백정집(虛白亭集)》—『연려실기술』제6권. 연산조 고사본말(燕山朝故事本末).

용마(龍馬)의 태몽 또한 좋은 표상이다. 훌륭한 말의 표상이기에 커다란 인물이 될 것임을 예지해주고 있다.

〈 숙종— 이불 속에 용이 있는 꿈 〉

—전략— 숙종은 현종의 적사(嫡嗣)였고, 모비는 명성왕후(明聖王后) 김씨로 영돈령부사 청풍부원군(淸風府院君) 우명(佑明)의 딸이었다. 언젠가 효종의 꿈에 명성왕후 침실에 이불을 씌워 놓은 물건이 있어서 떠들고 보았더니 용이어서, 꿈을 깬 효종이 기뻐하면서, 장차 원손(元孫)을 얻을 길몽이라고 하고 미리 이름까지 지어두고 기다렸었는데, 과연 현종 신축년 8월 15일(신유)에 상이 경덕궁 회상전에서 탄강했던 것이다. —후략—

〈『국조보감(國朝寶鑑)』제41권. 숙종조 1. 즉위년(갑인, 1674)〉

숙종이 용꿈의 태몽으로 태어난 바, 용은 부귀·권세·명예의 상징으로 용꿈의 태몽으로 출생한 사람들은 높은 직위나 권세와 명예로운 일생과 관련이 있다. 하지만, 무조건 용꿈의 태몽이라고 해서 다 좋은 것은 아니며 용꿈의 표상전개가 어떻게 전개되느냐에 달려있다고 하겠다. 다음의 사례에서 보듯이 올라가다가 떨어지는 용이라든가, 상처난 용, 안좋은 표상의 용의 태몽은 시련에 시달리게 될 것을 예지해주고 있다.

〈 강항(姜沆)의 요절 자식의 태몽— 새끼 용이 물위에 뜬 꿈 〉

—전략—. 어린아이 용(龍)과 첩의 소생 딸 애생(愛生)을 모래밭에 버려 두었는데, 조수가 밀려 떠내려가느라 우는 소리가 귀에 들리더니, 한참만에야 끊어졌다.

나는 나이 30세에 비로소 이 아이를 얻었는데, 태몽에 새끼 용이 물위에 뜬 것을 보았으므로, 드디어 이름을 용(龍)이라 지었던 것이다. 누가 그 아이가 물에 빠져 죽으리라 생각했겠는가? 부생(浮生)의 온갖 일이 미리 정해지지 않은 것이 없는데, 사람이 스스로 깨닫지 못하는 모양이다. 왜적이 내가 타고 가던 배를 저희들 배의 꼬리에 달고, 바람을 따라 남으로 내려가는데 배가 살과 같이 빨랐다.

〈강항(姜沆), 『간양록(看羊錄)』, 난리를 겪은 사적[涉亂事迹]〉

강항(姜沆:1567.명종 22~1618.광해군10)은 조선 중기의 문신으로, 정유재란 때에 배에 가족을 싣고 왜적을 피해 바닷길로 피난하고자 하였으나, 왜의 적선을 만나게 되어 자결에 실패하고 포로가 되어 일본으로 끌려가게 된다. 뛰어난 학식으로 일본인에게 감화를 끼쳐, 1600년에 포로 생활에서 풀려나 가족들과 함께 귀국할 수 있었다. 태몽에 새끼 용이 물위에 떠 있어서, 이름을 '용(龍)'이라고 지었던 어린 아들은 새끼 용처럼 장성하지 못하고, 정유재란때 피난가다가 왜적으로 인하여 어린 나이에 조수(潮水)의 물에 죽게 되는 일로 실현되고 있다.

〈 정조— 용이 침실에 들어와 여의주를 가지고 노는 꿈 〉

혜경궁 홍씨와 사도세자의 아들인 조선 22대 왕 정조. 그의 태몽은 아버지인 사도세자가 꾸었다. 혜경궁 홍씨가 임신하기 두세 달 전 용이 침실에 들어와 여의주를 가지고 노는 꿈이었다. 태몽이라는 것을 직감한 사도세자는 흰 비단에 그 용을 그려 벽에 걸어놓았다. 용 태몽으로 아들이 태어날 것임을 예상한 사도세자와 혜경궁 홍씨는 임신 전부터 태교에 온 힘을 쏟았고, 음식부터 몸가짐까지 왕실의 태교법에 따라 생활했다.

조선시대 최고의 태교법을 배운다, 2007.10.05. 맘&베이비 〉임신과 출산

〈 이율곡— 흑룡이 바다로부터 부인의 침실로 날아든 꿈 〉

이율곡 공은 신명화의 외손이다. 강릉에서 났는데, 탄생하던 신부인의 꿈에 흑룡이 바다로부터 솟아 올라와 그 침실로 날아들어 왔었기 때문에 어릴 때의 이름을 견룡이라 하였다. 〈「연려실기술」, 권68〉

이율곡을 기리기 위해, 보물 제165호로 지정된 몽룡실은 1450년 경 지어진 우리나라 민가주택으로서는 가장 오래된 것 중의 하나이며, 독특한 건축양식을 보여준다. 신사임당은 1536년 2월 봉평(오죽헌이 아님)에서 동해의 선녀가 옥동자를 안겨주는 태몽을 꾸었고, 해산하려고 오죽헌에 와 용이 서려있는 꿈을 꾸고 1536년 음력 12월 율곡을 낳았다. (율곡이 6세까지 이곳에서 자랐음, 율곡의 아명은 現龍=현룡) (관광지식정보시스템)

〈 장화왕후— 용이 뱃속에 들어온 꿈 〉

고려 태조 장화왕후(莊和王后) 오씨의 아버지는 다련군(多憐君)이었다.

대대로 목포에서 살아 왔었다. 다련군은 사간(沙干) 연위(連位)의 딸 덕교를 아내로 맞아서 딸을 낳았다. 어느 날 그 딸이 꿈을 꾸었는데, 바다의 용이 자기의 뱃속으로 들어오는 것이 아닌가! 놀라 깨어난 부모에게 이야기하니 모두 기이하게 생각하였다.

얼마 안되어 태조 왕건이 수군장군으로 나주에 진(鎭)을 두고 목포에 배를 정박하였을 때, 근처에 오색의 구름 기운이 서려 있었다. 그래서 다가가 보니 그곳에서 어떤 처녀가 베옷을 빨고 있었다.

태조 왕건은 그녀를 불러 곁에 두고 가까이 하려 하였다. 태조는 잠자리를 함께 하고 임신시키기를 원치 않아 돗자리에다 방설하였다. 그녀는 자신의 손으로 임신케 노력하였다.(원문에는 후즉흡지(后卽吸之)로 나온다.) 마침내는 임신하여 아들을 낳으니 이가 바로 혜종이다.

얼굴에 돗자리 자국이 있어 세간에서는 그를 접주(주름살 임금)라 하였다. 뒷날 그 자리에 큰 절을 세우고 흥룡사라 이름 하였다.

—『신동국여지승람』 제 35권.

평범한 신분의 처녀로서, 용이 자신의 뱃속으로 들어오는 꿈을 꾼 후에, 왕건을 만나게 되어 혜종을 낳게 된 왕건의 비 장화왕후의 꿈사례이다. 뱃속으로 들어온 용꿈이 왕건을 만나게 되는 일을 상징한다고 볼 때는 엄격한 의미에서 태몽이라고 볼 수 없지만, 용이 뱃속으로 들어오는 꿈이 태몽으로 혜종을 낳게 되었다고 볼 수 있으므로 광의의 태몽에 포함시켜 살펴보았다.

다음의 공예왕후의 탄생시의 꿈사례 역시 태몽으로 보기에는 다소 무리가 따르지만, 태어난 날의 꿈으로써 20여년 뒤의 일어날 일을 예지해주고 있다는 점에서 광의의 태몽에 포함시켜 간략히 살펴보았다.

　　공예태후(恭睿太后) 임씨(任氏)는 임원후(任元厚)의 딸이면서, 문하시랑
평장사(門下侍郎平章事) 이위(李瑋)의 외손녀이다. 공예태후(恭睿太后)가 탄
생하던 날 밤, 외조부인 이위(李瑋)의 꿈에 황색의 큰 깃발이 그 집의 중문
에 세워져 있고, 깃발의 꼬리는 선경전(宣慶殿) 치미(鴟尾: 지붕 용머리에 놓은
짐승 모형의 기와)를 싸고 돌며 휘날리는 것이었다. 공예태후가 출생하자 외
조부인 이위(李瑋)는 특별히 사랑하면서 말하기를 "이 아이가 후일에 선
경전(宣慶殿)에서 놀게 될 것이다" 라고 하였다.
　　왕비가 성년이 되어 평장사 김인규(金仁揆)의 아들 김지효(金之孝)와 약
혼하였는데, 혼례 날 밤에 김지효가 신부집 대문에 이르니 왕비가 갑자기
병이 나서 거의 죽을 것 같았다. 이에 혼인을 거절하고 신랑을 돌려보낸
후에, 점쟁이에게 병에 관한 길흉을 알고자 점(占)을 쳐 보았더니, "걱정하
지 마시오. 이 처녀는 말할 수 없을 만큼 귀하게 될 것이니, 반드시 국모가
될 것입니다." 하였다.

『고려사절요』 제9권, 인종 공효대왕 1(仁宗恭孝大王一)

　　왕비의 탄생 날 저녁에 외조부인 이위(李瑋)의 꿈에 '황색의 큰 깃발
이 중문에 세워져 있으며, 깃발의 끝부분이 궁궐의 선경전(宣慶殿) 치미
(鴟尾)를 싸고 돌며 휘날리는' 꿈으로써, 큰 깃발로 상징된 위세나 영향
력이 장차 대궐에 미치게 될 것을 뜻하고 있으며, 장차 왕비가 됨으로
서 꿈의 예지대로 실현되고 있다. 왕비가 태어날 때는 1109(예종 4)으로,
1129년에 왕비로 책봉되었으니, 20년 뒤에 일어날 일을 예지하고 있다.

〈 허목(許穆)— 새가 도포 속으로 들어온 꿈 〉

새가 도포 속으로 들어오는 것을 꽉 움켜쥔 꿈을 꾼 후 며느리에게 주려고 했으나 거절하여, 때마침 친정집에 와있던 딸이 치마를 벌리고 받았다. 아들을 낳았는데, 새처럼 자그마해 가지고 털이 오송송했다. 눈썹이 얼마나 길었던지 가슴까지 내려왔다고 해서 미수(眉叟) 선생이라 불리게 되었다.

허목(許穆, 1595년~1682년)은 조선 중기의 문신 및 학자이다. 호는 미수(眉叟)이다.

〈 박중손— 집채만한 소를 본 꿈 〉

조선 초기의 문신인 박중손(朴仲孫:1412~1466)은 어머님의 태몽에 커다란 소를 보았는데, 어찌나 컸던지 마치 집채만큼이나 컸으며, 소가 대문안으로 들어오는 데, 그 큰 대문이 비좁아 보였다.

(동문선〔東文選〕 제121권, 박중손 신도비)

〈 반석평— 학 3마리를 가슴에 품는 태몽 〉

반석평(潘碩枰)은 청백리로 존경을 받았으며, 반씨가문을 명문세족(名門世族)으로 이끈 인걸이다.

반석평은 반충의 고손자로 성종 3년(1472년)에 옥구에서 태어났다. 그의 어머니는 학 3마리를 가슴에 품는 태몽을 꾸고 세 아들을 낳았는데, 맏이가 석정(碩楨)이요, 둘째가 석평(碩枰), 셋째가 석권(碩權)이다.

〈 나처대(羅處大) —새우가 용이 되어 하늘에 오르는 꿈 〉

공은 1714(肅宗 40년) 10월 28일 김제군 장신리에서 낙천와(落薦窩) 중우

(仲佑) 12세손으로 태어났다. 공의 자는 대여(大汝)요 호는 희음재(希音齋)이니, 나주인이다. 공의 어머니 태산경씨(泰山景氏)의 태몽에 새우가 용이 되어 하늘에 오르는 것을 보았는데, 과연 공의 천품이 총혜(聰慧)하고 골상(骨相)이 빼어났다. 공은 어려서 말을 배울 때부터, 천지(天地) 두 글자를 불렀고 아홉 살 때에 시를 지어 읊으니, 보는 이가 놀라와 하였다. ─후략─

(전주한옥마을 사이트)

〈 고승 도선─ 오이 하나를 건져 먹은 꿈 〉

신라시대에 김씨를 지아비로 둔 여인이 꿈에 냇가에서 놀다가, 잘생긴 오이 하나가 떠내려 와 이를 건져 먹었다고 한다. 그 후 태기가 있어 아기를 낳았는데, 그 아기가 바로 신라 말의 유명한 고승 도선(道詵.827~898)이었다고 한다. 도선은 19세(846)부터 신승(神僧)으로 추앙받았으며, 그의 음양지리설과 풍수상지법은 조선시대까지 영향을 끼친 학설이다.

또한 고려 초기의 신동이자, 문신으로 이름이 높았던 책사 최응(崔凝.898~932)의 어머니도 오이가 열리는 태몽을 꾼 뒤 최응을 낳았다고 한다. (중앙일보 사설칼럼. 김경진 농협중앙회 상무)

〈 명랑법사의 태몽─ 구슬을 삼킨 꿈 〉

명랑법사의 태몽꿈 이야기이다. 처음에 그 어머니가 푸른빛이 나는 구슬을 삼키고서 태기가 있었다. 『삼국유사』, 권5.

또한 조선 중기의 고승인 부휴선사(浮休禪師)(1543~1615)도 어머니가 신비한 스님으로부터 둥근 구슬을 받는 태몽을 꾸었으며, 조선 중기의 고승(高僧)인 응상(應祥)도 어머니 노씨(盧氏)가 구슬을 얻는 태몽을 꾸고 낳았다. 뒤에 사명당(泗溟堂) 밑에서 공부하여 법맥(法脈)을 이었다.

〈 이성계 태몽 — 황금 자를 받는 꿈 〉

한 신선이 오색 구름을 타고 하늘에서 내려와 소매 속에서 황금으로 만든 자[尺] 하나를 주면서, " 이 물건은 옥황상제께서 그대의 집에 보내시는 것이니 잘 보관하였다가 동국지방을 측량케 하라" 하고 사라졌다.

이성계의 태몽으로 계시적인 꿈의 성격을 띠고 있다. 건국을 합리화하기 위해 지어낸 거짓 꿈으로 볼 수도 있겠다. 진시황이 중국 천하를 통일하고 도량형이 통일을 시도한데서 알 수 있듯이, '자' 는 헤아리고 측량하는 뜻에서 나아가 법도·규약 등 장차 국정을 운영하게 될 것임을 뜻하고 있다.

〈 성희안(成希顔) — 지팡이를 받는 꿈 〉

성희안은 자는 우옹(愚翁)이며, 본관은 창녕(昌寧)이요, 신사년에 태어났다. 세조 을사년에 문과에 올랐다. 기사년에 정승이 되어 영의정에 이르렀다. 시호는 충정공(忠定公)이며, 계유년 7월에 죽으니 묘정에 배향했다.

공이 태어날 적에 그의 어머니가 꿈을 꾸니, 한 신선이 와서 지팡이를 주면서, "이것을 짚으면 네 집에 복록이 일어나게 되리라." 하였다. 공이 자라서 지각이 들자 이미 원대한 기상이 있었다. 〈비문〉 —『연려실기술』 제9권중종조(中宗朝) 고사본말(故事本末) 중종조의 상신(相臣).

〈 이항복 — 조상이 나타나 용을 새긴 옥돌 연적을 주는 꿈 〉

이항복의 태몽은, 어머니께서 꾸셨는데 이제현 할아버님께서 갑자기 꿈에 나타나셔서 용을 새긴 옥돌 연적을 주시는 것이었다.

연적은 벼루에 먹을 갈 때 쓰는 물을 담아두는 그릇으로, 장차 문인·학자로서의 인생길을 예지해주고 있다.

〈 정몽주 — 난초 화분을 안다가 놀라 떨어뜨리는 꿈 〉.

정몽주(鄭夢周), 자는 달가(達可)이며, 호는 포은(圃隱)이고, 본관은 연일(延日)이다. 어머니 이씨가 임신하였을 때, 난초 화분을 안다가 놀라 떨어뜨리는 꿈을 꾸고서 깨어나 공을 낳았다. 따라서 이름을 몽란(夢蘭)이라 하였다. 어깨 위에 북두칠성 모양으로 일곱 개의 검은 점이 있었다.

아홉 살이 되었을 때에 어머니가 흑룡이 동산의 배나무 위에 올라가는 꿈을 꾸다 놀라 깨어, 나와 보니 바로 공이었다. 그래서 이름을 또 몽룡(夢龍)이라 하였다. 관례(冠禮)하면서 지금의 이름 몽주(夢周)로 고쳤다. — 『연려실기술』 제1권. 태조조(太祖朝) 고사본말(故事本末). 고려에 절개를 지킨 여러 신하.

정몽주는 (1337충숙왕 복위 6~1392공양왕 4). 고려 후기의 문신학자로서, 어릴 때 이름은 몽란(夢蘭) 또는 몽룡(夢龍)이었음을 알 수 있으며, 성인이 되어 다시 몽주라 고쳤다. 몽주(夢周)의 이름 또한 꿈에 훌륭하게 생긴 사람이 나타나, "나는 중국의 주공(周公)인데 천제(天帝)의 명으로 너희 집에서 태어나기로 하였다."

이렇게 꿈에 중국의 주공을 보고 낳았다고 해서 몽주(夢周)란 이름이 생겼다고 한다. 이처럼 태몽이 하나뿐만이 아니고, 경우에 따라서 이렇게 한 사람의 태몽이 여러 가지를 꾸기도 한다는 것을 알 수 있겠다.

또한 앞의 정여립의 태몽꿈이 무신의 난을 일으킨 정중부가 나타난 태몽이었음을 살펴보았듯이, 꿈속에 사람이 태몽 표상으로 등장하는 경우 나타난 사람과 체격이나 성품, 학식이나 인생의 운명길이 유사하게 전개되고 있다.

정몽주 또한 주공(周公)을 보고 태어난 태몽꿈에서 알 수 있듯이, 주공은 BC 12세기에 활동한 중국의 정치가로 성은 희(姬), 이름은 단(旦)으로 주(周)나라 초기에 국가의 기반을 다졌으며, 공자가 나이 들어 꿈속에서 주공을 보지 못하는 것에 대하여 늙고 노쇠함을 걱정한 것을 말한 것에서도 알 수 있듯이, 공자는 그를 후세의 중국 황제들과 대신들이 모범으로 삼아야 할 인물로 격찬했다.

또한 이렇게 태몽표상으로 등장된 사물이나 동물이 깨지거나 사라지거나 훼손되는 경우, 장차의 인생길에서 요절이나 병마(病魔) 등으로 인하여 시달리게 되는 일로 이루어지고 있다. 난초 화분을 떨어뜨리는 태몽 꿈의 실현이 장차 선죽교에서 타살되는 비운을 예지해 주고 있다.

2. 중국 위인 태몽

중국의 위인들 또한 신비로운 태몽이 많은 바, 태몽 표상별 구분없이 소개하는 데 중점을 두고 간략히 살펴본다. 중국의 꿈에 대한 책으로는 유문영의 『꿈의 철학(동문선, 1993)』 책을 참고하시기 바란다.

〈 이백의 태몽— 꿈에 별을 보다 〉

이백은 어머니가 꿈에 장경성을 보았으므로, 자를 태백이라고 하였다. 송나라의 범조우는 진의 손자인데, 꿈에 등우를 보고 낳았기 때문에 그렇게 이름 지었다. 육유의 자는 무관이니, 어머니가 꿈에 진소유를 보고 낳았으므로 이름을 그렇게 짓고, 자를 진소유의 이름인 '관'을 넣어 무관으로 하였다고 한다. —『지봉유설』

〈 공자의 태몽 꿈— 양 기둥에서 제사하다 〉

공자는 양 기둥사이에서 제사하는 태몽인 양영지전(兩楹之奠)으로써 태어났다. 공자의 부친인 숙량흘이 60세가 넘어서, 16세된 안씨의 딸을 재취하여 공자를 잉태할 때, 그 어머니의 꿈에 기둥을 본 것을 말한다.

또한 공자가 죽기 전에, "내가 전날 밤에 두 기둥 사이에 앉아 제사를 지내는 꿈을 꾸었으니, 나는 아마도 곧 죽게 될 것이리라!" 라고 밝히고 있는 바, 탄생과 죽음을 예지한 꿈이 같게 전개되고 있음을 볼 수 있어 신비한 꿈의 세계를 보여주고 있다.

다음은 단편적으로 위인들의 태몽을 살펴본다.

○ 해를 삼킨 태몽으로 송나라의 태조가 되었고, 달을 삼킨 태몽으로 진황후가 되었으며, 북두칠성을 삼킨 태몽으로 소열황제의 황후가 되었다. 이처럼 해로서는 남아가, 달이나 별로서는 여아가 탄생하고 있다.

○ 삼국 시대 오(吳) 나라 손견(孫堅)의 부인이 손책(孫策)을 낳을 때에는 달을 품에 안는[懷月] 꿈을 꾸고, 손권(孫權)을 낳을 때에는 해를 품에 안는[懷日] 꿈을 꾸었다는 일화가 전한다. —《三國志 吳志 孫破虜吳夫人傳》

○ 손견의 태몽은 그의 어머니가 아이를 낳을 무렵에, 창자가 쏟아져 온 성문(城門)을 휘감는 태몽을 꾸었다고 한다.

○ 묵적(墨翟) 주양공(周亮工)이 "묵자(墨子)는 성(姓)이 적(翟)인데 그 모친이 태몽(胎夢)에 까마귀를 보고 낳았으므로, 그대로 이름을 오(烏)라 하고 묵(墨)으로 도(道)를 삼았다. 지금은 성(姓)으로 이름을 삼고 묵(墨)으로 성(姓)을 삼았는데, 그것은 노자(老子)가 노(老)를 성(姓)으로 하여 노이(老耳)라 한 것과 같다." 하였다.

○ 춘추 시대 정문공(鄭文公)의 첩 연길(燕姞)이 꿈에 하늘이 사람을 시켜 난초를 주는 꿈을 꾸고 아들 목공(穆公)을 낳았다. 여기에서 비롯되어 난초 꿈은 왕자를 낳을 태몽(胎夢)을 뜻한다.

○ 꾀꼬리가 방으로 날아들어 높은 곳에 앉은 태몽을 꾼 송나라 악화의 부인은 대장이 될 아들 악비를 낳았다.

○ 제비가 품속으로 들어온 장철의 모친의 태몽은 아들이 총명하고 재주가 뛰어나 훗날 재상이 될 것을 예지했다.

○ 신인(神人)이 칼로 갈비뼈를 끊고 구멍을 뚫어, 그 구멍으로 촛불을 들이대어 내장이 환히 보이도록 한 당나라 속종 오후의 꿈은 대종 황제를 낳을 태몽이었다.

○ 육조(六祖) 혜능(慧能) 대사는 어머니의 꿈에, 뜰 앞에 백화(白花)가 만발하고 백학(白鶴)이 쌍(雙)으로 날며 기이한 향기가 온 집안에 가득한 꿈으로 태어났다.

○ 소동파(蘇東坡)의 태몽은 어머니 품에 스님이 방문을 열고 들어오는 꿈을 꾸었다.

○ 석가모니(釋迦牟尼)는 어머니인 마야 왕비의 꿈에 여섯 개의 이를 가진 눈이 부시도록 흰 코끼리가 왕비의 오른쪽 옆구리로 들어오는 태몽 꿈으로 태어났다.

3. 외국 기타 위인

성령으로 예수를 잉태한 성경의 이야기는 널리 알려져 있다. 이밖에도 여호와, 여호와의 사자, 천사 또는 선지자의 입을 통하여 수태고지를 받는 여인들의 이야기가 등장하고 있기도 하다. 외국의 위인들 또한 특이한 태몽이 많은 바, 꿈의 예지대로 실현되고 있음을 볼 수 있다. 표상별 구분없이 간략히 살펴본다.

〈 알렉산더 대왕— 자궁에 사자 문장을 보는 꿈 〉

올림피아 왕비의 자궁에 사자 문장으로 봉인한 것을 보았다는 필립 왕의 꿈은 아들 알렉산더 대왕이 태어나 명예와 권세를 획득할 것을 예지한 것이었다.

〈 키루스(Cyrus) 대왕— 자궁에서 뻗어나간 포도덩굴의 꿈 〉

자기 딸의 자궁에서 줄기를 뻗기 시작한 포도 덩굴이 눈깜짝한 사이에 소아시아를 덮어 그늘지게 한 메데스의 아스타야그스 왕의 태몽은 소아시아의 통치자 키루스(Cyrus) 대왕이 탄생될 것을 예지한 꿈이었다.

관련된 글의 신문기사를 요약 발췌하여 다시 살펴본다.

이란 남부 고도 파사르가데에 키루스 대왕의 묘가 있다. 키루스(Cyrus) 대왕의 출생과 성장 과정, 치세 등은 그리스 역사가 헤로도투스가 쓴 '역사'에 아주 소상히 기록돼 있다. 그는 외조부 태몽대로 외조부의 나라 메디아 왕국을 뒤엎고, 아케메네스 왕조를 세웠으며, 그후 이집트를 제외한 오리엔트(지금의 서아시아) 전 지역을 순식간에 정복, 고대사 최후최대 제국을 이루었다.

[문명의 고향을 찾아서] 이란 파사르가데〈권삼윤 역사여행문명비평가〉

(조선일보.1997.07.02)

온 세상을 다 덮는다는 것은 장차 막강한 영향력을 끼치는 큰 인물이 태어날 것임을 예지해주고 있는 태몽꿈이다. 중국의 고승인 지엄의 꿈에 의상대사가 찾아가기 전날 밤 꿈에, 한 그루의 큰 나무가 해동에서 생겨나 가지와 잎이 널리 퍼져 중국까지 덮는 꿈으로 장차 큰 인물이 신라에서 올 것을 예지한 꿈이나, 김유신의 누이동생의 꿈에서 자신이 본 소변으로 온 세상이 물바다가 되는 꿈으로 장차 황후가 될 것임을 예지한 꿈과 유사성을 보이고 있다.

〈 야율아보기 ─ 태양이 뱃속으로 들어오는 꿈 〉

거란제국은 야율아보기의 출현으로 실현되었다. 학자들의 추정에 의하면 거란족은 말(馬)을 토템으로 하는 씨족과 소(牛)를 토템으로 하는 씨족으로 이루어졌고, 전자는 '야율(耶律)' 씨로 후자는 '소(蕭)' 씨로 불렸으며, 상호 혼인으로 결합되었다. 따라서 '야율아보기'란 말씨족 출신으로, 아보기라는 이름을 가진 인물을 뜻한다. 후일 지어진 이야기이겠지만, 그의 어머니가 태양이 뱃속으로 들어오는 태몽을 꾸고 출생했으며, 9척 장신의 거구에 300근짜리 활을 당기는 괴력의 소유자였다고 한다.

([김호동 교수의 중앙유라시아 역사 기행(12)]주간조선)

〈 파리스 왕자 — 나무토막에서 불뱀이 솟구치는 꿈 〉

널리 알려진 호머의 서사시 일리아드에도 트로이 전쟁을 불러왔던 비극을 초래한 파리스 왕자의 태몽이야기가 언급되고 있다. 왕자 파리스는 트로이의 아버지인 프리아모스와 어머니 헤카베 사이에서 태어났다. 헤카베가 태몽으로 나무토막에서 불뱀이 솟구치는 꿈(횃불에서 뱀이 나타나는 꿈)을 꾸었기에, 점을 치자 장차 아기가 불행을 안겨다 주고, 온 도시를 불바다로 만들 것이라는 예언을 듣게 된다.

이에 파리스가 태어나자마자, 양치기를 시켜서 '이다' 산에 버리도록 하였으나, 곰의 젖을 먹으며 살아있었기에, 양치기는 자신이 데려다 키우기로 마음 먹고 파리스를 목동으로 키우게 된다.

한편, 옛날 올림프스 시대(BC 12~13세기) 펠리우스와 테티스의 결혼식 날, 이들은 올림프스 신들을 초대했는데, 결혼식과 같은 좋은 날 불화의 여신인 에리스를 초대하는 것이 찜찜했던 그들은 에리스를 제외한 모든 신들을 초대했다.

이를 알게 된 에리스는 화를 이기지 못하고 그들의 결혼식장을 찾아가 하객들이 앉은 자리에 황금사과를 하나 던졌는데, 그 사과에는 "가장 아름다운 여신에게"라 씌여 있었다. 마침 헤라, 아프로디테, 아테네 세 여신이 황금사과를 보고 각자 자기가 가장 아름답다며, 사과의 주인은 자신이라 주장했다.

주례를 맡은 제우스도 이 문제에 판결을 내릴 입장이 아니었다. 헤라는 자기 부인이고, 아테나는 친딸이며, 아프로디테도 바람피워 난 딸이기 때문이다. 그리하여 여신들을 '이다' 라는 산으로 보내어 그곳에서 어머니의 불길한 태몽 때문에 버려져 양치기로 생활하던 파리스에게 심판을 내리게 하였다.

이 세 여신들은 각자 자신의 아름다움을 뽐내며 파리스에게 조건을 내걸었다. 헤라는 권력과 부를, 아테나는 명예를, 아프로디테는 이 세상에서 가장 아름다운 여인을 주겠다는 조건을 걸었는데, 어리석은 파리스는 결국 아름다운 여인을 주겠다는 아프로디테의 편을 들어주었다.

결국, 부모에게 버림받았던 파리스는 오랫동안 양치기로 살다가 성인이 되어 환궁하는데, 결국 태몽의 예언대로 이웃나라 왕비와 사랑에 빠져 '트로이 전쟁'을 일으키고 트로이 멸망의 불씨를 제공하게 된다.

〈 페리클리스― 사자 우리에 들어가 사자와 함께 잠을 자는 꿈 〉

그리스의 페리클레스의 어머니는 사자 우리에 들어가 사자와 함께 잠을 자는 태몽을 꾸고 아들을 낳았는데, 다른 데는 이상이 없는데 머리통이 이상하더란다. 정수리가 뾰족한데다 세로로 너무 길어서 몸과는 균형이 도무지 맞지 않았던 것. 이러한 기이한 머리 모양을 드러내지 않으려고 고대에 제작된 그리스인의 두상 가운데, 늘 투구를 쓴 모습으로만 조각되어 있기도 하다. 〈1997.12.15〈이윤기〉의 글에서. 요약발췌〉

VI 남녀 성별 및 태몽 상담 사례

1. 아들·딸 태몽 사례

(1) 태몽으로 남성적이냐 여성적이냐를 알 수 있다.

독자 여러분이 앞서 여러 다양한 태몽 실증 사례를 직접 살펴본 바, 태몽으로 남녀 성별의 개략적인 추정은 가능하지만, 아들·딸을 구분한다는 것은 절대적이지 않다는 것을 이해하셨을 것이라 믿는다. 보다 정확하게 표현한다면, 태몽꿈으로 남성적이냐 여성적이냐를 보여준다고 할 수 있겠다.

필자는 몇 년 전에, 모 케이블 TV 방송의 황당한 실험방송에 응한 적이 있다. 조산원에서 아들·딸을 낳은 태몽 사례 100명을 조사해 와서, 아들인지 딸인지 맞출 것을 요구하는 것이었다. 필자는 황당했지만, 태몽으로 아들·딸의 구별을 하는 것이 절대적인 것은 아니며, 개략적인 판별이 가능하다고 언급한 후 실험에 응했던 바, 그 당시 82%의 적중률을 보인 바 있다.

태몽에서 중요한 것은 아들·딸의 여부가 아닌, 태몽속에 등장된 상징 표상이 어떻게 전개되었는지를 살펴서, 장차 자라나는 아이의 특성과 소질을 계발해줄 수 있는 방향으로 이끌어주는 것이 더욱 중요하다고 할 것이다.

다시 한 번 언급하자면, 일반적으로 용이나 호랑이 · 구렁이 등과 같이 몸집이 비교적 큰 사물이나 남성적 표상이 전개될 경우에는 아들일 경우가 많고, 작고 귀엽고 앙증맞고 귀엽고 예쁘고 아담한 사물이나 여성적 표상이 전개될 경우에 딸일 때가 많다.

과일의 경우 씨가 있는 열매가 익거나 성숙된 표상의 경우 아들, 씨가 없거나 미성숙의 표상의 경우 딸인 경우가 많다. 예를 들어 빨간 고추나 알밤은 아들, 푸른 고추나 풋밤은 딸인 경우가 많다. 또한 잉어 한 마리 등 단수의 개념이 적용될 때는 아들, 연못속의 여러 잉어 등 복수의 개념이 적용시에는 딸인 경우가 많으나 이 역시 절대적이지는 않다. 색깔의 선명도 여부나, 음양에 다른 색상의 분류도 참고해 볼 필요가 있다. 앞으로 보다 더 많은 아들 · 딸의 실증사례에 대한 연구가 필요하다고 하겠다.

해의 태몽으로 여아가 출생하기도 하며, 꽃의 태몽으로 남아가 출생하기도 한다. 이 경우 해의 태몽으로 태어난 여아는 활달하며 남성적 이미지의 아이로, 장차 경찰이나 군인 등 사회적 지도자의 직위에 걸맞는 인물로 성장해갈 가능성이 높다. 또한 꽃의 태몽으로 태어난 남아는 귀공자 타입으로 귀품있고 단아한 외모를 지닐 가능성이 높다고 하겠다.

하지만 이 역시 절대적인 것은 아니다. 다시 한번 강조하여 언급하지만, 태몽으로 아들 · 딸의 구별은 절대적이지 않으며, 다만 남성적이냐 여성적이냐를 보여준다고 할 수가 있겠다.

이러한 태몽에서의 아들 · 딸에 대한 구별 및 '남성적인 상징인가' '여성적인 상징인가' 를 보여주는 좋은 사례 세 가지를 살펴본다.

① 백합 꽃 태몽의 실현 사례

　저도 첫째 딸의 태몽은 백합을 머리에 달아주는 꽃 꿈을 꾸었어요. 그

런데 꽃이 무조건 딸이라는 건 아니고요. 이번에 둘째를 출산했는데, 둘

째 꿈도 꽃이었는데 둘째는 아들이거든요. 둘째 꿈도 백합을 제가 집에

가져오는 꿈을 꿨는데, 꿈속에선 그 백합이 꽃이였는데, 굉장히 커서 마

치 나무같이 컸어요. (글쓴이: mengsun44(2개월엄마) 2007.3.19)

　백합꽃이 커서 나무같은 것에 주목할 필요가 있다. 동물의 경우 수

컷의 덩치가 암컷에 비추어 큰 것에서 알 수 있듯이, 이처럼 커다란 표

상의 경우 남성적 표상에 가깝기에 아들을 낳을 확률이 높다.

　현실에서는 나무같이 커다란 백합꽃의 꿈으로 아들을 낳았지만, 하

지만 이 역시 절대적인 것은 아니다. 나무 같이 커다란 백합꽃의 꿈이

기에, 장차 커다란 능력과 파워를 지닌 남성같은 활달한 성품의 여아를

낳을 수도 있는 것이다. 또한 단순하게는 체격이 장대한 여자가 될 수

도 있는 것이다.

② 황소 및 호랑이 꿈의 실현 사례

　나는 꿈을 꾸었다. 꿈속에서 황소를 보고 나는 아들이라는 미신 아닌

심증을 갖게 되었다. 그런 후 얼마 안되어 이번에는 시커먼 호랑이를 본

것이다.

　나는 집안 어른들과 내기를 하기에 이르렀다. 십여 곳을 다니며 점친

결과 전부가 딸이라고 하는데, 나는 아들이라고 우겼댔다. 그리고 "만약

내 말대로 아들이면, 앞으로 점을 안 치겠느냐"고 물었다. '아들이라면,

점치러 다니지 않겠다'는 약속이 성립되었다. 추운 12월 초에 분만한 첫

아이는 아들이었던 것이다. 그래서 집안 어른들은 꿈이 신통하다고들 말

하기에 이른 것이다. (아들 낳을 꿈? 시인 신기선)

황소나 커다란 호랑이 태몽은 아들을 낳을 가능성이 높다는 것이

지, 절대적인 것은 아니다. 국어의 뜻으로 보자면, '황' 이란 말은 크다

는 뜻의 '한' 에서 변화한 말로, 황소는 수소가 아닌 '큰 소' 란 뜻이다.

황새가 '누런 새' 가 아닌 '큰 새' 이듯이—, 따라서 황소의 꿈은 아들일

가능성이 높지만, 여아인 경우 용맹하고 힘이 세거나 덩치가 큰 아이일

가능성이 높다고 하겠다. 다만 태몽에서 다가온 소의 남성 생식기를 보

는 꿈이었다면, 100% 아들로 실현된다.

　호랑이 꿈으로 여아를 낳은 사례도 상당수 있다. 호랑이도 암수가

있듯이 호랑이꿈이라고 다 아들은 아닌 것이다. 호랑이처럼 용감하고

활달하고 씩씩한 여아가 탄생될 수가 있는 것이다.

　③ 황소 태몽의 꿈사례

　　저 임신한지 몰랐었는데, 형님이 황소 태몽을 꾸셨다고 하셨거든요.

　그 태몽이 우리 똘똘이(태명) 태몽이었죠. 근데 황소는 아들이라고 하시

　까, 은근히 부담이 가더라구요. 병원에서는 딸로 알려주시네요. 태몽도

　다 맞지는 않으니까요. 정확하지는 않지만 낳아 봐야죠.

　　　　　　　　　　　　　　(sujini0809, 마이클럽, 아이를 기다리며)

　태몽이 다 맞지 않는 것이 아니라, 태몽의 예지는 100%이며, 한 치

의 오차도 거짓도 없다. 다만, 우리 인간의 잘못된 해몽과 꿈상식이 있

을 뿐이다. 황소꿈은 아들이라는 것은 황소는 남성적 상징 표상에 가까

운 것이기에, 아들일 확률이 높다는 것 뿐이지, 절대적인 것은 아니다.

(2) 태몽 및 아들 · 딸의 통계조사 결과

오래 전의 통계조사 결과이지만, 아들 꿈은 감 · 고추 등 씨 있는 열매가, 딸은 비늘 동물이 많이 등장하고 있다.

결혼정보회사 듀오가 출산경험이 있는 기혼여성 426명을 대상으로 '태몽과 자녀'에 대한 설문조사를 실시한 결과, 전체 응답자의 82.9%가 '태몽을 꾼 후 자녀를 얻었다'고 말했다. 이중 아들 태몽으로 가장 많이 꾼 꿈은 감 · 복숭아 · 고추 등 씨가 있는 열매(21.7%)가 가장 많았고, 호랑이 · 사자 · 돼지 · 말 등 포유류 동물(15.0%), 구렁이 · 뱀 · 용 등과 같은 비늘 동물(8.6%), 자라 · 거북(4.1%), 사내아이(3.2%) 순이었다.

딸은 구렁이 · 뱀 · 용 등 비늘동물(23.4%)이 가장 많이 등장했고(필자주: 용꿈의 경우 아들일 가능성이 더 높다), 꽃(9.9%), 포유류 동물(9.0%), 밤 · 귤 · 토마토 등 씨가 없는 열매(6.6%), 다이아몬드 · 진주 · 루비 등 보석류(5.1%) 등으로 집계됐다.

태몽을 꾼 사람은 본인(54.0%)이 가장 많았고, 친정부모(15.4%), 시부모(13.6%), 남편(8.3%), 친.인척(4.3%) 등의 순이었다. 한편 자녀를 갖고 싶어서 남의 태몽을 돈 또는 물건을 주고 산 경험이 있다는 응답자가 13.1%나 됐고, 이중 76.8%가 태몽을 산 후 임신을 했다거나 3.6%가 태몽을 산 뒤 임신사실을 알았다는 응답도 나와 눈길을 끌었다.

(서울=연합뉴스 장영은 기자 2002.03.17)

(3) 아들을 낳은 태몽사례 모음

앞서, 여러 태몽 사례에서 가급적 아들이나 딸을 낳은 결과까지 밝혀, 아들·딸의 추정에 참고가 되도록 한 바 있다. 일반적으로 크고 남성적이며 활달한 표상이라면 아들인 경우가 많은 바, 단편적으로 아들 낳은 실제 사례를 모아 보았으며, 일부는 특이한 태몽인 경우이다. 이 역시 절대적인 것은 아니며, 참고적으로 살펴보시기 바란다.

① 동물 · 조류 · 어류 · 기타 아들 태몽사례
○ 호랑이 한 마리가 날뛰는 꿈
○ 큰 아들이 호랑이를 잡고 데리고 오는 꿈(둘째 아들을 가질 때 꿈)
○ 집으로 커다란 흑 돼지 한 마리가 오고, 그 뒤로 작은 흑 돼지들이 엄마한테 쫓아오는 꿈
○ 시꺼멓고 커다란 돼지가 방안에 들어오려고 꽥꽥 씩씩 대고 있더랍니다. 그런데 하도 커서 몸통이 방문 틀에 껴서 못들어오는데, 힘을 주더니 문틀을 다 부숴고 엄마 치마 속으로 확 들어온 꿈
○ 커다란 황소 꿈
○ 하얀 고양이 꿈
○ 하늘에서 하느님같은 분이 내려와서 강아지 한 마리 주고 가는 꿈
○ 흰 토끼 꿈
○ 누런 사슴이 안방으로 뛰어들어 잡는 꿈
○ 머리 갈기부터 꼬리까지 하얀색 털이 나 있고, 온 몸이 붉은 색인 말 꿈
○ 커다란 검은 뱀같은 것이 물속에서 쑥 올라오는 꿈
○ 크지도 않은 검은 뱀이 겨드랑이를 물려고 해서 자꾸 피했는데, 결국은 물린 꿈
○ 빨래터에서 빨래를 하고 있는데, 우물 속에서 뱀이 올라와서는 치

마 속으로 들어오려고 하기에, 놀라서 비명을 지르며 집 방안으로 들어갔는데, 뱀이 거기까지 따라와 몸을 휘감더니 벽을 타고 올라 천장에서 빙글빙글 도는 꿈으로 아들 출산.

○ 중간정도의 뱀인데 색깔이 너무 화려하고 윤기가 좔좔 흐르는 뱀이 휙하고 날아오더니 제 볼에 달라붙네요. 저는 너무 무서워서 손으로 떼어 버렸더니 물에 첨벙하고 떨어지더니, 다시 날아와서 제 발등을 깨물고 가는 꿈.(색깔이 너무 화려해서 딸인 줄 알았으나, 아들을 낳았습니다.)

○ 누렇고 큰 구렁이 꿈

○ 갇혀 있던 구렁이를 구해주는 꿈

○ 강가의 큰 바위에서 놀고 있는데 큰 구렁이가 나타나 발뒤꿈치를 물은 꿈

○ 어머니가 흰 양이 되어 논둑길을 가고 있는데, 구렁이 한 마리가 나타나 길을 막아 비키라고 고함을 친 꿈

○ 백룡이 여의주를 물고 승천하는데 물길이 갈라진 꿈

○ 커다란 용이 여의주를 물어다 주는 꿈

○ 용이 새끼 호랑이를 태우고 가슴으로 날아드는 꿈

○ 어떤 사람이 큰 지네를 타고 산으로 내려온 꿈

○ 예전에 살던 아파트 앞에 은행나무가 하나 있었는데, 그 주변에 아주 많은 까치 무리들이 시끄럽게 우는 꿈

○ 물고기가 한 마리만 헤엄쳐 가는 꿈

○ 어머니가 물가를 거니는데, 물속을 힘차게 뛰쳐나온 은색 비늘의 물고기가 품에 안기는 꿈

○ 팔뚝만하고 밤색으로 수염도 나 있는 고기가 물이 맑고 깨끗한 상

태에서 놀고 있는 것을 본 꿈

○ 자라가 물에서 뭍으로 올라오는 꿈

② 식물 · 청과류 · 기타 아들 태몽사례

○ 탐스럽고 빛깔이 좋은 사과를 따서 가져오는 꿈

○ 엄청 큰 사과가 언덕위에 놓여져 있어서 그걸 가지러 갔던 꿈

○ 언니가 커다란 사과를 땄는데, 제가 너무 먹음직스럽다며 가져 갔다네요. 딸일줄 알았는데, 아들 낳았어여.

○ 모양이 크고 소담스러운 복숭아를 딴 꿈

○ 과수원에서 배를 따는 꿈

○ 귤이 주렁주렁 열린 꿈

○ 나무에 달린 잘 익은 감을 보는 꿈

○ 호박만한 누런 감을 치마에 매일매일 가득 따 담는 꿈

○ 대추나무에 빨간 대추가 주렁주렁 열려 있는 꿈

○ 산에 올라가 빨간 대추를 치마폭에 가득 따서 집에 와 풀어 보니, 모두 산삼으로 변해 있던 꿈

○ 빨간 고구마를 가지고 온 꿈

○ 파란 고추가 주렁주렁 열려있는 밭에서 새빨간 고추를 따는 꿈

○ 가지 꿈을 꾸었는데, 100% 남자아이랍니다.

○ 밤송이 꿈꾸고 아들 낳았습니다.

○ 냉장고의 냉동칸에서 알이 큰 밤 2개씩을 양손에 쥐고서 뒤로 감추는 꿈

○ 개울에서 빨래를 하고 있는데 시할머니가 도토리를 배낭에다 따와 고르라고 하는데 밤도 몇 개 들어 있었다. 그래서 그 중에서 하나를

골랐던 꿈

○ 밤나무 밭에 밤이 하나도 없어서 쳐다보니, 아람이 벌어진 것이 몇 개 있었으나 딸 수 없었다. 집으로 돌아오다 보니 밤이 떨어져 있는 것을 집었던 꿈

○ 넓다란 들판에 여러가지 꽃들이 흐드러지게 피어있는 꿈

○ 보석을 받는 꿈

○ 길가다 번쩍이는 광채를 보고 뭔가 하고 주어보니 다이아몬드였던 꿈

○ 금반지를 얻는 꿈

○ 순금반지에 보석이 세 개 박혀 있는 꿈

○ 백발이 성성한 노인이 반지를 끼워주는 꿈

○ 친정아빠가 커다란 사각 사파이어가 박힌 왕들이 끼는 반지같은 순금반지 한 개를 주시는 꿈

○ 빨간 신발을 신고 있는 꿈

○ 친정 아빠가 돈을 많이 주시는 꿈

○ 맑은 산속 샘물에서 예쁜 조약돌 두 개를 주워온 꿈

○ 검은 콩, 흑장미, 아주 큰 화환, 굵은 노란 비단 뱀, 사마귀 꿈

○ 꿈속에서 국보급 고인돌을 발견했는데, 그안에 금은보화 등 많은 보물이 가득한 꿈

○ 박정희 대통령하고 북의 김일성 주석하고 동침하는 꿈

○ 남자 아이 사진이 박힌 주민등록증을 받는 꿈

○ 시할머니가 축구공을 주시는 꿈

③ 민속

참고로 민속에 전하는 아들 꿈의 태몽을 살펴본다. 이 역시 절대적인 것은 아니니, 참고적으로 살펴보시기 바란다.

○ 꿈에 뱀 주우면 아들을 낳는다.

○ 꿈에 굵은 뱀을 보면 아들을 낳는다.

○ 꿈에 용을 보면 아들을 낳는다.

○ 꿈에 용이 승천하면 과거 벼슬을 할 아들을 낳는다.

○ 꿈에 호랑이를 보면 장군이 탄생한다.

○ 꿈에 큰 짐승을 보면 아들을 낳는다.

○ 꿈에 흑룡을 보면 옥동자 낳는다.

○ 꿈에 옥까마귀를 보면 아들을 낳는다.

○ 꿈에 학이 품속에 들어가면 귀한 자식을 얻는다.

○ 꿈에 잉어나 뱀을 보면 사내아이를 낳는다.

○ 꿈에 금붕어를 보면 아들을 낳는다.

○ 꿈에 과일을 따서 치마폭에 감추면 큰 아들을 낳는다.

○ 꿈에 과일을 보면 아들을 낳는다.

○ 꿈에 꼭지 달린 사과나 배를 따면 아들이다.

○ 꿈에 알밤을 얻으면 아들이다.

○ 꿈에 익은 호박을 보면 아들 낳는다.

○ 꿈에 익은 고추를 보면 아들이다.

○ 꿈에 대추를 먹으면 귀한 아들을 낳는다.

○ 꿈에 참외를 먹으면 귀한 아들을 낳는다.

○ 꿈에 외씨를 먹으면 귀한 자식을 낳는다.

○ 꿈에 사람이 오얏을 보면 득남한다.

○ 꿈에 가지를 먹으면 아들을 낳는다.

○ 꿈에 하늘이 맑으면 귀한 아들을 얻는다.

○ 꿈에 임신한 여자가 해를 가슴에 안으면 아들을 낳는다.

○ 꿈에 인(도장)을 가지면 자기 아내가 귀한 아들을 낳는다.

○ 꿈에 아내가 남자 옷을 입으면 귀한 아들을 낳는다.

○ 꿈에 아내가 비단옷을 입으면 귀한 아들을 낳는다.

○ 꿈에 손으로 산을 두드리면 귀한 아들을 낳는다.

○ 꿈에 돌을 가지고 장난하면 귀한 아들을 낳는다.

○ 꿈에 금비녀가 빛나면 길하고 아들을 낳는다.

○ 꿈에 칼을 보면 아들을 낳는다.

○ 꿈에 부처나 도승을 보면 아내가 아들을 낳는다.

○ 꿈에 타인에게 조문하면 아들을 낳는다.

○ 꿈에 여자가 금을 주우면 아들을 낳는다.

(4) 딸을 낳은 태몽사례 모음

일반적으로 꿈속에 전개된 태몽 표상물인 동·식물이 화려하고, 예쁘고, 귀엽고, 작고 앙증스러운, 여성적인 표상인 경우에는 여아가 많이 출산하고 있다. 하지만, 이 역시 절대적인 것은 아니다. 요약한 사례도 있으나, 가급적 사례자의 말을 그대로 인용하였다.

① 동물·조류·어류·기타 딸 태몽사례

○ 큰 돼지에 깔린 꿈

○ 이모가 흰 돼지 꿈을 꿔주었어요.

○ 아빠께서 집으로 오시면서, 흰 돼지 3마리를 안으시고 오는 꿈

○ 토실토실하고 빛이 나는 집채만한 하얀 돼지가 달려들어서, 집은 부서지고 엄마는 도망가는 꿈

○ 시커먼 산돼지 세 마리 중에, 두 마리는 크고 한 마리는 좀 작았어요, 산돼지들에게 고구마 캐서 먹이던 중에 주인한테 들켜서 도망간 꿈

○ 엄마께서 산에 계시는데 안개가 있었고, 하늘에서 내려오듯 뭔가가 비추어 지더니, 커다란 호랑이가 와서 엄마 품에 안기는 꿈

○ 투명한 용이 사자인지 호랑이로 변하는 꿈

○ 백마를 본 꿈

○ 노란 병아리 다섯 마리가 울고 있던 꿈

○ 어느 연못가에 갔는데 뱀이 엄청나게 많아서 껑충껑충 뛰면서 다니는 꿈

○ 뱀이 굴에서 나와 다른 굴로 들어가는 꿈

○ 화려한 노란색의 큰 뱀 꿈

○ 뱀 한 마리가 와서 몸을 칭칭 감는 꿈

○ 연못가의 물고기를 보고 있는데, 주황색 예쁜 물고기 한 마리가 앞에 톡 떨어지는 꿈

○ 친청 엄마가 커다란 뱀이 안기는 태몽을 꾸셨는데, 예쁜 딸을 낳았습니다.

○ 그냥 보통 뱀꿈 꿨었는데요. 절 따라오는데, 전 싫다고 도망 다니고, 그러다가 꿈을 깼는데, 딸이에요.

○ 비단 구렁이처럼 큰 백사가 집 방안을 빙 둘러 있는데, 작은 백사가 까불기에 잡고 때려 주는 꿈

○ 제가 아주 커다란 검은 구렁이 꿈을 꾸었는데, 딸이더군요

○ 신랑이 태몽을 꾸었는데, 자라의 얼굴을 한 구렁이 꿈이었어요. 그걸 보고 저희 신랑이 꿈에서 너무 괴상해서 도망쳤데요. 근데 넘 예쁘고 건강한 딸아이가 태어났어요.

○ 친구의 태몽입니다. 오색찬란한 무지개 빛으로 빛나는 용이 하늘로 막 승천하고 있더랍니다. 정말 눈이 부셨데요. 양손과 입에 여의주를 물고 마구마구 하늘로 올라가는데, 친구 어머니 그 상황에서 이런 생각이 드셨데요. 그래! 저 용을 잡아야 한다. 그러시고 주위를 마구 둘러보셨답니다. 마침 주위엔 짱돌로 생각되는 뭔가 큰 돌들이 아주 많이 있었답니다. 어머니 짱돌을 주우셔서. 용에게 있는 힘껏 던지셨답니다. 그 짱돌 맞고 용 여의주 떨어뜨리고, 하늘로 오르다가 바닥으로 떨어졌답니다. 어머니 잽싸게 달려가셔서 그 용을 안은 상태에서 꿈에서 깨셨다는—. 그 꿈을 꾸시고 용이라 아들인 줄 알았는데. 딸을 낳았습니다. —nijie, 마이클럽.

○ 여러 마리의 코끼리를 타고 코도 만지며 노는 꿈, 그 다음 날은 대통령과 같이 식사하는 꿈을 꿨죠. 결과는 딸.

○ 물고기가 무리 지어 헤엄쳐 가는 꿈(복수의 개념에 딸인 사례가 많다.)

○ 조그만 도랑물에 아주 큰 잉어가 있어서 그걸 잡아서 들고 있었다. 잉어는 남자인 것으로 알지만, 딸을 낳았어요.(이처럼 태몽으로 남녀 성별의 예지는 절대적인 것은 아니다. 호랑이·잉어 꿈을 꾼 후에 딸을 낳은 사례도 상당수 있다.)

○ 열대어가 수천마리 반짝거리고 예쁜 것들이 수족관 가득가득 화려하게 차있던 꿈

○ 넓은 저수지 같은 물이 많은 곳인데, 할머니가 바가지로 물을 푸다가 수초 더미에서 몸뚱이가 하얀색의 커다란 붕어가 갑자기 튀어

올라 혼비백산했는데, 어쩌다 보니까 바가지 안에 들어가 있더랍
니다.

○ 논두렁에서 우렁이 잡는 꿈
○ 반들반들하게 다듬어진 깨끗한 말구유에 맑은 물이 담겨 있었는데,
  그곳에 갖가지 예쁜 조개들이 담겨 있는 꿈
○ 엄청 싱싱한 조개들을 캐는 꿈

② 식물 · 청과류 · 기타 딸 태몽사례
○ 밭일을 하고 집으로 돌아오다가, 다른 집 자두나무에 자두 하나가
  달려 있는 것을 보고 자두를 따서 호주머니에 넣어 가지고 왔다.
○ 시냇가에서 황금빛 사과가 내려온 꿈
○ 외갓집에 있는 살구 꿈
○ 복숭아를 따먹는 꿈
○ 밭에서 할머니가 씨없는 대봉 홍시 두 개를 주는 것을 받는 꿈
○ 석류 알을 줍는 꿈
○ 다른 집에 가서 호박을 많이 따오는 꿈
○ 시어머니가 가마솥이 걸린 부엌에서 오이를 주었는데, 반을 뚝 잘
  라 먹었던 꿈
○ 완전 팔뚝정도의 크기로 된 파란색 고추를 따온 꿈
○ 아주 탐스럽게 생긴 머루를 따서 한아름 안고 집으로 들어온 꿈
○ 배 밭에 하얀 배꽃을 보는 꿈
○ 친정어머니 꿈에 애호박 · 가지 · 양파를 본 꿈
○ 시어머니 꿈에 무의 더미 속에서, 큰 무 하나 꺼내는 꿈
○ 호박 줍는 꿈

○ 엄청 빛나면서 환하고 큰 감이 매달려 있던 꿈

○ 아름답고 탐스러운 큰 꽃과 과일들을 본 꿈

○ 큰댁 마당 멍석에 누런 메주콩이 하나 가득 널려 있네요. 콩 멍석 군
데군데 튼실한 주글주글 마른 빨간 대추가 섞여 있네요. 저는 그 대
추를 형님 오시기 전에 주워야 된다고 생각하고, 재빨리 주워서 주
머니에 넣고 한숨 돌리는 꿈

○ 밤나무에서 밤이 떨어지는 거래요. 그래서 아빠랑, 엄마랑 같이 떨
어지는 밤은 받고요. 장소가 우리 시골이래요. 그런데 밤 꿈은 사내
아이라는데 저 여자에요.

○ 가정부가 예쁜 꽃이 가득 담겨있는 꽃병에서 몇 송이를 확 들어내
버렸는데, 그 자리가 휑하니 비어 있는 꿈으로 딸을 낳았는데 코가
납작한 편이네요.

○ 흰 수염의 산신령 같은 할아버지에게서 산삼을 받아서 장롱속에 보
관한 꿈. 꿈을 사고 나서 임신하였으며 딸을 출산.

○ 친정아버지께서 산에서 나무를 하시다가, 저에게 뽀얀 왜낫을 한자
루 주시는 것을 두 손으로 꼭 쥐고 오는 꿈

○ 여러 가지 반지 중에서 하나를 고른 꿈

○ 할머니께서 반지를 줍는 꿈(손녀 딸 태몽)

○ 비녀를 받는 꿈

○ 친정어머니가 꿔주신 꿈인데, 온몸에 금으로 치장을 한 꿈

○ 산에 걸쳐있는 무지개를 보는 꿈

○ 황금으로 만든 용 머리상이 진열장에 있어서 냉큼 치마폭에 싸
온 꿈

③ 민속

참고로 민속에 전하는 딸 꿈의 태몽을 살펴본다. 이 역시 절대적인
것은 아니니, 참고적으로 살펴보시기 바란다.

○ 꿈에 꽃뱀을 보면 딸을 낳는다.

○ 꿈에 조개를 잡으면 딸을 낳는다.

○ 꿈에 오이를 보면 딸을 낳는다.

○ 꿈에 풋호박을 보면 딸을 낳는다.

○ 꿈에 풋밤을 안으면 딸을 낳는다.

○ 꿈에 풋고추를 보면 딸을 낳는다.

○ 꿈에 꽃이나 과일을 보면 딸을 낳는다.

○ 꿈에 감을 줍는 꿈을 꾸면 딸을 낳는다.

○ 꿈에 달을 보면 딸을 낳는다.

○ 꿈에 우물을 보면 딸을 낳는다.

○ 꿈에 옥중살이를 하면 딸 낳는다.

○ 꿈에 임신한 여자가 숟가락·젓가락을 가지면 딸을 낳는다.

○ 꿈속에서 아들을 낳으면, 실제로 딸을 낳는다. 이는 소망표출의 꿈
  이거나 상징적인 꿈일 경우에 한해서이다. 사실적인 미래투시의 꿈
  인 경우 실제로 꿈에서 본대로 낳는다.

2. 태몽 상담 사례

필자는 오래전 PC 통신 시절부터 국내 최초의 꿈해몽 상담활동을 시작하였으며, 인터넷 유·무선 사이트에 '홍순래 박사 꿈해몽(http://984.co.kr)' 사이트를 개설하여 해몽 상담 및 검색 자료를 제공해 오고 있다. 특히 꿈에 관한 실증적인 사례를 중심으로, 꿈의 상징성에 대한 연구·정리를 해나가고 있다. 이에 필자가 그동안 상담해 온 태몽 사례 및 고(故) 한건덕 선생님의 상담 태몽사례를 소개하여, 독자 여러분들에게 태몽에 대한 이해를 넓혀 드리고자 한다.

〈 바다에 상어 두 마리의 꿈 〉

아주 고요하고 깨끗한 바닷가에 저 혼자서 내려갔더니, 물이 너무 맑아서 바닷속이 환히 비치는데, 초록색에 가까웠습니다. 그때 제 바로 앞에, 회색의 상어가 얌전하게 2쌍이 짝을 지어 있었습니다. 제 마음은 너무 차분했고 그 상어들을 조용히 들여다보고 있었고, 상어들도 저를 부드럽게 쳐다보고 있는 꿈을 꾸다 깨었는데, 지금까지도 꿈이 생생하며 꿈속에서 '바다가 꼭 강물처럼 초록색이네' 하던 생각이 납니다. 해몽을 부탁드립니다.

왜 자신이 처한 상황을 적지 않는지요. 추정 불능에 올바른 답변이 곤란합니다. 표상은 좋아 보이네요. 제 1의 느낌은 태몽 표상이네요. 두 자녀(또는 쌍둥이)를 두게 될 것이고요. 상어로 표상된 인물이나 사물(이권·재물)등을 얻게 될 것입니다. 맑은 물의 표상이 아주 좋습니다. 밝은 앞날을 예지해주는 좋은 꿈입니다.

〈실제 실현결과〉 해몽 답변에 감사드립니다. 저는 아들·딸 남매를 둔 주부입니다. 아들 때 꾼 꿈이 지금도 아주 생생해서, 해몽을 부탁했습니다. 처음에 자세히 설명을 안 드려서 미안합니다. 아들은 지금 열 살이고, 딸은 여덟 살이 되었습니다. 아이들이 밝고 씩씩하게 자라주어서, 행복을 느끼고 있습니다. 바쁘신 와중에도 답변을 주셔서 감사드립니다.

〈 가지를 사가지고 오는 꿈 〉

둘째 딸 아이의 태몽입니다. 남편이 아주 싱싱하고 색깔이 자주빛으로 반짝이는 가지를 한아름 사와서, 식탁위에 쏟아놓았습니다. 남편과 저는 아주 기분 좋게 웃었습니다.

며칠 뒤 또 꿈을 꾸었는데, 남편과 어떤 건물에서 나오자, 길에 한 깨끗한 할머니 한 분이 길에 가지를 놓고 팔고 있어서, 우리 부부는 또 가지를 사가지고 오는 꿈을 꾸고 나서, 꿈이 너무 생생하고 기분도 좋았습니다. 또 태몽 같다는 느낌도 받았는데, 딸 같았고 정말 임신을 하고 딸을 낳았습니다. 가지 꿈은 어떤 의미가 있는지요? 또한 꿈에 나타난 할머니는 어떤 의미가 있을까요?

가지 꿈의 의미보다도, 가지가 싱싱하고 아름답게 반짝이는 좋은 가지의 표상이 중요합니다. 꿈속의 표상대로 아름답고 예쁜 딸이 될 것이고요. 아이의 일생에 있어, 싱싱한 것처럼 건강할 것이며, 아름다울 것입니다. 꿈속에서 시들었거나 상처 입은 표상이 아닌, 밝은 표상이면 좋습니다. 가지에 대해서는 필자의 사이트에서 가지를 검색해 보세요.

할머니는 굳이 보자면, 꿈의 상징 기법의 하나로 삼신할머니 정도 되겠지요. 제 아들 꿈도 어떤 할머니가 옥수수를 사라고 하는데, 안산다고 하자 그냥 가는데, 큰 옥수수를 하나 떨어뜨려 가지고 오니, 할머니가 뒤쫓아 와서 달라는 것을 안 주워왔다고 돌려보내는 꿈이었지요. 이 때 꿈에서 돌려주었다면, 유산되든가, 성장과정에 안좋은 일이 일어나지요. 큰 옥수수는 좋지요. 작은 옥수수보다 그릇이나 능력이 뛰어나다는 것을 상징적으로 보여주고 있습니다.

〈실제 실현결과〉 딸 아이의 태몽을 잘 해주셔서 감사합니다. 정말 저는 딸 아이를 4.2kg에 출산을 하고, 아주 건강하게 잘 자라주고, 주위에서 이쁘다고 칭찬들 해 준답니다. 건강하고 예쁘게 잘 키울거예요. 아들과 딸 아이의 해몽을 해주셔서 다시 한번 감사드립니다.

〈 용 꿈, 잉어 꿈의 태몽 〉

아이 태몽은 친정어머니가 꾸셨습니다. 절 같은 곳에 어머니가 계셨는데, 하늘에서 누런 용이 내려와 절 내부의 기둥들 사이를 가르며 어머니에게 다가오더니, 어머니의 목을 스르르 감더니 다시 구름을 뚫고 하늘로 올라갔다고 합니다.

사실 궁금한 것은 4년 전에 유산을 했었는데, 그때도 친정 어머니가 태몽을 꾸셨대요. 잉어들이 가득 연못에 있었고, 어머니가 한 마리를 잡아 올리셨는데, 배가 갈라져 있었다고 하시더라구요. 그것 때문에 어머니는 걱정을 많이 하셨는데, 아니나 다를까 유산을 한거죠. '다행히 잉어들이 가득 있어서 나중에 아기가 생기는데는 문제가 없겠구나' 생각하셨답니다.

태몽은 상징적인 꿈의 전개로 장차 일어날 일을 예지해주고 있습니다. 본인이 꾸기도 하지만, 정신능력이 뛰어난 주변의 누군가가 대신 꿔주기도 하지요. 잉어들이 연못에 가득 차 있는 풍요로운 표상의 꿈이 좋지요. 다만, 잡아 올린 잉어의 배가 갈라져 있기에, 유산의 일로 이루어졌고요. 이렇게 태몽 표상으로 등장된 동식물이나 기타 어떤 대상이 상처를 입었거나 사라지는 전개는 좋지가 않습니다.

태몽은 상징적인 미래예지 꿈의 가장 대표적인 꿈이기에 꿈을 새롭게 꾸지 않는 한, 꿈의 상징대로 전개되는 특징이 있습니다. 그 실현기간도 몇 년, 몇 십년에 걸쳐서 진행이 되지요. 마음을 비우시고요. 이런 경우 유산을 하지 않게 되더라도, 아이의 배 부분에 사고를 당하는 일로 이루어져 요절하는 일로 이루어지게 되니, 유산에 대해서 너무 가슴 아파하지 마시고, '하늘의 뜻이었구나'로 받아들이시기를 바랍니다. '연못에 다른 잉어들이 있어서, 나중에 아기가 생기는 데 걱정이 없겠구나'는 올바른 의견입니다.

일단 용의 태몽으로 태어난 아이들은 큰 인물이 되는 편이지요. 용은 권세와 부귀의 상징으로 사회에서 두각을 나타내는 인재가 됩니다. 다만, 용이 승천하지 못하고 상처를 입었다든지 등의 경우는 일생이 순조롭지 못하겠지요. 절의 상징의미도 어떠한 커다란 기관이나 단체·회사의 상징이 가능하고요. 앞으로 인생길에 커다란 기관·단체와 관련을 맺을 가능성이 높습니다. 어머니의 목을 스르르 감더니, 다시 구름을 뚫고 하늘로 올라가는 꿈은 승천하는 꿈으로 본다면, 자신의 뜻을 크게 펼치는 좋은 표상으로 볼 수 있습니다.

〈 물고기를 두 마리 잡은 꿈 〉

어딜 가고 있었는데, 강이 흐르고 물고기들이 많이 있기에, 바구니를 가지고 잡으려고 들어갔는데, 광채가 나는 무엇이 떠내려 오고 있어서 바구니로 잡았는데, 아주 큰 물고기인데 은빛 나는 물고기였습니다. 근데 또다시 광채가 나는 것이 내려와서, 잡은 물고기를 옆에 놓고서 또다시 그걸 잡았는데, 이번에는 처음 잡은 물고기 보다는 조금 작은 물고기였습니다. 근데 둘다 크기는 보통 물고기보다는 컸던 것 같아요.

[자신이 처한 상황이나 마음먹고 있는 심정]

나이 30, 남자, 직장인. 지금 현재 아내가 임신 4주.

안녕하세요. 일단 임신 축하드리고요. 태몽을 꾸신 겁니다. 물고기는 상당히 다의적인 상징 의미를 지니는데요. 그것은 상징적이며 추상적 개념이 다양하기 때문입니다. 물고기의 종류도 수없이 많고 각각 개성도 다르고 독립된 생명체라는 점들 때문입니다.

물고기를 잡는 꿈이 가임여건에서는 태몽으로 이루어지만, 일반적인 경우 인연을 맺게 되거나 재물·이권·명예 등의 획득으로 이루어질 수 있습니다. 예를 들어 처녀 총각이 이러한 꿈을 꾼 경우, 상황에 따라 두 사람의 연인을 만나게 되는 일로 실현되는 것도 가능하지요. 임신 중이라고 하니, 태몽으로 실현된 것이 틀림이 없네요. 아마도 꿈이 생생하고 강렬한 기억으로 남아 있을 것입니다.

이 경우 물고기 자체가 태아의 상징 표상으로 나타났으며, 물고기가 크고 윤기가 날수록 좋지요. 장차 아이의 일생이 큰 인물이 되고, 이름을 빛내게 된다고 생각하시면 됩니다. 좋은 태몽 표상이고요. 고기를 잡고 또 그보다 작은 고기를 잡았으니 장차 두 자녀를 두게 될 것입니다. 틀림없는 것은 두 번째 잡은 고기가 조금 작았듯이, 둘째 자녀는 체격이 조금 작거나 기타 그릇됨이나 능력이 다소 조금 떨어질 것입니다.

태몽표상에서는 크고 탐스러울수록 좋습니다. 하지만 두 마리 다 보통 물고기보다 컸으니, 보통의 다른 사람보다 타고난 능력이나 체격이 좋을 것입니다. 다른 태몽 사례로, 첫아이를 가졌을 때 호박을 하나 따고, 조금 있다가 둘러보니 또 따고 싶어져서 또 하나를 땄는데, 형과 똑 닮은 아우를 낳은 사례가 있습니다.

〈 두 마리 뱀을 밟은 꿈 〉

제 아내가 꾼 꿈입니다. 제 아내가 아주 물이 깨끗하고 투명한 물의 강가에 빨래를 하러 갔는데, 물속에 뱀들이 엄청 많은데 다 고개를 들고 있었답니다. 그런데 고개를 다 물밖으로 들어나 있는 것이 아니고, 물속에서 고개를 들고 있었답니다. 그리고 그 옆에는 개구리도 있었고, 도마뱀도 한두 마리 있었습니다. 꿈속이지만 물이 너무나도 깨끗했었답니다.

무서운 마음에 걸어 나오는데, 뱀을 각각 한 마리씩 밟고 말았답니다. 그리고 뱀을 누가 발에서 떼어주고, 어떤 애기랑 놀았답니다. 좀 이상한 꿈인데, 제 생각에는 태몽같은데, 두 마리 뱀을 밟은 것이 이상해서 보내니, 이 꿈을 좀 해석해주시길 바랍니다.

다른 뱀과 관련된 질문의 답변을 참조하시고요. 제가 보기에도 태몽에 가깝네요. 한데 태몽으로 보자면 꿈의 내용이 너무 안좋네요. 뱀을 밟았다는 것이 한때의 어려움이 있을 것 같네요. 유산이나 신체의 일부에 손상을 입게 되는 사고가 일어날 수 있는——, 출산하는데 있어서나 성장과정에 있어 어려움을 겪게 될지 모릅니다.

다행인 것은 누군가가 뱀을 발에서 떼어주었으니 수습이 이루어지는 표상이지요. 두 마리였으니, 쌍둥이나 두 자녀와 관계되고요. 숫자 둘과 관련된 일이 일어나는 것은 틀림없고요. 또한 어떤 아기랑 놀았다고 했는데, 그 아기가 아들이었다면 아들을 낳을 것이고요. 딸이었다면 딸을 낳을 것입니다.

태몽은 상징적인 미래예지 꿈으로 장차 앞으로의 일을 예지해 줄 뿐 우리 인간이 그 결과를 벗어나게 되는 쪽으로 진행되지는 않습니다. 깨끗한 물이었다고 하니, 밝은 여건 속에 일생이 이루어질 수 있습니다.

〈 호랑이 한 마리가 산을 넘어가는 것을 보는 꿈 〉

우리 어머니가 꿈을 꾸셨는데요. 커다란 호랑이 한 마리가 산을 넘어가는 모습을 그냥 바라보셨더랍니다. 그 꿈 이후에 저희 누나가 임신을 했다가, 유산이 되었거든요. 그리고 며칠 있다가, 제 아내가 임신을 했습니다. 이 꿈은 누나의 꿈인가요? 아니면 태몽인가요?

호랑이가 산을 넘어가는 것을 바라보는 꿈처럼 사라지는 꿈은 유산이나 요절의 태몽꿈에 해당되기에 좋지가 않습니다. 따라서 꿈은 이미 누나의 유산으로 실현되었다고 보아야 할 것이고요. 이미 꿈이 실현되었다고 볼 수 있기에, 아내가 임신한 것과는 아무런 상관이 없다고 해야 할 것이며, 큰 걱정 안하셔도 좋을 것입니다.

〈 호랑이 두 마리를 내쫓는 꿈 〉

귀여운 새끼 호랑이 두 마리가 마루에 드러누워 있기에, 가족이 내쫓았다.

해몽 요청자의 처한 상황이 없으며, 꿈 내용이 빈약하여 답변이 힘드네요. 꿈의 표상은 안 좋습니다. 혹 태몽으로 실현된다면, 쌍둥이나 두 자녀를 유산·낙태하게 될 표상입니다. 또는 새끼 호랑이니 어떠한 두 사람을 얻지 못하거나, 두 가지의 이권이나 재물의 획득이 다 이루어지지 않고요.

결론적으로 안좋은 꿈입니다. 호랑이로 표상된 태몽·연분·이권·재물·권리 등이 이루어지려다가 실패하는 경우이죠. 복권의 경우라면 아슬아슬 낙첨, 하지만 이 경우 새끼 호랑이니까 액수도 크지 않을 것입니다. 호랑이가 무엇을 상징하는 지, 잘 생각해보세요. 본인이 가장 잘 알 수 있습니다.

〈 호랑이 태몽 꿈 상담사례 〉

제가 아이를 임신하기 전에 꾼 꿈인데, 길을 가는데 어디서 호랑이 울음소리가 들려서—중략—갑자기 황금빛 날개를 달더니 온몸이 황금빛으로 변한 채 하늘로 날아 올라갔습니다. 그 꿈이 하도 선명해서 신기해하고 있는데, 얼마 지나지 않아 아이를 임신하게 되었습니다.

아주 좋습니다. 태몽표상이고요. 태몽꿈의 표상이 호랑이, 황금빛 날개 등 하늘로 날아 올라간 표상이 너무도 좋습니다. 아기의 일생에 큰 인물이 될 것입니다. 아들일 가능성이 높고요. 딸인 경우에도 활달하고 괄괄한 남성적 성품의 호걸에 가까운 아이일 것입니다. 장차 큰 이름을 떨치게 될 것입니다. 꿈의 표상 전개에 몸에 상처입거나, 올라가다가 떨어지는 것이 없었다면 말입니다.

〈 동물들을 쫓아내는 꿈 〉

나의 나쁜 꿈들이 이제 좋은 꿈으로 되기를―, 저는 가정주부입니다. 결혼한 지 10년째구요. 그런데 아직 아이가 없습니다. 저는 항상 태몽의 꿈으로 상징되는 동물들 (곰,잉어―)등 이런 것들을 옆에 두고도 항상 쫓아내는 꿈을 꾸고는 합니다.

이렇게 쫓아내는 꿈은 임신의 태몽 표상하고 너무나 거리가 먼 표상입니다. 임신이 안되던가, 혹 임신하더라도 유산하는 일로 실현될 것입니다. 이렇게 해몽 상담 가운데, 유산이나 요절의 표상에 대해서 이야기해야 할 때, 가장 가슴 아픕니다. 이러한 상징적인 미래예지 꿈일 경우 꿈의 실현을 벗어날 수가 없고요. 단지 '마음의 준비를 하여 슬기로운 극복을 도와주게 하게 해주는' 뜻으로 받아들이면, 될 것입니다. 사실 유산이나 요절 등의 실현에 있어, 꿈으로 이러한 사실을 어느 정도 예지 없이, 어느날 안 좋은 일로 실현되었을 때, 심리적 충격을 이겨낼 사람이 없을 것입니다.

꿈은 우리 인간에게 신이 내려준 최상의 선물인 것입니다. 안좋은 꿈을 꿔서 그러한 일이 일어난 것이 아니라, 안좋은 일이 일어나기로 예정되어 있는 것을 꿈을 통해 미리 알려줌으로써, '장차 닥쳐올 일에 대한 마음의 준비를 하게 하였다' 라고 생각하시면 될 것입니다.

〈 용 두 마리가 하늘로 올라가는 꿈, 목화꽃, 단감, 실뱀 〉

아들 둘을 낳음. 저희 큰 아이 태몽풀이를 부탁드립니다. 첫번째는 하늘에 떠있는 용 두 마리가(한 마리는 크고, 한 마리는 작고) 몸이 반만 보였는데, 친정엄마와 함께 보고 있는 꿈이었습니다. 친정엄마에게 이상하다고 쌍둥이도 아닌데, 왜 용이 두 마리나 나왔을까 했더니, 아마 동생도 남자 아일거라고 하시더라구요. 그런데 며칠 지나서, 그 꿈을 한번 더 꾸게 되었는데, 그때도 친정엄마와 함께 보고 있었습니다. 그때도 똑같은 용이 이번에는 꼬리까지 다 보이면서 큰 용과 작은 용이 함께 하늘로 올라가고 있었습니다. 정말 친정엄마 말씀대로 동생이 있어서 두 마리가 보였을까요? 그럼 꿈에 용이 나오면, 정차 어떤 아이로 자랄까요?

앞 사례에도 있지만, 이렇게 동생을 두게 될 꿈도 첫 아이 때 꾸는 경우가 많습니다. 태몽 표상에서 크다는 것은 그 능력이나 그릇이 크게 됨을 의미합니다. (예를 들어 탐스럽고 큰 사과를 따오는 태몽이 좋지요.) 또는 신체의 체격 등이 우람함을 뜻할 수 있습니다. 두 아들 중에 하나는 아주 좋은 태몽이라면, 한 아이는 그보다 떨어지는 능력이나 그릇됨, 신체조건을 지닐 수 있습니다. 단지 반만 보이는 표상이 좋은 것은 아닙니다. 성장과정에서 아이의 초년기에는 능력을 발휘하지 못할 수도 있고요.

용꿈의 태몽이 좋은 것 아시죠. 권세·부귀·명예 등의 상징이지요, 임금의 얼굴을 용안이라고 하고, 대권주자를 물속에 잠겨있으면서 때가 되어 승천하려고 하는 잠룡(潛龍)에 비유하지요. 또한 누워있는 용인 와룡(臥龍) 역시 때가 오기를 기다리고 있는 사람의 비유로 쓰이지요. 꿈속에서 용이 승천하는 표상이니, 위세를 크게 떨치는 표상이라고 할 수 있습니다. 고(故) 윤이상씨의 태몽은 상처입은 용이 하늘을 나는 꿈이었지요. 커다란 능력을 지녔지만, 다소 비운의 일생을 살다간—, 꼬리까지 다보이면서 승천하는 꿈이어서 다행이네요. 우리가 믿을 것은 누가 어떤 꿈을 어떻게 꾸고 어떻게 실현되었다는 실증적인 꿈사례입니다. 필자의 사이트(http://984.co.kr)에서 용 및 태몽 항목을 검색해보세요.

　　또 둘째 아들 아이 태몽이 궁금합니다. 둘째는 태몽이 셋이나 되거든요.
　　첫 번째: 하늘까지 뻗은 큰 나무 꼭대기에 하얀 목화꽃이 피어있는데, 친정엄마가 긴 장대로 따주시는 꿈이었습니다.
　　두 번째: 덜익은 큰 단감을 회사 여직원이 저에게 먹으라고 던져주었습니다.
　　세 번째: 새끼 손가락만한 엄청 많은 실뱀들을 보았습니다. (실뱀은 여자아이라던데....) 그럼 부탁드립니다. 감사합니다.

　　목화꽃, 덜익은 큰 단감, 실뱀 등 상징표상이 여성적 속성에 가까운 면이 있습니다. 태몽으로 아들딸의 유무보다는 특성이나 성품 등을 보여줍니다. 예를 들어 해의 태몽으로 태어난 딸도 있습니다. 첫째 아이 태몽에 나타난 작은 용이었듯이, 실뱀 등으로 미루어, 형에 비하여 동생이 체격이나 인물됨·그릇됨이 떨어질 수 있습니다. 또한 하얀 목화

꽃의 표상처럼, 남아이지만, 아이가 내성적이며 여성적인 성격을 지닐 수도 있습니다. 좋게는 귀공자 타입의 섬세한 아이가 될 가능성이 높습니다. 태몽 표상이 다 온전하니 괜찮고요. 이하 지면상 생략합니다.

　* 이렇게 키우세요 : 역사적 인물 등의 용꿈 태몽사례를 보시면 아시겠지만, 용꿈의 태몽은 장차 큰 그릇의 인물이 됨을 예지해주고 있습니다. 또한 승천하는 용이니, 큰 인물이 될 것입니다. 다만, 두 아이중 한 아이가 뒤떨어지더라도 비교하는 일을 삼가는 것이 좋겠지요.

〈 예쁜 매실을 따는 꿈, 포도를 딴 꿈 〉

　　우리 아기의 태몽은 가족이나 내가 꾼 것이 아니라, 같이 일하는 어린이집 선생님과 원장님이 꾸셨어요. 먼저 선생님의 꿈은 매실이 잔뜩 열려 있었는데, 그중에서 유난히 크고 파랗고 반짝이는 커다란 매실이 그렇게 이뻤대요. 그래서 그 매실을 따셨다고 하더라고요.

　　그리고 원장님이 꾼 꿈은 포도나무에 보라색 포도가 있었는데, 포도 중에서도 유난히 이쁘고 먹음직스런 포도를 따셨다고 하더라구요. 그땐 이미 내 뱃속에 이쁜 우리 아기가 조금씩 자라고 있었구요. 우리 아이의 태몽풀이가 너무 궁금하네요. (엄마:임은희)

이렇게 태몽은 친지나 주변 사람들이 대신 꿔주기도 합니다. 크고 반짝이는 커다란 매실, 아주 예쁜 매실, 유난히 이쁘고 먹음직스런 포도에서 장차 미모가 뛰어난 예쁜 딸이 태어날 것 같네요. 아들인 경우, 귀공자 스타일의 준수한 남아일 것이고요.

　과일의 경우 예쁘고 탐스런 과일일수록 좋습니다. 과일이 윤기가 날수록 사람들에게 선망의 대상이 됨을 뜻하지요. 과일인 경우, 벌레먹거나 흠집이 없는 탐스럽고 윤기나는 과일일수록, 장차 건강하고 여러 사람들에게 인기있는 사람이 될 것을 예지해주고 있습니다. 또한 작은 것보다는 큰 것이 사람됨의 그릇이나 역량이 뛰어남을 보여주고 있습니다. 체격이나 몸상태가 좋은 것으로 이루어질 수도 있고요. 필자의 인터넷 사이트에서, 과일·포도를 검색해 여러 사례를 읽어보시고요. 태몽 항목에 올려진 모든 글을 읽어보시기 바랍니다.

  * 이렇게 키우세요 : 태몽으로 좋습니다. 싱싱한 과일의 표상이니 건강할 것이며, 여러 사람들에게 호감을 주는 인물이 될 것입니다. 예쁜 과일의 표상에서 미모나 재능이 뛰어날 수 있으니, 혼자서 하는 일보다 여러 사람과 어울리는 직업 등이 좋을 것으로 보여집니다.

〈 호랑이, 황소, 봉황, 공작 태몽꿈 〉

  지금 우리 아이는 27개월 남자아이구여. 제가 임신하고 나서 임신초기에 태몽을 꿨는데, 태몽을 3개나 꿔서 해몽이 정말 궁금해요.

  먼저 첫번째 꿈은 (시골의 외할머니 댁 같기두 하고여) 제가 시골의 마당이 넓은 집에 혼자 있는데, 크고 빛나는 호랑이 한마리가 마당으로 들어오더니 저를 자꾸 쫓아오는거예요. 저는 호랑이가 무서워서 계속 여기저기 도망다니다가 마당에 차가 한 대 서 있기에 결국 차 밑으로 숨었는데, 차 밑으로 호랑이가 들어오더니 제 품에 안기는 꿈이었어요.

  두번째는 시골 외양간에 뿔이 달린 누런 황소가 3마리가 있는데, 황금빛의 너무 잘 생긴 소들이기에, 제가 "너무 예쁘다" 그러면서 3마리 소의 머리를 쓰다듬어 주다 꿈에서 깼어요.

세번째 꿈은 제가 (초등학교 때 제가 살았던 마당이 있는 단독주택인거 같아요) 거실에 혼자 앉아있는데, 거실에 있는 큰 문 안으로 아주 큰 새가(봉황인지 공작인지 모르겠어요) 오색찬란한 날개를 쫙 피면서 들어오더니, 저에게 안기는 거예요. 호랑이·소·봉황이 아들 꿈인 것 같기는 한데, 구체적으로 어떤 의미의 꿈인지 궁금하고요. 또 3개의 꿈들이 연관이 있는 것인지 그것도 궁금하네요.

태몽은 꿈의 기억이 생생하고 강렬한 특징이 있습니다. 크고 빛나는 호랑이가 품에 안기는 꿈이니 태몽이 틀림없고요. 호랑이도 암수가 있기에 아들·딸의 구분이 절대적이지 않으나, 대개 아들이 많습니다. 호랑이는 백수의 왕이니, 장차 우두머리·지도급의 인재가 될 것을 예지해주고 있습니다. 크고 빛나는 호랑이였다고 하니, 그릇이나 역량이 뛰어날 것이며, 자신의 존재를 크게 드러낼 것으로 태몽이 아주 좋습니다.

두 번째의 뿔이 달린 누런 황소 3마리의 머리를 쓰다듬어 주었으니, 장차 아들 삼형제를 두게 되거나, 남편의 집안에 아들 셋이 있게 될 가능성이 많습니다. 또는 세 사람의 능력을 발휘하는 뛰어난 인재가 될 수 있다고도 봅니다.

세 번째 꿈의 봉황인지 공작새인지가 오색의 날개를 펴면서 날아 들어와 안기는 꿈도 아주 좋습니다. 원래 봉(鳳)은 수컷을 가리키며, 황(凰)은 암컷을 가리키지요. 아들이니, 아마도 봉새였던 모양입니다.

이렇게 태몽이 한 가지가 아닌 여러 가지를 꾸기도 하고요. 세 꿈 모두 아이의 장래의 모습을 보여주고 있습니다. 호랑이·황소의 공통점은 남성답고 체력이 튼튼한 운동선수나 힘이 뛰어난 인물이 될 수도 있고요. 지휘자 · 우두머리의 인물이 될 것입니다. 봉황도 귀한 새이니, 장차 인생길에서 높은 명예와 직위를 얻게 될 것을 뜻합니다.

* **이렇게 키우세요**: 태몽으로 아주 좋습니다. 아이가 크면 태몽을 이야기해주어, 자신감과 원대한 뜻을 갖도록 해주시기 바랍니다. 장차 지도자 · 우두머리의 역할을 해나갈 수 있도록, 운동면에서 뿐만 아니라 다방면에서 재능을 지닐 수 있도록 전인적인 교육을 해주시기 바랍니다.

〈 고양이 꿈 〉

제가 지금 임신 13주째인데요. 제가 꾼 태몽은 대략 3번 정도입니다. 근데 다 태몽인지는 모르겠지만, 연관성이 있는 것 같아 해몽을 부탁드립니다.

처음에 임신을 알았을 때, 검은 새끼 고양이가 목에 밧줄이 메어져서 시름시름 앓고 있었는데, 제가 그걸 보고 밧줄을 풀어주고선 보살펴 주었더니, 다시 건강하게 살아났는데, 그 과정에서 고양이가 어린 아가의 형상을 띄더라구요.

그리곤 바로 욕실에 갔는데, 거기엔 어항에 있어야 할 열대어들이 어항이 쓰러지는 바람에 땅바닥에 모두 흩어져서 있더라구요. 그래서 제가 어항에 한 마리 한 마리 넣어주었더니, 어항 속에서 아주 힘차게 헤엄을 치며 점프까지 하더라구요.

홍순래입니다. 태몽이 맞는 것 같네요. 태몽은 꿈이 생생하고 강렬하여, 20여 년이 지나서도 생각할 수 있는 것이 특징이지요. 단적으로 말해서, 불행중 다행인 태몽입니다. 고양이가 어린 아가의 형상을 띤 것처럼, 아가의 모습을 기억한다면, 장차의 현실에서 바로 그 얼굴이 될 것이고요. 다행이네요. 밧줄이 매여진 것을 풀어서, 건강하게 된 것이—. 이러한 상징적인 꿈은 반드시 꿈대로 이루어집니다. 즉, 아이에게 질병이나 기타 어려운 위험이 반드시 있게 될 것이고요. 하지만 무난히 벗어나서 건강한 완전한 상태로 될 것입니다. 고양이나 욕실의 열대어나 꿈의 내용은 다르지만, 꿈의 상징하는 바는 같습니다. 위험에 빠졌다가 벗어나는—. 아직 그러한 일이 없다면, 앞으로 일어나게 될 것입니다. 한 때의 어려움에 빠져도 절대로 좌절하지 마시기를 바랍니다.

그리곤 며칠후 또 꿈을 꾸었는데, 제가 집에 들어갈려고 문을 여는 순간, 새끼 고양이들이 우르르 저희 집으로 들어오는데, 제가 너무 놀라서 물을 끼얹으며 내쫓을라고 했는데, 절대 안 나가고 그중 한 마리가 저를 뚫어지게 처다보더라구요.

태몽이 맞는, 다만 새끼 고양이의 상징이니, 큰 인물보다도 평범한 인물을 뜻하는—.

세번째 꿈은 임신 11주쯤, 엄마랑 집에 있는데 아주 크고 살찐 고양이가 저희 집에 들어오는거예여. 얼마나 토실토실하던지 정말 크더라구요. 저희 엄마가 아무리 내쫓을라고 해도, 절대 안 나갈라고 발버둥을 치고, 제쪽으로 오길래 제가 쿠션으로 마구 밀었는데도 꿈쩍도 안하더라구요. 근데 저희 엄마가 그 고양이를 냉큼 안아서 밖으로 나가려고 하는데, 그 고양이가 얼마나 크게 울던지 자다가 그 소리에 일어났어요.

크고 살진 고양이가 좋습니다. 그래야 체격이 좋거나, 그릇됨이 큼을 뜻하지요. 이 경우도 밀어내지 않은 것이 좋지요. 밀어냈다면, 안좋은 결과로 이루어지는—. 세 꿈 모두 고양이가 태몽이 아니라면, 고양이로 상징된 어떤 사람을 뜻한다고 보시면 됩니다. 이 경우도 해몽은 비슷한—, 무언가 원치 않았지만 받아들이게 되는 일로 전개될 것이고요. 일단 반드시 어려운 상황이 전개되고 그것을 벗어나게 되는—

주변에서 자꾸 고양이 꿈만 꾼다고 도대체 이게 태몽인지 먼지 모르겠다고 하더라구요. 사람들은 일반적으로 고양이 꿈이라면, 흉몽으로 알잖아요. 저도 멋진 태몽 꾸고 싶었는데, 이게 태몽인가요? 지금 아이는 아주 무럭무럭 잘 크고 있답니다. 꿈해몽좀 해주세요.

일반적인 꿈에서 고양이 꿈이 안좋게 전개되는 사례가 있습니다만, 고양이 꿈이 나쁜 것이 아니라, 꿈이 어떻게 전개되었는가에 달려있습니다. 태몽에서 고양이 꿈이 절대 흉몽이 아닙니다. 영리하고 재주많은 아이가 될 수 있지요. 귀여운 고양이, 탐스러운 고양이는 좋지요. 일반적으로 앙칼진 여자를 암고양이로 상징하듯이, 다만 성질이 날카로울 수 있지만, 이것도 꿈속에서 본 고양이의 느낌 그대로의 여부에 따라 달라집니다. 순한 고양이인지 아닌지 등등 필자의 인터넷 사이트에서 태몽 항목의 모든 글을 다 읽어보세요. 고양이를 검색해 여러 사례들을 읽어 보시고요.

〈 귀한 문갑을 받는 꿈 〉
우리 아이 가졌을 때, 지금 생각해보면 태몽이었는데, 그 당시에는 로

또 맞을 꿈인줄 알고 로또를 샀던 기억에 웃음이 나네요. 저는 꿈에 왠 할아버지 한분이 나타나셔서(할아버지는 땅까지 닿는 하얀 수염을 기르고, 머리도 하얗어요. 주위에는 하얀 뭉개구름이 피어오르고.. 만화속에 나오는 산신령 같은 모습이었습니다.) 저에게 아주 귀한 물건이라며, 넓이가 한 1미터쯤 되려나, 제 품안에 쏙 들어오는 오래된 예쁜 문갑을 주시는 거예요. 굉장히 귀한 것이라면서, 우리나라의 보물이고 국보라고 주시면서 말씀하시더라구요. 그리고 그 문갑을 제 품안에 받아 든 순간, 제 주위에서 사극에서 보던 옛날 옷을 입은 여인들이 춤을 추는 광경이 펼쳐지고, 잠에서 깨어났습니다. 좋은 태몽이 맞나요? 궁금하네요. 남아 출생함.

예, 축하합니다. 아주 좋은 태몽꿈이네요. 이처럼 좋은 태몽과 로또에 당첨되는 꿈이 유사성이 있기도 합니다. 또한 실제로 태몽꿈을 로또 당첨꿈으로 알고서, 로또를 산 사람들도 많이 있습니다. 하지만, 오직 처한 상황에 따라서 달리 실현되고 있는 것이지요. 태몽으로 이루어지지 않았다면, 로또 당첨 등 재물을 얻는 일로 실현되었을 것입니다. 구렁이가 몸을 감는 꿈으로 딸을 낳은 사람이, 10년뒤에 또 똑같은 꿈을 꾸어 태몽으로 알았으나 복권에 당첨된 사람이 있습니다.

무엇보다도 꿈을 꾼 사람이 좋은 꿈을 꾸었는지 나쁜 꿈을 꾸었는지 잘 알지요. 꿈은 반대가 아닌, 상징의 이해에 있다는 말씀을 수차례 드린 바 있습니다. 꿈이 아주 생생하고 강렬하였다면 틀림없는 태몽입니다. 산신령같은 할아버지가 나타나는 것은 꿈의 상징기법의 하나이고요. 태몽으로 동식물만 등장되는 것이 아닌, 이렇게 사물이나 또는 자연물이 등장되는 경우도 태몽이지요. 이 경우 꿈속에 등장된 사물과 관련이 있는 인생길이 펼쳐질 것입니다.

예를 들어 책을 받는 태몽이었다면 학자 등으로 크게 이름을 날리게 될 것이며, 맑은 소리로 지저귀는 새의 태몽이었다면 가수나 음악 계통으로 관련이 있겠지요. 귀한 물건인, 보물이고 국보라고 말씀하시면서 주는 것을 받는 꿈이니, 인생길에 있어서 하찮은 존재가 아닌, 능력을 인정받고 귀중한 것을 다루는 고귀한 신분의 직책을 지니게 될 것입니다. 국보급의 인재가 되는 것을 뜻한다고 보시면 됩니다. 문갑이 문서나 문구(文具) 따위를 넣어 두는 데 쓰는 궤이기에, 장차 직업도 문서를 담당하는 직책이나 물품을 보관하게 되는 직책 등과 관련이 있을 수도 있습니다.

예를 들어, 도서관 관련, 문서 보관서, 조달청 등등 물품관련 직종의 높은 직책을 맡게 될 수 있습니다. 문갑을 받은 순간, 옛날 옷을 입은 여인들이 춤을 추는 광경이 펼쳐지는 표상도 좋습니다. 축하의 의미, 곁에서 떠받드는 의미가 될 수 있기에, 인생길에서 복스럽고 따르는 사람들이 많으며, 인정을 받는 능력있는 인물이 될 것입니다.

* **이렇게 키우세요**: 태몽 상징물로 미루어, 인문계 계열의 직업이 아이의 적성에 부합될 수 있습니다. 독서를 많이 하게 하시고요. 한자 공부 많이 시켜보세요.

〈 용이 쳐다보는 꿈, 순금미니 돼지 받는 꿈 〉

태몽은 임신 확인 일주일 전쯤에 꿨습니다. 신랑도 저와 3일 정도 차이로 꿨구요. 저의 태몽은 꿈에 신랑과 신혼여행을 갔던 싱가폴로 다시 여행을 갔는데요. 거기에 있는 놀이동산에 놀러가게 되었습니다. 그 곳에서 신나게 놀고 있는데 어디선가 움직이는 용머리 5마리가 탑을 쌓아 있는 거예요. 색깔은 빨강, 노랑, 주황 뭐 이런 식으로 총천연색 용이 움직이면서 누굴 찾듯이 하는 거예요. 저는 너무 신기해서 바라보다가, 좀 걷다가 다시 뒤돌아서 다시 보는데, 저랑도 용들이 눈을 맞추더라구요. 용이 입을 벌리고 있었는데, 여의주는 있는 용도 있었고 없는 용도 있었어요.

신랑의 태몽은 핸드폰걸이에 순금 미니 돼지를 손에 수북히 선물로 받았다는 거예요. 너무 이쁘고 귀여웠다고 합니다. 임신 확인 전 저희 부부는 서로에게 꿈 얘기는 하지 않고, 몰래 로또를 샀었답니다. 그런데 알고보니 태몽이었나봐요. 모두들 태몽을 들으면, 아이가 앞으로 크게 될 거라는 말들을 많이 합니다. 전문가 선생님의 풀이를 듣고 싶네요.

태몽인지 아닌지는 본인이 잘 알 수 있습니다. 즉, 꿈이 강렬하고 생생하면 태몽이 틀림없지요. 예를 들어, 20여년이 지나서도 기억할 수 있는 것이 태몽의 특징이기도 합니다. 꿈은 두분 다 좋으시네요. 무엇보다도 꿈을 꾼 본인이 잘 알 수 있지요. 꿈해몽은 반대가 아닌, 상징의 이해에 있습니다. 먼저 신랑의 태몽으로, 핸드폰걸이에 순금 미니 돼지를 손에 수북히 선물로 받는 꿈이 좋네요. 태몽이라면, 풍요로움의 표상이기에, 아이가 재물복이 있을 것이고, 복스런 인생길이 될 것입니다. 너무 이쁘고 귀여웠던 것으로 미루어, 여성적인 표상이라 실제 아이도 포동포동 복스런 여아일 가능성이 높지요. 아들을 낳았다면, 호감가는 귀공자 타입이 되지요.

총천연색의 용 여러마리가 탑을 쌓고, 용들과 눈을 맞추는 표상이 좋네요. 사라지거나 상처입은 것이 아닌, 이렇게 눈을 마주치거나 좋은 감정으로 대하는 표상이 좋습니다. 꿈에서는 품에 안지 않아도 보는 것만으로도 소유·획득의 의미를 지닙니다. 예를 들어 연못의 잉어를 보는 꿈도 태몽이 되지요.

용꿈이 좋은 것 아시죠. 용은 부귀·권세·명예의 상징으로, 용꿈의 태몽으로 태어난 사람들이 하나같이 좋은 인생길이 펼쳐지고 있지요. 다만, 상처입은 용이라든가, 음울하게 전개되는 내용의 꿈은 능력이 있지만 주변여건으로 인하여 발휘하지 못하는 일로 이루어지지요. 위 꿈에서는 용꿈의 전개가 밝기에 좋은 꿈으로 볼 수 있습니다.

*이렇게 키우세요 : 두 태몽 꿈의 내용이 밝고 풍요롭습니다. 태몽 속에 아이가 복스럽고 낙천적이며, 여유로움이 묻어나네요. 밝고 희망있는 긍정적인 측면으로 모든 것을 대해주세요.

〈 토끼를 안는 꿈, 사과 열매를 따는 꿈 〉

저희 아기 태몽은 제 친구가 꿔준거 같아요. 처음 꾼 꿈은 저희 부부랑 친구가 차를 타고 놀러 가고 있었는데, 차 앞으로 토끼가 뛰어들더랍니다. 그래서 제가 멈추라고 소리친 후에, 차에서 내려 그 토끼를 너무 사랑스럽게 안고는 차안으로 들어오더랍니다.

그리고 두 번째 꿈은 같은 친구가 꿔준 꿈인데요. 저랑 둘이서 시골길을 자전거로 가고 있었는데요. 근데 저 멀리 언덕 위 중앙에 나무 한 그루가 있었는데요. 그 나무 주위에는 잔디만 있고요. 그 나무가 너무 반짝거리고, 잎도 싱싱하고, 또 아주 새파랗고 반짝거리는 사과 열매가 나무에 열려 있었더랍니다. 제 친구는 저보고 나무가 너무 예쁘다면서, 나무를 배경으로 사진을 찍자고 했었어요. 근데 저는 자전거에서 내려서, 그 나무로 다가가서는 그 사과 열매를 따서는 옷 속으로 마구마구 집어넣고 있었더랍니다. 아주 싱글벙글 웃으면서요. 이것도 태몽인가요?

그리고 저는 아직까지 태몽을 꾼 적이 없는데, 그리고 저희 가족도 별다른 꿈은 못 꾼듯해요. 그런데 이처럼 친구가 태몽을 꿔주기도 하나요?

예, 친구는 물론 친지 및 주변사람이 대신 태몽을 꿔주기도 합니다. 매몽 및 토끼 · 사과를 필자의 사이트(http://984.co.kr)에서 검색해 여러 실증사례를 읽어보시고요. 토끼의 속성처럼, 아이가 강인하지는 않겠지만 귀엽고 부드러운 심성의 아이가 될 것입니다. 사랑스럽게 안고 오는 표상이기에, 장차 아이에게 많은 사랑과 애정을 기울이게 될 것이고요. 싱싱한 사과나무에서 사과를 따는 꿈, 이 역시 생생한 꿈인 경우 태몽이 틀림이 없고요.(일반적으로는 재물이나 이권을 얻게 되는 일로 실현) 나무가 빛날수록, 잎이나 열매가 싱싱할수록 장차 태어날 아이의 건강함, 인생의 빛나고 풍요로움을 예지적으로 상징하고 있습니다.

반짝거리는 사과를 웃으면서 따는 꿈이니, 아주 좋은 꿈이고요. 태몽표상에서 가장 중요한 것은 요절이나 유산 등의 상징표상이 없는 것입니다. 갈라졌거나 벌레 먹었거나 시들지 않고, 싱싱하고 탐스러운 과일의 표상일수록, 장차 건강하고 미모가 뛰어나거나 선망의 대상이 됨을 뜻하지요. 태몽 표상으로 이 정도면, 아주 좋은 태몽꿈입니다. 아이가 건강하고, 미모가 뛰어날 수도 있으며, 온순하고 착한 아이일 가능성이 높습니다.

〈 하얀 지네, 흰 늑대가 무는 꿈, 용이 승천하는 꿈 〉

저는 8개월 된 둘째아이를 임신 중인 임산부예요. 먼저 첫애는 2005년 5월 16일(음4.9)생으로 이제 만 22개월 됐는데요. 길이가 15센치 정도에 수천개 다리가 달린 하얀 지네가 수백 마리인지, 아무튼 무지많은 지네가 제 몸 전체를 덮었어요. 제가 평소 동물이나 벌레를 무서워하는 성격인데, 벌레가 제 몸을 다 덮었는데도 거부감이 없었나봐요. 흰 지네라니 우리 큰애 태몽 참 특이하죠? 참고로 아주 씩씩하고 활발한 여자아이랍니다.

이렇게 동물들이 나오는 태몽 표상을 보면, 불교의 윤회설을 떠올리고는 합니다. 평소 벌레를 무서워하는 성격인데, 벌레가 몸을 다 덮었는데도 거부감이 없었던 것이 중요합니다. 태몽 표상은 꿈속의 느낌이나 정황이 중요합니다. 꿈속에 태몽 표상으로 등장된 동물이 꺼림칙하거나 무서운 느낀 경우에, 현실에서 출생한 아이가 속을 썩이거나 대하기 껄끄러운 자식으로 이루어집니다. 순하고 귀엽게 느꼈다면, 효도하고 순종적인 자식이 되지요. 다리가 수없이 달린 것이 좋네요. 지네로 상징된 아이가 재주를 잘 부리거나 특이한 능력이 있음을 나타내지요. 부지런할 가능성도 높고요. 중요한 것은 건강하고 활발한 지네로 등장된 것이라면 아주 좋습니다. '아주 씩씩하고 활발한 여자아이' 라 하셨는데, 지네와 관련이 있네요. 태몽표상에 등장된 동물이나 그 특징과 아이의 인생길에 관련이 있습니다. 혹시 발로 하는 운동, 달리기 등에 뛰어난 소질을 보일 수 있습니다. 생각해 보세요. 발이 한 둘도 아니고, 수없이 많으니까요.

그리고 지금 임신 8개월인 우리 둘째 아들(병원에서 아빠 닮았다네요) 태몽은 두 가진데요. 그중 첫 번째는 제가 임신사실을 알기 전에, 꾸었던 꿈이네요. 2미터가 넘는 털이 부드럽고 포근해 보이는 복실복실한 흰색 늑대가 제 팔을 물었어요. 아프거나 기분이 나쁘거나 하지 않고, 기분이 묘하고 좋기에 꿈꾸고 나서도 영 잊혀지지가 않더라구요. 그래서 병원에 가봤더니 임신이라고 하더라구요.

앞에 이야기했지만, 늑대가 물은 것이 아프거나 기분이 나쁘지 않고 좋았다는 것이 중요합니다. 또한 무지 큰 늑대라고 했듯이, 태몽 표상으로 등장된 동물이 클수록 사람됨의 신체적인 조건이 좋거나, 뛰어난 능력의 소유자이거나 그릇됨이 큼을 나타내지요.

> 두번째 태몽은 우리 애기 아빠가 음력 1월1일 새해 첫날 새벽에 꾼 꿈인데요. 애기 아빠가 첩첩산중을 고생고생해서 혼자 올라가 정상에 섰는데, 사방은 여러 산들이 구비구비 펼쳐져 있고, 새벽같은 느낌의 어둑한 하늘이었구요. 그런데 갑자기 저~멀리서 번개가 치면서, 큰 용 한마리가 구름사이로 올라가더래요. 굉장히 멀리였지만, 용은 엄청 큰거 같았데요. 제가 지금 임신 중이라 그런 용꿈은 보통 태몽이 아닌가 싶기도 하고, 또 어떻게 생각하면 저번달 잡지에 실린 박사님 말씀이 임신 사실 알기 전에 꾼 꿈이 확실한 태몽이라고 하셨던 것 같아서, 새해 첫날 꾼 용이 승천하는 꿈은 태몽이 아닌가 싶기도 하구요. 우리 남편은 큰 인물이 나올거라고 저리 좋아하는데, 꼭 부탁드릴게요.

예, 아주 좋은 꿈이네요. 용꿈이 좋은 것 아시죠. 제한된 지면이라 용꿈의 여러 태몽 사례를 말씀드릴 수 없는바, 필자의 사이트에서 역사적 인물이나 위인들의 용꿈에 대한 실증사례를 검색해보시고요. 용이 등장된 경우, 이렇게 승천하는 용의 태몽 표상이 권세나 명예를 널리 떨치는 일로 이루어지지요. 이 경우 용이 크고 늠름할수록 파워있고 능력있는 사람이 될 것을 예지해주고 있습니다. 부럽네요. 저 역시 꿈해몽을 한다고 하지만, 한 번도 용꿈을 꿔본 적이 없지요. 그만큼 용꿈도 꾸기 어려운 것이고요.

진정한 태몽은 임신사실을 알기 전에 꾸게 되지요. 그래야 미리 조심하고 기대를 지니게 되니까요. 하지만 현대 자동차 회장인 정몽구의 이름은 태몽을 9번이나 꾼데서 붙여졌듯이, 아이를 출산하기 전에 여러번 태몽꿈을 꾸기도 합니다. 꿈이 생생하다면 태몽이 맞습니다. 태몽이 아니라면, 용으로 상징된 어떤 인물이 번개가 쳤듯이, 커다란 주의를 끌면서 득세를 하게 되는 것을 보게 되는 일로 이루어질 것입니다.

〈 복숭아를 두 개 딴 꿈, 아기 호랑이가 들어온 꿈 〉

넓은 들판에 아주 큰 나무가 있었습니다. 그 큰 나무는 빛이 나며, 바람에 나뭇잎이 날리면서, 이상한 기운이 도는 나무였습니다. 복숭아처럼 생긴 큰 과일이 주렁주렁 달려 있었는데, 너무나 먹음직스러워 보여서 제가 그 복숭아를 두개 따니, 큰 나무 주위가 아주 환한 빛으로 둘러싸이더니, 복숭아가 번쩍번쩍 빛나는 황금으로 변해버렸습니다. 우리 수민이가 20개월인데, 아직도 그 꿈이 생생하게 기억납니다.

지금 아이의 동생을 임신하고 있습니다. 제가 꾼 꿈은 아니고요. 저희 외할머니께서 저 대신 꾸신 태몽인 것 같습니다. 할머니께서 방에 계셨는데, 아주 작고 귀여운 아기 호랑이가 한 마리씩 방으로 들어오면서 재롱을 부려서, 할머니께서 안아주셨다고 합니다. 방을 가득 채울 정도의 아기 호랑이들~. 이 태몽도 풀이 해주세요!

아주 좋은 태몽꿈을 꾸었네요. 꿈의 해몽은 결코 반대가 아닌, 상징의 이해에 있습니다. 태몽이야말로 장차 펼쳐지는 인생길을 상징적으로 보여주지요. 과일이 주렁주렁 달려있는 신비스런 나무, 환한 빛, 복숭아가 황금으로 변한 꿈 등등 아주 좋습니다. 아이의 인생길에서 풍요롭고 좋은 여건에서 살아가게 될 것입니다. 큰 나무는 커다란 회사나

기관이나 단체의 상징이 가능하지요. 또는 아주 튼튼한 가정적·사회적인 지원 여건과 환경, 환한 빛도 장차 축복과 희망찬 미래가 있게 됨을 뜻하고 있고요. 탐스런 복숭아가 황금으로 변한 것 역시 능력있고 선망의 대상에서 빛나는 존재가 될 것임을 뜻하고 있습니다.

'복숭아를 두 개 따니'처럼, 장차 두 자녀를 둘 것을 예지해주고 있네요. 꿈속에 등장하는 동식물의 숫자도 중요합니다. 이처럼 첫 아이 태몽에, 장차 두게 될 자녀수를 예지하는 경우가 아주 많습니다. 현재 동생을 임신하고 있는 것으로 실현되고 있다고 보아야 할 것입니다. 작고 귀여운 아기 호랑이들이 방안에 가득 채운 꿈 역시 풍요로움의 표상으로 아주 좋습니다. 이처럼 꿈속에서 등장된 동물에게 호감이나 친밀성을 지닐수록, 장차 태어난 아이가 꿈속에서 느낀 것처럼 사랑스럽고 귀여운 아이로 좋은 관련을 맺게 되고요. 작고 귀여운 아기 호랑이들에서 여아일 가능성이 높으나, 절대적이지는 않습니다. 아기 호랑이가 작은 능력의 사람이 될 것을 뜻할 수도 있습니다.

* 이렇게 키우세요 : 태몽이 아주 좋습니다. 아이가 크면 태몽을 이야기 해주셔서 인생에 자신감과 희망을 지니면서, 노력하는 삶을 살아가도록 해주기 바랍니다.

〈 해와 달의 태몽 꿈 〉

결혼 후 아이가 생기지 않아 불임일까 걱정하는 찰나에, 시어머님께서 굉장히 좋은 태몽을 꾸셨다면서, 한 주에 똑같은 꿈을 두 번이나 반복해서 꾸셨다고 합니다.

이렇게 반복적으로 꾸는 꿈은 꿈으로 예지된 일이 상당히 중대한 일이라는 것을 알려주고 있습니다. 아마 아주 생생한 꿈이었을 것입니다.

그리고 신기하게도 바로 한달 뒤에, 임신을 확인했습니다. 산부인과에서 따지는 임신기간을 볼 때, 그 꿈을 꾼 바로 다음 주에 임신하게 된 것이었습니다.

꿈은 앞서 갑니다. 장차 일어날 일을 꿈으로 예지해주고 있는 것이지요. 이렇게 임신 사실을 알기 전에 꾸는 경우 진정한 태몽이라 볼 수 있습니다.

그때 어머님 꿈은 이렇습니다. 어머님 눈앞에 이루 말할 수 없이 큰 태양이 수평선 너머로 이제 막 지려고 하는 것을 바라보는 풍경이었답니다. 실제로 태양 바로 앞에 서있는 것처럼 웅장하고, 또 새빨갛게 이글이글 빛나는 태양이었답니다. 처음에는 그 크기에 놀랐고 또 그 타는 모양에 놀라셨다고 합니다. 어머님이 그 꿈을 꾸시는 동안 너무 장엄한 광경에 입이 다물어지지 않을 정도였다고 하시더군요. 태양의 아주 밑부분만 수평선을 넘어가고 있어서 커다란 윤곽이 그대로 떠있었다고 합니다.

그런데 태양을 바라보다가 잠깐 옆으로 눈을 돌리셨는데, 태양 옆에 조그맣지만 아주 맑고 깨끗하고 예쁜, 둥근 보름달이 동시에 떠 있었다고 합니다. 커다란 태양 빛에 조금도 눌리지 않은, 하얗고 윤곽이 또렷한 달이었다고 합니다. 태양못지 않게 달도 정말 예뻐서, 잠시동안 넋을 잃고 바라보고 계셨다고 하네요. 해는 이제 막 지려고 하고 있는데, 달은 하늘 높이 솟아있어서, '아주 진기한 풍경이다' '아주 아름다운 풍경이다' 하고 감탄하시면서 바라보고 있는데, 꿈을 깨셨답니다. 태몽으로 해를 하나만 봐도 좋고, 두개를 보는 것도 드문데, 해와 달이 동시에 떠있고 둘다 빛나고 있는 꿈이라서 더욱 귀한 꿈이라며 상당히 기뻐하셨지요.

예, 아주 좋은 꿈을 꾸셨네요. 역사적으로 태양이나 달의 태몽으로 태어난 사람이 여럿 있습니다. 일연(태양이 몸을 비추다), 조인규(해가 품안으로), 김이(金怡)(해가 들어오다), 인현왕후(仁顯王后)(해와 달이 두 어깨에서 떠오르는 태몽), 여운형(태양이 이글거리는 꿈), 오(吳)나라 손책(孫策)(달을 품에 안다) 등등―. 이처럼, 해·달 또는 별의 태몽은 우러름을 받는 귀한 인물이 될 것을 예지해주고 있습니다.

첫 태몽에 장차 두게 될 아이를 다 꾸는 경우가 있습니다. 첫 아이가 태양의 태몽으로 아들이라면, 또다른 달의 태몽으로 장차 딸을 더 낳게 될 수도 있습니다. 또는 앞의 인현왕후의 사례에서 볼 수 있듯이, 해와 달의 겹경사의 태몽으로도 가능하고요.

다만, 전태일의 태몽도 태양이지만, 산산히 조각이 나서 사방을 비추는 꿈으로, 분신자살을 함으로써 노동운동의 햇불을 치켜드는 일로 이루어졌지요. 해가 떠오르는 꿈이나, 하늘 높이 밝게 빛나는 꿈이 더 좋다고 보아야겠지요. 장엄한 광경이기에 널리 기세를 떨치게 되지만, 지는 태양의 표상이기에, 큰 뜻을 펼치기보다는 기울어가는 상징표상이기에 다소 걸리기도 합니다. 초년보다 노년에 큰 역량을 발휘할지 모릅니다. 하늘 높이 솟아 있는 달의 표상은 아주 좋고요. 하늘 높이 예쁜 달의 모양이니, 크게 아름다움과 명성을 떨치게 될 것을 보여주고 있습니다.

종합적으로, 한 아이의 태몽이라면 아주 좋은 표상이고요. 만약에 다음에 둘째로 딸이나 여성적 성품의 아이를 더 두게 된다면, 첫째 아이는 큰 기개를 펼치기에 다소 어려울지 모릅니다. 둘째는, 조그맣지만 아주 맑고 깨끗하고 예쁜 달의 표상 그대로 고결하고 청초한 인품의 고매한 인물로 자라나게 될 것입니다.

* 이렇게 키우세요 : 태양과 달의 태몽은 일천분의 1, 아니 일만분의 1 확률로 아주 좋은 태몽입니다. 모든 사람이 우러러보는 고귀한 인물이 될 것입니다. 아이에게 태몽 이야기를 들려줌으로써, 자신감을 지니고, 어려운 역경에서도 밝은 미래에 대한 희망을 잃지 않도록 지도해주시기 바랍니다.

〈 서태지가 나온 꿈 〉

우리 아들 태몽은 저의 작은언니가 꾸었는데요. 어느날 꿈에 신문지 반쪽만한 크기의 사진이 있더래요. 궁금해서보니 거기에 가수 서태지와 큰 호랑이가 어깨동무를 하고 있더랍니다. 근데 갑자기 제가 나타나서는 그 사진을 얼른 빼앗아 도망가더래요. 우리 작은언니 꿈에서도 어리둥절했답니다.

그러고는 길을 걸어가는데, 너무 예쁘고 큰 집이 있더래요. 근데 그 집 정원에 제가 앉아있더랍니다. 그래서 "너 거기서 뭐하니" 했더니 제가 그러더래요. "언니 여기 우리 집이잖아." 알고 봤더니 그 집이 서태지 집이었대요.

임신이 안돼서 속상해하고 있었는데, 어느날 언니가 너무 생생하다며 꿈얘기를 해줬어요. 태몽이라기엔 너무 특이해서 아닐 수도 있다 생각했는데, 꿈얘기를 듣고 이틀 뒤에 임신인 것을 확인했답니다. 제가 직접 꾼 것이 아니라 조금 아쉽지만, 언니의 생생한 얘기로 마치 제가 꾼거 같아요. 유명인이 꿈에 나타나도 태몽이라던데, 이런 것도 태몽인가요?

필자의 인터넷 사이트에서 연예인 및 태몽으로 함께 검색을 해보시면 알겠지만, 이렇게 연예인이나 대통령이 나오는 꿈으로 태몽으로 실현된 많은 실증 사례가 있습니다.

태몽의 첫째는 꿈이 아주 생생하다는 데 있습니다. 시어머니나 주변 사람이 태몽 꿈을 대신 꿔줄 수도 있고요. 이렇게 태몽꿈에 유명 인물이 나오는 경우, 그 아이는 장차 유명 인물과 어떤 관련성, 유사성을 지닌 인물이 될 것을 예지해주고 있습니다.

꿈이야기를 읽으면서 느낀 점은 아이가 장차 서태지처럼 음악적 재능이 뛰어난 아이가 될 가능성이 높고요. 큰 호랑이와 어깨동무로 등장한 것으로 미루어, 큰 호랑이로 표상된 그릇이 크고 능력이 큰 사람과 친분있는, 호의적인 관련을 맺게 되는 일로 이루어질 것이고요. 호랑이가 태아의 상징 표상이 될 수도 있습니다. 예쁘고 큰 집이 서태지집이라는 것처럼, 상징적으로 서태지처럼 음악적 재능과 관련지어진 커다란 회사나 기관을 운영하는 일로 이루어질 수도 있습니다. 필자의 사이트에서, 대통령 및 귀인을 검색해 여러 실현 사례를 읽어보세요. 유명인이 꿈에 나타난 것이 가임여건에서 태몽이라고 볼 수 있지만, 어떻게 꿈이 진행되었는지가 더 중요하지요. 꿈이 생생하다면, 태몽이 틀림 없습니다.

　＊이렇게 키우세요 : 신비한 태몽의 세계는 우리 인간의 상상을 초월합니다. 또한 그 실현도 몇십년이 지나서 이루어지기도 합니다. 아이에게 음악적인 재능이 뛰어날 지 모릅니다. 음악적인 재능에 뛰어난 소질이 보이거든, 그러한 방향으로 나아가는 방향으로 키

워주셔도 무방하다고 보여집니다.

〈 빛나는 예쁜 잉어를 잡은 꿈, 새끼 돼지 꿈 〉

친정 엄마가 꾼 태몽입니다. 맑은 물속에서 무지개 빛깔의 예쁜 잉어들이 놀고 있었답니다. 유난히 크고 빛이 나는 예쁜 잉어를 한 손으로 잡아 올렸답니다. 그 때가 임신 4개월 쯤이였어요.

다른 태몽은 언니가 꿨습니다. 제가 아이를 낳았다고 해서, 신생아실에 갔다고 합니다. 간호사가 아이를 보여줬는데, 속싸개에 분홍색 리본 머리띠를 한 새끼 돼지 한 마리가 있었답니다. 두 꿈 모두 좋은 태몽 같은데, 풀이해 주세요. (여아 출생, 글쓴이: 최지현)

상담 요청의 글을 읽으며, 무지개 빛깔의 예쁜 잉어, 분홍색 리본 머리띠를 한 새끼 돼지의 태몽 표상은 여성적 속성에 가깝기에, 여아를 낳을 것으로 짐작했는데, 실제 여아를 낳는 일로 실현되었네요.

맑은 물속이니 더더욱 좋네요. 태몽 속의 배경적인 처한 상황이나 여건의 좋고 나쁨의 여부 그대로, 장차 태어날 아이의 인생길의 배경적 여건을 보여주고 있습니다. 맑은 물이 재물의 상징으로 이루어진 사례도 많이 있고요. 흙탕물이거나 좁은 공간이 아닌, 맑은 물속이니 넉넉하고 풍족한 좋은 여건의 인생길이 펼쳐진다고 볼 수 있습니다. 또한 누누이 말씀드린 바와 같이 태몽 표상이 클수록, 태어날 아이의 능력이나 역량 · 그릇됨이 크다고 볼 수 있습니다. 잉어가 크고 빛이 날수록, 역량이 크며 미모가 뛰어남을 뜻하지요. 탐스럽고 윤기나는 표상일수록 다른 사람들에게 선망의 대상이 된다고 볼 수 있습니다. 예를 들어, 작은 어항속의 붕어의 태몽꿈 표상에 비교한다면, 얼마나 좋은 지 알 수 있습니다.

분홍색 리본의 돼지 표상 역시 귀여움의 이미지에서 여아의 태몽에 부합됩니다. 돼지꿈의 태몽은 넉넉하고 건강한 아이로 자라남을 뜻하지요. 두 태몽표상에서 모두 밝고 좋은 표상으로, 상처입거나 부족한 표상이 없기에 아주 좋은 태몽에 해당됩니다.

* 이렇게 키우세요 : 태몽이 아주 좋네요. 남에게 귀여움을 받고 부러움을 받는 선망의 인물이 될 것임을 보여주고 있습니다. 아이가 하고 싶다는 일을 적극적으로 후원해주면서 자신감을 키워주는 방향으로 나아가시기 바랍니다.

〈 산삼을 받아온 꿈, 까치가 품에 안긴 꿈 〉

두 아들의 엄마입니다. 큰 아이 태몽입니다. 꿈에 길을 가고 있는데, 하얗고 광채가 나는 무만한 크기의 산삼이 하늘에서 떨어져 품에 안겼어요. 그리고 사람들이 그 산삼을 빼앗으러 달려오고 있었어요. 산삼 옆에 반짝이는 은색 가방이 있어 산삼을 담아 등에 메고 달렸습니다. 물론 뺏기진 않았어요.

둘째는 한적한 시골길을 걸어가는데, 밭에서 흰색 한복을 입은 농부들이 둥그렇게 모여 심봤다고 하는거예요. 궁금해하던 찰나, 농부들 사이에서 흰 까치가 날라와 품에 안겼습니다. 조심스럽게 까치를 안고 걷는데, 윤기가 반들거리면서 탐스럽게 익은 복분자가 있어 두 개를 땄습니다. 무슨 태몽인가요? (엄마 노영선)

먼저 큰 아이 태몽입니다. 하얗고 광채가 나는 커다란 산삼의 태몽은 아주 좋습니다. 역량이 있고 뛰어난 인재가 됨을 뜻하지요. 산삼을 빼앗기지 않았기에, 아주 다행스런 태몽이네요. 빼앗기는 태몽이었다면, 믿기 어려운 말씀이지만, 임신이 되었다 하더라도 유산하게 되거나 또는 자라나는 과정에서 요절 등의 일로 실현되는 일로 이루어졌을 것입니다. 필자 아내의 아들 태몽도 어느 할머니가 떨어뜨린 큰 옥수수 하나를 주워왔는데, 어느새 쫓아와서 달라고 하는 것을 내주지 않았다고 합니다. 이 경우도 다시 내주었다면 장차 불행한 일로 이루어졌겠지요. 아들의 경우 교통사고를 당한 적이 있으나, 천운으로 별 이상 없었던 바, 혹시 성장과정에서 위험스런 상황에 처할 수 있으나, 별 문제없이 수습될 것입니다. 산삼은 귀한 것이니, 좋은 태몽표상이지요. 더구나 광채가 나고 큰 산삼이니 귀한 인재, 능력이 뛰어난 인물이 될 것을 보여주고 있습니다.

둘째 아이의 태몽에서는 심(산삼), 까치가 안기는, 윤기나는 복분자 2개 등의 여러 상징물이 등장하고 있네요. 하지만 핵심 태몽 표상은 흰 까치가 품에 안기는 표상으로 보아야 할 것입니다. 까치를 안고 가는 것으로 미루어, 둘째 아이에 대하여 소중하게 애정을 지니고 대하게 될 것이고요. 태몽 표상에서는 그 어떤 상징물을 보거나, 품에 안거나 몸에 지니거나 얻는 것으로 진행되는 것이 보다 확실한 표상입니다. 태몽 꿈의 실현율은 100%이며, 우리 인간이 정확하게 알 수 없을 뿐, 꿈속의 모든 표상물의 등장도 다 이유가 있습니다. '심봤다'는 산삼을 본 것이니, 산삼으로 상징된 고귀한 인재나 이권과 관련을 맺을 수 있는 인생 여건이 펼쳐질 수 있고요.

윤기나고 탐스런 산딸기 두개의 상징물의 의미를 현재로서 정확하게 추정할 수 없으나, 산딸기 둘로 상징된 의미는 반드시 있습니다. 예를 들어 둘째 아이가 장차, 윤기가 반들거리면서 탐스럽게 익은 복분자로 상징된 두 여자를 반려자로 얻게 되는 추정도 가능합니다. 윤기나고 반들거리는 산딸기이니 재능있고 아담한 사람일 수 있습니다. 또한 장차 아이가 두 가지의 이권이나 재물적인 이익을 얻게 되는 일로도 가능합니다. 좋은 태몽은 태아의 상징물이 건강하고, 훼손이나 사라짐 등이 없는 경우입니다. 빛나는 큰 산삼, 건강한 까치이니 좋은 태몽으로 볼 수 있습니다.

〈 호박 두 덩어리와 보석을 가져온 꿈, 연시를 따먹은 꿈 〉

3가지 꿈을 꿨습니다.

처음 꿈은 집에 가고 있는데, 너무도 빛나는 누런 황금 호박 두 덩어리를 주웠습니다. 그런데 집에 와보니 호박을 잃어버리고 없는 것이에요. 다시 호박을 잃어버린 장소를 찾아 돌아다니다가, 결국 호박을 찾아온 꿈이었습니다.

두번째 꿈은 허벅지에 물이 찰 정도로 큰 홍수가 났습니다. 사람들은 난리가 났는데, 제 앞에 물속에서 너무나 보석이 반짝이고 있는 것이에요. 제 앞으로 솟아오르는 보석을 한아름 품에 안으며 꿈에서 깼습니다.

세번째 꿈은 산길을 걸어가는데, 걸어가는 곳마다 탐스러운 연시가 감나무에 매달려있는 거예요. 먹고 싶지만 따먹으면 안될 것 같아서 꾹 참고 가다가, 결국 따먹었습니다. 이 세 가지 꿈이 모두 태몽이 맞나요? 어떤 태몽이 우리 아이에게 맞는지 궁금합니다. (엄마 김승양)

거듭 말씀드리지만, 태몽의 특징은 꿈이 강렬하고 생생하게 전개되며 동식물·광물 등을 받거나 얻는 꿈, 또는 자연물을 보는 꿈도 태몽이 될 수 있답니다. 세 꿈 모두 꿈이 강렬하고 생생하다면, 태몽이 될 수 있습니다. 이렇게 태몽을 여러번 꿀 수도 있고요. 태몽이 아닌 다른 각도에서 해몽도 가능하지만, 지면상 태몽에 한정지어 말씀드리겠습니다.

첫째 호박을 다시 찾아온 꿈은 불행 중 다행스런 꿈입니다. 황금 호박이니 귀한 인물의 상징이 되지요. 잃어버리는 경우 유산이나 요절로 이루어지만, 다시 찾아오는 꿈이기에 위태로움을 넘기고 무사하게 될 것입니다. 호박 두 덩어리이기에 장차 두게 될 자녀수를 예지하고 있다고도 볼 수 있습니다.

둘째, 보석을 한 아름 안는 꿈은 아주 좋습니다. 이 경우 보석이 태아의 상징표상이 되지요. 밝고 빛나는 보석일수록, 장차 태어날 아이가 능력 있으며 미모가 뛰어나고 선망의 인물이 됨을 예지해주고 있습니다.

셋째, 첫째 꿈과 의미하는 바가 같네요. 이 경우 연시를 결국 따먹은 꿈이 다행이지요. 첫째꿈, 셋째꿈으로 미루어 유산 등 무위로 돌아갈 뻔하다가 뜻을 이루게 되는 일로 이루어질 것이고요.(임신 등이 무위로 될 뻔하다가, 성공적인 임신이 되는 일도 가능합니다.) 연시가 탐스럽고 윤기가 날수록 장차 태어날 아기가 기품이 있고 능력이 있는 인물로 성장할 것입니다.

* 이렇게 키우세요 : '황금 호박, 빛나는 보석, 탐스러운 연시' 세 태몽 모두 공통적으로 장차 귀하고 능력이 있으며, 선망의 대상이 되는 인물로 자라날 것임을 보여주고 있습니다. 장차 아이에게 태몽이야기를 해주셔도 좋습니다. 어려운 상황에 처하더라도 '나는 황금 호박이야, 나는 빛나는 보석이다. 나는 탐스러운 연시' 의 태몽 상징의미 그대로 귀하고 선망의 인물이 될 것이라는 자기 암시

로 힘을 북돋워주시기 바랍니다. 또한 실제로 그렇게 될 것이고
요. 연예인, 모델, 어떤 분야의 전문가 등 여러 사람들에게 주목을
받는 인물이 될 것입니다.

〈 흑마가 달려와 앉아 있는 꿈, 금송아지의 꿈 〉

태몽을 친한 친구가 대신 꿔주었습니다. 친구가 햇볕 좋은 날 마당에
앉아있는데, 너무나 잘생긴 흑마가 친구 앞으로 달려오는 것이에요. 말은
원래 설 때 요란하잖아요. 그 흑마는 친구 앞에 조용히 멈춰서더니, 친구
앞에서 예쁘게 앉아있더랍니다. 그래서 쓰다듬어주는 꿈을 꿨대요.

이 태몽 말고도 궁금한 것이 있습니다. 사실 다은이를 낳기 전에, 첫째
가 자궁외임신으로 유산된 경험이 있었습니다. 그때 친정엄마가 태몽을
꿨었는데, 꿈이 너무 좋지 않아 말을 안해 주셨다고 하더군요. 그 꿈은 햇
볕이 너무 좋은 날 잘생긴 금송아지 두 마리가 엄마 발밑에 앉아 나른하
게 기대어있었답니다. 친정엄마는 너무나 예뻐하고 있었는데, 그 중 한
마리가 고개를 떨구더니 죽었더래요. 나머지 한 마리는 행복해보였구요.
그 꿈을 꾼 지 일주일 만에 아이가 잘못되어 유산을 했고, 유산 후 7개월
후에 다시 임신을 해 다은이를 낳은 것이랍니다. 다은이는 건강하게 자랄
수 있을 지 궁금합니다. (엄마 이카트리나)

걱정은 이제 뚝! 아주 건강하게 행복된 인생이 준비되어 있습니다.
태몽꿈의 실현은 한 치의 오차도 없습니다. 친정어머니 꿈속에 나타난
잘 생긴 금송아지 두 마리가 바로 태아의 태몽 표상입니다. 한 마리가
죽었듯이 유산으로 이루어졌고요. 다른 한 마리는 행복해보였듯이, 다
은이는 행복된 인생길을 걸어가게 될 것입니다. 이렇게 장차 두게 될

자녀수를 첫아이를 가질 때 꾸는 경우가 많습니다.

태몽꿈의 배경 또한 중요하지요. '햇볕이 너무 좋은 날'의 배경은 장차 인생길의 여건에서 풍요롭고 복된 여건에 처하게 됨을 예지해주고 있습니다. 또한 금송아지이니 고귀한 존재의 인물이 될 것입니다.

주변 사람이 태몽을 대신 꿔주는 경우가 많습니다. 시어머니가 며느리 태몽을 대신 꿔주는 것과 같은 것이지요. 여기서도 햇볕 좋은 날로써, 풍요롭고 복된 인생길을 예지해주고 있네요. 잘생긴 흑마처럼, 태어날 아이가 용모가 준수할 것이고요. (흑마이기에 아이 얼굴이 까무잡잡할 수도 있습니다.) 말이 달려오다가 조용히 멈춰 서서 예쁘게 앉아 있는 것처럼, 예의범절 및 사리분별이 뛰어날 것입니다. 말이 달려오다가 주저앉는 꿈으로 유산한 사례가 있는 바, 이렇게 말이 앉고, 쓰다듬어 주는 표상이 좋습니다.

* 이렇게 키우세요 : 카나리아 새의 태몽으로 태어난 아이가 가수가 된 사례가 있습니다. 아이가 흑마의 태몽표상이듯이, 장차 달리기 등에서 뛰어난 재질을 보이거나 운동에 소질이 뛰어날 수 있습니다. 금송아지에서는 여유로움의 낱말이 연상되네요. 전체적으로 신체 건강할 것이고요. 딱히 어떤 직업 분야라고 말씀드리기는 뭐하지만, 평온하고 복스런 인생길이 될 것이니 잘 키우세요.

〈 옥수수를 따온 꿈, 돼지가 따라온 꿈 〉

지금 뱃속에 둘째가 3개월이 되어 가네요. 이 아이의 태몽은 두 가지인데요. 첫 번째는 저의 외할머님께서 꾸셨는데, 길을 가는데 양쪽으로 옥수수 밭이 있더래요. 그런데 왼쪽은 아직 익지 않았고, 오른쪽에는 옥수수들이 있었는데, 그 중 유독 제일 위에 달린 옥수수가 너무 잘 익었더래요. 수염도 길고~ 잎도 퍼렇게~, 옥수수가 어찌나 탐스럽게 익었는지, 할머니가 뚝 끊어오셨다고 하네요.

두 번째는 제가 직접 꾼 꿈인대요. 제가 존경하는 목사님 댁에 가서 그 분 댁에 있는 수족관을 들여다보고 있었어요. 평화롭게 노는 물고기들을 보며 "너무 예쁘다"고 생각했죠. 그런데 그때 갑자기 물속이 아닌, 물 밖에서 몸에 가시처럼 뭔가 막 돋아있는 물고기가 절 쫓아오는거예요. 그래서 너무 무서워 쫓다가 방으로 도망와서 물고기를 밀어내고 간신히 문을 닫았는데, 뜨악, 저도 모르는 사이에 방안에 돼지가 따라 들어온거예요. 아주 큰 돼지도 아니고 그렇다고 아주 작은 새끼 돼지도 아니고, 그냥 자그마하니 귀여운 돼지였어요. 연분홍색의…(딸인가보죠?) 암튼… 그 돼지도 무서워서 계속 쫓았는데, 이 돼지가 제가 너무 쫓았더니 저에게 다가오지는 못하면서도 제 옆을 계속 맴돌면서 저를 쳐다보는 거예요. 그런데 그 돼지의 눈이 너무 안쓰러워보여서, 제가 그 돼지의 등을 쓰다듬어줬어요. 두 가지 다 태몽이 맞는 건가요?! (엄마이름: 최아름)

둘다 꿈이 생생하고 강렬하다면, 태몽이 틀림없습니다. 저의 큰아들 태몽도 옥수수꿈이지요. 탐스럽게 익은 옥수수이니, 태몽꿈으로 좋습니다. 병들거나 시들지 않고 탐스러워야, 옥수수로 상징된 아이가 건강하고 선망의 대상의 인물이 되는 것을 뜻하지요.

물고기를 밀어내고 문을 닫는 표상은 태몽으로는 좋지는 않지요. 임신이 안되려다 이루어지게 되거나, 무언가 안좋은 일 뒤에 이루어지는 표상이네요. 연분홍색의 귀여운 돼지를 쫓아내려다가 등을 쓰다듬어주는 꿈이니, 역시 무언가 거절·거부하다가 받아들이는 일로 이루어질 것이고요. 혹시 어려운 일이 있더라도 좌절하실 필요는 없습니다.

연분홍색의 귀여운 돼지라면 일반적으로 딸의 상징에 가깝지만, 돼지도 암수가 있기에 이 역시 절대적이지 않습니다. 남자 아이가 태어날 경우, 체격이 아담하고 얼굴이 곱상한 인물이 될 수 있습니다. 탐스런 옥수수, 귀여운 돼지 등으로 미루어, 아이는 장차 많은 사람들에게 호감을 주는 인물이 될 가능성이 많습니다.

* 이렇게 키우세요 : 아이의 사교성이나 대인관계에 있어, 좋은 만남을 맺을 수 있습니다. 예의 바르고 성실한 아이로 자라날 수 있도록 인성교육에 관심을 지녀보세요.

〈 곰이 쫓아와 물은 꿈 〉

안녕하세요. 이제 3주째 접어들고 있는 맘이랍니당. 저희 딸 태몽을 부탁하려구용. 저는 아기를 가진지 3개월쯤 되었을 때였어요. 어느날 밤에 다른 때처럼 잠을 청하게 되었지요. 꿈에서 동물원이 나오더라구요. 그런데 동물원에 우리가 하나도 없는거예요. 그래서 여기저기 여러 동물들을 구경하고 있는데, 눈 앞에 보이는 동물은 갈색 빛깔의 커다란 곰이었답니다. 사나운 곰이여서 무서워서 피하려고 도망갔는데, 그 곰이 쫓아와 저를 덥석 무는 거예요. 그러고는 꿈을 깼답니다.

꿈을 깨고 나서 인터넷을 찾아보았더니, 곰은 아들이라는 말이 많더군요. 희한하게 곰꿈을 꿨다고 하는 사람들도 있었거든요. 그런데 어떤 사람들은 곰하면 웅녀가 생각나, 딸이라고 하더라구용. 그렇게 만삭이 되어 3주 전에 전 건강한 딸을 낳았답니다. (엄마 김은화)

곰이 쫓아와 덥석 물은 것으로 미루어, 태몽이 틀림이 없고요. 물론 꿈이 아주 생생하고 강렬한 꿈이어야 하고요. 중국의 고전인 시경(詩經)의 노래에도 곰꿈은 아들로 나와 있고요, 흔히 곰의 꿈이라면 아들을 연상시키지만, 딸을 낳았듯이 이렇게 꿈속에 나타난 동물만으로 아들 딸을 구별하는 것은 절대적이지 않습니다. 왜냐하면 곰도 암수가 있으니, 아들이냐 딸이냐를 단정지을 수 없지요. 우스갯소리로 꿈속에서 곰의 거시기(?)를 보았다면 물론 아들이겠지요. 좀더 연구를 해보아야겠지만, 모든 색깔이 음양으로 나누어 볼 수 있기에, 곰의 색깔 문제가 관련이 있을 수 있고요.

딸이지만 체격이 크거나 남성적인 성품의 과묵하고 듬직한 면을 보일 것입니다. 애교를 부리는 등의 여성적인 성품은 기대하지 않는 것이 좋을 것 같네요. 사나운 곰이었던 것처럼, 드센 성질이 있을 수 있습니다. 이처럼 태몽꿈 속에 등장된 동물의 특성이나 꿈의 전개내용대로, 태어난 아이가 유사한 체격이나 행동특성을 지니게 되지요. 실례로, 거친 황소의 태몽으로 태권도 금메달을 딴 문대성 선수의 태몽을 들 수 있습니다.

* **이렇게 키우세요** : 큰 체격에 과묵한 성품이라면, 여군·여경 등의 지도자로 알맞습니다. 대인관계에서 리더쉽을 지닐 수 있게, 포용심을 길러주는 방향으로 지도해보시기 바랍니다.

〈 보석을 주운 꿈, 사내 아이 둘을 본 꿈 〉

안녕하세요. 저는 여섯 살 난 딸아이 하나를 두고 있는 엄마입니다. 임신초기에 제가 직접 꿈을 꾸었는데요, 물이 졸졸 흐르는 강바닥인듯도 싶고, 맨땅인듯도 싶었는데요. 보석이 큰 것 작은 것, 푸른색 투명색을 기분 좋게 엄청 많이 품에 담아 올렸습니다. 너무 좋아서 깼습니다. 그래서,

딸인듯 짐작했고요. 재물운이 있으려나 괜히 좋아했었습니다.

　그뒤, 임신 6개월쯤에 너무도 선명한 꿈을 하나 더 꾸었습니다. 제가
정자 하나를 반 바퀴쯤 돌아가니, 그 정자에 사내아이 둘이 앉아 있었습
니다. 너무나 잘생긴데다, 입고 있는 옷에는 금장식이 번쩍번쩍 많이 달
려 있었습니다. 둘이 똑같이 생기고 몸집도 같은 것이 쌍둥이 같았습니
다. 저를 보고 방긋 웃었고, 저도 기분좋아했습니다. 만져본 듯은 한데 확
실히 안거나 하지는 않았습니다. 그래서 그후 산부인과 검진에 갔을 때
혹시 쌍둥이인지 물었더니 아니라고 하시더군요. 그후 딸 하나를 낳았고
요. 너무 기억에 남았었는데 태몽은 아니었나 보지요? 딸아이 이후에는
아이가 들어서지 않고 있습니다. 그런데, 그 꿈이 아직도 생생한 이유가
무얼까 궁금해서요 (엄마: 최영숙)

　안녕하세요. 홍순래입니다. '꿈은 미래를 예지한다.' 라는 말을 믿
으시는지요? 아마도 태몽에 관심이 있으신 여기 독자분들은 '그래, 꿈
은 장차 다가올 미래를 예지해주고 있어' '내가 체험했지' '아니 내가
체험을 해보지 못했지만, 부모님이나 친구들의 꿈이야기를 들어보면
꿈에는 뭔가가 있어' 등등 나름대로 꿈에 대한 관심도가 높으리라 믿
습니다.

　보석을 많이 담아 올린 꿈이, 태몽임에 틀림이 없는 것 같습니다. 일
반적인 상황이라면, 이런 꿈을 꾸고는 재물운으로 이루어질 수 있겠지
요. 선명한 꿈인 보석 태몽인 경우, 찬란하고 빛날수록 미모나 재능에
서 뛰어난 능력을 지니게 되어, 다른 사람에게 선망의 대상이 될 것입
니다. 예를 들어, 학교에서 학위를 얻거나, 사업장에서 이권을, 연구분
야에서는 값진 연구성과를 얻는 일로 이루어질 것입니다.

정자에 사내아이 둘이 앉아 있는 꿈이 너무도 선명한 꿈이라니, 태몽일 가능성이 높습니다. 이 경우도 태몽이 아닌 미래예지 꿈인 경우, 그 후에 잘 생기고 금장식의 옷을 입은 두 아이의 상징의미처럼, 흡족하고 호화롭고 넉넉한 여건의 재물적인 이익이 있게 되는 일거리 · 대상을 두 가지 얻게 되는 좋은 일로 일어나는 일로 이루어질 것입니다. 갓난아기는 이제 막 시작한 일거리, 아이는 어느 정도 진행이 된 것을 상징하지요.

믿어지지 않는 이야기이겠지만, 사내아이 둘이 앉아 있었으니, 장차 아들 쌍둥이나 두 형제를 두게 될 가능성이 높습니다. 꿈속의 등장인물의 숫자가 반드시 관련이 있습니다. 태몽이야말로 모든 꿈해몽의 시작이며, 예지력에 있어서 100%입니다. 꿈의 미래예지에 있어, 가장 명백하며 한 치의 오차도 없는 것이 바로 태몽의 세계인 것입니다. 태몽대로 이루어지지 않는 것이 아니라, 다만 우리 인간의 잘못된 해몽이 있을 뿐입니다.

꿈의 실현은 '정자 하나를 반바퀴쯤 돌아가니' 처럼, 꿈속에서는 반바퀴이지만, 현실에서는 어느 정도 기간이 필요합니다. 실증적인 사례로 결혼 전의 꿈에, 등에 아기를 업고 동네를 딱 반바퀴를 돌았는데 신발 코가 벗어진 꿈의 실현은 자식을 낳고 살다가 신발로 상징된 남편과 이혼하는 일로 현실화되었는데, 반바퀴의 의미가 인생에서 반을 지나왔을 때 이루어지는 것으로 실현된 사례가 있습니다.

'너무나 잘생긴데다' 이 경우 꿈속에 본 아이 모습 그대로를 장차 현실에서 보게 될 수 있으며, '옷에는 금장식이 번쩍번쩍 많이 달려있는—' 것처럼, 옷은 신분이나 직위를 상징하기에 장차 귀한 인물이 될 것입니다. '아이가 방긋 웃었고, 저도 기분좋아했습니다.' 처럼, 장차 아이에 대하여 좋은 관계로 만족할 것입니다. 또한 만져본 듯은 한데 확실히 안거나 하지는 않았다고 했지만, 꿈에서는 본 것만으로도 소유의 개념이 있습니다. 예를 들어, 연못속의 잉어를 본 것만으로 태몽이 될 수 있지요. 굳이 품안에 껴안지 않더라도—.

결론적으로, 장차 꿈대로 이루어질테니 기다리세요. 지금 정자의 반바퀴를 돌아가는 중이니까요. 꿈이 아직도 생생한 이유는 그 꿈이 예지하는 일이 태몽처럼 아이의 장래의 운명을 보여주는 너무도 중대한 일이었다고 여기시면 됩니다. 희미한 꿈일수록 다음날 아주 사소한 일로 이루어지고는 하지요.

  * 이렇게 키우세요 : 보석꿈의 딸 태몽도, 금장식의 옷을 입은 쌍둥이 아들 태몽도 아주 좋은 태몽입니다. 아이의 장래가 밝고 좋으니, 매사에 용기와 격려를 주어서 선망의 대상, 귀한 신분의 능력있고 기품있는 인물로 키워주시기 바랍니다.

〈 큰 붕어를 잡아 팔로 안고 온 꿈 〉

가정주부 유00 씨의 꿈이다. 강에 나갔다가 커다란 붕어 한 마리를 손으로 붙잡았다. 어떻게나 큰 붕어인지 두 팔로 껴안고 집에 돌아왔다.

태몽이나 재물획득. 이 꿈은 두 가지로 해석된다. 하나는 큰 인물을 낳을 것을 암시하는 태몽이 될 것이고, 또 하나의 경우는 사회적인 재물을 한 몫 크게 얻을 것을 예지한 꿈이다. 첫째 태몽으로 간주하면 붕어를 강물에서 잡았으니 사회적 활동성이 있는 사람이 될 것이고, 그것이 단 한 마리였으니 하나의 자손을 뜻한다.

껴안아 벅차도록 큰 붕어는 큰 인물의 동일시이고, 두 팔로 껴안은 것은 품에 안는 형국이니 자손을 상징표현한 것이다. 둘째로 재물의 상징이 되기에 합당한 것은 강물에 무진장 많은 물고기 가운데서 잡았을 것이니, 사회적인 거대한 재원 가운데서 얻어진 재물 또는 돈을 뜻한다. 한 마리라는 것은 1만원 아니면 10만원 또는 100만원의 머리숫자가 되기도 한다. (글: 한건덕)

한건덕 선생님이 오래전에 잡지에 연재한 해몽 상담내용이다. 상징적인 미래예지 꿈으로 예지된 현실이 100% 실현되기로 되어 있다. 선생님이 해몽하신대로 두 가지의 커다란 흐름에서 벗어나게 전개되지는 않는다.

커다란 붕어 한 마리를 잡는 꿈이니, 꿈을 꾼 사람이 처한 상황에 따라 자식 하나를 얻게 되는 태몽, 또는 물고기로 표상된 커다란 이권·권리·재물·명예·연인을 얻는 일로 실현될 것이다.

이 경우 드물게는 꿈을 꾼 자신에게 아무런 일이 일어나지 않았다고 말하는 사람이 있다. 이 경우 두 가지이다. 하나는 실현시기의 여부에 있다. 커다란 사건의 예지일수록 어떠한 일이 일어나기 훨씬 오래전에 꿈으로 꾸어지고 있기에, 후에 그것이 실현되었다고 하더라도 꿈의 실현이 이루어진 것을 알지 못하는 경우이다. 또 하나의 경우는 꿈은 자신이 꾸었지만, 그것이 자신의 꿈이 아닌, 남의 꿈을 대신 꾸어준 경우이다.

태몽으로 실현된 경우, 시어머니가 이러한 꿈을 꾸었다고 해서 아기를 갖게 되는 것은 아니다. 이 경우 며느리가 임신하게 될 것이다. 또한 이렇게 남의 꿈을 대신 꾸어준 경우, 현실에서는 사고파는 매몽의 절차를 거치기도 한다. 하지만 매몽의 절차를 거치는 것은 형식적인 것일 뿐, 꿈은 애초부터 자신의 꿈이 아닌 다른 사람에게 실현될 것을 대신 꿔준 것일 뿐이다.

〈 밤을 치마폭에 주워 담는 꿈 〉

넓은 들에 나갔더니, 개울가 둑에 밤나무에서 밤이 많이 떨어져 있어 치마 앞자락에 자꾸 주워 담았다. (주부 하민순씨의 꿈)

이 꿈은 틀림없는 태몽이다. 장차 부귀를 누릴 자손을 낳을 것인데, 넓은 들판에 나간 것은 사회적 기반이 넓음을 암시하고, 밤나무는 일의 성취를 상징하기 위해 있는 것인데, 그 밤알을 얼마나 많이 가져왔는지는 기록에 없다. 그 밤이 많으면 많을수록 좋으며, 밤알은 또 씨앗을 뜻한 것으로 번식을 전제로 한다. 이 꿈이 태몽이 되기에 합당한 것은 그 밤을 치마 앞자락에 주워 담았기 때문인데, 치마는 자손이나 수하자로서의 협조자를 상징하기 때문이다. 이 꿈이 본인에게 해당되지 않으면, 집안 식구 중에 그 누구에 관한 꿈을 대신 꿀 수도 있다. (글: 한건덕)

가정주부라는 처한 상황으로 보자면, 태몽으로 실현될 가능성이 95%이상이다. 다만, 반드시 태몽꿈으로 실현되는 것은 아니다. 꿈이 매우 생생하고 강렬하다면, 태몽으로 실현될 가능성이 매우 높다는 것일 뿐, 100% 절대적인 것은 아니다. 태몽꿈이 아닌 경우에도 꿈의 상징 표상은 아주 좋기에 현실에서 매우 좋은 실현을 이룰 것이다. 많은 밤을 치마 앞자락에 주워담는 꿈이었으니, 태몽이 아닌 경우에는 밤으로 표상된 어떤 재물이나 이권·권리 등을 얻게 될 것이다.

복권 당첨자 꿈에 있어서 풍요로움의 표상이 있다. 꿈속에서 꽃이 아주 만발해 있는 것을 보는 꿈 등 풍요로움과 관계되는 표상은 현실에서 아주 좋게 이루어진다. 가정이지만, 이 꿈을 꾼 주부가 나이가 50대의 주부라 아기를 낳을 수 없는 상황이라면, 또한 식당 등 어떠한 장사 등을 하고 있다면 사업 등이 번창하게 되는 결과를 가져 올 수 있다.

물론 한건덕 선생님이 말씀하신 대로 동서나 여동생 등의 꿈을 대신 꾸어줄 수도 있다. 시어머니가 태몽꿈을 꾸었다고 해서 아기를 낳는 것이 아니듯이, 주변의 누군가의 태몽꿈을 대신 꿔줄 수도 있는 것이다. 태몽꿈인 경우 아들일 확률이 높지만 절대적인 것은 아니다. 색깔이 선명한 경우 아들, 풋밤인 경우 딸로 실현된 사례가 있다. 다른 여타의 식물에 있어서도 완전 성숙한 과실의 경우 아들, 성숙 단계에 있는 과실의 경우 딸인 경우가 많다. 자세한 것은 필자의 사이트에서 밤과 매몽을 검색해보시기 바란다.

〈 돼지새끼가 쇳덩이로 변한 꿈 〉

어미돼지가 희고 검은 점이 있는 새끼돼지 여러 마리를 젖을 먹이는 것을 보다가, 방으로 들어와서 빗자루로 방을 쓸고 있었다. 새끼돼지 한 마리가 방안에서 잠을 자고 있는 것을 옮겨 누일 생각으로 두 손으로 끌어안고 보니, 무거운 쇳덩이로 변해 있었다. (가정주부 최윤정씨의 꿈)

훌륭한 사업가 아들을 낳을 태몽이다. 이 꿈은 장차 많은 기업체를 이끌어갈 훌륭한 아들을 낳을 것을 예지한 꿈이다. 어미 돼지가 새끼돼지에게 젖을 먹이는 것은 그 태아가 장차 성장해서 수많은 소기업체를 육성할 수 있을 것을 암시한다. 방안의 새끼돼지가 쇳덩이로 변한 것은 그 태아가 초년에는 의식주가 풍성하여 편히 자라다, 장차 쇳덩이와 같은 인격의 소유자가 된다는 것을 암시하고 있다.

보통 태아의 성격과 기품은 바위라든가 예쁜 돌로 상징하기를 잘하는데, 그보다 더 견고하고 무거운 쇳덩어리니 비상한 체력과 인격의 소유자를 뜻한다. 현재 임신 중에 있다면 틀림없이 태몽이고, 그렇지 않으면 장차에 있을 것인데 비로 방을 쓸었으니 어떤 반갑고 속시원한 일이 있을 것이다. (글: 한건덕)

처한 상황을 이야기해 주어야 올바른 해몽이 가능하다라는 말씀을 누누이 드린 바가 있다. '호랑이에게 물리는 꿈이었요' 라고 말하면 꿈을 다 이야기 한 것 같지만, 이 꿈만으로는 올바른 해몽이 안되는 것이다. 처녀라면 호랑이같은 활달하고 용감한 남자의 영향권안에 들어가는 일이 일어날 것이요. 임신이 가능한 환경에 있는 사람은 태몽으로, 50대의 회사원이라면 호랑이같은 깡패에게 봉변을 당하는 일로 실현될 수도 있는 것이다.

돼지꿈의 표상 전개로 보아 태몽으로 실현될 가능성이 높다. 새끼 돼지 한 마리를 옮겨 눕히려고 했던 표상 그대로, 하나의 자식과 관련지어 일어날 것은 틀림이 없는 것 같다. 다만, 무거운 쇳덩어리니 비상한 체력과 인격의 소유자를 뜻한다고 하셨는데, 장차 쇳덩이로 표상된 철과 관련된 분야로 나아가게 되거나, 고집이 세거나 기타 안좋은 상황으로의 가정도 가능하다고 하겠다.

〈 호랑이가 엄지손가락을 물은 태몽 〉

어머니의 태몽에 어느 큰 집 부엌에 앉아 밖을 내다보니, 화창한 날씨에 넓은 길이 확 트이고 길 양쪽으로 아름다운 꽃이 만발하였는데, 그 길로 젊은 남녀 한 쌍이 거닐고 있었다. 그러자 아궁이에서 송아지만한 얼룩 호랑이가 나와 엄지손가락을 덥석 물었다.

만사형통, 부귀 공명한다. 큰 집은 관청의 바꿔놓기이고, 그 곳은 바로 태아의 출세기반이다. 부엌은 그 기관의 기획담당부쯤 되는데, 부엌에서 일어나는 일은 출세가 빠르다. 화창한 날씨는 그 사람의 운세가 대길하고, 길이 확 트인 것을 보았으니 만사가 형통할 것이며, 운세 또한 길한데 꽃이 만발했으니 명예와 영광을 가져다준다. 그 길을 거닐고 있는 남녀는 장성해서 행복한 보금자리를 보거나 어떤 일의 성취됨을 볼 것인데, 남자는 실제 인물이지만 여자는 이 사람이 성취시키기를 꾀하는 일거리의 상징일 수 있다. 큰 호랑이가 아궁이에서 나타난 것은 바로 태아의 인물됨이나 권세를 상징한 것으로, 큰 기관에서 출세할 사람이라는 것과 큰 아들 또는 어떤 기관에서 제일 가는 높은 관리가 되어 부귀로워진다는 것을 암시하고 있다. (글: 한건덕)

좋은 태몽꿈 표상이다. 송아지만한 호랑이에게 물리는 꿈은 가임여건에서는 태몽으로 실현되며, 일반적으로는 호랑이로 표상된 어떤 거대한 세력이나 권리 · 이권 · 재물 · 사람의 영향권 안에 들어갈 것을 나타내주고 있다.

태몽에서는 꿈속에 펼쳐지는 배경이 중요하다. 화창한 날씨, 아름다운 꽃 만발, 정다운 연인들의 데이트—. 꿈은 반대가 아니다. 오직 상징 표상의 이해에 있다. 꽃비 내리는 길을 연인이 정답게 데이트를 하면서 걸어오는데, 가까이 와서 쳐다보는 순간 바로 자신임을 알고 놀랐던 사람이 복권에 당첨된 사례가 말해주듯이, 아름답고 풍요로운 꿈은 장차 살아갈 인생길의 배경에 있어서, 재물의 복이나 행복된 삶을 살아갈 것을 예지해주고 있는 것이다.

〈 우물에서 황금반지를 얻는 꿈 〉

　　현재 임신 3개월이다. 꿈에 공동우물에 황금반지가 빠져있는 것을 여
러 사람을 젖혀놓고, 내가 꺼내 가운데 손가락에 끼웠다. 원래 갖고 있는
반지는 빛이 안나고 이 반지는 유난히 빛나는데, 밤마다 황금 · 백금반지
를 감나무 밑에서 많이 파내 오기도 한다.

(대구시 가정주부 황금자(가명)씨의 꿈)

　　뛰어난 인물을 낳을 태몽이다. 태몽으로서의 금반지를 얻는 것은
그 태아의 인물됨이나 신분이 고귀해진다. 남녀성별이 차이가 없으며,
그 금반지를 어떻게 얻었느냐 하는 것은 그 태아의 장래성을 구체적으
로 암시해 주고 있다. 공동우물은 사회적인 출세의 기반이고 관공서의
녹(祿)을 먹을 것인데, 여러 사람이 그 반지를 들여다보고 있으니, 여러
사람의 우두머리가 된다. 원래 끼고 있던 반지가 빛이 나지 않는 것은
먼저 얻은 자식은 이 애만 못하다.

　　현재 이 애의 형이 없다면 남편을 상징할 것인데, 남편보다 뛰어난
인물이 된다는 뜻이다. 금 · 백금 반지를 감나무 밑에서 무겁도록 많이
파오는 것은 장차 장성해서 많은 업체를 운영하거나 부귀가 가득 찰 것
을 암시하고 있고 많은 업적을 남기기도 한다. (글: 한건덕)

　　좋은 꿈이다. 미혼의 경우 이런 꿈은 배우자를 맞이할 꿈이다. 태몽
표상으로 본다면, 금반지로 표상된 귀한 자식을 얻게 될 꿈이다. 공동
우물에서 여러 사람을 제치고 금반지를 얻었으니, 장차 여러 경쟁자를

물리치고 귀하게 될 것을 예지해주고 있다. 금반지가 빛날수록 귀한 부귀·명예를 얻게 될 것이다. 또한 손에 이미 낀 반지가 이미 낳은 자식을 상징하는 사례가 있는 바, 탁견이시다.

〈 산 정상에서 아래로 뻗은 구렁이 〉

청색구렁이가 높은 산 정상에 머리를 맞대고 그 동체를 산 밑까지 뻗었는데, 그 산 일대는 여러 가지 꽃이 만발하였다. 그 구렁이는 아래로 내려갈수록 동체가 굵었고, 푸른 기운이 돌며 윤기 흐르고 있어, 넋을 잃고 바라보았다는 태몽을 꾸었다.

이 꿈의 암시는 반드시 그 아기가 행정·입법·사법 등 삼부요원 중의 어떤 우두머리가 될 사람이라는 것을 믿어도 좋다. 그것은 높은 산은 국가나 정부의 상징이고, 청색구렁이는 정당이나 행정요원을 통솔하는 최고 권력자요, 산에 꽃이 만발한 것은 국가에 영광을 가져오거나 자신이 영귀해질 것을 암시하고 있기 때문이다. 만약 그가 정당 당수가 된다면, 그는 여당으로 행세할 것이 틀림없는 것은 그 구렁이가 머리를 산정에 맞대고 나란히 했기 때문인데, 만약 그 뱀이 머리를 산 정상에서 떼거나 산 정상보다 높았으면 국가에 불만의 뜻이 있음을 암시하고 있으니 야당당수쯤 될 것이다. (글: 한건덕)

구렁이 태몽 표상의 꿈은 대부분 남아로 실현되고 있다. 또한, 구렁이의 크기나 굵기, 색깔의 선명함, 윤기의 여부 등에 따라 앞으로 인생길에서의 빈부귀천 여부를 예지해주고 있다. 앞의 '동체가 굵었고, 푸른 기운이 돌며, 윤기가 흐르고 있어 넋을 잃고 바라보았다.' 의 구렁이에 대한 표상 전개는 말할 수 없이 좋은 표상으로 이루어져 있다. 구렁이가 몸에 피를 흘리거나 상처 입은 표상이 아니며, 사라지는 표상이 아닌 넋을 잃고 바라볼 정도로 당당한 표상을 보여주고 있다.

또한 산 일대에 꽃이 만발하여 있는 아름답고 풍요로운 배경의 표상은 앞으로 인생길에 있어서 부귀영화가 함께 할 것임을 예지해주고 있다. 꿈은 반대가 아닌 것이다. 오로지 상징 표상의 이해에 있다고 말씀드리고 싶다.

상징적인 미래예지 꿈의 특성을 극명하게 보여주는 것이 바로 태몽의 사례들이다. 어떤 분들은 태몽꿈을 물어오면서 아들·딸의 여부에만 관심을 가지시는 분들이 있다. 태몽으로 아들·딸의 여부를 어느 정도 예지하는 것은 사실이지만, 중요한 것은 아들·딸의 여부보다도 한 아이의 일생이 태몽속에 농축되어 예지되어 있다는 사실이다. 즉, '태몽꿈의 표상이 어떻게 전개되었느냐' 가 중요한 것이다.

꽃이 만발한 풍요로운 산을 배경으로 정상에 머리를 대고 아래쪽에까지 늠름하고 당당하게 뻗어 있는 구렁이의 상징 표상에서, 또한 여러 색깔의 꽃으로 뒤덮여 있다는 데서, 일생의 인물됨이 크고 웅장하며 밝은 앞날이 있게 될 것을 예지해주고 있다. 보통 구렁이의 표상은 아들로 실현되고 있으며, 딸이라 하더라도 걸걸한 성품의 커다란 인물이 될 것이다.

Ⅶ 설화・고전소설・민속・매스미디어 속의 태몽

1. 설화 속의 태몽

태몽에 동자나 사람, 또는 이미 죽은 사람이 들어오거나 나타나기도 하는 바, 영혼 탄생 전생설화 속에 자주 보이고 있다. 설화속에 태몽 이야기는 수없이 많으나, 지면 관계상 대표적인 것 몇가지만 살펴본다.

〈 고구려의 점쟁이 추남이 서현공의 부인의 품속으로 들어가다 〉

김유신의 탄생에 대한 설화이다. 김유신이 고구려 첩자였던 백석의 간계에 빠져 고구려에 들어가다가, 세 호국신의 일깨움으로 김유신을 유인하던 백석을 포박하고 고문하여 실정을 물으니 백석이 말하였다.

"나는 본래 고구려 사람이요. 우리 나라의 군신이 말하기를, 신라의 김유신은 우리나라의 점쟁이 '추남(楸南)'이었다 하는데, 국경에 역류하는 물이 있으므로 그를 시켜 점을 치게 하니 아뢰기를, '대왕의 부인이 음양의 도를 역행하여 그 징조가 이와 같습니다' 라고 하였습니다.

왕이 놀라고 괴이하게 여겼는데, 왕비가 크게 노하여 이는 요사스런 여우의 말이라 하였습니다. 그리고 왕에게 고하여 다시 다른 일로 징험해 물어서, 못 맞추면 중형에 처하기로 했습니다.

이에 쥐 한 마리를 합 속에 넣고 이것이 무슨 물건이냐고 물으니 추남이 아뢰기를, '이는 쥐인데 모두 여덟 마리입니다'라고 하였습니다. 틀렸다고 목베어 죽이려하니 추남이 맹세하기를, '내가 죽은 후에 원컨대 대장이 되어 반드시 고구려를 멸망시킬 것이다'라고 하였습니다. 즉시 그를 죽이고 쥐의 배를 갈라보니, 그 속에 일곱 마리의 새끼가 있었으므로 그의 말이 맞았음을 알았습니다.

그날 밤 대왕의 꿈에, 추남이 신라 서현공 부인의 품속으로 들어간 것을 보고는 여러 신하들에게 물었더니, 모두 말하기를, '추남이 맹세한 마음으로 죽었는데 과연 그렇습니다.' 하였습니다. 그래서 나를 보내 이런 모의를 한 것입니다. 『삼국유사』, 기이 제 1.

〈 거사가 죽지랑으로 탄생하다 〉

처음에 술종공이 삭주도독사가 되어 장차 임지로 가는데, 이때 삼한에 전쟁이 있어 기병 삼천 명으로 호송하게 했다. 가다가 죽지령에 이르렀을 때, 한 거사가 그 고갯길을 닦고 있었다. 공이 그걸 보고 감탄하고 칭찬하니, 거사 역시 공의 위세가 혁혁함을 좋게 여겨 서로 마음이 통하게 되었다.

공이 부임하여 다스린 지 한 달이 되었을 때, 꿈에 거사가 방 가운데로 들어오는 것을 보았는데, 그 아내도 같은 꿈을 꾸었으므로 매우 놀랍고 괴이하게 여겼다. 이튿날 사람을 시켜 그 거사의 안부를 물으니 사람이 말하기를, "거사는 죽은 지 며칠이 되었다" 하였다. 심부름 갔던 사람이 돌아와 보고하니, 그 죽은 날이 꿈을 꾸던 날과 같았다. 공이 말하기를 '아마 거사가 우리 집에 태어날 것이다' 하고는, 다시 사람을 보내 고갯마루 북쪽 봉우리에 장사지내고 돌로 미륵(彌勒)을 하나 만들어 무덤 앞에다 세웠다.

공의 아내가 꿈을 꾸던 날부터 태기가 있어 아이를 낳으니 이름을 죽지(竹旨)라 하였다. 그가 장성하여 벼슬길에 올라 김유신 공의 부수(副帥)가 되어 삼한을 통일하고, 진덕·태종·문무·신문 등 4대의 재상이 되어 나라를 안정시켰다. 『삼국유사』, 제 2권, 기이 제 2.

〈 대성이 전세, 현세의 두 부모에게 효를 하다 〉

모량리(牟梁里)의 가난한 여인 경조(慶祖)에게 아이가 있었는데, 머리가 크고 정수리가 평평하여 성(城)과 같았으므로 이름을 대성(大城)이라 하였다. 집이 군색하여 살아갈 수가 없어 부자 복안(福安)의 집에 가서 품팔이를 하고, 그 집에서 약간의 밭을 주어 의식의 자료로 삼았다. 고승인 점개(漸開)가 불사를 흥륜사에서 베풀고자 하여 복안의 집에 이르러 보시할 것을 권하니, 복안은 베 50필을 보시했다. 점개는 주문을 읽어 축원했다. "당신이 보시하기를 좋아하니 천신(天神)이 항상 지켜 주실 것이며, 한 가지를 보시하면 일만 배를 얻게 되는 것이니 안락하고 수명 장수하게 될 것입니다."

대성이 듣고 뛰어 들어가, 그 어머니에게 말했다. "제가 문간에 온 스님이 외치는 소리를 들었는데, 한 가지를 보시하면 일만 배를 얻는다고 합니다. 생각하건대 저는 숙선(宿善:전세에서의 착한 일)이 없어 지금 와서 곤궁한 것입니다. 이제 또 보시하지 않는다면, 내세에는 더욱 구차할 것입니다. 제가 고용살이로 얻은 밭을 법회에 보시해서, 뒷날의 응보(應報)를 도모하면 어떻겠습니까?" 어머니도 좋다고 하므로, 이에 밭을 점개에게 보시했다. 얼마 지나지 아니하여 대성은 세상을 떠났다.

이날 밤 국상(國相) 김문량(金文亮)의 집에 하늘의 외침이 있었다. "모량리 대성이란 아이가 지금 네 집에 태어날 것이다." 집 사람들이 매우 놀라 사람을 시켜 모량리를 조사하게 하니, 대성이 과연 죽었는데 그날 하늘에서 외치던 때와 같았다. 김문량의 아내는 임신해서 아이를 낳았다. 왼손을 꼭 쥐고 펴지 않더니 7일 만에야 폈는데, 대성(大城) 두 자를 새긴 금간자(金簡子)가 있었으므로 다시 이름을 대성이라 하고, 그 어머니를 집에 모셔 와서 함께 봉양했다. 『삼국유사』 권 제4, 孝善

〈 태양이 입속으로 들어온 꿈 〉

맹사성의 태몽에 관한 일화이다. 맹사성의 생가는 전하는 말에 따르면, 고려 최영 장군이 살던 곳이라 한다. 최영은 자신의 집을 친구인 맹유에게 물려 주었다. 맹유에게는 맹희도라는 아들이 있었다. 정몽주와 절친한 사이였던 맹희도는 젊은 시절 신혼임에도 불구하고 개성에 올라가 과거 준비를 하고 있었는데, 어느 날 부친이 위독하다는 연락을 받게 된다. 정신없이 아산으로 달려온 아들 맹희도를 무조건 시집온 새 색시의 방으로 들라 했다.

새며느리가 어느 날 태양이 자신의 입속으로 들어오는 꿈을 꾸고 놀라 깨어났다. 이에 보통 꿈이 아니라고 생각되어 시아버지 맹유에게 고하자, 맹유는 즉시 개성에서 공부하고 있는 아들을 불러 내린 것이다. 그 일이 있고 난 뒤 태어난 인물이 맹사성이라고 한다. 그 뒤 공교롭게도 맹사성은 최영의 손녀 사위가 되었다.

〈 산을 삼키는 꿈 〉

우암 송시열의 태몽에 관한 일화이다. 송시열은 서기 1607년 이원면 구룡촌(구룡촌 : 현 龍坊里) 그의 외가에서 태어나 자랐으므로, 이 고장에는 여러 가지 일화가 전해지고 있다. 그가 태어난 곳에는 유허비가 있고, 그가 공부하던 곳에는 용문서당(龍門書堂 : 현 龍門影堂)이 있으며 이지당(二止堂)이 현재 남아 있다. 우암의 어머니 곽씨(郭氏)께서 우암을 잉태할 때, 태몽을 꾸었는데, 월이산(伊院里)을 몽땅 꿀꺽 삼켜버리는 것이었다. 이처럼 우암선생은 처음 잉태될 때부터 비범한 인물이었음을 예측케 하였다. ─ 관광지식정보시스템

〈 미인바위의 유래 〉

전라남도 장성 땅. 입암산과 방장산 사이, 갈재 아래쪽으로 뚫린 긴 터널을 빠져나가자마자 왼쪽으로 잘 생긴 바위 하나가 있다. '미인바위'다. 바위를 멀리서 보면 영낙없이 그린 것처럼 고운 미인의 눈썹 모양이 드러난다. 갈재 고갯마루 주막집 딸 '갈애'에 얽힌 전설이 바로 이 바위가 간직하고 있는 슬픈 내력이다. 지금으로부터 200여 년 전 갈재 고갯마루에는 주막집이 하나 있어, 신임 사또며, 봇짐장수, 귀양가는 죄인, 과거에서 낙방한 선비 등등 숱한 사람들이 쉬어가곤 했다.

이 주막집 주모에게는 어여쁜 딸이 있었는데 자랄수록 미모가 출중해 뭇 사내들의 시선이 떠날 줄 몰랐다. '갈애'라는 이름의 이 처녀는 주모가 어느날 밤 미인바위를 둘러싼 영롱한 구름 속에서 예쁜 처녀가 나와 치마 속으로 들어오는 태몽을 꾸고 난 후, 태어나서 그런지 아름답기 그지없었다. ─후략.

이와 유사한 설화가 곳곳에 전하고 있는 바, 한결같이 출생시에 범상치 않은 태몽이 있었음을 강조하고 있다.

〈 거북바위 유래 〉

용곳마을 뒷산에 있는 바위로, 바위의 생김새가 마치 거북이 앉아서 고개를 옆으로 돌리고 바라보는 모습과 흡사하다. 그래서 거북바위라 부른다고 한다.

의병대장을 지낸 박석정 장군의 어머니 강씨 부인의 태몽 이야기다. 용곳에 살던 강씨 부인이 어느날 밤 꿈을 꾸었다. 꿈에 강씨 부인은 들 건너 황산에서 큰 거북 한 마리와 새끼거북 두 마리를 치마폭에 안고 오다가, 새끼 거북 두 마리는 두월천(용곳 앞들에 있는 내) 가운데에 떨어뜨리고, 어미 거북 한 마리는 마을 뒷산에 내려 놓았다.

강씨 부인은 꿈이 하도 이상하여 아침 일찍 마을 뒷산에 가 보았다. 그런데 정말 믿지 못할 일이었다. 꿈에 치마폭에 안고왔던 거북과 똑같이 생긴 바위가 꿈속에서 놓았던 그 자리에 놓여 있었다. 신기하게 생긴 강씨부인은 두월천에도 가 보았다. 거기에도 역시 산에 있는 바위와 같은 바위가 놓여 있었다.

거북바위 꿈을 꾸고 난 뒤에 강시부인은 아기를 갖게 되었고, 달이 차 아기를 낳았다.(1539년 중종 34년 사해 5월) 그 아이가 바로 박석정이다. 박석정은 임진왜란이 일어나자, 스스로 의병을 모아 곰티재에서 왜적과 싸우다가 전사하였다. 뒤늦게 이 사실을 안 나라에서는 승정원 좌승지라는 벼슬을 내리고 그 뜻을 기렸다. 그래서 이 바위를 마을 사람들은 장군 바위라고도 부르는데, 박씨의 후손들은 박석정의 묘소에 시제를 모시고 난 뒤에, 이 거북바위에 와서 음식을 차려 놓기도 한다고 한다. 박석정의 묘소 앞에 있는 비석 비문에도 거북바위에 대한 이야기가 새겨져 있고, 재각에는 구룡재(龜龍齋) 라는 현판이 걸려 있다. (전주한옥마을 인터넷 사이트)

〈 봉선화 꽃 전설속의 태몽이야기 〉

봉선화는 장독대와 울타리 밑에 기대어 피는 꽃이다. 이 주홍빛 꽃빛을 내 뿜는 봉선화에는 슬픈 전설이 깃들여 있다. 아주 먼 옛날 꿈에 선녀(仙女)로부터 봉황(鳳凰)을 받는 태몽을 꾼 후에 낳은 딸이라 해서 봉선(鳳仙)이라고 이름을 지었다.

어렸을 때부터, 거문고 연주 솜씨가 뛰어나 그 소문이 임금님의 귀에까지 들어갔다고 한다. 그 임금님은 봉선의 거문고 연주에 늘 행복했다. 그러나 봉선은 깊은 병에 걸렸다. 봉선은 마지막 힘을 다해 거문고를 연주하다가 손끝에서 피가 나오는데도 연주는 그치지 않아, 임금님이 손수 봉선의 손가락을 천으로 감싸 주었으나 결국 봉선은 죽는다. 그 봉선의 무덤에서 피어난 꽃이 바로 봉선화라고 한다.

(인터팬 타우루스 기자, 뉴스보이)

2. 고전소설에 나타난 태몽

고전소설은 OOO전(傳)에서 알 수 있듯이, 주인공의 일대기요 전기 형식을 띠고 있다. 대부분의 고전소설의 주인공들은 주로 영웅이나 재주가 뛰어난 인물들이다. 이러한 주인공들의 신성성을 합리화하기 위해, 민중의 꿈에 대한 절대적인 믿음을 바탕으로 출생시부터 신비한 태몽이 있었다는 것으로 시작되고 있다. 주로 해 · 달 · 별 · 용 · 범 · 구슬 · 선녀 · 선동 · 봉황 · 학 등 신성시하는 대상이 등장하고 있으며, 옥황상제께 죄를 입어 인간세계로 환생하게 되었다거나 정성에 감동하여 점지해 주셨다는 내용으로 비슷비슷하게 전개되고 있다.

또한 태몽은 고전소설의 단조로운 플롯에 암시적 기능과 흥미 유인적 기능을 동시에 줌으로써, 독자로 하여금 관심을 지니고 이야기속으로 빠져들게 하고 있다. 다음의 옥단춘전에서 살펴볼 수 있듯이, 태몽으로 주인공의 일생을 암시하고, 나아가 앞으로 일어날 사건전개에 있어 복선을 깔아놓는 역할을 해주고 있는 것이다. 고전소설외로 가사 작품 등 타 문학작품 속에도 태몽에 관한 내용이 나오고 있으나, 고전소설의 일부에 한정시켜 살펴보았다.

〈 옥단춘전의 태몽꿈 〉

숙종 대왕 시절 나라가 편안한 때, 서울에 사는 김 정승과 이 정승이 친한데 서로 자식이 없어 서로를 위로하며 산다. 어느 날 이 정승은 꿈에 청룡이 오운을 타고 여의주를 희롱하다가 난데없는 백호가 덤벼들어 한강으로 쫓아 버리고 하늘로 올라가는 꿈을 꾸고, 김 정승은 백호가 한강을 건너다가 용에게 쫓겨 한강에 빠지는 꿈을 꾸고는 각각 아들을 낳으니, 이 혈룡과 김진희라 하였다.

옥단춘전에 이처럼 태몽을 통해 독자에게 앞으로 일어날 사건에 대해 암시토록 하고 있으며 흥미를 불러일으키고 있다. 앞으로의 전개를 생각해보면서 이야기를 살펴보자.

둘은 함께 공부하면서 장차 서로 돕기를 맹세한다. 김진희가 먼저 등과하여 평안감사가 되었다. 도움을 청하러 간 이혈룡을 박대할 뿐만 아니라 오히려 죽이려고까지 했다. 이 때 기생 옥단춘은 뱃사공을 매수하여 이혈룡을 살리고 경제적인 도움을 주었다. 뒤에 이혈룡이 암행어사로 내려와 김진희의 악정을 징계하고 옥단춘과 반가이 재회한다는 내용의 애정소설이다.

태몽꿈과 소설속의 두 사람의 일생이 일치하고 있음을 볼 수 있다. 이처럼 태몽으로 남녀의 구별은 물론 장래의 운명까지 예지해주는 것을 믿고 있었음을 문학작품을 통해서 잘 알 수 있다.

〈 홍길동의 태몽꿈 〉

공이 길동을 낳을 때 한 꿈을 얻으니, 문득 뇌성벽력이 진동하며 청룡이 수염을 거사리고 공에게 향하여 달려들거늘 놀라 깨니 일장춘몽이라. 마음속으로 크게 기뻐하여 생각하되, '내 이제 용꿈을 얻었으니 반드시 귀한 자식을 낳으리라' 하고 즉시 내당으로 들어갔다.

부인 유씨가 일어나 맞이하거늘, 공이 기뻐하여 손을 이끌어 장차 운우지정을 하고자 하니, 부인이 정색 왈 "상공이 체위 존중하시거늘 년소 경박자의 비루함을 행하고자 하시니, 첩은 봉행치 아니하리로소이다" 하고, 손을 뿌리치고 나가는 것이었다.

공이 열적어서 분기를 참지 못하고 외당으로의 나와, 부인의 어리석음을 한탄하더니, 마침 시비 춘섬이 차를 올리거늘 춘섬을 이끌고 곁방으로 들어가 관계를 맺으니, 이때 춘섬의 나이 십팔이라. 한번 몸을 허한 후로 문밖에 나지 아니하고, 타인을 취할 뜻이 없으니, 공이 기특히 여겨 인하여 첩을 삼았다.

과연 그 달부터 태기 있어 십삭만에 옥동자를 낳으니, 기골이 비범하여 짐짓 영웅호걸의 기상이라. 공이 한편으로는 기뻐하나 부인에게서 나지 못함을 한스러워 하더라.

〈 심청전의 태몽꿈 〉

갑자 사월 초파일에 한 꿈을 얻으니, 서기 반공하고 오채 영롱한데 일개 선녀 학을 타고 하늘로부터 내려오니, 몸에는 채의요 머리에는 화관이라. 월패를 느직이 차고 옥패 소리 쟁쟁한데, 계화 일지를 손에 들고 부인에게 읍하고 곁에 와 앉는 거동은 뚜렷한 달정신이 품안에 드는 듯, 남해 관음이 해중에 다시 돋난 듯 심신이 황홀하야 진정하기 어려웠다.

선녀 하는 말이, "서황모 딸이웁더니 반도 진상 가는 길의 옥진 비자를 만나 둘이 수작하였더니, 시각 좀 어기였삽기로 상제께 득죄하야, 인간 세상에 내치시매 갈 바를 몰랐더니, 태행산로군과 후토 부인 제불

보살 석가여래님이 귀댁으로 지시하옵기에 왔사오니 어여삐 여기옵소서," 품안에 들매 놀라 깨니 남가일몽이라. 즉시 심봉사를 깨워 몽사를 의논하니 둘의 꿈이 같은지라.

〈 춘향전의 태몽꿈 〉

낙포의 딸이었는데 천도복숭아를 진상코자 옥경에 나아갔다가, 광한전에서 적송자를 만나 정회를 다 풀지 못하고 있을 즈음, 때에 늦었음이 죄가 되어 옥황상제께서 크게 노하시어 인간세계로 내 쫓으시매……

〈 양산백전의 태몽꿈 〉

소자는 천상선노이러니 옥제께 득죄하와 인세에 내치시니 갈 바를 모르와 방황하옵더니, 창해 관음보살이 지시하심으로 찾아왔사오니 바라건대 대인은 어엿비 여기소서.

〈 유충렬전의 태몽꿈 〉

빌기를 다한 후에 만심 고대하던 차에 일일은 한 꿈을 얻으니, 천상으로서 오운이 영롱하고, 일원 선관이 청룡을 타고 내려와 말하되, "나는 청룡을 차지한 선관이더니, 익성이 무도한 고로 상제께 아뢰되 익성을 치죄하야 다른 방으로 귀양을 보냈더니, 익성이 이 길로 합심하여 백옥루 잔치 시에 익성과 대전한 후로, 상제 전에 득죄하여 인간에 내치심에 갈 바를 모르더니, 남악산 신령들이 부인 댁으로 지시하기로 왔사오니, 부인은 애휼(사랑하고 불쌍히 여김)하옵소서." 하고 타고 온 청룡을 오색 구름 간에 방송하며 왈, "일후 풍진(전쟁)중에 너를 다시 찾으리라." 하고 부인 품에 달려들거늘 놀라 깨달으니 일장춘몽 황홀하다.

〈 조웅전의 태몽꿈 〉

황룡이 오운에 쌓여 칠성을 희롱하다가, 그 용이 따라와 소저의 치마를 물고 방으로 들어와 소저 몸에 감기거늘 놀라 깨달으니

〈 설인귀전의 태몽꿈 〉

하루는 원이 일몽을 얻으니, 이마 흰 범이 집으로 달아들기를 놀라 깨니 남가일몽이라.

〈 옥낭자전의 태몽꿈 〉

조선 후기의 한글 애정 소설. 주인공 이시업과 약혼녀 김옥랑의 애절한 사랑을 그린 것으로, 유학적 도덕관을 바탕으로 부부 사이의 정렬(貞烈)을 다룬 작품이다.

명나라 만력 황제(신종) 때, 조선 함경도 고원 땅의 이 춘발은 가문이 빛나고 넉넉한 살림이었다. 자식이 없었으나 꿈에 부처님이 자식을 점지하여, 부인이 옥동자를 낳으니 이름을 이시업이라 하였다. 천상으로부터 한 선녀 내려와 부인께 배례 왈, "소첩은 천상 옥허궁 시녀옵더니 상제께 득죄하여 인간에 내치시기로, 부인께 의탁하고자 하오니 엎드려 바라옵건대 부인은 어엿비 여기소서" 하고 품안으로 들거늘 놀라 깨니 침상일몽이라.

〈 홍계월전의 태몽꿈 〉

대명 성화 연간, 형주 구계촌에 홍무는 소년 급제하여 이부시랑이

되나 백관이 시기하여 시골에서 사는데, 나이 사십에 자식이 없어 고민하던 중, 선녀가 나타나 자식이 되리라는 꿈을 꾸고 나서 딸을 얻으니 계월이다.

〈 장화홍련전의 태몽꿈 〉

그러던 중 하루는 부인 장씨가 몸이 곤하여 침상에 의지하고 졸고 있으려니, 문득 한 선관이 하늘에서 내려와 꽃 한 송이를 주었다. 부인이 이것을 받으려 하니 홀연 광풍이 일어나더니, 그 꽃이 변하여 한 선녀가 되어 완연히 부인의 품속으로 들어와 부인이 깜짝 놀라 깨어보니, 남가일몽이었다. (장화의 태몽)

후취인 윤씨 또한 일몽을 얻으니, 꿈에 선녀가 구름을 타고 내려와 연꽃 두 송이를 주며 하는 말이, "이는 장화와 홍련이니, 그 애매하게 죽음을 옥황상제께서 불쌍히 여기시어 부인께 점지하니, 귀히 길러 영화를 보아라." 하고 간 데가 없었다. 윤씨가 깨어보니, 꽃송이가 손에 쥐어 있고 향기가 방안에 가득하였다.

장화·홍련이 죽은 후에 다시 쌍둥이 자매로 태어나는 바, 배좌수가 후취로 얻은 윤씨부인이 꾼 태몽꿈이다.

〈 소대성전의 태몽꿈 〉

"소자는 동해용자옵더니 비를 잘못 내린 죄로 상제께서 내치시매, 갈 바를 모르옵더니, 청룡사 부처가 지시함으로 왔사오니 어엿비 너기쇼서" 하고 품속으로 들거늘 놀라 깨니 남가일몽이라.

〈 숙향전의 태몽꿈 〉

"소자는 옥제앞에서 사후하던 태을진인이러니, 득죄하기로 인간에 내치시기로, 의탁할 곳이 없더니 대성사 부처가 지시하기로 왔나이다" 하거늘—

〈 백학선전의 태몽꿈 〉

"소자는 상계 선동이더니 천상에 득죄하여 갈 바를 모르더니, 북두성이 부인에게 지시하시기로 왔사오니 부인은 어엿비 여기소서" 하고 품속으로 들거늘 부인이 놀라 깨니 남가일몽이라—

〈 왕장군전의 태몽꿈 〉

작자연대 미상의 한글 고전소설이다. '왕비호전' 이라고도 한다. 주인공 왕장군의 영웅적 활약상을 그린 영웅소설이다. 옛날 형주 계양현에 살던 왕혁은 만년에 청룡을 탄 장군이 달려드는 태몽을 꾸고 아들 비호를 얻는다.

이처럼 고전소설의 첫부분에 신비한 태몽이 있었음을 밝히고 있는 바, 민중들이 태몽을 절대적으로 믿고 있었음을 보여주고 있다.

3. 민속, 매스미디어 속의 태몽

    편의상, 민속에 전하는 태몽에 관한 민간속신은 태몽 표상별 전개에서 각 항목 별로 배치하여 참고적으로 살펴본 바 있다.

    선인들에게 있어서 태몽에 관한 인식은 절대적이라 할만큼 신비로움을 넘어 신앙적으로까지 받아들여지고 있다. 앞서 고전소설에 나타난 태몽에서 살펴본 바 있듯이, 이러한 신비한 태몽에 대한 민속적인 신앙은 고전소설에서 주인공의 영웅성과 특별한 인물임을 강조하기 위해 출생시에 신비스런 태몽으로 시작하고 있는데서 잘 나타나고 있다.

    또한 일대기를 기록한 행장(行狀)이나, 죽은 이의 평생 행적을 기록하여 묘 앞에 세운 비석인 신도비(神道碑)에 신비한 태몽이 있었음을 기록하여 훌륭한 인물이었음을 드러내고 있듯이, 태몽에 대한 절대적인 믿음을 보여주고 있다.

    한편 그림이든가 연적(硯滴) 등 일상생활에서 태몽의 속신적인 요소를 발견할 수가 있다. 태몽으로 용꿈을 꾸고 난 후, 용꿈의 상징의미 그대로 장차 부귀·권세를 누리는 아이의 탄생을 바라는 마음으로 몽룡도(夢龍圖)를 그리거나, 악귀를 몰아내는 벽사용으로 그렸다. 또한 복숭아 태몽은 아들과 다남(多男)의 상징인데서, 연적(硯滴)이나 그림에서 많이 보이고 있다.

또한 이러한 일반 민중들의 태몽에 대한 절대적인 믿음을 이용한 지어낸 거짓 태몽 꿈이야기가 있다. 용꿈 등 좋은 태몽을 꾸었다고 하여 남녀의 인연을 맺는다든가, 곤란에 빠진 신부를 구해내기 위하여 신비한 태몽을 꾸었다고 하면서 위기를 수습하고 있다. 지면상 사례를 간략하게 살펴본다.

〈 가짜 꿈으로 주모를 건드린 건달 〉

한 건달이 있었어. 맨날 술이나 마시러 다니고 오입질하는 일을 능사로 했었어. 주막에 주모가 있었는데 젊고 예뻐서 뭇 남자들이 한번 건드려 볼려고 해도 여간내기가 아니었어.

이 건달도 마음만 있지, 여자가 거들떠보아야지. 그래 어떠하면 한번 안아볼 수가 있을까 궁리하다가 꾀를 냈어. 하루는 옷을 잘 차려입고 주막에 찾아 들어갔어.

"주모 있나"

"아니 오늘은 깔끔하게 차려 입으시고, 어디 가시는 길이어요"

"응, 저기 어디 좀 다녀오려고 하네"

"술 한잔 주소"

"외상 술은 안돼요"

"알았으니 가져오소"

"아, 잘 먹었소, 다녀오리다"

그러구 떠나갔는데, 얼마 지나지 않아 손으로 두 소매를 꼭잡고 황급히 오는 거야.

"어디 간다더만, 어찌 이렇게 하고 돌아와요"

"저 고개를 넘어가다가 술이 취해 한잠 자고 가려고 낮잠을 자는데, 꿈에 청룡·황룡이 하늘에서 내려오더니만, 내 몸을 이리 감고 저리 감고 하더니만, 나중에는 청룡은 왼쪽 소매로 들어가고, 황룡은 오른 쪽 소매로 들어가는 것 아니오. 그래 내 집에 가서 집사람하고 자고 가려고 돌아오는 길이요"

가만히 주모가 들어보니, '훌륭한 아들을 낳을 꿈이라.' 자기가 낳으면 장차 자기 신세가 나아질 것으로 생각하고, "술 한잔 더 하고 가시지요" 하면서 불러들였지. 술이며 안주에 잘 차려 들어가서 갖은 교태를 부려 잠자리를 같이 하려고 했어.

한즉 이 건달이 속으로 원하던 바이라. 못 이기는 척 하고 일을 치렀어. "청룡도 들어가거라, 황룡도 들어가거라" 그 후로 아들을 낳았는지 안 낳았는지 그것은 몰라. 『구비문학대계』5-5.

해학적인 웃음을 자아내게 하는 이 이야기는 정수동전에도 이와 비슷한 이야기가 전한다.

〈 정만서의 기생 얻기 〉

정만서도 꿈의 신비성을 이용하여 자신이 마음에 두고 있던 기생과 정을 통하고 있다. 기생이 쉽게 넘어가지 않자, 한 밤중에 기생의 방문을 두드린다. 영문을 모르는 기생에게 입을 한 손으로 자신의 틀어막고서, 손짓 발짓으로 고향에 내려 갈 여비를 빌려달라고 한다.

"갑자기 이 밤중에 왜 그러냐"고 하자, 쓸 것을 가져오게 하여 "자다가 용꿈을 꾸었는데, 장차 큰 인물을 낳을 꿈이므로 빨리 고향으로 돌아가 부인과 동침해야한다."고 하자, 꿈의 영험함을 믿는 기생은 자신이 그 꿈을 받아 자식을 낳아 말년에 호강을 해 볼 욕심으로, 일부러 발버둥치는 정만서를 이불 속으로 끌어들이고 있다.

한편 이러한 태몽의 신비함에 대한 민중의 믿음은 오늘날에 와서도 마찬가지로 받아들여지고 있다. 현대소설이나 드라마·영화 등에서 태몽이 주요한 화소(話素)로 등장되고 있으며, 신문기사나 방송에서도 심심찮게 태몽에 관한 언급이 되고 있다. KBS 2TV '미녀들의 수다'에서도 세계 각국의 태몽 이야기와, 출연자들의 태몽이야기를 다루는 등 태몽에 대한 관심은 예나 지금이나 변함이 없음을 알 수 있다. 몇가지 사례를 살펴본다.

〈 TV 드라마 전개에 태몽 활용 〉

김혜선이 태몽을 꾸며 임수향의 임신을 암시했다. 2011.06.26일 방송된 SBS 주말드라마 '신기생뎐' 46회에서는 단사란(임수향 분)의 태몽을 대신 꾸는 친모 한순덕(김혜선 분)의 모습이 그려져 눈길을 끌었다.

이날 한순덕은 이상한 꿈을 꾸었다. 한순덕은 너른 초원 위의 하얀 식탁 앞에 앉아 있었고 식탁 위에는 싱싱한 오렌지가 한가득 놓여 있었다. 이어 오렌지가 주렁주렁 달린 나무들 사이로 단사란이 등장했고 이에 한순덕은 놀라워했다.

또 단사란이 지나가는 자리마다 오렌지들은 반짝반짝 빛을 냈고 한순덕의 앞에 놓여있던 오렌지에서도 빛이 나기 시작해 순덕을 놀라게 했다.

이때 한순덕은 잠에서 깨어났고 "사란이 애기 가졌나보다"라고 중얼거려 사란의 태몽을 대신 꾸었음을 내비쳤다. 한편 이날 방송에서 단사란과 한순덕, 금어산이 함께 식사 자리를 가졌으나 친부모―자식 사이인 이들은 서로를 알아보지 못했다. 하지만 순덕이 친딸 사란의 태몽을 대신 꾸며 이들의 운명적인 재회에 기대감을 더하게 했다. [이데일리 스타in 박미경 객원기자]

〈 거짓 용꿈으로 남편을 불러들이다 〉

남편이 취직하여 술 약속이 있어서 집에 못 들어간다고 하자, 신혼의 아내가 어젯밤에 용이 여의주를 물고 들어오는 태몽을 꾸었는데, 일찍 집으로 들어오라고 거짓말을 해서 남편을 불러들이는 이야기가 나온다.

(1995,12,17일 MBC 주말연속극 '아파트' 에서)

태몽에 관한 꿈의 신비성을 이용하여, 지어낸 거짓 태몽으로써 자신의 뜻을 실현시키는 재치 있는 아내라 할 수 있겠다.

〈 거짓 태몽을 이야기하며 임신했다고 사기극 〉

간경화에 걸려 배에 복수(腹水)가 찬 50대 여자가 "임신을 해서 배가 불렀다" 고 동거남을 속여, 약 1200만원을 챙기고 달아났다. 여자가 "아기를 가진 것 같다" 는 말을 믿고 동거를 시작했으나, 실제로는 복수가 차오르는 것이었다. 하지만, 여자가 '용 두 마리가 하늘로 승천하는 태몽을 꿨다' 는 말에 임신을 의심을 하지 않았다.

그후 여자가 돈을 가지고 달아난 후에야, 의도적으로 접근해 임신 사기극을 꾸며 속인 것을 알게 되었다. (요약 발췌, 조선일보, 2007.4.5)

〈 거북이 태몽으로 태어난 아이 〉

아파트 12층에서 40여m 아래 화단으로 떨어진 생후 27개월 된 남자 아기가 팔과 어깨뼈만 부러지는 골절상을 입고 목숨을 건졌다. 이시현(3) 군은 지나가는 자동차를 보기 위해, 베란다 선반을 밟고 올라갔다가 40여 m 아래 화단으로 떨어졌다. 하지만 다행히 화단에 새로 깔린 흙 위로 떨어져, 왼쪽 팔과 어깨뼈가 부러지고 등과 옆구리 등에 찰과상을 입은 것 외에는 별다른 상처를 입지 않았다는 진단을 받았다.

이군의 아버지 이연상(33)씨는 "아내가 아이를 가졌을 때, 강가에서 어부가 거북이를 잡아 건네주는 태몽을 꿨다" 며 "오래오래 건강하게 살라는 하늘의 계시로 알고 잘 키우겠다" 고 말했다.

(요약발췌, 조선일보, 2007.5.5)

이처럼 일상생활 속에서도 태몽에 관련된 이야기들을 심심찮게 들을 수 있다. 우리 모두 신비한 예지적 꿈의 세계가 펼쳐지고 있는 태몽에 관심을 지녀보자! 태몽은 우리 인생의 청사진이요, 이정표로써, 보이지 않는 운명의 길을 예지해주고 있다.

색인

태몽

초판 1쇄 발행일 2012년 4월 26일

지은이 홍순래
펴낸이 박영희
펴낸곳 도서출판 어문학사
　　　　서울특별시 도봉구 쌍문동 523-21 나너울 카운티 1층 132-891
　　　　전화: 02-998-0094/편집부1: 02-998-2267, 편집부2: 02-998-2269
　　　　홈페이지: www.amhbook.com
　　　　트위터: @with_amhbook
　　　　블로그: 네이버 http://blog.naver.com/amhbook
　　　　　　　다음 http://blog.daum.net/amhbook
　　　　e-mail: am@amhbook.com
　　　　등록: 2004년 4월 6일 제7-276호

ISBN 978-89-6184-261-7 03180
정가 20,000원

이 도서의 국립중앙도서관 출판시도서목록(CIP)은 e-CIP홈페이지(http://www.nl.go.kr/ecip)와
국가자료공동목록시스템(http://www.nl.go.kr/kolisnet)에서 이용하실 수 있습니다.
(CIP제어번호: CIP2012001248)